KB083568

해국도지【五】

海國圖志 五

해국도지 海國圖志 【五】

초판 1쇄 인쇄   2022년 11월 21일
초판 1쇄 발행   2022년 12월 12일
—
저 자 | 위원魏源
역주자 | 정지호·이민숙·고숙희·정민경
발행인 | 이방원
발행처 | 세창출판사
　　　　신고번호·제1990-000013호
　　　　주소·03736 서울특별시 서대문구 경기대로 58 경기빌딩 602호
　　　　전화·02-723-8660　팩스·02-720-4579
　　　　홈페이지·http://www.sechangpub.co.kr　이메일·edit@sechangpub.co.kr
—
ISBN　979-11-6684-139-2　94900
ISBN　979-11-6684-040-1　(세트)
—
이 역주서는 2017년 대한민국 교육부와 한국연구재단의 지원을 받아 수행된 연구임.
(NRF-2017S1A5A7020082)
—
이 책은 한국연구재단의 지원으로 세창출판사가 출판, 유통합니다.
잘못 만들어진 책은 구입하신 서점에서 바꾸어 드립니다.

해국도지
海國圖志

【五】
(권9~권13)

위원魏源 저

정지호 · 이민숙 · 고숙희 · 정민경 역주

세창출판사

옮긴이의 말

『해국도지』 출판 배경

1839년 호광총독湖廣總督 임칙서林則徐(1785~1850)는 도광제道光帝(재위 1820~1850)의 특명을 받고 아편 무역을 단속하기 위해 흠차대신欽差大臣(특정한 사항에 대해 황제의 전권을 위임받아 처리하는 대신)으로 광주廣州에 파견되었다. 그의 목적은 아편 수입의 급증에 따른 경제적 혼란과, 관료와 군인들의 아편 흡입으로 제국의 기강이 무너지는 것을 방지하기 위한 것이었다. 광주에 도착한 임칙서는 외국 상인에게서 약 2만여 상자의 아편을 몰수한 후 석회를 섞어 소각해서 바다로 흘려보냈다. 아편 1상자가 약 1백 명이 1년간 상용할 수 있는 양이라고 하니 당시 소각한 아편은 엄청난 양이었음을 알 수 있다.

임칙서는 아편을 단속하는 한편, 서양 정세에도 깊은 관심을 기울였다. 그러나 당시 서양의 실상을 알기 위한 중국 서적이 거의 없는 상황에서 그는 서양 사정에 관한 다양한 자료를 수집하여 번역하는 작업에 착수했다. 번역 팀은 양진덕梁進德, 원덕휘袁德輝, 아맹亞孟, 임아적林亞適 등으로 구성되었다. 이 중 양진덕은 중국 최초의 기독교 선교사로서 『권세양언勸世良言』을 저술한 양발梁發의 아들이다. 독

실한 기독교 가정에서 자란 그는 미국인 선교사 엘리자 콜먼 브리지먼Elijah Coleman Bridgman으로부터 영어를 배웠다고 한다.

임칙서는 수집한 자료 중에서 영국인 휴 머레이Hugh Murray(중국명 모단慕端)가 저술한 『세계지리대전The Encyclopaedia of Geography』(London, 1834)을 번역하게 한 후 이를 윤색하여 『사주지四洲志』를 편찬했다. 『사주지』는 원저의 요점을 간추려서 20분의 1 분량으로 요약했다고 하는데, 임칙서가 윤색에 어느 정도 관여했는지는 명확하지 않다. 임칙서는 1841년 6월에 아편전쟁의 책임을 지고 이리伊犁로 좌천되었는데, 도중 양주揚州 근처 경구京口(강소성 진강鎭江)에서 위원을 만나 『사주지』를 비롯해 그동안 수집한 다양한 자료 등을 전해 주었다.

공양학자公羊學者이면서 일찍부터 해방海防에 관심이 높았던 위원은 임칙서가 전해 준 『사주지』 등의 자료를 토대로 1년 만인 1842년 『해국도지海國圖志』 50권본을 출간했다. 그 후 1847년에는 60권본으로 증보 개정했고, 1852년에는 방대한 분량의 100권 완간본을 출간했다. 『해국도지』는 그 서명에서도 알 수 있듯이 대륙 중심의 중국이 처음으로 해양을 통한 세계 여러 나라에 관심을 기울이게 된 기념비적인 서적이라고 할 수 있다.

위원은 『해국도지』 서문에서 이 서적의 특징에 대해 "이전 사람들의 책이 모두 중국인의 입장에서 서양을 언급한 것이라면, 이 책은 서양인의 관점에서 서양을 언급한 것이다"라고 밝히고 있다. 나아가 "서양의 힘을 빌려 서양을 공격하고(以夷攻夷), 서양의 힘을 빌려 서양과 화친하며(以夷款夷), 서양의 뛰어난 기술을 배워(爲師夷長技) 서양을 제압하기 위해서 저술한 것이다(以制夷而作)"라고 언급하고 있다. 당시 중화사상에 입각해 외국에 배운다고 하는 것에 저항감이 있었던 중국의 현실에서 위원은 서양을 제압하기 위해서는 서양의 뛰어난 기술을 배울 필요가 있다고 호소한 것이다. 근대 계몽사상가인 량치차오梁啓超는 『중국근삼백년학술사中國近三百年學術史』에서 『해국도지』에 대해 "근래 백 년 동안 중국의 민심을 지배했고, 오늘날까지 그 영향력이 적지 않을 뿐만 아니라 … 중국 사대부의 지리에 관한 지식은 모두 이 책에서 비롯되었다"라고 높게 평가하고 있다.

위원의 생애

위원魏源(1794~1857)은 청대 정치가이며 계몽사상가이다. 호남성湖南省 소양邵陽 사람으로, 자는 묵심默深, 묵생墨生, 한사漢士이며, 호는 양도良圖이다. 그의 아버지 위방로魏邦魯(1768~1831)는 강소성 가정현嘉定縣 등에서 지방관을 역임했다. 위원은 주로 강소성 지역에서 활동하면서 해방에 대해 관심이 높았는데, 이러한 해방 의식의 형성 배경에는 이 지역이 해상으로부터 피해를 입기 쉬운 곳이라는 지역적 특성이 작용한 듯하다.

위원은 유봉록劉逢祿으로부터 공양학公羊學을 전수받았다. 공양학은 『춘추공양전春秋公羊傳』에 입각하여 성인의 미언대의微言大義(간결한 언어로 심오한 대의를 논하는 것)를 연구하는 학문이다. 그는 특히 동중서董仲舒 『춘추번로春秋繁露』의 미언대의 중에서 '도道'와 '세勢'의 관계에 주목했다. 도뿐만 아니라 세를 중시하는 그의 사상은 세상을 일대 변국으로 보고 다양한 정치 개혁을 착수하는 데 밑거름이 되었던 것이다.

위원은 도광 2년(1822) 향시鄕試에 합격해 거인擧人이 되었으나 이후 거듭되는 과거 시험의 낙방으로 결국은 연납捐納을 통해 관직에 진출했다. 이후 내각중서內閣中書로 일하면서 황실 도서를 이용할 수 있게 되어 이를 바탕으로 『성무기聖武記』를 저술했다. 이 책은 위원이 10여 년의 시간을 들여 청조의 흥기에서 아편전쟁에 이르기까지 국내의 여러 반란이나 주변 민족의 평정 등에 대해 서술한 것으로 청조의 전법戰法, 군사, 재정에 대해 종합적으로 논한 것으로 평가되고 있다. 위원은 37세가 되던 1830년 임칙서 등과 함께 선남시사宣南詩社를 결성했다. 이는 문인들의 모임이지만, 아편 엄금론을 주장한 황작자黃爵滋, 고증학자로 유봉록에게서 공양학을 전수받은 공자진龔自珍 등 당시로서는 개혁적 성향을 지닌 인사들의 교류 공간이었다. 위원은 1840년 아편전쟁이 발발하자 임칙서의 추천으로 양절총독 유겸裕謙의 막료로 들어갔다. 영국 장교 앤스트러더Anstruther를 만난 것은 바로 이 시기이다. 위원은 앤스트러더에게서 영국의 제반 상황을 전해 듣고 1841년 『영길리소기英吉利小記』라는 소책자를 출간하면서 서양에 대해 본격적인 관심을 기울였다. 마침 같은 해 아편전쟁 패배의 책임을 지고 이리로 좌천되어 가던 임칙서에게서

『사주지』를 비롯해 서양 관련 자료를 전해 받았다. 위원은 "서양 오랑캐를 물리치려면 먼저 서양 오랑캐의 실정을 자세하게 파악하는 데서 시작해야 한다(欲制外夷者, 必先悉夷情始)"(『해국도지海國圖志』 권1 「주해편籌海篇」)라는 인식하에 이듬해인 1842년 마침내 『해국도지』 50권본을 편찬하게 되었다.

위원은 도광 25년(1845)에 비로소 진사가 되어 고우현高郵縣 지주知州를 지냈으나 만년에는 벼슬을 버리고 불교에 심취했다. 주요 저작으로는 『공양고미公羊古微』, 『동자춘추발미董子春秋發微』, 『춘추번로주春秋繁露注』, 『시고미詩古微』, 『서고미書古微』, 『원사신편元史新篇』, 『고미당시문집古微堂詩文集』, 『성무기』 등이 있는데, 경학經學, 사학史學, 지리학, 문학, 정치, 경제 및 군사 등 다방면의 내용을 다루고 있다.

『해국도지』의 판본

『해국도지』는 모두 3종의 판본이 있다. 50권본(1842), 60권본(1847), 100권본(1852)이 그것이다. 그 외, 후에 영 존 앨런Young John Allen에 의하여 20권본이 증보된 120권본이 있는데, 여기에서는 전자인 3종의 판본에 대해 설명한다.

1. 50권본

『해국도지』 50권본은 이 책의 「서敍」에 따르면, "도광 22년(1842), 임인년 가평월(음력 12월) 양주에서 내각중서 소양 사람 위원이 쓰다(道光二十有二載, 歲在壬寅嘉平月, 內閣中書魏源邵陽敍于揚州)"라고 되어 있다. 즉 1842년 12월 57만 자에 이르는 『해국도지』 50권본이 처음으로 세상에 모습을 드러낸 것이다. 이 책에는 23폭의 지도와 8쪽에 이르는 서양 화포 도면이 수록되어 있다. 「서」에 따르면, 임칙서의 『사주지』를 토대로 더 많은 내용을 첨가해서 "동남양·서남양은 원서(『사주지』)에 비해 10분의 8이 늘어났고, 대소서양·북양·외대양은 원서(『사주지』)보다 10분의 6이 더 늘어났다(大都東南洋·西南洋, 增于原書者十之八, 大小西洋·北洋·外大洋增于原書者十之六)"라고 기록하고 있다.

2. 60권본

『해국도지』60권본은 이 책의 「원서原敍」에 따르면 "도광 27년(1847)에 양주에서 판각되었다(道光二十七載刻于揚州)"라고 기록하고 있다. 위원은 50권본을 출간한 이후 5년간의 노력 끝에 60여만 자로 확충해 『해국도지』60권본을 편찬한 것이다. 이 책은 50권본에 비해 해외 각 나라의 당시 상황과 서양의 기예技藝 부분 1권을 8권으로 확충했는데, 위원에 따르면 임칙서가 번역한 서양인의 『사주지』와 중국 역대의 사지史志, 명明 이래의 도지島志 그리고 최근의 외국 지도와 외국 저술에 의거하여 편찬했다고 한다.

3. 100권본

『해국도지』100권본은 "함풍 2년(1852)에 책 내용을 더 보태 100권본으로 만들어서 고우주에서 판각했다(咸豊二年重補成一百卷, 刊于高郵州)"고 한다. 『해국도지』「후서後敍」에 따르면 함풍 2년 88만 자로 확충해서 100권본을 출간했다고 언급하고 있는데, 이 책에서는 지도 75폭, 서양 기예 도면도가 57쪽, 지구천문합론도식地球天文合論圖式 7폭이 보충되었다. 이후 이를 정본으로 하여 위원의 사후에도 중국 각지에서 100권본에 대한 재간행이 이루어졌다. 그중에서 위원의 후손인 위광도魏光燾가 광서光緖 2년(1876)에 『해국도지』를 재간행했는데, 이 책에는 좌종당左宗棠의 서문이 실려 있다. 최근에는 지난대학暨南大學의 천화陳華 등이 주석을 단 악록서사본岳麓書社本(1988)이 간행되어 『해국도지』를 읽어 나가는 데 유익함을 주고 있다. 본 역주 작업은 광서 2년본 『해국도지』를 저본으로 삼아 악록서사본 및 그외 판본 등을 참조하여 진행했음을 미리 밝혀 둔다.

『해국도지』의 구성 및 내용

『해국도지』의 구성은 다음과 같다.

권수	구성
권1~2	주해편籌海篇
권3~4	해국연혁각도海國沿革各圖
권5~70	동남양東南洋(동남아시아, 일본), 서남양西南洋(인도, 서·중앙아시아), 소서양小西洋(아프리카), 대서양大西洋(유럽), 북양北洋(러시아와 발틱 국가들), 외대서양外大西洋(남북아메리카)의 인문지리
권71~73	동서양 종교, 역법曆法, 기년법紀年法 비교표
권74~76	세계 자연지리 총론: 오대주와 곤륜崑崙에 대한 서양의 지도 소개
권77~80	주해총론籌海總論－중국 저명인사의 해방론에 대한 상주문과 해방 관련 글
권81~83	청대 신문 잡지에 실린 대외 관련 기사
권84~93	해방을 위한 대포, 포탄 등 무기 12종에 관한 논의와 도설圖設
권94~95	망원경 제작 방법 등 서양의 과학 기술에 대한 소개, 아편의 중국 수입 통계 등.
권96~100	지구천문합론地球天文合論, 칠정七政과 일월식日月蝕 등 14종의 지구과학적 자연 현상에 대한 해설

각 권의 요지는 다음과 같다.

권1~2 주해편은 『해국도지』를 편찬하는 목적이라고 할 수 있는 해방론을 다룬 부분이다. 여기에서 위원은 아편전쟁에서 패한 교훈을 근거로 방어와 화친에 대해 논한다. 먼저 '방어란 무엇인가? 어떻게 방어할 것인가?'라는 문제에 대해 "바다를 지키는 것은 해구海口를 지키는 것만 못하고, 해구를 지키는 것은 내륙의 하천을 지키는 것만 못하다"라는 원칙하에 해안보다는 내지 하천의 방비를 강화할 것을 주장한다. 특히 안남국과 미얀마가 영국을 무찌른 사례를 들어 중국의 지세를 활용한 방어책의 중요성을 강조하며, 나아가 군사 모집의 방법과 용병술에 대해 서술하고 있다. 내부의 방어를 견고히 한 후 외국의 공격을 막기 위해서는 적을 이용해 적을 공격하는 이른바 '이이공이以夷攻夷'를 제기한다. 당시 적국인 영국과 사이가 좋지 않은 러시아와 프랑스를 끌어들여 영국을 견제하게 하는 방안이다. 이와 함께 해상전을 위해 광동과 복건 등지에 조선소를 건설해서 군함을 비롯한 선박을 제조하고 적합한 인재를 양성해 해군력을 강화할 것을 주장한다. 화친에 대해서는 단지 열강과의 충돌이 두려워 그들의 요구를 수용(예를 들면 아편 무역을 허용)하기보다는 대체 무역을 통해 그들의 이익을 보장해 주어 화친할 것을 논하고 있다.

권3~4에서는 동남아시아와 서남아시아·아프리카·대서양 유럽 및 남북아메리카의 연혁과 함께 지도를 수록하고 있다. 역사적으로는 지도를 통해 한대부터 위진 남북조, 당대, 원대까지 역대 사서에 기록된 서역 각 나라의 연혁을 서술하여 세계 각 나라의 지리를 한눈에 볼 수 있게 했다.

권5~18의 동남양에서는 역사적으로 중국과 관계가 깊은 베트남을 필두로 해서 태국, 미얀마[이상을 연안국(海岸諸國)으로 분류], 루손, 보르네오, 자와, 수마트라, 일본[이상을 섬나라(海島諸國)로 분류] 등 각 나라의 지리, 역사, 문화 특색 및 중국을 비롯한 서양 국가들과의 대외관계를 서술하고 있다. 동남아시아의 주요 국가를 기술하면서 일본을 포함시킨 이유에 대해 바다로부터 침입을 막은 해방의 경험이 있기 때문이라고 하며, 조선과 류큐는 해방과는 거리가 멀어 언급하지 않는다고 밝히고 있다. 그리고 베트남을 제일 먼저 서술하고 있는 것에 대해 베트남이 역사상 중요한 조공국인 것도 있지만, 그보다도 지리적 여건을 이용해 여러 차례 네덜란드를 비롯한 서양 선박을 물리친 사실에서 중국이 해방을 하는 데 유의할 만한 사례라고 언급하고 있다. 나아가 베트남에서 아편을 금지한 것도 일본에서 기독교를 금지한 것과 함께 높게 평가하고 있다. 이 동남양에서는 중국에서 동남아시아 제 지역으로 가는 항로에 대해서도 상세하게 소개하고 있어 마치 독자로 하여금 직접 여행하는 기분을 느끼게 해 준다.

권19~32에서는 서남양의 인도 및 서아시아에 대해 서술하고 있다. 먼저 인도를 동인도·서인도·남인도·북인도·중인도로 나누어 이들 지역에 존재했던 왕국의 지리, 역사, 문화 등에 대해 언급하고 아울러 중국을 비롯한 서양 국가들과의 대외관계에 대해 서술하고 있다. 그리고 영국 동인도 회사의 설립과 해산 과정, 영국 속지의 지리, 역사, 문화, 종교, 인구, 풍속 등을 기술하고 있다. 또한 페르시아, 유다 왕국, 터키의 지리, 역사, 문화 및 서양과의 대외관계에 대해 기술하고 있는데, 여기에서는 특히 천주교가 중국에 어떠한 경로를 통해 전래되었는지를 보여 주는 『대진경교유행중국비大秦景敎流行中國碑』 전문을 소개하고 있다. 위원은 천주교의 교리에 대해서도 많은 지면을 할애해서 소개하면서 그 교리의 문제점에 대해 비판적인 자세를 보이고 있다.

권33~36의 소서양에서는 아프리카대륙에 대한 전반적인 소개를 비롯해서 이집트, 에티오피아 등 아프리카대륙 국가들의 역사, 지리, 문화, 대외관계 등에 대해서 기술하고 있다. 특히 로마와 카르타고의 전쟁에 대해 상세하게 서술하고 있어 흥미롭다.

권37~53의 대서양에서는 유럽대륙에 대한 전반적인 소개를 하고 포르투갈을 필두로 해서 유럽 각 나라의 역사, 지리, 문화, 대외관계 등에 대해 기술하고 있다. 포르투갈 편에서는 옹정제 시기 포르투갈 국왕에 대한 하사품으로 일반적인 은상 외에 인삼, 비단, 자기 등 수십여 가지 품목을 구체적으로 기록하고 있어 서양과의 조공무역 일단을 살피는 데 유익하다. 위원은 영국에 대해 특히 많은 관심을 보여 다른 국가에 비해 많은 지면을 할애하여 영국의 역사, 지리, 문화, 정치, 경제, 사회, 대외관계 등에 대해 상세하게 소개하고 있다. 영국과의 아편전쟁이 『해국도지』 편찬에 중요한 계기가 되었음을 보여 주는 좋은 사례라 하겠다.

권54~58 북양·대서양에서는 러시아와 북유럽 국가의 역사, 지리, 민족, 언어, 정치 제도, 종교, 문화 등에 대해 상세하게 소개하고 있다. 특히 러시아 지역을 백해 부근, 백러시아, 발트해 연안, 신러시아, 시베리아 등 여러 지역으로 구분해서 각 지역의 복잡다단한 역사와 지리, 지역적 특성에 대해 고찰하고 있어 러시아에 대한 전반적인 이해를 돕는 데 유익하다. 위원이 러시아에 대해 영국과 마찬가지로 많은 지면을 할애하고 있는 것은 영국과 대립하고 있는 러시아를 이용해 영국을 견제하고자 하는 의도가 담겨 있는 것이라고 하겠다.

권59~70 외대서양에서는 콜럼버스의 아메리카대륙 발견 과정과 남북아메리카대륙의 위치와 기후, 물산의 특징에 대해 서술하고 있다. 특히 미국의 역사와 정치, 종교, 교육, 복지, 경제 및 미국인들의 인격 등에 대해서 상세하게 설명하고 있다. 보스턴 차 사건을 계기로 미국이 영국으로부터 독립을 쟁취하기까지의 과정을 상세히 살펴보면서 미국의 독립을 높게 평가하고 있다. 위원이 영국을 '영이 英夷(영국 오랑캐)'라고 표기하면서도 미국을 '미이美夷'라고 표기하지 않은 것 역시 영국에 대한 적대적 감정과 함께 미국을 통해 영국을 견제하고자 하는 의도가 담겨 있는 것이라 하겠다.

권71~73 표에서는 동서양의 종교, 역법, 기년법의 차이에 대해 상세하게 서술하고 있다.

권74~76 지구총설에서는 불교 경전과 서양의 도설에 의거해 오대주와 세계의 지붕이라고 불리는 곤륜(파미르고원)의 자연지리 및 설화 등에 대해 상세한 소개를 하고 있다.

권77~80 주해총론은 당대 관료와 학자들의 변방과 해안 방어에 관한 각종 대책과 상주문을 모은 것으로 19세기 당시 중국 엘리트 지식인들의 영국, 프랑스 등 서양 각 나라에 대한 인식을 비롯해 영국을 제압하기 위한 방도 및 급변하는 시국에 적절한 인재 양성 등을 논하는 내용을 다루고 있다.

권81~83 이정비채夷情備采에서는 『오문월보澳門月報』를 비롯한 서양 신문 잡지에 실린 내용을 통해 외국의 눈에 비친 중국의 모습을 소개하고 있으며, 서양의 중국에 대한 관심 및 아편 문제, 중국 해군의 취약점 등을 상세하게 서술하고 있다.

권84~93에서는 해방을 위한 서양의 전함과 대포 및 포탄 등 병기 제조, 전술, 측량술 등을 도면과 함께 상세하게 소개하고 있다.

권94~95에서는 망원경 제작 방법 등 서양의 다양한 과학 기술을 소개하고 있으며, 아편의 중국 수입량에 대한 통계를 다루고 있다.

권96~100에서는 포르투갈 출신의 예수회 선교사 호세 마르티노 마르케스José Martinho Marques의 저술에 의거하여 칠정七政, 즉 일日·월月·화성火星·수성水星·금성金星·목성木星·토성土星을 소개하고, 이외 일월식日月蝕, 공기, 바람, 천둥과 번개, 조수 및 조류, 지진, 화산 등 다양한 자연 현상의 발생 원인과 양상에 대해 구체적으로 설명하고 있다. 나아가 일월과 조수의 관계, 절기에 따른 태양의 적위, 서양 역법의 기원에 대해서도 다루고 있다.

『해국도지』의 조선 및 일본에의 전래

전근대 중국의 세계관은 고도의 문명을 자랑하는 중국(華)을 중심으로 해서 그 주변에 아직 문명이 미치지 않은 오랑캐(夷)가 존재한다고 하는 일원적인 세계관을 전제로 했다. 화이관에 입각한 중국의 지배 질서는 황제의 덕이 미치는 정도에 따라 중앙과 지방의 이원적 구조를 뛰어넘어 표면상으로는 전 세계에 걸쳐 있었다. 이른바 '천하일통天下一統'의 관념이 존재했던 것이다. 이러한 화이사상에 근거한 중화 세계 질서는 아편전쟁 이후 서구 열강의 침략을 받게 되면서 서서히 무너져 가기 시작한다. 중국이 서구 열강을 중심으로 하는 국제 질서에 편입하게 됨에 따라 '중국'은 더 이상 세계의 중심이 아니라 많은 나라 중의 하나에 불과하며, 세계는 서로 다른 문화를 가진 각 나라가 서로 경합하는 다원적인 공간이라고 하는 인식의 변화가 일어난 것이다. 이러한 인식의 변화는 당시 중국의 엘리트 지식인들에게는 일찍이 경험해 보지 못한 미증유의 세계였다. 위원이 편찬한 『해국도지』는 중국의 지식인들이 새로운 세계에 눈을 돌릴 수 있는 계기를 제공한 것으로, 그것은 단순히 지리적 세계뿐만 아니라 정신적 세계로의 길잡이 역할을 한 것이다. 이리하여 『해국도지』는 당시 중국 지식인들이 '천하'에서 '세계'로 세계상을 전환하면서 중화사상이라는 자기중심적 세계상에서 탈출하는 힘들고 어려운 여행길에 나설 수 있게 해 주었다.

　『해국도지』 50권본은 출간되자마자 조선에 전래되었다. 남경조약이 체결되고 나서 1년여가 지난 1844년 10월 26일 조선은 겸사은동지사兼謝恩冬至使를 북경에 파견했는데, 이듬해인 1845년 3월 28일 겸사은동지사의 일행 중에서 정사正使 흥완군興完君 이정응李晸應, 부사 예조판서 권대긍權大肯이 『해국도지』 50권본을 가지고 귀국한 것이다. 이 50권본은 일본에는 전해지지 않았다. 이후 많은 학자들이 북경에 다녀올 때마다 『해국도지』를 구입해 들여와서 개인 소장할 정도로 인기가 높았다고 한다. 가령 김정희金正喜(1786~1856)는 『완당선생전집阮堂先生全集』에서 "『해국도지』는 반드시 필요한 책이다(海國圖志是必需之書)"라고 했으며, 또한 허전許傳(1792~1886)의 『성재집性齋集』에 실린 「해국도지발海國圖志跋」에는 "그 대강을 초록해 놓음으로써 자세히 살피고 검토하는 데 보탬이 된다(故略抄其槩, 以資考閱云爾)"라고 언급하고 있는 것으로 보아 당시에 이미 요약본도 있었음을 알 수 있다. 나아가 최한기崔漢綺(1803~1877)는 『해국도지』 등을 참고하여 『지구전요地球典要』를 썼고, 1871년 신미양요 중에 김병학金炳學은 『해국도지』를 인용하여 국왕에게 미국의 정세를 보고했으며, 1872년 박규수는 중국에 다녀온 뒤로 당시 청년 지식인들에게 해외에 관한 관심과 이해를 강조하며 『해국도지』를 권장했다고 할 정도로 『해국도지』는 조선의 지식인들에게 외국에 대한 이해를 넓히고 새로운 세계 문명지리에 대한 지식을 갖게 해 주었다. 특히 신헌申憲(1810~1884)은 『해국도지』에 제시된 무기도武器圖에 근거하여 새로운 무기를 만들었다고 할 정도이니 그 영향이 매우 컸음을 알 수 있다.

이러한 상황은 일본의 경우도 마찬가지이다. 『해국도지』는 1851년 처음 일본에 전해졌지만, 1854년 미일통상수교조약이 체결된 뒤에 정식으로 수입이 허가되었다. 그 뒤로 막부 말기에 가와지 도시아키라川路聖謨가 사재를 들여 스하라야 이하치須原屋伊八에게 번각翻刻 출간하게 함으로써 일반인에게도 알려졌다. 그 뒤로 메이지 원년(1868)까지 간행된 『해국도지』는 23종에 이를 정도로 널리 보급되었으며, 일본 근대화에 큰 영향을 미친 사쿠마 쇼잔佐久間象山, 요시다 쇼인吉田松陰, 사이고 다카모리西鄕隆盛 등은 이 책의 열렬한 독자였다고 전해진다.

『해국도지』 역주 작업의 경과 및 의의

『해국도지』 역주 작업은 한국연구재단 명저번역 사업의 일환으로 진행되었다. 번역진은 필자를 포함해 모두 4인으로 총 3년에 걸쳐 초벌 번역을 진행했으며, 이후 지속적이고 꼼꼼한 윤독 과정을 거치며 번역문에 대한 수정 작업에 전념했다. 위원이 『해국도지』의 서문에서 100권이라는 분량의 방대함에 너무 질리지 않았으면 좋겠다고 한 것에서 알 수 있듯이 방대한 분량으로 인해 당초 3년이라는 시간 내에 역주 작업을 마칠 수 있을까 하는 염려가 없지 않았으나, 번역진의 부단한 노력 끝에 무사히 번역 작업을 완수할 수 있게 되었다.

본 역주 작업은 광서 2년에 간행된 『해국도지』 100권을 저본으로 삼아 기존에 간행된 판본과의 비교 검토를 진행하면서 글자의 출입을 정리하는 것에서부터 시작했다. 이 작업에는 악록서사 교점본에 많은 도움을 받았다.

번역 작업은 그 자체로 험난한 여정이었다. 『해국도지』는 세계 문명지리서인만큼 외국의 수많은 국명과 지명, 인명이 한자어로 표기되어 있는데, 독자들의 가독성을 위해 가급적 원어 명칭을 찾으려고 노력했다. 유럽과 아메리카의 경우 다른 대륙에 비해 명칭 확인이 비교적 용이했지만, 지금은 사라진 국명이나 전혀 알려지지 않은 지명 등의 원어 명칭을 찾는 일은 그 자체로 수고로운 일이었다. 끊임없는 노력을 기울였음에도 원어 명칭을 찾지 못해 한자어 명칭을 그대로 표기한 것도 있는데, 이에 대해서는 독자들의 양해를 구하는 바이다.

또한 이미 언급했듯이 100권이라는 방대한 분량에 각 권의 내용도 상당히 난해하여 해석하고 주석을 다는 일 역시 쉬운 작업은 아니었다. 지금까지 『해국도지』의 중요성을 모두 인식하고 있음에도 불구하고 아직 완역본이 나오지 않은 것 역시 역주 작업의 어려움을 간접적으로 말해 주는 것이다. 이에 본서는 『해국도지』에 대한 세계 최초의 역주서라는 점에서 그 의의를 높게 살 만하지 않을까 생각한다. 게다가 본 번역진의 완역 작업을 통해 그동안 일부 전문 연구자의 전유물이었던 『해국도지』를 일반 독자에게도 제공할 수 있게 되었다는 점에 의미를 부여하고자 한다. 그럼에도 불구하고 본 역주 작업에는 번역진이 미처 인지하지 못한 번역상의 문제가 있을 수 있으니, 독자 여러분의 아낌없는 질정을 바라는 바이다.

마지막으로 어려운 출판 여건 속에서도 좋은 책을 만들기 위해 항상 애쓰시는 세창출판사 관계자 여러분께 깊은 감사를 드린다. 특히 김명희 이사님과 정조연 편집자님의 끝없는 관심과 세세한 교정 덕분에 본서의 완성도를 한층 더 높일 수 있게 되었다고 생각한다.

고황산 연구실에서 역주자를 대표해 정지호 씀

차례

해국도지
海國圖志

【五】
(권9~권13)

해국도지 전체 차례

22

일러두기 ————————————————————————

1. 본 번역은 『해국도지海國圖志』 광서光緖 2년본(平慶涇固道署重刊), 『해국도지』 도광본道光本과 천화陳華 등이 교점한 『해국도지』(岳麓書社, 1998)(이하 '악록서사본'으로 약칭) 등 『해국도지』 관련 여러 판본을 참고, 교감하여 진행했다.

2. 『해국도지』는 다음 원칙에 준해 번역한다.
   ① 본 번역은 광서 2년본에 의거하되, 글자의 출입이나 내용상의 오류가 발견될 경우 악록서사본 등을 참고하여 글자를 고쳐 번역하고 주석으로 밝혀 둔다.

   예) 태국은 미얀마의 동남東南[1]쪽에서 위태롭게 버텨 오다가 건륭 36년(1771)에 미얀마에게 멸망되었다.
   暹羅國跼長, 居緬東南, 緬于乾隆三十六年滅之.
   1) 동남쪽: 원문은 '동남東南'이다. 광서 2년본에는 '서남西南'으로 되어 있으나, 악록서사본에 따라 고쳐 번역한다.

   ② 본 번역은 가능한 한 직역을 위주로 하고 직역으로 문맥이 통하지 않을 경우에는 본뜻에 벗어나지 않는 범위 내에서 의역하며, 문맥의 이해를 돕기 위해 필요시 [ ]부분을 삽입해 번역한다.

   ③ 본 번역에서 언급되는 중국의 국명, 지명, 인명, 서명의 경우, 한국식 독음으로 표기하며, 조목마다 처음에만 한자어를 병기한다. 다만 홍콩, 마카오와 같이 한국인에게 널리 알려진 지명의 경우는 그대로 사용하며, 지금의 지명으로 설명이 필요한 경우는 중국 현대어 발음으로 표기한다.

④ 중국을 제외한 외국의 국명, 지명, 인명, 서명의 경우, 외래어 표기법에 의거하여 해당 국가의 현대식 표기법을 따르고, 조목마다 처음에만 해당 지역의 영문 표기를 병기한다. 나머지 필요한 상황은 주석으로 처리한다. 외국의 국명, 지명, 인명 등에 대한 음역의 경우, 이해를 돕기 위해 두음법칙을 적용하지 않았다.

예) 캘리컷Calicut[1]

　　1) 캘리컷Calicut: 원문은 '고리古里'로, 인도 서남부의 캘리컷을 가리킨다. 지금의 명칭은 코지코드Kozhikode이다.

⑤ 외국 지명은 현대식 표기법을 따를 때 역사적 사건과 사실이 잘 드러나지 않는 경우가 있다. 안남安南의 경우, 오늘날의 베트남을 지칭하지만, 역사적으로 보면 베트남의 한 왕국 이름이다. 따라서 이 경우에는 부득이하게 한 자음을 그대로 따르고 처음 나올 때 이를 주석에 명기한다.

예) 안남安南[1]

　　1) 안남安南: 지금의 베트남을 가리키는 말로, 당대에 이곳에 설치된 안남도호부安南都護府에서 유래되었다. 청대에는 베트남을 안남국, 교지국 등으로 구분하여 불렀다. 또한 안남국은 꽝남국을 가리키기도 한다.

⑥ '안案', '안按', '원안源案' 및 부가 설명은 번역문과 원문에 그대로 노출시킨다. 본문 안의 안과 부가 설명은 본문보다 작게 표기하고 안은 본문보다 연하게 다른 서체로 표기한다. 다만 본문 가장 뒤에 나오는 '안'과 '원안'의 경우는 번역문과 원문 모두 진하게 표기하고 본문 안의 안과 같은 서체로 표기해 구분한다.

예1) 이에 스페인 사람들은 소가죽을 찢어 몇천 길의 길이로 고리처럼 엮어 필리핀의 땅을 두르고는 약속대로 해 달라고 했다. 살펴보건대 마닐라 땅을 [소가죽 끈으로] 두르고 약속대로 해 달라고 했다고 해야 한다.

其人乃裂牛皮, 聯屬至數千丈, 圍呂宋地, 乞如約. 案: 當云圍蠻里喇地, 乞如約.

예2)　　　　　　　**영국·네덜란드령 아체와 스리비자야**

단, 3국은 같은 섬으로, 당唐나라 이전에는 파리주婆利洲 땅이었다.
수마트라의 현재 이름이 아체이다. 스리비자야의 현재 이름이 팔렘방Palembang이다.

英荷二夷所屬亞齊及三佛齊島

三國同島, 卽唐以前婆利洲地. 蘇門答剌, 今名亞齊. 三佛齊, 今名舊港.

예3) 위원이 살펴보건대 베트남의 서도는 후에에 있으니 곧 참파의 옛 땅이다. 여기에서
별도로 본저국을 가리켜 참파라고 하는데, 옳지 않다. 본저국은 캄보디아, 즉 옛
첸라국이다. 『해록』이 상인과 수군의 입에서 나온 책이기 때문에 보고 들은 것은
비록 진실에 속할지 모르지만, 고대의 역사사실을 고찰함에 있어 오류가 많다. 이
에 특별히 부록을 달아 바로잡는다. 참파의 동남쪽 바다에 있는 빈동룡국은 바로
『송사』에서 말하는 빈다라賓陀羅로, 빈다라는 참파와 서로 이어져 있고 지금도 나
란히 꽝남 경내에 속해 있는 것으로 보아 아마도 용내의 땅인 것 같다. 명나라 왕기
王圻가 편찬한 『속통고續通考』에는 『불경』의 사위성舍衛城이라고 잘못 가리키고 있
는데, 이에 대해서는 말루쿠제도Maluku 뒤에서 바로잡는다.

源案: 越南之西都, 在順化港, 卽占城舊地也. 此別指本底爲占城, 非是. 本底爲柬埔寨, 卽古眞
臘國. 『海錄』出於賈客舟師之口, 故見聞雖眞, 而考古多謬. 特附錄而辯之. 至占城東南瀕海, 尙
有賓童龍國, 卽『宋史』所謂賓陀羅者, 與占城相連, 今竝入廣南境內, 疑卽龍柰之地. 明王圻『續
通考』謬指爲『佛經』之舍衛城, 辯見美洛居島國後.

⑦ 주석 번호는 편별로 시작한다.

⑧ 본서에서 언급하고 있는 '원본'은 임칙서林則徐의 『사주지四洲志』이다.

　　예) 원본에는 없으나, 지금 보충한다.

海國圖志

해국도지 원서[1]

—

　『해국도지』 60권은 무엇에 의거했는가? 첫째로 전 양광총독兩廣總督이
자 병부상서兵部尙書였던 임칙서林則徐[2]가 서양인[3]의 저서를 번역한 『사주
지四洲志』[4]에 의거했다. 둘째로 역대 사지史志[5] 및 명대明代 이래의 도지島
志,[6] 그리고 최근의 외국 지도[7]·외국어 저술[8]에 의거했다. 철저하게 조사·
고찰하고 일목요연하게 정리하여 새로운 길을 열고자 한다. 대체로 동남
양東南洋,[9] 서남양西南洋[10]은 원본에 비해 10분의 8 정도를 증보했고, 대서양
大西洋·소서양小西洋,[11] 북양北洋,[12] 외대서양外大西洋[13] 역시 10분의 6 정도를 증
보했다. 또한 지도와 표를 날줄과 씨줄로 하고 다양한 사람들의 논점을
폭넓게 참고하여 논의를 진행했다.

　[이 책이] 이전 사람들의 해도海圖에 관한 서적과 다른 점은 무엇인가?
이전 사람들의 책이 모두 중국인의 입장에서 서양[14]을 언급한 것이라면,
이 책은 서양인의 관점에서 서양을 언급했다는 것이다.[15]

　이 책을 저술한 이유는 무엇인가? 서양의 힘을 빌려 서양을 공격하고

(以夷攻夷), 서양의 힘을 빌려 서양과 화친하며(以夷款夷), 서양의 뛰어난 기술을 배워(爲師夷長技) 서양을 제압하기 위해서 저술한 것이다(以制夷而作).

『주역周易』에 다음과 같은 기록이 있다.

"사랑과 증오가 서로 충돌함에 따라 길흉吉凶을 낳고, 장래의 이익과 눈앞의 이익을 취함에 따라 회린悔吝을 낳으며, 진실과 거짓이 서로 감응함에 따라 이해利害를 낳는다."[16] 그러므로 똑같이 적을 방어한다고 해도 그 상황을 아는 것과 모르는 것은 손익 면에서 아주 큰 차이가 난다. 마찬가지로 적과 화친한다고 해도 그 사정을 아는 것과 모르는 것은 손익 면에서 커다란 차이가 있다. 과거 주변 오랑캐[17]를 제압한 경우에, 적의 상황을 물어보면 자기 집 가구를 대하듯이 잘 알고 있었으며, 적의 사정을 물어보면 일상다반사와 같이 잘 알고 있었다.

그렇다면 이 서적만 있으면 서양을 제압할 수 있다는 것인가? 그렇다고 할 수도 있지만, 아닐 수도 있다. 이것은 군사적 전략은 될 수 있지만, 근본적인 대책은 아니다. 유형의 전략이지 무형의 전략은 아니다. 명대 관료는 말하길 "해상의 왜환倭患을 평정하고자 한다면 우선 사람들의 마음속에 쌓인 우환을 다스려야 한다"라고 했다. 사람들의 마음속에 쌓인 우환이란 무엇인가? [이것은] 물도 아니고 불도 아니며 칼도 아니고 돈도 아니다. 연해의 간민奸民도 아니고 아편을 흡입하거나 판매하는 악인도 아니다. 그러므로 군자는 [무공을 칭송한] 「상무常武」와 「강한江漢」[18]의 시를 읽기 전에 [인정을 칭송한] 「운한雲漢」과 「거공車攻」[19]을 읽으면서 『시경詩經』의 「대아大雅」와 「소아小雅」 시인들이 발분한 원인을 깨달았다. 그리고 『주역』 괘사卦辭와 효사爻辭[20]의 내괘內卦(하괘), 외괘外卦(상괘), 소식괘消息卦[21]를 음미하면서 『주역』을 지은 자가 근심한[22] 원인을 알았다. 이 발분과 우환이야말로 하늘의 도(天道)가 부否를 다해서 태泰로 움직이게

34

하는 것[23]이고 사람들의 마음(人心)이 몽매함을 벗어나 각성하게 하는 것이며 사람들의 재주(人才)가 허虛를 고쳐서 실實로 옮겨 가게 하는 것이다.

예전 강희康熙·옹정雍正 시기에 세력을 떨쳤던 준가르도 건륭乾隆 중기 순식간에 일소되어 버렸다.[24] 오랑캐의 아편[25]이 끼친 해로움은 그 해악이 준가르보다 더 크다. 지금 폐하[26]의 어짊과 근면함은 위로는 열조列祖[27]에 부합하고 있다. 하늘의 운행과 사람의 일에 길흉화복[28]은 언제나 번갈아 가며 변하는 것이니 어찌 [서양을] 무찔러 버릴 기회가 없음을 근심하는가? 어찌 무위武威를 떨칠 시기가 없음을 근심하는가? 지금이야말로 혈기 있는 자는 마땅히 분발해야 할 때이며, 식견을 가진 자는 마땅히 원대한 계획을 세워야 할 때이다.

첫째로, 허위虛僞와 허식을 버리고 재난에 대한 두려움을 버리며, 중병을 키우지 말고 자신의 안위만을 추구하지 않는다면 사람들의 우매한 병폐는 제거될 것이다.

둘째로, 실제의 일을 가지고 실제의 성과를 평가하고, 실제의 성과를 가지고 실제의 일을 평가해야 한다. 쑥은 삼 년간 묵혀서 쌓아 두고[29] 그물은 연못에 가서 엮고,[30] 맨몸으로 황하를 건너지 말며,[31] 그림의 떡을 바라지 않는다면,[32] 인재가 부족하다는 근심은 사라질 것이다.

우매함이 제거되면 태양이 밝게 빛나고, 인재가 부족하다는 근심이 사라지면 우레가 칠 것이다. 『전』에 이르기를 "누가 집안을 어지럽게 하고서 나라를 다스릴 수 있겠는가? 천하가 안정되니 월상越裳[33]도 신하 되기를 청하네"라고 한다.[34]

『해국도지』의 내용은 다음과 같다.

첫 번째, 「주해편籌海篇」[35]에서는 방어를 통해 공격하고 방어를 통해 화친하며, 오랑캐를 이용해서 오랑캐를 제압하는 열쇠를 쥐고 있는 것은 누구인가에 대해 서술한다.

두 번째, 「각 나라 연혁도各國沿革圖」에서는 3천 년의 시간과 9만 리의 공간을 씨실과 날실로 삼으면서, 지도와 역사적 사실을 아울러 서술한다.

세 번째, 「동남양 연안 각 나라東南洋海岸各國」에서는 기독교[36]와 아편을 영내에 들어오지 못하게 하면 우리의 속국[37]도 또한 적개심을 불태울 수 있다는 것에 대해 서술한다.

네 번째, 「동남양 각 섬東南洋各島」에서는 필리핀[38]과 자와는 일본과 같은 섬나라이지만, 한쪽(필리핀과 자와)은 병합되고 한쪽(일본)은 강성함을 자랑하는 것은 교훈으로 삼을 만하다[39]는 것에 대해 서술한다.

다섯 번째, 「서남양 오인도西南洋五印度」에서는 종교가 세 차례나 변하고,[40] 국토는 오인도[41]로 분할되어 까치집(인도)에 비둘기(영국)가 거주하는 것과 같은 형국이니, 이는 중국[42]에게도 재앙이 되고 있는 것에 대해 서술한다.

여섯 번째, 「소서양 아프리카小西洋利未亞」에서는 백인[43]과 흑인[44]은 거주하는 영역이 멀리 떨어져 있는데도 불구하고 흑인이 부림을 당하고 내몰리고 있는데, 이에 대해서는 해외에서 온 외국인[45]에게 자문한 것을 서술한다.

일곱 번째, 「대서양 유럽 각 나라大西洋歐羅巴各國」에서는 대진大秦[46]과 해서海西[47]에는 다양한 오랑캐[48]가 살고 있는데, 이익과 권위로 반림泮林의 올빼미[49]와 같이 감화시킬 수 있다는 것에 대해 서술한다.

여덟 번째, 「북양 러시아北洋俄羅斯國」에서는 동서양에 걸쳐 있고 북쪽은 북극해에 접해 있으니, 근교원공近交遠攻 정책을 취할 시에 육상전에 도움이 되는 우리 이웃 국가에 대해 서술한다.

아홉 번째, 「외대양 미국外大洋彌利堅」에서는 영국의 침략에 대해서는 맹렬히 저항했지만, 중국에 대해서는 예의를 다하니 원교근공遠郊近攻 정책을 취할 시에 해상전에 도움이 되는 나라에 대해 서술한다.

열 번째, 「서양 각 나라 종교 표西洋各國敎門表」에서는 사람은 모두 하늘을 근본으로 하고 가르침은 성인에 의해 세워져 있으니, 이합집산을 되풀이하면서도 조리를 가지고 문란하지 않은 것에 대해 서술한다.

열한 번째, 「중국·서양 연표中國西洋紀年表」에서는 1만 리 영토의 기년紀年이 하나로 통일되어 있는 점에서 중화에는 미치지 못하지만, 단절되면서도 연속되어 있는 아랍[50]과 유럽[51]의 기년에 대해 서술한다.

열두 번째, 「중국·서양 역법 대조표中國西曆異同表」에서는 중국력은 서양력의 바탕이 되지만, 서양력은 중국력과 차이가 있으며, 사람들에게 농사짓는 시기를 알려 주는 것에 있어서는 중국력이 근간을 이루고 있다는 것에 대해 서술한다.

열세 번째, 「지구총설國地總論」에서는 전쟁은 지세의 이점을 우선하는데, 어찌 먼 변방이라고 해서 경시하겠는가! 쌀이나 모래로 지형을 구축해서 지세를 파악한다면[52] 조정은 전쟁에서 승리할 수 있다는 것에 대해 서술한다.

열네 번째, 「주이장조籌夷章條」에서는 지세의 이점도 사람들의 화합에는 미치지 못하며, 기공법奇攻法과 정공법正攻法을 병용한다면 작은 노력으로도 커다란 성과를 거둘 수 있다는 것에 대해 서술한다.

열다섯 번째, 「이정비채夷情備采」에서는 적을 알고 나를 알면 화친할 수도 있고 싸울 수도 있으니, 병의 증상을 알지 못하면 어찌 처방할 것이며, 누가 어지럽고 눈앞이 캄캄한 증상을 치료할 수 있겠는가에 대해 서술한다.

열여섯 번째, 「전함조의戰艦條議」에서는 해양국이 선박에 의지하는 것은 내륙국이 성벽에 의지하는 것과 같으니, 뛰어난 기술을 배우지는 않고 풍파를 두려워하는 것은 누구인가에 대해 서술한다.

열일곱 번째, 「화기화공조의火器火攻條議」에서는 오행이 상극하여 금金과 화火[53]가 가장 맹렬하니, 우레가 지축을 흔들듯이 공격과 수비도 같은 이치라는 것에 대해 서술한다.

열여덟 번째, 「기예화폐器藝貨幣」에서는 차궤와 문자[54]는 다르지만, 화폐의 기능은 같으니, 이 신기한 것을 유용하게 활용하기 위해서 어찌 지혜를 다하지 않겠는가에 대해 서술한다.

·

도광 22년(1842) 임인년 12월, 내각중서 소양 사람 위원이 양주에서 쓴다.

海國圖志原敍

—

『海國圖志』六十卷何所據? 一據前兩廣總督林尙書所譯西夷之『四洲志』. 再據歷代史志及明以來島志, 及近日夷圖·夷語. 鉤稽貫串, 創榛闢莽, 前驅先路. 大都東南洋·西南洋, 增於原書者十之八, 大·小西洋·北洋·外大西洋增於原書者十之六. 又圖以經之, 表以緯之, 博參群議以發揮之.

何以異於昔人海圖之書? 曰彼皆以中土人譚西洋, 此則以西洋人譚西洋也.

是書何以作? 曰爲以夷攻夷而作, 爲以夷款夷而作, 爲師夷長技以制夷而作.

『易』曰: "愛惡相攻而吉凶生, 遠近相取而悔吝生, 情僞相感而利害生." 故同一禦敵, 而知其形與不知其形, 利害相百焉. 同一款敵, 而知其情與不知其情, 利害相百焉. 古之馭外夷者, 諏以敵形, 形同几席, 諏以敵情, 情同寢饋.

然則執此書卽可馭外夷乎? 曰: 唯唯, 否否. 此兵機也, 非兵本也. 有形之兵也, 非無形之兵也. 明臣有言: "欲平海上之倭患, 先平人心之積患." 人心之積患如之何? 非水, 非火, 非刃, 非金. 非沿海之奸民, 非吸煙販煙之蠹民. 故君子讀「雲漢」·「車攻」, 先於「常武」·「江漢」, 而知二雅詩人之所發憤. 玩卦爻內外消息, 而知大『易』作者之所憂患. 慎與憂, 天道所以傾否而之泰也, 人心所以違寐而之覺也, 人才所以革虛而之實也.

昔準噶爾跳踉於康熙·雍正之兩朝, 而電埽於乾隆之中葉. 夷煙流毒, 罪萬準夷. 吾皇仁勤, 上符列祖. 天時人事, 倚伏相乘, 何患攘剔之無期? 何患奮武之無會? 此凡有血氣者所宜憤悱, 凡有耳目心知者所宜講畫也.

去僞, 去飾, 去畏難, 去養癰, 去營窟, 則人心之寐患祛, 其一. 以實事程實功, 以實功程實事. 艾三年而蓄之, 網臨淵而結之, 毋馮河, 毋畫餅, 則人材之虛患祛, 其二. 寐患去而天日昌, 虛患去而風雷行. 『傳』曰: "孰荒於門, 孰治於田? 四海旣均, 越裳是臣." 敍『海國圖志』.

以守爲攻, 以守爲款, 用夷制夷, 疇司厥楗, 述「籌海篇」第一.

縱三千年, 圍九萬里, 經之緯之, 左圖右史, 述「各國沿革圖」第二.

夷敎夷煙, 毋能入界, 嗟我屬藩, 尙堪敵愾, 志「東南洋海岸各國」第三.

呂宋·爪哇, 嶼埒日本, 或噬或駮, 前車不遠, 志「東南洋各島」第四.

敎閱三更, 地割五竺, 鵲巢鳩居, 爲震旦毒, 述「西南洋五印度」第五.

維皙與黔, 地遼疆閡, 役使前驅, 疇諏海客, 述「小西洋利未亞」第六.

大秦海西, 諸戎所巢, 維利維威, 實懷泮鴞, 述「大西洋歐羅巴各國」第七.

尾東首西, 北盡冰溟, 近交遠攻, 陸戰之鄰, 述「北洋俄羅斯國」第八.

勁悍英寇, 恪拱中原, 遠交近攻, 水戰之援, 述「外大洋彌利堅」第九.

人各本天, 敎綱於聖, 離合紛紜, 有條不紊, 述「西洋各國敎門表」第十.

萬里一朔, 莫如中華, 不聯之聯, 大食·歐巴, 述「中國西洋紀年表」第十一.

中曆資西, 西曆異中, 民時所授, 我握其宗, 述「中國西曆異同表」第十二.

兵先地利, 豈間遐荒! 聚米畫沙, 戰勝廟堂, 述「國地總論」第十三.

雖有地利, 不如人和, 奇正正奇, 力少謀多, 述「籌夷章條」第十四.

知己知彼, 可款可戰, 匪證奚方, 孰醫瞑眩, 述「夷情備采」第十五.

水國恃舟, 猶陸恃堞, 長技不師, 風濤誰讋, 述「戰艦條議」第十六.

五行相克, 金火斯烈, 雷奮地中, 攻守一轍, 述「火器火攻條議」第十七.

軌文匪同, 貨幣斯同, 神奇利用, 盍殫明聰, 述「器藝貨幣」第十八.

道光二十有二載, 歲在壬寅嘉平月, 內閣中書邵陽魏源敍於揚州.

주석

1 원서: 이 서문은 원래 『해국도지』 50권본의 서문이다. 악록서사본에 따르면 이는 도광 22년 12월(1843년 1월)에 서술되어 도광 27년(1847) 『해국도지』 60권본을 출판할 때, 단지 50권본의 '5' 자를 '6' 자로 바꾸고 '서敍'를 '원서原敍'로 수정했다. 나머지 내용은 전부 50권본 그대로이다.

2 임칙서林則徐: 임칙서(1785~1850)는 청나라 말기의 정치가로 복건성 복주 출신이다. 자는 소목少穆, 호는 문충文忠이다. 1837년 호광총독湖廣總督으로 재임 중 황작자黃爵滋의 금연 정책에 호응해서 아편 엄금 정책을 주장했다. 호북湖北·호남湖南에서 금연 정책의 성공을 인정받아 흠차대신으로 등용되어 광동에서의 아편 무역을 단속하게 된다. 1839년 광동에 부임하여 국내의 아편 판매 및 흡연을 엄중히 단속하고 외국 상인이 소유하던 아편을 몰수했으며, 아편 상인을 추방하여 아편 무역을 근절하고자 했다. 그러나 이에 항의한 영국이 함대를 파견하자 이에 대한 책임을 지고 면직되어 신강성新疆省에 유배되었다.

3 서양인: 원문은 '서이西夷'이다.

4 『사주지四洲志』: 임칙서가 휴 머레이Hugh Muray 『세계지리대전The Encyclopædia of Geography』의 일부를 양진덕梁進德 등에게 번역시킨 후, 직접 원고의 일부분을 수정해서 펴낸 책이다. 이하 본서에서 언급하고 있는 원본은 바로 『사주지』를 가리킨다.

5 사지史志: 『해국도지』에 인용되어 있는 24사를 비롯해 『통전通典』, 『문헌통고文獻通考』, 『속문헌통고續文獻通考』, 『황조문헌통고皇朝文獻通考』, 『통지通志』, 『수경주水經注』, 『책부원귀冊府元龜』, 『대청일통지大淸一統志』, 『광동통지廣東通志』, 『무역통지貿易通志』 등의 서적을 가리킨다.

6 도지島志: 『해국도지』에 인용되어 있는 주달관周達觀의 『진랍풍토기眞臘風土記』, 왕대연汪大淵의 『도이지략島夷志略』, 사청고謝淸高의 『해록海

錄』, 장섭張燮의 『동서양고東西洋考』, 황충黃衷의 『해어海語』, 황가수黃可垂의 『여송기략呂宋紀略』, 왕대해汪大海의 『해도일지海島逸志』, 장여림張汝霖의 『오문기략澳門紀略』, 진륜형陳倫炯의 『해국문견록海國聞見錄』, 줄리오 알레니Giulio Aleni의 『직방외기職方外紀』, 페르디난트 페르비스트Ferdinand Verbiest의 『곤여도설坤輿圖說』 등의 서적을 가리킨다.

7 외국 지도: 원문은 '이도夷圖'이다. 서양에서 제작된 지도를 가리킨다.

8 외국어 저술: 원문은 '이어夷語'이다. 서양인이 저술한 서적을 가리킨다.

9 동남양東南洋: 위원이 말하는 동남양은 동남아시아Southeast Asia 해역, 한국Korea·일본Japan 해역 및 오세아니아Oceania 해역 등을 가리킨다.

10 서남양西南洋: 위원이 말하는 서남양은 아라비아해Arabian Sea 동부에 있는 남아시아South Asia 해역 및 서남아시아 동쪽의 아라비아해 서부 등의 해역을 포괄해서 가리킨다.

11 대서양大西洋·소서양小西洋: 위원이 말하는 대서양은 서유럽West Europe 및 스페인Spain·포르투갈Portugal의 서쪽 해역, 즉 대서양Atlantic Ocean에 인접해 있는 여러 국가 및 북해North Sea의 남부와 서부를 가리킨다. 위원이 말하는 소서양은 인도양Indian Ocean과 대서양에 인접해 있는 아프리카 Africa 지역을 가리킨다.

12 북양北洋: 위원이 말하는 북양은 북극해Arctic Ocean 및 그 남쪽의 각 바다에 인접해 있는 유럽Europe과 아시아Asia 두 대륙 일부, 일부 발트해 연안 국가의 해역, 덴마크Denmark 서쪽의 북해 동부 및 북아메리카North America의 그린란드Greenland 주위 해역, 즉 노르웨이Norway·러시아·스웨덴 Sweden·덴마크·프로이센Preussen 5개국의 해역 및 크림반도 주변 해역을 가리킨다.

13 외대서양外大西洋: 위원이 말하는 외대서양은 대서양에 인접해 있는 남북아메리카 일대를 가리킨다.

14 서양: 대서양 양안의 구미 각 나라를 가리킨다.

15 이 책은 … 언급했다는 것이다: 도광 27년(1847)의 60권본의 5, 7, 13, 14, 16, 20~23, 25~33, 36~38, 40~43권은 유럽인 원찬(歐羅巴人原撰), 후관 임

칙서 역후관林則徐譯, 소양 위원 중집邵陽魏源重輯이라고 기록하고 있는데, 이 부분은 『사주지』를 원본으로 하고 다른 서적을 참고해서 증보한 것이다.

16 사랑과 증오가 … 낳는다: 『주역』 제12장 「계사전繫辭傳」 하에 보인다. 길吉은 좋은 것, 흉凶은 나쁜 것이다. 회悔는 후회하는 것이고, 린吝은 개선하려고 하지 않는 것이다. 흉과 길이 이미 벌어진 일이라면 회와 린은 일종의 전조와 같은 것으로 회는 길할 전조, 린은 흉할 전조가 된다.

17 주변 오랑캐: 원문은 '외이外夷'이다.

18 「상무常武」와 「강한江漢」: 모두 『시경』 「대아」의 편명이다. 주나라 선왕宣王이 회북淮北의 오랑캐를 정벌하여 무공을 떨친 것을 기리기 위해 지은 것이다.

19 「운한雲漢」과 「거공車攻」: 「운한」은 『시경』 「대아」의 편명이고 「거공」은 「소아」의 편명이다. 주나라 선왕이 재해를 다스리고 제도를 정비한 것 등 내정을 충실히 한 것을 기리기 위해 지은 것이다.

20 괘사卦辭와 효사爻辭: 『주역』은 본래 양(—)과 음(--)의 결합에 의해 64괘로 이루어져 있다. 이 64괘에 대한 설명을 괘사라고 한다. 그리고 괘를 구성하고 있는 (—)과 (--)을 효라고 하는데, 이에 대한 의미를 설명한 것을 효사라고 한다. 1괘당 6개의 효가 있어 효사는 모두 384개로 이루어져 있다.

21 내괘內卦(하괘), 외괘外卦(상괘), 소식괘消息卦: 원문은 '내외소식內外消息'이다. 모두 『주역』의 용어로서 끊임없는 변화를 의미한다.

22 『주역』을 지은 자가 근심한: 『주역』 「계사전」 하에 의하면 "『주역』이 흥기한 것은 중고 시대일 것이다. 『주역』을 지은 자는 근심을 품고 있을 것이다(『易』之興也, 其於中古乎. 作『易』者其有憂患乎)"라고 언급하고 있다.

23 부否를 다해서 태泰로 움직이게 하는 것: '부'와 '태'는 모두 『주역』 64괘의 하나이다. '부'는 막혀 있는 상태, '태'는 형통하고 있는 상태로서 양자는 정반대의 위치에 있다. '부'가 지극해지면 '태'로 변화하는데, 이는 분노와 우환이 막혀 있는 상태에서 형통하는 상태로 변화하는 것을 의

미한다.

24 준가르도 … 일소되어 버렸다: 준가르는 17세기 초에서 18세기 중엽에
걸쳐 세력을 떨친 서북 몽골의 오이라트계 몽골족이다. 17세기 말경 종
종 중국의 서북 변경에 침입했으나 1755년 청나라군의 공격을 받아 준
가르가 붕괴되고 나아가 1758년 완전히 멸망되었다.

25 오랑캐의 아편: 원문은 '이연夷烟'이다.

26 폐하: 도광제道光帝(재위 1820~1850)를 가리킨다.

27 열조列祖: 청조의 역대 제왕을 가리킨다.

28 길흉화복: 원문은 '의복倚伏'이다. 노자老子 『도덕경道德經』의 "화란 것은
복이 의지하는 곳이고, 복은 화가 숨어 있는 곳이다(禍兮福之所倚, 福兮禍之
所伏)"라는 말에서 유래한다.

29 쑥은 삼 년간 묵혀서 쌓아 두고: 원문은 '애삼년이축지艾三年而蓄之'이다.
『맹자孟子』 「이루離婁」 하편에 "7년의 병을 치료하기 위해서는 삼 년간
숙성된 쑥이 필요하다(七年之病救三年之艾)"는 말이 있다.

30 그물은 연못에 가서 엮고: 원문은 '망임연이결지網臨淵而結之'이다. 『한서
漢書』 「동중서전董仲舒傳」에 "연못에 임해서 고기를 탐하는 것은 물러나
그물을 만드는 것보다 못하다(臨淵羨魚, 不如退而結網)"라는 말이 있다.

31 맨몸으로 황하를 건너지 말며: 원문은 '무풍하毋馮河'이다. 『논어論語』
「술이述而」편에 "맨손으로 호랑이를 잡고 맨몸으로 황하를 건너다가 죽
어도 후회가 없다는 사람과는 나는 함께하지 않을 것이다(暴虎馮河, 死而無
悔者, 吾不與也)"라는 말이 있다.

32 그림의 떡을 바라지 않는다면: 원문은 '무화병毋畫餅'이다.

33 월상越裳: 서주 초기의 '월상'은 막연하게 중국 남쪽의 아주 먼 나라를 가
리키기 때문에 정확한 지역은 알 수 없다. 삼국 시대 이후에 등장하는
'월상'은 대체로 베트남 중부의 월상현越裳縣을 가리키며, 지금의 하띤성
Ha Tinh 일대에 해당한다. 또한 라오스Laos나 캄보디아Cambodia를 가리키
기도 한다.

34 『전』에 … 한다: 『후한서後漢書』 「남만전南蠻傳」에 의하면 월상은 베트

남의 남쪽에 있던 나라로 주공周公 시기 여러 번이나 통역을 거쳐서 입
조해서 흰 꿩을 바쳤다는 일화가 등장하는데, "누가 집안을 … 신하 되
기를 청하네"는 한유韓愈의 시 「월상조越裳操」에서 인용한 것이다.

35 「주해편籌海篇」: '의수議守', '의전議戰', '의관議款' 세 항목으로 구성되어 있다.

36 기독교: 원문은 '이교夷敎'이다.

37 속국: 원문은 '속번屬藩'이다.

38 필리핀: 원문은 '여송呂宋'이다.

39 교훈으로 삼을 만하다: 원문은 '전거불원前車不遠'이다. 이 말은 앞 수레
가 넘어지면 뒤 수레의 경계가 된다는 의미의 '전거복철前車覆轍'과 은나
라가 망한 것을 거울로 삼아야 할 것은 멀리 있지 않다는 의미의 '은감
불원殷鑑不遠'의 앞뒤 두 글자를 따온 것이다.

40 종교가 세 차례나 변하고: 원문은 '교열삼경敎閱三更'이다. '종교의 나라'
로로 불리는 인도는 힌두교와 불교의 탄생지이며, 10세기경에는 이슬람
군이 인도의 델리 지방을 점거하면서 이슬람교가 전파되기 시작했다.

41 오인도: 원문은 '오축五竺'으로, 동인도·남인도·서인도·북인도·중인도
를 가리킨다. 악록서사본에 따르면 오인도는 다음과 같이 구분되고 있
다. 동인도Pracys는 지금의 인도 아삼주Assam 서부, 서벵골주West Bengal
의 중부와 남부, 오디샤Odisha의 북부와 중부 및 현 방글라데시Bangladesh
의 중부와 남부이다. 북인도Udicya는 현 카슈미르주Kashmir, 인도의 펀자
브주Punjab, 하리아나주Haryana, 파키스탄의 서북 변경, 펀자브주 및 아프
가니스탄의 카불강Kabul River 남쪽 양측 강변 지역이다. 서인도Aparanta는
현 파키스탄 중부와 남부, 인도 구자라트주Gujarat의 북부와 동부, 마디
아프라데시주Madhya Pradesh의 북부와 서부, 라자스탄주Rajasthan의 남부이
다. 『대당서역기大唐西域記』에는 '인도국'이 아니라고 명확히 밝히고 있
다. 중인도Madhyadesa는 현 방글라데시 북부, 인도의 서벵골주 북부, 라
자스탄주 북부, 우타르프라데시주Uttar Pradesh이다. 네팔Nepal을 중인도
에 넣고 있는데, 이는 옳지 않다. 선학들도 이미 논한 바 있다. 남인도
Daksinapatha는 인도차이나반도상의 오디샤주의 남부, 중앙주의 동남부,

마하라슈트라주Maharashtra와 위에서 서술한 세 곳 이남의 인도 각주 및 서북쪽으로 면한 카티아와르반도Kathiawar Peninsular이다. 『대당서역기』에는 '인도국'이 아니라고 명확히 밝히고 있다. 위원이 『해국도지』를 편찬할 때 무굴 제국Mughal Empire은 이미 멸망하여 잘 알지 못했기 때문에 『직방외기』에서 언급한 동·북·중·서인도가 무굴 제국에 병합되었다고 하는 설의 영향을 크게 받았다. 확실하게 영국의 동인도 회사가 직접 통치하는 벵골(현 방글라데시와 인도의 서벵골주 지역)을 동인도로 하고 카슈미르를 북인도라 한 것을 제외하고는 예전 중·서인도 및 동·북인도의 나머지 지역을 '중인도'라고 했다. 또한 지금 이란의 아라비아반도에 이르는 일대를 '서인도'라고도 했다.

42 중국: 원문은 '진단震旦'으로, 지나支那와 같이 중국을 달리 부르는 말이다.

43 백인: 원문은 '석晳'이다.

44 흑인: 원문은 '검黔'이다.

45 해외에서 온 외국인: 원문은 '해객海客'이다.

46 대진大秦: 고대 로마 제국Roman Empire, 또는 동로마 제국Byzantium Empire을 가리킨다.

47 해서海西: 고대 로마 제국, 또는 동로마 제국을 가리킨다.

48 오랑캐: 원문은 '융戎'이다. 고대 중국은 주변 민족을 동이東夷, 서융西戎, 남만南蠻, 북적北狄으로 불렀다. 여기에서 융은 중국의 서쪽에 있는 이민족을 가리킨다.

49 반림泮林의 올빼미: 원문은 '반효泮鴞'이다. 『시경』「노송魯頌·반수泮水」편에 "훨훨 날아다니는 올빼미가 반궁 숲에 내려앉았네. 우리 뽕나무의 오디를 먹고서는 나에게 듣기 좋은 소리로 노래해 주네(翩彼飛鴞, 集于泮林, 食我桑黮, 懷我好音)"라고 하는데, 이는 훨훨 나는 올빼미가 오디를 먹고 감화되었다는 것을 의미한다.

50 아랍: 원문은 '대식大食'이다. 대식은 원래 이란의 한 부족명이었는데, 후에 페르시아인은 이를 아랍인의 국가로 보았다. 중국은 당조唐朝 이후 대식을 아랍 국가의 명칭으로 사용하고 있다.

51 유럽: 원문은 '구파歐巴'이다.

52 쌀이나 모래로 … 파악한다면: 원문은 '취미화사聚米畵沙'이다. 『후한서』
    권24 「마원열전馬援列傳」에 의하면, 후한 광무제가 농서隴西의 외효隗囂
    를 치기 위하여 친정했을 때, 농서 출신 복파장군伏波將軍 마원이 쌀을
    모아서 산과 골짜기 등 지형을 그림처럼 만들어 보여 주자 광무제가 오
    랑캐가 내 눈앞에 들어왔다고 기뻐했다는 고사가 전해진다.

53 금金과 화火: 금과 화는 음양오행설의 목·화·토·금·수의 순서에 따라 상
    극(상승) 관계에 있다. 동시에 여기에서는 무기, 화기를 나타낸다. 『주
    역』에 "우레가 지축을 흔든다(雷奮地中)"라는 말이 있다.

54 차궤와 문자: 『예기禮記』 「중용中庸」편에 "지금 천하의 수레는 차궤를
    같이하고, 서적은 문자를 같이하며, 행실은 윤리를 같이한다(今天下車同
    軌, 書同文, 行同倫)"라고 한다. 여기에서 차궤, 문자, 행실은 넓은 의미에서
    인류 사회의 문명을 의미한다.

해국도지 후서

—

　서양의 지리에 대해 이야기할 경우에는 명대 만력萬曆[1] 연간 서양[2]인 마테오 리치Matteo Ricci[3]의 『곤여도설坤輿圖說』[4]과 줄리오 알레니Giulio Aleni[5]의 『직방외기職方外紀』[6]에서부터 시작해야 한다. 이들 책이 처음 중국에 소개되었을 때, 중국인들은 대체로 추연鄒衍[7]이 천하를 논하는 것과 같다고 생각했다.[8] 청조[9] 시기에 이르러 광동에서 통상무역[10]이 활발해지면서 중국어와 산스크리트어가 두루 번역됨에 따라 지리에 관한 많은 서적이 중국어로 번역·간행되었다. 예를 들면, 북경 흠천감欽天監[11]에서 근무하던 페르디난트 페르비스트Ferdinand Verbiest[12]와 미셸 베누아Michel Benoist[13]의 『지구전도地球全圖』가 있다. 광동에서 번역 출간된 것으로서 초본鈔本[14]인 『사주지四洲志』·『외국사략外國史略』[15]이 있고, 간행본으로는 『만국지리전도집萬國地理全圖集』[16]·『평안통서平安通書』[17]·『매월통기전每月統紀傳』[18]이 있는데, 하늘의 별처럼 선명하고 손금을 보는 것처럼 명료했다. 이에 비로소 해도海圖와 해지海志를 펼쳐 보지 않았으면 우주의 창대함과 남북극의 상하가 둥글다는 것을 몰랐다는 사실조차 몰랐을 것이다. 다만, 이 발행물들은 대부분 서양 상인들이 발행한 것으로 섬 해안가 토산물의 다양함, 항구도시 화물 선박의 수, 더위와 추위 등 하늘의 운행에 따른 절기에 대해서는 상세하다. 그리고 각 나라 연혁의 전모나 행정 구역의 역사로 보아 각 나라 사서史書에 9만 리를 종횡하고 수천 년을 이어져 온 산천 지리를 기록할 수 있을 것 같은데, [이들 책에서는] 유감스럽게도 아직 들어 보지 못했다.

다만 최근에 나온 포르투갈[19]인 호세 마르티노 마르케스José Martinho Marques[20]의 『지리비고地理備考』,[21] 미국[22]인 엘리자 콜먼 브리지먼Elijah Coleman Bridgman[23]의 『미리가합성국지략美理哥合省國志略』[24]은 모두 그 나라의 문인들이 고대 전적典籍[25]을 세세하게 살펴 [집필하여] 문장의 조리가 매우 분명해 이해하기가 쉽다. 그리고 『지리비고』의 「구라파주총기歐羅巴洲總記」 상하 2편[26]은 더욱 걸작으로, 바로 오랫동안 막혀 있던 마음을 확 트이게 해 주었다. 북아메리카[27]에서는 부락이 군장을 대신하고[28] 그 정관이 대대로 이어지는데도 폐단이 없고, 남아메리카[29] 페루국[30]의 금은은 세계에서 제일 풍부하지만, 모두 역대로 들은 바가 없다. 이미 [『해국도지』는] 100권을 완성해 앞에 총론을 제시해서 독자들로 하여금 그 대강을 파악한 후에 그 조목을 상세하게 알게 해 두었으니 분량의 방대함에 질려 탄식하지 않기를 바란다.

또한 예전 지도는 단지 앞면과 뒷면 2개의 전도全圖만 있고, 또한 각 나라가 모두 실려 있지 않아 좌우에 지도와 역사서를 모두 갖추는 바람을 채우지 못했다. 그런데 지금 광동과 홍콩에서 간행된 화첩畵帖[31] 지도를 보면 각각 지도는 일국의 산수와 성읍의 위치를 구륵鉤勒, 즉 동그라미로 표시하고 색칠해 두었으며 경도[32]와 위도[33]를 계산하는 데 조금도 어긋나지 않았다. 이에 고대부터 중국과 교류가 없었던 지역임에도 산천을 펼쳐 보면 마치 『일통지一統志』의 지도를 보는 것 같았고 풍토를 살펴보면 마치 중국 17개 성省의 지방지를 읽는 것 같았다. 천지 기운의 운행이 서북쪽에서 동남쪽으로 해서 장차 중외가 일가를 이루려고 하는 것인가!

무릇 그 형세를 자세하게 알면 다스리는 방법이 틀림없이 「주해편」에 들어 있다는 것을 알게 될 것이다. 「주해편」은 작게 쓰면 작은 효용이, 크게 쓰면 큰 효용이 있을 것이니 이로써 중국의 명성과 위엄을 떨칠 수 있다면 이는 밤낮으로 매우 원하던 바이다.

마르케스의 『천문지구합론天文地球合論』과 최근 수전에서 사용되었던 화공과 선박, 기기의 도면을 함께 뒤쪽에 부록으로 실어 두었으니, 지식을 넓히는 데 보탬이 되고, 유익하게 활용하는 데 도움이 되기를 바란다.

함풍咸豊 2년(1852), 소양 사람 위원이 고우주高郵州에서 쓴다.

海國圖志後敍

一

　　譚西洋輿地者, 始於明萬曆中泰西人利馬竇之『坤輿圖說』, 艾儒略之『職方外紀』. 初入中國, 人多謂鄒衍之談天. 及國朝而粵東互市大開, 華梵通譯, 多以漢字刊成圖說. 其在京師欽天監供職者, 則有南懷仁·蔣友仁之『地球全圖』. 在粵東譯出者, 則有鈔本之『四洲志』·『外國史略』, 刊本之『萬國地理全圖集』·『平安通書』·『每月統紀傳』, 爛若星羅, 瞭如指掌. 始知不披海圖海志, 不知宇宙之大, 南北極上下之渾圓也. 惟是諸志多出洋商, 或詳於島岸土產之繁, 埠市貨船之數, 天時寒暑之節. 而各國沿革之始末·建置之永促, 能以各國史書誌富媼山川縱橫九萬里·上下數千年者, 惜乎未之聞焉.

　　近惟得布路國人瑪吉士之『地理備考』與美里哥國人高理文之『合省國志』, 皆以彼國文人留心丘索, 綱舉目張. 而『地理備考』之『歐羅巴洲總記』上下二篇尤爲雄偉, 直可擴萬古之心胸. 至墨利加北洲之以部落代君長, 其章程可垂奕世而無弊, 以及南洲孛露國之金銀富甲四海, 皆曠代所未聞. 既彙成百卷, 故提其總要於前, 俾觀者得其綱而後詳其目, 庶不致以卷帙之繁, 望洋生歎焉.

又舊圖止有正面背面二總圖, 而未能各國皆有, 無以愜左圖右史之願. 今則用廣東香港冊頁之圖, 每圖一國, 山水城邑, 鉤勒位置, 開方里差, 距極度數, 不爽毫髮. 於是從古不通中國之地, 披其山川, 如閱『一統志』之圖, 覽其風土, 如讀中國十七省之志. 豈天地氣運, 自西北而東南, 將中外一家歟!

夫悉其形勢, 則知其控馭必有於「籌海」之篇. 小用小效, 大用大效, 以震疊中國之聲靈者焉, 斯則夙夜所厚幸也. 夫至瑪吉士之『天文地球合論』與夫近日水戰火攻船械之圖, 均附於後, 以資博識, 備利用.

咸豐二年, 邵陽魏源敍於高郵州.

주석

1   만력萬曆: 명나라 제13대 황제 신종神宗 주익균朱翊鈞(재위 1573~1620)의 연호
이다.

2   서양: 원문은 '태서泰西'이다. 널리 서방 국가를 가리키는데, 일반적으로
서유럽과 미국을 의미한다.

3   마테오 리치Mateo Ricci: 원문은 '이마두利瑪竇'이다. 마테오 리치(1552~1610)
는 이탈리아 마체라타Macerata 출신으로 1583년에는 광동에 중국 최초의
천주교 성당을 건립해 그리스도교를 전파했다. 그는 유학에도 상당히
조예가 깊었으며, 철저한 중국화를 위해 스스로 유학자의 옷을 입었다.
그리고 조상 숭배도 인정하는 융통성을 보여 유학자들로부터 '서양의
유학자(泰西之儒士)'라고 불리었다. 대표적인 저작으로 자신과의 대화 형
식을 빌려 천주교 교리를 설명한 『천주실의天主實義』가 있다.

4   『곤여도설坤輿圖說』: 청대 초기 흠천감을 맡고 있던 페르비스트(1623~1688)
는 천문 역법뿐만 아니라 세계 지리와 지도, 천주교 등 다양한 유럽 문
화를 소개했는데, 그중 세계 지리서로 간행한 것이 바로 『곤여도설』이
다. 이 책은 상하 2권 1책으로 구성되어 있다. 여기에서 마테오 리치의
저술이라고 한 것은 오류이다. 마테오 리치는 1601년 『만국도지萬國圖
志』를 그려서 만력제에게 선물했으며, 세계 지도 위에 지리학과 천문
학적인 설명을 덧붙여 놓은 『곤여만국전도坤輿萬國全圖』를 번역하기도
했다. 본문에서 『곤여도설』은 『곤여만국전도』의 오류가 아닌가 생각
한다.

5   줄리오 알레니Giulio Aleni: 원문은 '애유략艾儒略'이다. 알레니(1582~1649)는
이탈리아 출신의 예수회 소속 선교사이다. 중국의 복장과 예절을 받아
들여 '서양의 공자'라고 일컬어졌다.

6   『직방외기職方外紀』: 알레니가 한문으로 저술한 세계지리도지世界地理圖

志이다. 마테오 리치의 『만국도지』를 바탕으로 증보했으며, 아시아, 유럽, 아프리카, 아메리카 및 해양에 관한 내용을 적고 있다. 『주례周禮』에 기록된 관제 중에 직방씨職方氏가 있는데, 천하의 땅을 관장하기 위해 지도를 맡아 관리했다. 이에 따르면 천하는 중국과 주위의 사이四夷, 팔만八蠻, 칠민七閩, 구맥九貊, 오융五戎, 육적六狄으로 구성되어 있다. 이에 알레니는 중국 사람들에게 천하에는 이들 이외에 중국에 조공하지 않는 많은 나라가 있음을 이 책을 통해 알려 주려고 한 것이다.

7 추연鄒衍: 추연(기원전 305~기원전 240)은 중국 전국 시대戰國時代 제齊나라 사람으로 제자백가 중 음양가陰陽家의 대표적 인물이다. 오행사상五行思想과 음양이원론陰陽二元論을 결합하여 음양오행사상을 구축했다.

8 천하를 논하는 것과 같다고 생각했다: 여기에서 천문은 추연의 대구주설大九州說을 말하는 것이다. 『사기史記』에 따르면, "중국을 이름 붙이기를 적현신주赤縣神州라고 했다. 적현신주 안에 구주九州라는 것이 있는데, 우禹임금이 정한 구주가 바로 이것이나, 대구주는 아니다. 중국의 밖에는 적현신주 같은 것이 9개가 있는데, 이것이 구주인 것이다"라고 되어 있다. 즉 추연은 우공의 구주 전체를 적현신주라 하고 이와 똑같은 것이 8개가 더 합쳐져서 전 세계가 하나의 주를 구성하고 있다고 보았다. 추연의 대구주설은 처음에는 이단으로 받아들여졌으나, 서양의 세계 지도가 중국에 전래되면서 관심을 끌게 되었다고 한다.

9 청조: 원문은 '국조國朝'이다.

10 통상무역: 원문은 '호시互市'이다. 본래 중국의 역대 왕조가 국경 지대에 설치한 대외무역소를 가리키는데, 명청 시대에는 책봉 관계를 체결하지 않은 외국과의 대외무역 체제를 의미한다.

11 흠천감欽天監: 명청 시대 천문·역법 등에 관한 일을 담당하던 기관으로 서양 선교사들이 황실의 천문을 살펴 주고 그 사업을 주도했다.

12 페르디난트 페르비스트Ferdinand Verbiest: 원문은 '남회인南懷仁'이다. 벨기에 출신으로 1659년 중국에 와서 전도에 일생을 바쳤다. 당초 예수회 수사 아담 샬Adam Schall을 도와 흠천감에서 근무했는데, 이는 서양의 천

문학과 수학에 통달했기 때문이었다. 강희 원년(1662) 양광선楊光先을 중심으로 하는 보수파의 반대 운동에 부딪혀 아담 샬과 함께 북경 감옥에 갇혔다. 이어 보수파가 실각하자 다시 흠천감의 일을 맡게 되었으며, 궁정의 분수 등을 만들어 강희제의 신임을 받아 공부시랑工部侍郞의 직위를 하사받았다. 또한 서양풍의 천문기기를 주조하고 그것을 해설한 『영대의상지靈臺儀像志』(1674) 16권을 출판했으며, 같은 해에 『곤여도설坤輿圖說』이라는 세계 지도를 펴냈다.

13 미셸 베누아Michel Benoist: 원문은 '장우인蔣友仁'이다. 미셸 베누아 (1715~1774)는 프랑스 출신의 예수회 선교사, 천문학자이다.

14 초본鈔本: 인쇄 기술에 의존하지 않고 손으로 직접 글을 써서 제작한 도서나 출판물을 가리킨다. 필사본이라고도 한다.

15 『외국사략外國史略』: 영국인 선교사 로버트 모리슨Robert Morrison의 작품으로 『해국도지』에 커다란 영향을 미쳤다.

16 『만국지리전도집萬國地理全圖集』: 광서 2년본에는 '『만국도서집萬國圖書集』'으로 되어 있으나, 악록서사본에 따라 고쳐 번역한다.

17 『평안통서平安通書』: 미국 선교사 디비 베툰 매카티Divie Bethune McCartee의 저서로, 기독교 교의와 과학 지식, 천문天文·기상氣象 관련 상식들을 소개하고 있다.

18 『매월통기전每月統紀傳』: 원명은 『동서양고매월통기전東西洋考每月統記傳』으로, 카를 귀츨라프Karl Gützlaff가 1833년에 광주廣州에서 창간한 중국어 월간지이다.

19 포르투갈: 원문은 '포로국布路國'이다.

20 호세 마르티노 마르케스José Martinho Marques: 원문은 '마길사瑪吉士'이다. 마규사馬圭斯, 혹은 마귀사馬貴斯라고도 한다. 마르케스(1810~1867)는 어려서부터 마카오의 성요셉 수도원에서 한학을 배웠다. 1833년 23세 때 통역사 자격을 취득한 후 마카오 의사회에서 통번역 일을 했으며, 1848년부터는 프랑스 외교사절의 통역에 종사했다.

21 『지리비고地理備考』: 전 10권으로 구성되어 있다. 제1권은 지리학, 천문학

과 기상학, 제2권은 지진, 화산 등 각종 자연 현상, 제3권은 포르투갈의 정치 무역을 비롯해 각 나라의 기원과 역사에 대해, 제4권에서 제10권은 지구총론, 유럽, 아시아, 아프리카, 아메리카, 오세아니아주의 정치, 지리, 경제 현상에 대해 서술하고 있다.

22 미국: 원문은 '미리가국美里哥國'이다.

23 엘리자 콜먼 브리지먼Elijah Coleman Bridgman: 원문은 '고리문高理文'이나, 비치문裨治文으로 표기하는 것이 일반적이다. 브리지먼(1801~1861)은 중국에 파견된 최초의 미국 프로테스탄트 선교사이다. 성서 번역 외에 영어판 월간지 *Chinese Repository*를 창간했다. 또한 싱가포르에서 한문으로 미국을 소개한 『미리가합성국지략』을 간행했는데, 이 책은 위원의 『해국도지』에서 미국 부분을 서술하는 데 중요한 참고자료가 되었다.

24 『미리가합성국지략美理哥合省國志略』: 원문은 '『합성국지合省國志』'이다. 혹자는 이 말을 오해해서 『합성국지』가 『해국도지』 100권본에 이르러 비로소 인용되었다고 하지만, 악록서사본에 따르면 이미 『해국도지』 50권본에서 이 책을 인용하고 있다고 한다.

25 고대 전적典籍: 원문은 '구색索丘'이다. 『팔색八索』과 『구구九丘』를 아울러 칭한 것으로 일반적으로 고대의 모든 전적을 가리킨다.

26 『지리비고地理備考』의 「구라파주총기歐羅巴洲總記」 상하 2편: 위원은 『지리비고』의 「방국법도원유정치무역근본총론邦國法度原由政治貿易根本總論」의 전문을 각색해서 「구라파주총기」 상하 두 편으로 표제를 수정했다.

27 북아메리카: 원문은 '묵리가북주墨利加北洲'이다.

28 부락이 군장을 대신하고: 원문은 '이부락대군장以部落代君長'으로, 미국의 연방제를 가리키는 것으로 보인다.

29 남아메리카: 원문은 '남주南洲'이다.

30 페루국: 원문은 '패로국孛露國'이다.

31 화첩畫帖: 원문은 '책혈冊頁'이며, 화책畫冊이라고도 한다.

32 경도: 원문은 '개방리차開方里差'이다. 오늘날 시간대를 나타내는 이차의 원리는 원나라 이후 널리 알려져 절기와 시각, 일식과 월식을 예측하는

데 널리 적용됐다.

33 위도: 원문은 '거극도수距極度數'이다.

海國圖志
卷九

해국도지

권9

———

소양邵陽 위원魏源 편집

본권에서는 동남아시아 가운데 싱가포르의 지리, 역사, 풍속, 외모, 언어, 문화적 특색 및 중국을 비롯한 서양 국가들과의 대외관계를 기술하고 있다. 특히 싱가포르와 관련된 전대의 문헌 『명사明史』의 「외국전外國傳」, 『양서梁書』의 「남이전南夷傳」, 『만국지리전도집萬國地理全圖集』, 『해어海語』, 『해록海錄』, 『외국사략外國史略』, 『지리비고地理備考』, 『매월통기전每月統紀傳』, 『남양려측南洋蠡測』, 『무역통지貿易通志』 등을 인용, 소개하는 동시에 이들 기록에 대한 위원 자신의 독창적인 견해와 비평을 함께 싣고 있다.

구 태국 동남부 속국
현 영국 조계지 싱가포르 연혁 3

—

즉 믈라카 왕국으로 구 조호르 등의 국가이다.
싱가포르는 신주부新州府, 성기리파星忌利坡라고도 하는데,
모두 발음이 비슷해서 그렇게 불린다.
원본에는 없으나, 지금 보충한다.

『명사明史』에 다음 기록이 있다.

믈라카Melaka 왕국[1]은 참파국[2]의 남쪽에 있다. 순풍을 타고 8일을 가면 용아문龍牙門[3]에 이르고 다시 서쪽으로 2일을 가면 이곳에 도착한다. 혹자가 말하길 이곳은 옛 돈손국頓遜國[4]으로 당대에는 가라부라哥羅富羅[5]라고 불렀다고 한다. 『양서梁書』「해남제국전海南諸國傳」에 다음 기록이 있다. "돈손국은 바다로 뻗은 곳에 있고 땅은 사방 1천 리이며 성은 바다에서 10리 떨어져 있다. 다섯 명의 왕이 있는데, 모두 프놈국Norkor Phnom[6]에 복속되었다." 두 씨杜氏[7]의 『통전通典』에는 다음 기록이 있다. "양梁나라 때의 소문에 따르면 돈손국은 바다로 뻗은 곳에 위치해 있고, 북쪽 프놈국과는 약 3천 리 떨어져 있다. 돈손국의 동쪽 경계는 교주交州, 서쪽 경계는 인도India[8]와 접하고 있다. 여러 나라의 상인 대부분이 돈손국에 와서 장사했다. 돈손국은 바다에서 1천 리[9] 남짓 돌아 들어가는 곳에 위치하고 망망대해에는 해안도 없어, 일찍이 선박들이 거쳐 지나갈 수가 없었다. 시장은 동서 교역의 장이 되어 날마다 1만여 명의 사람들이 드나들었고 진귀한 물건 등 없는 것이 없었다." 또한 가라부

라국 역시 『통전』에 보인다.

그 땅은 왕이 없고 또한 나라로 칭하지도 않았다. 태국[10]의 속국으로 매년 금 40냥을 세금으로 바쳤다. 영락永樂[11] 원년(1403)에 [명나라는 그곳에] 사신을 보내고 금실로 무늬를 짜 넣은 비단[12]을 하사하며 위엄과 덕망으로 그들을 초무할 뜻을 보였다. 부족장은 크게 기뻐하며 사신을 보내 명의 사신을 따라 들어가 조공하게 했다. 영락 3년(1405) 9월 사신들이 도성에 도착하자 황제는 조서를 내려 그 부족장을 믈라카 왕국의 국왕으로 봉했다. 믈라카의 사신이 그 나라를 명나라의 진鎭으로 봉해 주길 청하니 황제는 비문碑文을 지어 그 나라에 세우게 했다. 영락 9년에 국왕은 아내와 자식들, 그리고 배신陪臣 540여 명을 거느리고 명나라로 왔다. 그들이 근교에 이르자, 황제는 환관과 담당 관리에게 회동관會同館[13]에서 그들의 노고를 위로하는 잔치를 열게 했다. 그들이 봉천전奉天殿에 입조하자 황제는 친히 연회를 열고 매우 후하게 선물을 하사했다. 영락 연간과 선덕宣德 연간에 국왕이 여러 번 아내, 자식들과 배신들을 거느리고 명나라로 왔고 아울러 태국이 침략하는 상황을 아뢰었다. 조정에서 여러 번 태국에 칙서를 내리자 이에 태국에서 조서를 받들었다. 성화成化 17년 9월에 조공을 바치는 사신이 아뢰었다.

"성화 5년 조공을 바치는 사신이 돌아가던 중 안남국安南國 국경에 표류했는데, 사신의 대부분이 살해되었고 그 나머지는 얼굴에 문신을 새겨 노예로 삼았습니다. 지금 이미 참파국을 차지하고 또 본국도 집어삼키려고 합니다."

이에 황제는 돌아가는 안남국 사신에게 칙서를 내려 그 왕을 꾸짖었다. 후에 포르투갈[14]이 강성해져 군대를 이끌고 믈라카 왕국을 침략하자 국왕은 도망치면서 사신을 보내 국난國難을 알렸다. 당시는 가정제嘉靖帝

가 이미 왕위를 계승한 때로, 포르투갈에 칙서를 내려 꾸짖으며 그들의 옛 땅을 돌려주라고 했다. 그리고 태국 등 여러 나라 국왕에게 유지를 내려 재난을 구하고 이웃 나라를 구휼하도록 했지만 응하는 나라가 없어 믈라카 왕국은 결국 멸망했다. 당시에 포르투갈도 사신을 보내 조공하면서 책봉해 줄 것을 청했는데, 사신이 광둥廣東에 이르자 지방관은 포르투갈령 믈라카가 본래 왕회王會[15]에 올라 있지 않아 사신을 붙잡아 두었다고 아뢰었다. 황제는 조서를 내려 토산품을 주고 즉시 돌려보내게 했다. 후에 국명을 마륙갑麻六甲[16]으로 바꾸었다고 한다. 조공 물품으로는 마노·진주·대모玳瑁·산호수·학정鶴頂[17]·금모학정金母鶴頂[18]·쇄복瑣服[19]·백포白布·서양포西洋布·살합랄撒哈剌[20]·무소뿔·상아·검은 곰·검은 원숭이·흰 노루·칠면조·앵무·편뇌片腦·장미로薔薇露·소합유蘇合油·치자꽃·오다니烏爹泥[21]·침향沈香·속향速香·금은향金銀香[22]·아위阿魏 등이 있다.

왕국에는 강물이 있는데, 모래를 일어 주석을 채취한다. 땅은 척박하여 수확이 적기 때문에 백성들은 모두 주석을 채취하거나 물고기를 잡는 일을 하며 먹고살았다. 기후는 아침에는 덥고 저녁에는 춥다.[23] 남녀 모두 머리를 올리며 피부색은 검다. 간혹 피부가 흰 사람도 있는데, 이는 중국계이다. 풍속은 순박하고 인정이 많으며 상도商道는 매우 공정하다. 그러나 포르투갈의 침략을 받으면서부터 풍속이 갑자기 달라졌다. 상선은 드물게 왔고 대부분 수마트라[24]로 직접 갔다. 또한 한사코 믈라카 왕국을 경유해 갔던 선박들은 대부분 습격을 받아 약탈당했기 때문에 바닷길[25]이 거의 끊겼다. 중국과 직접 장사를 하려는 상인들은 곧장 광둥 마카오Macao[26]로 가서 마카오에는 상인들의 발길이 끊이지 않았다고 한다.

명나라 황충黃衷의 『해어海語』에 다음 기록이 있다.

믈라카 왕국은 남중국해에 있으며 처음에는 태국의 속국이었는데, 후에 그곳을 지키던 부족장이 군주를 배반하고 직접 왕국을 세웠다.[27] 동관현東筦縣[28] 남정문南亭門에서 출항하여 성반星盤[29]을 보면 태국과 같은 방향이다. 곤둔양崑屯洋[30]에 이르러 곧장 남쪽으로 가면 빠니깜 항구에 도착하고, 2일을 가면 믈라카 왕국에 도착한다. 여러 이민족이 몰려드는 땅으로 작은 해상 도시이다. 국왕은 앞쪽의 기와집에 사는데, 이 집은 바로 영락 연간에 태감太監 정화鄭和[31]가 남기고 간 것이다. 나머지 집은 모두 주석으로 장식되어 있다. 여러 나라와 교역하듯이 칙사를 만나는데 왕은 의장대를 성대히 세워 놓고 직접 방비한다. 백성들은 모두 흙집에서 산다. 고관高官은 븐다하라bendahara,[32] 세족世族은 샤반다르syahbandar[33]라고 부른다. 백성은 대부분 부유하여 부잣집에서는 수천 곡斛에 달하는 후추를 가지고 있고, 저장해 놓은 상아·무소뿔·서양포·진주조개·향료가 셀 수 없이 많다. 문자는 모두 산스크리트어를 쓰고 무역할 때는 주석을 사용하는데, 대체로 주석 3근이 은 1전錢에 해당한다. 중개상이 흥정할 때는 손가락 마디를 눌러 보인다. 수천 금의 물건을 교역하면서도 문서를 남기지 않고 하늘을 가리키며 약속하지만, 감히 약속을 저버리는 자가 없다. 오곡이 나지 않아 쌀은 모두 태국[34]의 파탈룽Phatthalung[35]이나 쁘디르Pedir[36]에서 구입한다. 민간에서는 이슬람교를 신봉하여 돼지고기를 금지하고 밥에 우유를 섞어 먹는다. 닭·개·거위·오리는 항상 다른 나라에 잘 팔리며 가격은 중국보다 다섯 배나 높다. 백성들의 성품은 사납고 약속을 중히 여겨 칼을 항상 곁에 두고선 말이 맞지 않으면 칼로 그 사람의 가슴을 찌르고 산속으로 도망가 숨었다. 그러다가 일정 시간이 지나면 산에서 나왔는데, 죽은 자의 집에선 다시 복수하려 하지 않았고, 븐다하라라고 하더라도 다시 죄를 따져 묻지 않았다. 지형은 산이 높고 골이

깊었으며 육지로 걸어서 태국에 갈 수 있었고 일찍이 자와 옛 사파국闍婆國이

다. 를 병합한 적이 있었다. 그런데 자와 사람들은 본디 흉포하고 교활해

서 그 땅에 고용된 뒤 주인을 살해하는 자가 열에 여덟아홉이었다. 또한

독약을 잘 제조하여 그 화살을 맞은 자는 모두 즉사했다.

정덕正德[37] 연간에 서양의 포르투갈 배가 무역 중에 이익을 다투다 소

란을 피우자 국왕이 나달那達[38]을 잡아 가두었다. 포르투갈인이 돌아가

자신의 군주에게 알리자 군주는 이에 대함선 8척과 정예병 1만 명을 보

내 순풍을 타고 그 나라를 습격하니 왕국은 크게 살육당하고 약탈당했

다. 믈라카 국왕은 쁘디르로 도망쳤고 포르투갈은 그 땅을 태국에 뇌물

로 요구해 귀속시키려 했지만 태국이 거부했다. 포르투갈이 배에 물건을

가득 싣고 돌아가자 국왕은 원래 거처로 돌아왔다. 『영애승람瀛涯勝覽』에 다음

기록이 있다. 믈라카 왕국의 옛 이름은 오서五嶼[39]인데 바다에 다섯 개의 섬이 있기 때문

이다. 동남쪽은 바다와 접해 있고 서북쪽은 모두 언덕이며, 언덕은 산과 이어져 있다.

땅은 척박하고 염분이 있어 수확이 매우 적으며 나라로 칭해지지 않고 태국에 귀속되

었다. 해마다 금 50냥을 바치는데, 바치지 못하면 정벌당했다. 영락 7년 기축년에 황제

가 태감 정화에게 명령을 내려 국왕으로 책봉하게 했다. 이때부터 국왕은 태국에 귀

속되지 않았고, 아내와 자식을 데리고 도성에 와서 감사를 표하면서 조공을 바치는

속국이 되길 바랐다. 영락제가 하사품을 내리자 배를 타고 돌아갔다. 나라의 경내에는

왕궁을 지나 바다로 흘러 들어가는 큰 강이 있는데, 강을 건널 수 있도록 다리를 세우

고 다리 위에는 약 20여 개의 기둥이 있는 정자를 조성하니 상인들이 몰려들었다. 민간

에서는 이슬람교를 숭상하여 재계하고 규율을 지킨다. 국왕은 흰 천으로 머리를 감싼

다. 풍속은 순박하다. 가옥은 태국과 비슷한데, 들쭉날쭉 연이어져 있다.[40] 어업에 종

사해 나무를 깎아 배를 만들어 바다로 나가 물고기를 잡는다. 혼례와 상례는 자와와

비슷하다. 중국 선박은 또한 그 땅에 들어오면 나무로 울타리를 만들고 4개의 문과

고루鼓樓를 세워 밤에 방울을 울리며 순라를 돈다. 안에 이중 울타리를 설치해야만 창고에 물건을 보관할 수 있다. 5월 중에야 출항한다. 이 땅에는 황련향黃連香·오목烏木·타마향打魔香이 생산되는데, 이 향료는 수지가 땅에 떨어져 만들어진 것이며 불을 붙이면 탄다. 사람들은 이것을 등불에 사용하거나 배에 바르는데, [배에 바르면] 물이 스며들지 않는다. 밝게 빛나기가 금박 같아서 수박水珀이라고 부른다. 페르디난트 페르비스트Ferdinand Verbiest의 『곤여도설坤輿圖說』에 다음 기록이 있다. 믈라카 왕국은 땅이 그리 넓지 않으나 해상들이 몰려든다. 적도의 아래에 위치해 건기와 우기[41] 두 계절뿐이고 기후가 매우 더우나 그나마 비가 매일 내려 살 만하다. 코끼리, 후추, 맛있는 과일나무가 1년 내내 끊이질 않는다. 사람들은 정말로 선량하나 생업에 종사하지 않고 종종 비파를 타며 한가로이 논다.

사청고謝淸高의 『해록海錄』에 다음 기록이 있다.

싱고라Singgora[42]는 태국 남동쪽에 있다. 태국에서 육로로는 17~18일, 해로로는 동남쪽으로 순풍을 타면 5~6일이면 도착할 수 있다. 국토는 수백 리로, 송각宋腳, 또는 송거로宋腒勝라고도 불린다. 원주민은 말레이족이다. 땅은 넓으나 백성이 적으며 돼지고기를 먹지 않는 것이 이슬람교와 같다. 수염을 턱까지 기르고 평상시에는 단검을 품고 다니면서 스스로를 보호한다. 아내를 맞아들이는 것은 수에 제한이 없다. 남녀가 혼인할 때는 남자와 여자 모두 반드시 자신의 음부를 조금 잘라 내야 한다.[43] 여자는 11~12살이면 시집을 가서 13~14살이면 아이를 낳을 수 있고 남자는 대부분 처가살이한다. 민간에서는 딸을 낳으면 기뻐하는데, 데릴사위가 노후를 부양할 수 있다고 여겨서이다. 아들을 낳으면 처가살이를 해서 함께 살 수 없기 때문이기도 하다. 재산은 아들딸 각각 반씩 나누며, 말레이족은 모두 그렇게 한다. 죽으면 관과 곽을 만들지 않고 야자나무 아래에 장사 지내는데, 습한 곳을 최고로 여기고 흙도 덮지 않으며 묘제도 지내지 않는다.

왕위는 반드시 적자에게 넘기며 서자는 왕으로 옹립하지 않는다. 군신君臣의 구분이 매우 엄격하여 왕이 무도하여도 감히 왕위를 노리는 신하가 없다. 종실 자제는 백성이 감히 가벼이 보지 않는다. 여자들은 저고리와 바지를 입으나 남자들은 반바지만 입고 웃통은 드러낸다. 일이 있을 때면 폭이 넓은 몇 자짜리 천의 양 끝을 꿰매 오른쪽 어깨에 두르는데, 이것을 사룽Sarung[44]이라고 한다. 백성은 왕이나 관리를 보면 고개를 숙이고 앞으로 나아가 쭈그려 앉으며 감히 일어서지 않는다. 아버지나 형을 만나면 꿇어앉고[45] 이마에서 합장하고는 일어서서 말한다. 지위가 비슷한 사람을 만나면 이마에서 합장만 한다. 나머지는 대략 태국과 같다. 산에는 고목이 많고 토산품은 공작·비취·대모·상아·후추·빈랑·야자·은·철·침향·강향降香·속향·가남향伽楠香·해삼·상어 지느러미가 있어 해마다 태국에 조공을 바친다. 『황청통고皇淸通考』「사예문四裔門」에 다음 기록이 있다. 싱고라[46]는 서남해에 위치하고 태국에 속한다. 민간에서는 부처를 믿고 음식을 손으로 뭉쳐 먹는다. 남자는 머리는 기르나 수염은 깎는다. 윗도리와 바지를 입으나 신발과 양말은 신지 않는다. 머리에는 꿩 꽁지 털을 꼽고 허리에는 비단을 맨다. 농업과 어업에 종사하고 항상 칼을 차고 다닌다. 여자는 머리를 올리고 맨발에 짧은 윗도리와 긴 치마를 입으며 어깨에 비단을 두른다. 옷감을 짤 수 있다. 토산품으로는 소고기·사슴 고기·작은 새우·제비집·해삼·주석 등이 있다. 청나라 옹정 7년(1729) 후까지 중국과 무역이 끊이지 않았다. 이 나라는 하문廈門에서 바닷길로 180경(360시간, 약 15일)이 걸린다. 인근에 차이야Chaiya,[47] 나콘Nakhon,[48] 빠따니Pattani[49] 등의 나라가 있다. 차이야는 서남해에 위치하며 동북쪽으로 싱고라와 접해 있다. 풍속에 남자는 짧은 윗도리와 베로 된 수만을 입고 맨발에 칼을 지니고 다닌다. 여자는 화려한 색의 옷을 입고 비단으로 된 수만을 걸치고 낮은 슬리퍼를 신는다. 토산품으로는 제비집·주석·상아·면화가 있다. 이 나라는 하문과 바닷길로 180경이 떨어져 있고 서쪽으로 나콘과 접해 있다. 나콘은 풍속이나 산물이 차이야와 같고 하문에서 바닷길로 150경(3백 시간, 약 13일) 떨어져 있다. 빠따니는 대년大年이라고도 하며 서남해에 위치해 있고 동북쪽으로 나콘과 접해 있다. 남녀 모두 맨발에 짧은 옷을 입고 칼을 차고 창을 들고 다닌다. 토산품은 후추·작은 새우·제비집·밀랍·소 육포·사슴 육포가 있으며 이 나라는 하문과 바닷길로 150경 떨어져 있다. 이 세 나라는 옹정 7년 후까지 무역이 끊이지 않았으며 싱고라와 함께 태국의 속국이었다.

『해록』에 또 다음 기록이 있다.

빠따니는 싱고라의 동남쪽에 위치한다. 싱고라에서 육로로는 5~6일 걸리고 해로로는 순풍을 타고 약 하루 남짓이면 도착할 수 있다. 산이 연이어져 있고, 국토 또한 수백 리이다. 풍속이나 토산물은 모두 싱고라와 대략 비슷하다. 백성은 적으나 성품이 거칠고 사납다. 선박이 정박하는 곳은 빠따니[50]라고 부른다. 산에는 금이 많으며 산 정상의 금이 나는 곳을 울루메라Ulu Merah[51]라고 부른다. 빠따니에서 이곳까지 육로로는 10여 일이 걸린다. 코타바하루Kota Baharu[52]에서 들어오면 3~4일 안에 도착할 수 있기 때문에 이곳에서 사금을 캐는 중국인들은 대부분 코타바하루에다 배를 정박시키는데, 이는 왕래가 쉬웠기 때문이다. 빠따니는 태국에 속해 있어 해마다 금 30근을 조공으로 바친다. 명나라 장섭張燮[53]의 『동서양고東西洋考』에 다음 기록이 있다. 빠따니에는 이민 온 중국인이 매우 많아 끊이지 않았다. 중국인 선박이 도착하면 다른 나라들처럼 과일과 비단을 바쳤다. 빠따니 사람들은 처음에는 반드시 음식을 차려 놓고 중국인들을 환대하더니 나중에는 이러한 환대가 점차 없어졌다. 빠따니에서는 물건을 팔 때 세금을 굳이 징수하지 않았다. 다만 네덜란드인이 물건을 팔 때에는 호사湖絲[54] 1백 근에 5근의 세금을 징수했고 중국인에게는 은전세 낮을 징수했다. 다른 세금도 이와 같았다. 중국인이 빠따니의 물건을 사서 출항할 때도 세금은 마찬가지였다.

또 다음 기록이 있다.

클란탄Kelantan[55]은 빠따니의 동남쪽에 위치하며 빠따니 연해에서 순풍으로 약 하루 남짓이면 도착할 수 있다. 국토, 풍속, 토산품은 대략 빠따니와 같으며 역시 말레이족으로, 태국의 속국이다. 국왕의 거처는 항구에 위치하는데, 항구는 시장이 형성되는 곳으로 서양 선박이 정박하는 곳이다. 가시대나무를 주위에 둘러 성을 만들고 목판을 덧댔으며 문은 하나만 만들었다. 백성들은 대나무성 밖에서 거주했다. 왕과 관리는 모두 땅에 자리를 깔고 앉았고 맨몸과 맨발인 것은 일반 백성과 다르지 않았다. 국왕이 출타할 때는 용감한 장수 수십 명이 호위했는데, 용사들은 모두 표창을 들었다. 왕을 보면 모두 무릎을 굽히고 합장하며 왕이 지나간 후에야 일어났다. 정사는 간단하여 왕은 날마다 당에 앉고 '만萬'이라는 추장과 '단斷'이라는 추장이 모두 조정에 들어와 빙 둘러앉아 정사를 의논했다.

소송이 있을 때는 소장訴狀을 올리지 않고 다만 초 한 쌍을 가지고 엎드려 바쳤다. 왕이 초를 보고 무슨 일인지 물으면 소송한 자는 상황을 아뢰었다. 그러면 왕은 소송당한 사람을 불러들여 질문했다. 왕이 몇 마디 말로 그 옳고 그름[56]을 판결하면 감히 따르지 않는 자가 없었다. 만약 시비를 가리기 어려울 때면 잠수하게 했다. 잠수한다는 것은 다음과 같은 뜻이다. 두 사람을 밖으로 나가게 한 뒤 길에서 아이를 만나면 각자 한 사람씩 데리고 물가로 가서 스님을 모셔다가 경을 외게 한다. 대나무 장대 하나의 양 끝을 두 아이가 각과 잡고 동시에 물속으로 잠수하면 스님은 언덕에서 경을 외는데, 잡고 있던 아이 중 먼저 올라온 아이가 그른 것이 되어 감히 더 이상 논쟁할 수 없다. 아이의 부모도 습관이 되어 또한 이상하다고 여기지 않는다. 또한 그보다 심한 경우에는 기름 솥을 더듬는 법도 있었다. 이 방법은 뜨거운 기름을 솥 가득 담고 스님에게 경을 외게 하면서 쇳덩어리를 가져다가 솥 안에 넣고 두 사람에게 찾아서 꺼내게 하는데, 옳은 자는 조금의 상처도 입지 않고 죄가 있는 사람은 끓는 기름에 다쳐 끝내 쇳덩어리를 꺼낼 수 없었다. 스스로 떳떳하지 않은 경우는 솥 앞에서 죄를 자백하는 자가 많았다. 그래서 소송한 자가 우기는 경우가 거의 없었으며 왕과 백성들은 모두 매우 신실하게 불교를 신봉했다. 왕이 죽으면 자식이 왕위를 잇거나 혹은 아우가 이었는데, 비록 유언이 있더라도 반드시 민심이 돌아온 후에 즉위했다. 만약 백성이 유언을 받들지 않고 형제나 숙질 중 백성의 추대를 받는 자가 있으면 그 사람에게 양보하고 물러나 그 아래에 거했다. 그렇지 않으면 비록 왕위에 올랐다 하더라도 명령 또한 시행되지 않았다.

원주민 중 항구에 사는 사람들은 대부분 물고기를 잡아 생활했다. 매일 오전에 각자 작은 배를 저어 남풍을 타고 출항했다가 오후에는 북풍을 타고 돌아왔다. 이에 남풍을 출항풍, 북풍을 입항풍이라고 불렀다. 날마다 이렇게 생활하며 변함이 없었으니 아마도 하늘이 이 백성들을 돌봐주는 것 같았다. 산속에 사는 백성들은 경작하기도 하고 나무나 약초를 캐기도 했는데, 윗도리와 바지는 입지 않고 다만 큰 나무의 껍질을 벗겨 아랫도리만 감쌌다. 또한 집도 없이 동굴이나 나무 위에서 살았다. 원주민들은 모두 표창을 잘 사용해서 표창을 던져 수십 보 밖에 있는 사람도 죽일 수 있었다. 행인들을 약탈하기 위해 산림에 숨어 살기 때문에 산골짜기 외딴곳에는 다니는 사람이 드물었다. 소송이 해결되지 않는 경우가 있으면 항상 왕에게 직접 요청하며 서로 표창을 사용해 죽여 후회가 없길 바란다고 했다. 왕도 그 말을 들어주어 [상황을] 참작해서 올바른 사람에게 먼저 표창을 던지도록 했다. 명중하여 죽으면 상대편 집에서 직접 시신을 가지고 돌아갔으며 명중하지 못하면 상대편에서 표창을 던지도록 했는데, 다만 명중하지 않는 일이 적었다. 여자들은 음란했고 중국인에게 시집가는 것이 금지되었다. 그래서 복건과 광동 사람 중 이곳에서 아내를 맞이하는 사람이 적었으며 아내를 맞이한다 해도 모두 태국 여자였다. 간음을 저질렀다가 그 일이 발각되면 잡아다 가두고 그 집안의 빈부를 따져 벌금을 매겼다. 무릇 법령을 어긴 경우에도 그러했고 태형과 장형은 거의 시행되지 않았다.

나라에 큰 경사가 있으면 왕은 먼저 연회장으로 쓸 땅을 고르게 했다. 그날이 되면 그 장소에서 술도 마시고 공연도 했는데, 백성들은 각자 토산품을 진상했으며 왕은 그 의례를 받고 그곳에서 음식을 하사했다. 사방에서 구경하러 오는 중국인과 이민족으로 왁자지껄했고 간음이나 도박도 금하지 않았으며 한 달이 지나서야 끝이 났다. 무릇 진상품이나 의례 용품은 모두 구리 쟁반에 담아 머리에 이고 바쳤다. 음식은 젓가락을 사용하지 않고 대부분 오른손으로 뭉쳐 먹었기 때문에 오른손을 중시하고 왼손을 가벼이 여겼다. 만약 왼손으로 음식을 가져다 증정하는 사람이 있으면 크게 화를 내면서 무례하다고 했다. 풍토병이 많은 지역으로 중국인이 이곳에 오면 반드시 강물에 들어가 목욕하고 물을 머리에 들이부어야 했는데, 정수리의 열기가 빠져나갈 때까지 많게는 수십 통의 물을 들이부었다. 하루에 두세 차례씩 목욕하지 않으면 질병이 생겼다. 오래 살면 횟수를 조금 줄일 수는 있으나 또한 날마다 반드시 목욕해야 했다. 원주민들은 갓난아이가 풍열風熱로 병이 났을 경우에는 대부분 물을 적시면 즉시 나았기에 굳이 약을 쓸 필요가 없었는데, 동남아 국가의 경우 모두 그러했다.

나라에는 소구알So Gual[57]과 갈라스Galas[58] 등의 지역이 있는데, 모두 금이 난다. 코타바하루[59]에서 내륙의 강으로 들어와 남쪽으로 2일쯤 가면 서쪽의 작은 하천이 빠따니의 울루메라와 통하고 또 남쪽으로 하루 남짓 가면 소구알강[60]과 만난다. 또 남쪽으로 10여 일 가면 갈라스에 도착하는데, 파항의 섬 뒤쪽에 있는 라브Raub[61]라는 금 생산지와 연결된다. 클란탄강에는 큰 바위가 이리저리 모여 있어 물살이 거세기에 작은 배로 거슬러 올라가는 것은 매우 힘들다. 중국에서는 매해 수백 명씩 이곳으로 오는데, 복건 사람들은 대부분 항구에 살고 광동 사람들은 대부분 산꼭대기에 산다. 산꼭대기에서는 사금을 골라내고 항구에서는 물건을 판매하거나 후추를 심어 기른다. 외국 선박이 [믈라카의] 각국에 도착하면 왕가에서는 선박의 크기나 적재된 화물의 경중을 살펴 세금을 매긴다. 선박이 크고 화물이 무거우면 양은洋銀 5백~6백 닢을, 작으면 2백~3백 닢을 차등적으로 납부하는데, 이를 등두금凳頭金이라 한다. 객상客商이 처음 항구에 도착하면 양은 한 닢을 납부하고 1년을 살게 되면 또 주민세로 은 한 닢을 납부한다. 클란탄산 꼭대기에서 사금을 골라내던 사람이 중국으로 돌아가려고 하면 항구에 도착해서 반드시 먼저 왕을 알현하고 황금 한 냥을 납부해야만 돌아갈 수 있었다. 나이가 들어 더 이상 돈을 벌 수 없는 사람은 절반으로 감면해 주었고, 만약 카피탄 치나Kapitan Cina[62]가 가난함을 알고 그를 위해 요청하면 면제해 주었다. 카피탄은 중국인 우두머리이다. 서양 선박이 배를 주조할 때 자금을 내는 사람을 판주板主, 나침판을 보고[63] 방향을 지시하는 사람을 과장夥長, 조타수를 태공太工, 은전의 출입을 관리하는 사람을 재고財庫, 창구艙口[64]로 화물을 올리고 내릴 때 기록하는 사람을 청정清丁, 자본을 내 배를 빌리고 화물을 실어 무역하는 사람을 선주船主라고 불렀다. 선박의 선원들은 모두 지휘를 따라야 했기 때문에 사건이 발생하면 오직 선주의 책임이었다. 술을 양조하거나 아편을 팔거나 도박장을 열면 세금 또한 매우 무거웠다. 개별 가정에서 세금을 연체하면 부족장은 방치하여 신경 쓰지 않았으나 도박 빚은 사력을 다해 추징했는데, [믈라카의] 각국은 대부분 이와 같았다. 아편을 피우는 것은 클란탄이 가장 심했고 객상 중에도 아편을 피우는 자가 많았다. 토산품으로는 빈랑과 후추가 가장 많았으며 또한 해마다 금 30근을 태국에 바쳤다. 살펴보건대, 클란탄은 빠따니의 항구[65]이다. 풍속은 모두 빠따니와 같다. 가정 연간 말에 해적의 잔당들이 이곳에 숨어들었는데, 2천여 명으로 늘어나 바다를 헤집고 다니며 약탈하여 상선들이 괴로워했다. 혹은 클란탄을 퀼론Quilon[66]이라고도 한다. 살펴보건대, 퀼론은 코친Cochin[67]과 경계를 접하고 클란탄은 빠따니와 이어지니 퀼론과의 거리는 매우 멀다. 다만 빠따니와 클란탄은 모두 금으로 돈을 주조하고 코친과 퀼론 역시 모두 금전을 사용하는데, 이와 같은 공통점의 영향을 받아 [클란탄이 퀼론이라는] 이 말이 생겨난 것이다. 잠시 이를 적어 의문점을 푼다.

또 다음 기록이 있다.

정가라국丁加羅國[68]은 정갈노丁葛奴라고도 하는데, 정기의丁機宜[69]인 듯하다. 살펴보건대, 이 말은 오류가 매우 심하다. 정기의는 별도의 섬으로 수마트라 동쪽에 있으며 태국과 연결된 지역이 아니다. 클란탄 동남쪽에 위치하며 클란탄 연해에서 약 하루 남짓이면 도착할 수 있다. 국토와 풍속은 위의 여러 나라와 거의 비슷하지만 훨씬 부강했다. 각 나라의 왕은 모두 코끼리 키우는 것을 좋아해서 산속에 야생 코끼리가 있다는 말을 들으면 왕가에서는 큰 나무를 베게 해 10리 밖 주위에 목책을 두르고 열흘마다 점차 앞으로 이동하게 했다. 이렇게 여러 번 하면 목책은 점차 좁아지고 코끼리는 먹을 것을 얻지 못했다. 코끼리가 힘이 떨어질 때까지 기다렸다가 다시 훈련된 코끼리를 내보내 싸우게 해서 야생 코끼리가 지면 훈련된 코끼리를 따라 나오게 해 그때부터 상노象奴[70]가 부리게 했다. 토산품으로는 후추·빈랑·야자·야모과野木瓜[71]·빙편冰片[72]·제비집·상어 지느러미·해삼·기름치·전복·소라·대자帶子·김·공작·비취·속향·강진향降眞香·가남향이 있다. 대자는 각대角帶로 살조개처럼 생겼다. 후추는 가장 좋아서 여러 나라 중에 으뜸이었다. 후추는 해마다 태국과 안남국·클라파Kelapa[73]를 점령했던 네덜란드에 조공했다. 진륜형陳倫炯의 『해국문견록海國聞見錄』에 다음 기록이 있다. 태국 남쪽[74]에 있는 차이야·나콘·싱고라는 모두 태국의 속국이다. 빠따니·클란탄·트렝가누·파항 등의 나라들은 산을 따라 연결되어 있으며, 모두 혼쭈오이섬Đào Hòn Chuối[75]에서 서쪽으로 나뉘어 갈 수 있는데, 뱃길로는 모두 150~160경(약 12~13일) 등 그 시간이 일정하지 않다. 토산품은 납, 주석, 물총새 깃털, 가문석佳文席, 제비집, 해삼, 요등料藤, 빙편 등 종류가 비슷하다. 오직 트렝가누의 후추가 여러 나라 중 으뜸이다. 이들 나라는 모두 말레이족으로 의리를 모르고 벌거벗은 채 칼을 차고 다니며 아랫도리에만 수만을 두른다. 빈랑을 담뱃잎에 끼워 씹고 생쌀을 물에 말아 먹는다. 무역할 때 많은 선박을 수용하기 어렵다.

또 다음 기록이 있다.

파항은 트렝가누의 남쪽에 위치하며 발음은 방항邦項에 가까우나 본래 정해진 글자는 없다. 이곳은 트렝가누에서 육로로 약 이틀이면 도착할 수 있다. 국토와 풍속, 사람들의 성정은 모두 위의 여러 국가와 같다. 역시 금이 생산되는데, 라브에서 생산된 금이 최고이다. 토산품으로는 후추·빙편·사곡미沙穀米[76]가 있다. 후추나무는 처음 심었을 때 1자 남짓 길이이나 1년여쯤 뒤에 몇 자로 자라면 동그랗게 말리는데, [이때] 다시 흙을 덮는다. 다시 [흙을 뚫고] 자라난 후에 꽃이 피고 열매를 맺는다. 10년쯤 지나 나무가 점차 시들면 나무 옆의 오래된 흙과 잡목의 잎을 섞어 썩힌 퇴비를 주면 다시 무성해진다. 다른 퇴비는 쓸 수 없다. 30년쯤 돼서 더 이상 열매를 맺지 못하면 반드시 다른 땅을 골라 따로 파종해야 한다. 옛 땅은 백 년 후가 아니면 다시 파종할 수 없다. 안남국에서 말반Malvan[77]까지 여러 나라가 모두 있으나 오직 트렝가누에서 생산된 후추가 최고이다. 빙편은 수액樹液이다. 나무 속에 두루 흐르며 밤이면 나무 끝에 올랐다가 날이 밝으면 나무뿌리로 내려온다. 원주민들은 나무 소리를 듣고도 수액이 위에 있는지 아래에 있는지, 어린나무인지 늙은 나무인지 안다. 나무가 오래되면 4경(새벽 3~4시)쯤 몰래 가서 칼로 뿌리 몇 곳을 깎아 내는데, 중국에서 송진을 얻는 방법과 같다. 날이 밝으면 수액이 깎아 낸 곳을 통해 흘러 땅에 떨어져서 방울방울 덩어리를 만든다. 만약 오래된 나무가 아니면 물만 나올 뿐이다. 사곡미 또한 수액으로 만든다. 나무가 큰 것은 한 아름이나 하는데, 베어 내어 잘게 부수고 빻아 가루로 만든 뒤 물로 씻어 그 찌꺼기를 제거한다. 물이 맑아질 때를 기다려 그 아래 엉긴 것을 꺼내[78] 햇볕에 말려 가루를 만든다. 다시 물로 씻으면 구슬처럼 몽글어지는데, 이것을 끓여 먹으면 요기가 된다.

　이상의 여러 나라에는 복건·광동 사람들이 많이 와서 무역한다. 내항선이 각 나라를 다니는데, 모두 레섬Cù Lao Ré[79]에서 남쪽으로 순풍을 만나면 약 하루 만에 쑤언다이Xuân Đài[80]와 바렐라곶Cap Varella[81]을 지나고 또 하루쯤 가면 용내구龍柰口를 거처 곤륜해崑崙海[82]를 지나고 하루쯤 더 가면 꼰선섬Đảo Côn Sơn[83]이 보인다. 꼰선섬에 도착한 후에 길을 나누어 싱고라, 태국, 빠따니, 클란탄 각 나라를 가려면 나침판의 경신침庚申針을 이용해 서쪽으로 방향을 돌려 간다. 파항에서 동남쪽으로 약 하루쯤 가서 다시 서쪽으로 방향을 바꾸면 싱가포르 해협Singapore Strait[84]에 들어간다. 동남풍을 따라 약 하루쯤 가면 구 조호르Johor[85]에 도착한다. 『명사』에 다음 기록이 있다. 파항은 태국의 서쪽에 위치한다. 홍무洪武 11년(1378)에 그 나라 왕이 표문과 공물을 바쳤다. 영락 10년(1412)에 환관 정화를 사신으로 보냈다. 그 나라는 토지가 비옥하고 기후가 항상 따뜻하여 쌀과 곡식이 풍족하며, 바닷물을 끓여 소금을 만들고 야자즙을 빚어 술을 빚는다. 상하층 사람들이 친하고 도적이 없다. 그러나 귀신에 미혹되어 향목香木을 깎아 상像을 만들고 사람을 희생물로 삼아 제사를 지냄으로써 재앙을 물리치고 복을 빈다. 공물로는 상아·편뇌·유향乳香[86]·속향·단향檀香·후추·소목蘇木[87] 등이 있다.

또 다음 기록이 있다.

구 조호르는 파항의 뒤에 위치하며 육로로 약 4~5일이면 도착할 수 있다. 국토 또한 수백 리이다. 사람들의 성정이나 풍속은 대략 위와 같다. 원주민은 말레이족이다. 본래 조호르의 옛 수도였으나 후에 옮겨 갔기 때문에 구 조호르라 불린다. 가경嘉慶 연간에 영국[88]은 이곳이 바닷길이 사방으로 통하는 지역이라 생각해서 토지를 개간하고, 상인을 불러 모아 무역 및 농사를 짓게 하고 세금을 조금 부과했다. 몇 년이 지나자 선박들이 몰려들고 누각이 줄지어 들어서면서 마침내 명소가 되었다. 원주민들은 그 땅을 슬랏Selat,[89] 복건과 광동 사람들은 신주부, 또는 싱가포르라고 불렀다. 토산품으로는 후추·빈랑고檳榔膏·야모과·김이 있다. 빈랑고는 감력甘瀝으로, 약으로 사용된다. 『명사』에 다음 기록이 있다. 조호르는 파항과 가까우며 우종타나Ujong Tanah[90]라고도 부른다. 영락 연간에 정화가 서양을 두루 다닐 때는 조호르라는 명칭이 없었다. 혹 말하길 정화가 일찍이 동서축산東西竺山[91]을 지났다고 하는데, 지금 동서축산이 바로 이 지역으로 아마도 동서축東西竺인 듯하다. 만력 연간에 부족장이 전쟁을 좋아해서 이웃 나라인 트렝가누와 파항이 여러 차례 환란을 겪었다. 중국인이 다른 나라에서 장사하는 경우 그 나라 사람들은 대부분 그곳으로 가서 무역했고 때때로 자신의 나라로 초대하기도 했다. 나라에서는 띠를 덮어 집을 짓고 나무를 나란히 세워 성을 만들고 주위를 해자로 둘러쌌다. 별일이 없으면 바깥세상과 교역하고 전쟁이 나면 군사를 모집했기에 강국强國으로 이름났다. 땅에서 곡식이 생산되지 않아 항상 이웃 나라에서 쌀을 수입했다. 글자를 쓸 때는 교장엽茭蔁葉에다 칼로 새겼다. 별을 보고 나서야 밥을 먹었다. 절기는 4월을 한 해의 처음으로 삼았으며 상을 당하면 여자는 머리를 깎고 남자는 두 번 머리를 깎았다. 죽으면 모두 화장했다. 토산품으로는 무소·코끼리·대모·편뇌·몰약沒藥[92]·혈갈血竭[93]·주석·밀랍·가문석嘉文席·목면화木棉花·빈랑·해초·제비집·서국미西國米[94]·기길시㵢吉柿[95] 등이 있다. 『황청통고』「사예문」에 다음 기록이 있다. 조호르는 서남해에 위치해 산을 등지고 앞에 큰 바다를 마주하고 있으며 9천 리에 이르는 바다를 지나야 광동에 도착한다. 칠주양七洲洋[96]을 거쳐 노만산魯萬山[97]에 이르고 호문虎門을 통해 들어간다. 나라에는 성곽이나 궁궐이 없고 왕부王府는 바닷가에 짓는데, 대나무를 지지대로 삼아 띠를 덮는다. 백성들은 모두 산 주변에 산다. 산은 높고 험준하며 수목이 울창하여 들짐승이 마구 돌아다닌다. 날씨는 가을이나 겨울에도 따뜻하다. 국왕은 버드나무잎으로 윗도리를 만들어 옷깃을 왼쪽으로 여미고 치마는 작은 꽃무늬의 고운 비단으로 만든다. 칼을 차고 머리는 2~3치로 길러 황금 꽃무늬 두건을 두르며 맨발로 다닌다. 백성들의 관은 구리 선을 이용해 테를 만들고 흰 천을 씌우며 윗도리는 짧은 적삼을 입거나 입지 않고 아랫도리는 치마를 두른다. 여자들은 자리를 짜며 머리를 들어 올리고 어깨에 비단을 두른다. 부모상을 당하면 머리를 깎고 검은 옷을 상복으로 입는다. 남자는 모두 처가에서 더부살이한다. 서로 만나면 합장하고 절하는 것을 예절로 안다. 민간에서는 생명을 경시해 살생을 좋아한다. 불교를 숭상하고 닭싸움을 즐긴다. 오목을 베고 해초를 캔다. 때때로 바다로 나가 노략질도 한다. 손을 사용해 음식을 먹으며 돼지고기는 꺼리고 담배를 좋아한다. 매해 1월에 거행되는 행사에서는 전 국민이 금식하면서 별을 보고 나서 밥을 먹는데, 30일을 행하고서야 그친다.[98] 토산품으로는 강향·오목·서국미·빙편·해삼·후추·제비집 등이 있다. 또 사금이 생산되어 작은 꽃 모양의 금전을 주조하여 화폐로 쓴다. 강희康

熙 연간 초에 남중국해 여러 나라와의 통상을 엄금하여 복건과 광동에 조호르 선박이 없었고 중국 내지의 상선도 조호르에 가지 않았으나, 옹정雍正 7년 해금령이 느슨해진 이래로 조호르와의 통상은 끊이지 않았다. 하문과는 바닷길로 180경(약 15일) 거리이다. 칠주양에는 신조神鳥가 사는데, 생김새는 바다기러기와 비슷하지만 조금 작고, 부리는 길고 붉은색을 띠며 다리는 짧고 녹색이다. 꽁지는 화살 같고 길이는 2자쯤 된다. 신조는 바닷길을 인도할 수 있어 옳은 길이면 날아갔고 잘못된 길이면 돌아왔다. 종이를 바치며 신조에게 감사를 표하면 하늘 높이 빙빙 돌다 어디로 갔는지 알 수 없었다. 조호르의 속국은 트렝가누·클란탄[99]·파항으로 모두 옹정 7년 이후에 통상했다. 트렝가누 또한 남중국해에 접해 있어 사시사철 모두 따뜻하고 눈이나 서리가 내리지 않는다. 산이 높고 험준하며 지렁이처럼 구불구불 마주 보고 있다. 풍속은 조호르와 비슷하다. 토산품인 후추는 최상품으로 다른 나라보다 으뜸이다. 나머지는 사금·빙편·야모과·속향 등이 있다. 그 나라 사람들은 평생 국경을 나가지 않고, 바다를 건너 중국에 온 사람도 없다. 매해 겨울과 봄 사이에 광동성 본항 상인들이 차·도자기·색지 등의 물건을 가지고 그 나라로 가서 장사한다. 건륭乾隆 29년에 양광총독兩廣總督 소창蘇昌[100]이 토사土絲[101]와 하잠호사夏蠶胡絲[102]를 거래하는 것을 인가해 달라고 상주를 올렸다. 절강과 복건 사람들도 간간이 왔다. 여름에서 가을이 되면 바로 돌아가는데, 돌아갈 때는 반드시 칠주양을 거쳐 노만산을 지나 호문으로 들어가면 광동 경계에 도착했는데, 거리가 9천 리쯤 되었다. 클란탄은 하문에서 바닷길로 10일쯤 걸린다. 풍속, 의복, 음식, 토산품은 조호르와 같다. 파항국은 조호르와 산으로 이어져 있어 중국 상인들이 조호르에 갔다가 방향을 돌려 그 나라 배를 따라 그 지역에 가서 무역하기도 했다. 진륜형의 『해국문견록』에 다음 기록이 있다. 조호르는 비록 산으로 파항과 연결되어 있지만 그 지세가 아래에 위치해 바닷길로는 반드시 꼰선섬에 도착한 후 미침未針[103]이 티오만섬Pulau Tioman[104]을 향할 때 서쪽으로 방향을 바꾸면 조호르에 이르며 하문에서 바닷길로 173경(346시간, 약 14일)이 걸린다. 조호르의 상황은 위의 여러 나라와 비슷하며

토산품도 같은데, 다만 다른 나라와 비교해 산물이 약간 좋고 곱절로 많이 난다. 매년 통상할 때는 3~4척 정도의 물건을 싣고 가서 교역한다. 사금이 생산되어 나라에서는 꽃 모양의 작은 금전을 주조해 화폐로 쓰며 무게는 4~5푼이 나간다. 은화는 쓰지 않는다.

또 다음 기록이 있다.

믈라카는 만랄가滿剌加라고도 하며 구 조호르의 서북쪽에 있고 동북쪽으로는 파항의 섬 뒤쪽에 인접해 있어 육로로 오고 간다. 구 조호르에서 바닷길로 동남풍을 타고 가면 반나절 만에 싱가포르해협Straits of Singapore을 지나고 또 하루 만에 믈라카에 도착한다. 원주민 또한 말레이족이다. 국토는 수백 리이며 산이 험준하고 산림이 울창하며 백성들은 흉악하고 풍속은 괴이하다. 네덜란드령이다. 이전에는 인도 고아Goa[105]의 각 나라 선박이 중국을 왕래할 때 반드시 이곳에 정박해서 물건을 사들였기 때문에 원래 번성한 지역이었다. 영국이 싱가포르를 건설함으로써[106] 이곳은 점차 쇠락해졌다. 토산품으로는 주석·금·빙편·야모과·후추·사곡미·빈랑·제비집·무소뿔·무소·대모·비취·강향·속향·가남향 등이 있다. 복건과 광동 사람들 중에 믈라카에서 주석을 캐고 무역하는 자가 매우 많았다. 진륜형의 『해국문견록』에 다음 기록이 있다. 조호르의 서쪽에 있는 믈라카 또한 말레이족으로 국왕의 명칭은 '라자Raja'[107]이다. 국왕은 태국을 모방하여 중국인을 등용해 나랏일을 맡기고 재정을 관장하게 했다. 토산품은 금·은·서양포·무소뿔·상아·납·주석·후추·강향·소목·제비집·물총새 깃털·가문석 등이다. 금이나 은이 모두 통용된다. 중국의 선박이 이곳에 와서 머물렀다. 하문과는 바닷길로 260경(520시간, 약 22일) 거리이다. 『해록』에도 다음 기록이 있다. 슬랑오르Selangor[108]는 믈라카의 서북쪽에 있고 믈라카에서 바닷길로 동남풍을 타고 2~3일 가면 중사군도[109]의 모래섬을 지나는데, 그곳의 수심은 깊지 않다. 이 나라는 남사군도의 동북쪽 언덕에 있고 국토는 수백 리이다. 인구 밀도가 자못 높으며 성격이 사납고 난폭하다. 섬의 뒤쪽은 트렝가누, 클란탄과 이어져 있고 산에 사는 원주민은 라獠(럭마力麻의 반절이다.)라고 부른다. 사람들은 발가벗고 맨발로 다니며 체형은 비둘기, 얼굴은 고니처럼 생겼는데, [원주민과는] 또 다른 종족이다. 역시 태국 국왕의 관할을 받지만 말레이족과는 서로 혼인하지 않는다. 일찍이 밀랍·야모과·침향·속향·강향·무소뿔·야생마·사슴 육포·호랑이 가죽 등의 물건을 가지고 나가 태국 사람들과 교역했다. 복건과 광동 사람들도 이곳에 왔다. 토산품으로는 주석·빙편·야자·야모과가 있다. 또 다음 기록이 있다. 크다Kedah[110]국은 피낭Pinang의 서북쪽에 있으며 계달計達[111]이라고도 한다. 피낭에서 동남풍을 타고 하루 남짓이면 도착할 수 있다. 섬의 뒤쪽은 싱고라와 이어져 있고 국토와 풍속도 싱고라와 대략 비슷하다. 땅은 넓으나 인구가 적어 쌀값이 비교적 싸다. 토산품으로는 주석·후추·야자가 있다. 복건과 광동 사람들 중 이곳에서 무역하는 이가 있다. 이곳에서 서북쪽으로 육로로는 2~3일, 바닷길로는 하루 남짓 가면 양서령養西嶺[112]에 도착한다. 또 육로로는 3~4일, 바닷길로는 하루쯤 가면 팡응아Phang Nga[113]에 도착하는데, 모두 태국의 관할지이다. 싱고라에서부터 이곳까지는 모두 말레이족으로, 성격이 대부분 거칠고 사나워 출입할 때는 반드시 단도를 지닌다. 단도는 화철花鐵로 만드는데, 길이는 6치 남짓이고 금으로 테두리를 둘렀으며 바다코끼리의 엄니로 칼자루를 만든다. 칼날의 끝에 꽃무늬를 새긴 칼은 싸움용으로 가지고 다니고, 칼 머리에 무늬가 있는 칼은 길상용으로 차고 다닌다. 왕과 부족장 모두 그러하다.

『매월통기전每月統紀傳』에 다음 기록이 있다.

믈라카 지역은 조호르·트렝가누·빠따니·클란탄[114]·싱고라국과 인접해 있고 큰 산을 따라 서로 연이어져 있다. 원주민은 말레이족으로, 의리를 모르고 벌거벗은 채 칼을 차며 아랫도리는 수만을 두른다. 빈랑을 담뱃잎에 싸서 씹는다. 무역을 할 때 많은 배를 수용하기 어렵다. 토산품으로는 납·주석·물총새 깃털·가문석·제비집·해삼·등나무·후추 등이 있다. 이 나라들은 서로 비슷하며 토산품도 같다. 명나라 때 믈라카 왕국에는 말레이(馬萊由) 마래유馬萊由는 무래유無來由라고도 쓴다. [족 출신의] 왕이 있었다. 태국의 침략을 받자 믈라카에서는 조공 사신을 북경으로 보내 이 일을 성토했다. 영락 3년(1405)에 태국에 조서를 내려 침략하지 말라고 했다. 이에 태국 왕은 사신을 보내 사죄했지만, 겉으로는 따르는 척하면서 몰래 배반했고 결국 믈라카를 침공해 복속시켰다. 가정嘉靖[115] 연간에 포르투갈 함대가 믈라카에 들어와 온 힘을 다해 정복하고는 관청을 설치하고 다스렸다. 천계天啟[116] 연간·숭정崇禎[117] 연간에 네덜란드가 다시 전쟁에서 포르투갈[118]을 이기고 그 땅을 차지했다. 가경 연간에 이르러 영국이 븡쿨루Bengkulu[119]와 이 땅을 바꾸어 결국 믈라카는 영국의 식민지가 되었다. 영국은 영화서원英華書院[120]을 열어 중국인과 원주민을 가르쳤으며 또한 학당도 매우 많아 남녀를 불문하고 원주민과 중국인 모두 책을 읽을 줄 알았다. 이에 광동과 복건 사람들은 여기에서 농사를 짓고 살면서 슬랏[121]·피낭과 교역했다. 조호르는 아시아의 큰 섬이자 여러 나라 가운데 최남단에 위치한 섬으로 말레이족 출신의 왕이 통치했다. 파항은 사금이 나고 주석이 매우 많았다. 복건의 선박 중 이곳에 오는 이가 드물었는데, 조호르와 파항 사람들이 성격이 사납고 싸움을 좋아하기 때문으로 이는 바로 말레이족의 특징이었다. 이 외에 태국에 속하는 연안국들은 모두 땅이 좁아 일일이 거론하지 않겠다.

안사종顏斯綜의 『남양려측南洋蠡測』에 다음 기록이 있다.

남중국해 사이에는 만리석당萬里石塘[122]이 있는데, 속칭 만리장사萬里長

沙라고 하며 예전부터 사람이 살지 않았다. 만리석당의 남쪽은 외대양外大洋이고 만리석당의 동쪽은 복건 해역이다. 서양 선박이 외대양에서 동쪽으로 오다가 대만臺灣섬이 멀리 보이면 북쪽으로 방향을 바꿔 광동 해역으로 들어간다. 노만산老萬山을 지나 마카오에서 호문으로 들어가니 만리석당이 화이華夷, 중외中外를 구분하는 경계가 된다. 중국 선박은 견고하지 못하고 조타수가 천문을 알지 못해 오직 추를 매달아 물속에 던져서 해저의 진흙색을 살펴 어느 곳인지 정했기 때문에 외대양으로 나갈수 없었다. 만리석당의 북쪽은 칠주양으로 서양인들은 칠주양에 암초가 많은 것을 알아 비록 작은 배라도 기꺼이 지나가려고 하지 않았다. 만리석당의 서쪽은 싱가포르 해협으로 근처에 항구 하나가 있고 사면이 모두 섬이어서 협곡 사이로만 들어간다. 평원이 드넓게 펼쳐지고 원주민은 있으나 부족장은 없다. 후추·야모과가 난다. 중국인의 무덤에는 비석들이 있는데, 양나라의 연호와 송나라 함순咸淳[123] 연호가 적혀 있다. 혹자는 이곳이 태국의 가장 동쪽 변경 지역이라고 말한다. 10여 년 전에 영국이 이섬을 차지하고 성기리파라고 명명하고는 사람들을 모집해 개간했다. 근자에 이미 중국인과 여러 나라 사람들이 수만이나 모였다고 한다. 복건과 광동에서 목숨을 걸고 해외로 가는 사람은 풍랑을 무릅쓰고 배가 전복되는 일에도 아랑곳하지 않아서 얼마 후 인구[124]가 날로 늘어나, 땅은 좁고 사람은 많아졌다. 이는 집도 절도 없는 사람들이 한번 해외로 나가면 고향으로 돌아오지 않았기 때문이다. 이 섬은 외대양에서 광동까지는 10여 일이 걸렸고 칠주양에서 광동까지는 단지 7~8일만 걸렸다. 근자에 영국이 광동에 머물고자 하는 이유는, 첫째 남중국해와 항각港脚[125]을 지나는 여러 나라가 정박할 것을 믿었기 때문이고, 둘째 점령지인 싱가포르가 광동에서 멀지 않아 영국이 비록 수만 리나 떨어져 있더라도 지금은 이웃 나라와 다를 게 없기 때문이다. 이 외의 해안은 마치 판두랑가[126] 같은 곳이라 땅이 척박하고 산물이 적어 항상 가더라도 눈여겨 살피지 않았다. 그 의도는 동서의 요충지를 장악해서 중국의 이익을 독점하고 다른 나라의 목구멍을 제압하려는 데에 있었다. 고금에 군사력에 의지해 장사를 하고, 할거하여 농단함이 영국처럼 심한 나라가 없었다.

『무역통지貿易通志』에 다음 기록이 있다.

동남아시아에서 무역이 가장 번성한 나라로는 태국과 싱가포르만 한 곳이 없다. 태국은 안남국·미얀마와 서로 접해 있어 가장 무역이 활발하다. 중국에서 쌀과 물건을 사기 위해 태국으로 가는 배가 한 해에 1백여 척이나 된다. 체류하는 중국인도 5만여 명이다. 영국·미국 등의 나라와 무역하여 매년 물건의 금액이 대략 은 5백만여 원이 된다. 싱가포르는 본래 나라가 아니라 바로 남중국해로 쑥 들어간 큰 해협으로 면적은 사방 2천 리이고 마카오와는 바닷길로 10경(20시간) 거리이다. 이전부터 복건과 광동에서 흘러들어 와 거주하는 사람들이 약 2만여 명이나 된다. 영국은 여러 번 전함으로 공격해서 가경 23년(1818)에 마침내 그 땅을 차지했다. 성을 쌓아 군대를 주둔하고 점포를 개설해 상인들을 불러들였다. 영화서원을 설치해 나라 안의 서적들을 모두 출판하고 번역했으며, 중국인을 청해 그 자제들을 가르쳤다. 이리하여 싱가포르는 거대한 도시로 우뚝 솟았다. 해마다 이곳에 오는 복건과 광동 선박은 80~90척, 안남국이 36척, 태국이 40척, 남양의 작은 배들이 1,300여 척, 협판선이 474척이고 수출입 물품은 대략 각각 은 8백여만 원이었다. 싱가포르는 중국과 가까워 무릇 마카오에서 돌아오거나 서양에서 오는 홍모선紅毛船[127]들이 모두 이곳에 모였다. 이 외에 믈라카와 피낭 등도 영국 동인도 회사[128]가

차지하고는 있었으나 무역에 제한을 두었기 때문에 무역량은 싱가포르의 3분의 1에도 미치지 못했다.

『양서』「남이전南夷傳」에 다음 기록이 있다.

프놈국은 일남군日南郡의 남쪽에 있고 시암만Gulf Of Siam[129]에 있으며 일남군과는 7천 리 떨어져 있고 럼업Lâm Ấp[130]에서는 서남쪽으로 3천여 리 떨어진 곳에 위치한다. 성은 바다에서 5백 리 떨어져 있다. 큰 강이 있는데, 너비는 10리이며 서북쪽에서 흘러나와 동쪽 바다로 들어간다. 프놈국의 너비는 3천여 리이고 토지는 분지로 평평하고 넓으며 기후[131]와 풍속은 대략 럼업과 같다. 금·은·구리·주석·침목향沈木香[132]·상아·공작·오색앵무五色鸚鵡가 난다.

프놈국의 남쪽 경계 3천여 리에는 돈손국이 있는데, 바다로 돌출한 곳, 즉 반도에 위치하고, 땅은 사방 1천 리이며 성은 바다에서 10리 떨어져 있다. 다섯 명의 왕이 있는데, 모두 프놈국에 복속되었다. 돈손국의 동쪽 경계는 교주와 통하고 서쪽 경계는 인도·파르티아Parthia[133] 변방의 여러 나라와 접해 있어서 오고 가며 교역한다. 이렇게 된 까닭은 돈손국이 바다로 1천 리 남짓 돌아 들어가는 곳에 위치하고, 망망대해에는 해안도 없어 일찍이 선박들이 거쳐 지나갈 수가 없었기 때문이다. 돈손국의 시장에는 동서의 상인들이 모였는데, 날마다 1만여 명이나 되었고 금은보화 등 없는 것이 없었다. 또한 술나무가 있는데, 석류나무와 비슷했으며 꽃을 따서 그 즙을 독 안에 넣어 두면 며칠 만에 술이 되었다.

돈손국 밖 바다의 섬 중에 또한 비건국毗騫國이 있는데, 프놈국과는 8천 리 떨어져 있다. 전하는 말에 따르면 그 나라의 왕은 신장이 1길 2자이고 목[134]의 길이가 3자인데 옛날부터 죽지 않아 그 나이를 모른다고 한다. 그 왕은 신성하여 나라 사람들의 선악과 미래의 일을 모두 알았기에 감히 그를 속이는 사람이 없었고 남방에서는 그를 목이 긴 왕(長頸王)이라 칭했다. 민간에는 가옥도 있고 의복도 갖추어 입으며 멥쌀[135]을 씹어 먹는다. 사람들의 언어는 프놈국과 조금 달랐다. 금이 나는 산이 있는데, 금이 끝도 없이 돌 위에서 생겨난다. 국법에는 죄인의 경우 죽인 뒤에 왕 앞에서 죄인의 살점을 씹어 먹는다. 나라 안에서는 상인을 받지 않는데, 상인이 오면 또한 죽여 그 살점을 씹어 먹었기 때문에 상인들이 감히 오지 않았다. 왕은 긴 누각에 살면서 제사를 지내지 않고 귀신도 섬기지 않았다. 왕의 자손들의 생사는 일반인과 같았지만, 왕만은 죽지 않았다. 프놈국 왕과는 여러 차례 사신을 보내 편지를 주고받았다.[136] 항상 프놈국 왕에게 순금으로 만든 50인분의 식기를 보냈는데, 식기의 모양은 둥근 쟁반 같기도 하고 기왓장[137] 같기도 했으며, 이를 다라多羅[138]라고 불렀고 다섯 되를 담을 수 있었다. 또 공기 같은 것은 한 되를 담았다. 왕은 또한 천축국의 글을 쓸 수 있어 삼천 마디의 말을 지었는데, 자신의 숙명을 밝혀 불경과 비슷했으며 아울러 선사善事에 대해서 논하기도 했다.

또한 전하는 말에 따르면 프놈국의 동쪽 경계에는 남중국해[139]가 있고 남중국해에는 큰 섬이 있는데, 그 섬에 제박국諸薄國이 있다고 한다. 제박국의 동쪽에는 말루쿠Maluku[140]가 있다. 다시 동쪽으로 망망대해를 1천 리 남짓 지나면 소순다열도Lesser Sunda Islands의 화산섬[141]에 도착한다. 화산섬에는 불 속에서 자라는 나무가 있다. 화산섬 인근에 사는 사람들은 그 나무껍질을 벗겨다가 직조해 천을 만드는데, 최대한 몇 자를 짜서 수건을 만든다. 천은 초마焦麻[142]와 다를 바 없으나 색깔은 약간 흑청색을 띤다. 만약 조금 더러워지면 불 속에 던져 넣는데, 그러면 다시 깨끗해진다. 간혹 등불 심지를 만들기도 하는데, 아무리 써도 다함이 없다.

살펴보건대, 프놈국은 지금의 태국이다. 프놈국의 남쪽 경계 3천여 리에는 돈손국이 있다. 돈손국은 바다로 돌출한 곳에 위치하고 바다로 3천여 리 쑥 들어간 곳은 지금의 조호르와 싱가포르[143]이다. 돈손국 밖 큰 바다 섬에 있는 비건국은 프놈국과는 8천 리 떨어져 있는데, 지금의 보르네오 대조왜大爪哇[144]인지 아니면 소조왜小爪哇[145]인지 아직 모르겠다. 비건국의 동쪽으로 망망대해와 연결된 곳에 제박주諸薄州가 있고 그 동쪽에 소순다열도의 화산섬이 있는데, 남중국해의 여러 산과 섬들은 진실로 일일이 구체적으로 설명하기가 어렵다.

『매월통기전』에 다음 기록이 있다.

꽝남에서 산과 바다를 따라가면 참파국과 녹뢰祿賴[146]에 이르고 서쪽으로 돌면 캄보디아에 도착한다. 캄보디아는 비록 별도로 하나의 나라를 이루었지만 경계는 베트남과 태국 두 나라 사이에 있어 동쪽으로는 베트남에, 서쪽으로는 태국에 조공을 바쳤다. 원주민은 말레이족으로 대부분 벌거벗고 살았고 천으로 아랫도리만 감쌌다. 캄보디아에서 큰 산을 돌아 서남쪽으로 가면 태국이 있고 산과 바다를 따라 남쪽으로 가면 차이야와 나콘이 있다. 믈라카와 조호르, 통가오이Tongaoi[147] 또는 트렝가누·빠따니·클란탄·싱고라 등의 여러 나라는 큰 산으로 이어져 있다. 원주민은 말레이족으로 의리를 모르고 벌거벗은 채 칼을 차고 아랫도리만 수만으로 감쌌으며 빈랑을 담뱃잎에 싸서 씹었다. 무역할 때는 많은 배를 수용하기 어려웠다. 토산품으로는 납·주석·물총새 깃털·가문석·제비집·해삼·등나무·후추 등이 있다. 믈라카는 예전부터 말레이족 출신의 군주가 있었으나, 태국 왕이 명나라 때 믈라카를 침범하여 복속시켰다. 가정 연간에 포르투갈[148] 사람들이 믈라카에 와서 힘을 다해 정복하고 관청을 세위 다스렸다. 천계 연간·숭정 연간에 네덜란드에게 뺏겨 이때부터 네덜란드가 플라카를 관리했다. 도광道光 연간에 영국이 븡쿨루와 플라카를 바꾼 이후 영국은 플라카에 새로운 땅을 개척하고 영화서원을 세워 중국인들에게 그 지역에서 태어난 자식들을 가르치게 해서 중서中西의 문예에 통하게 했다. 아울러 학당을 많이 세워 남녀는 물론 원주민·중국인 할 것 없이 모두 글을 읽을 수 있게 했다. 이에 복건·광동 사람들도 이곳에서 농사를 지으며 살아 슬랏·피낭과 함께 무역이 매우 번성했다. 조호르는 아시아 여러 나라 중 최남단에 위치한 섬으로, 말레이족 출신의 왕이 관할한다. 또 파항에는 사금과 주석 광물이 있었지만 복건 선박 중에는 이곳에 오는 경우가 드물었다. 영락 연간에 두 나라의 왕이 사신을 보내 조공을 바쳤다. 조호르와 파항 두 나라의 왕은 전쟁을 좋아했는데, 바로 말레이족의 천성인 듯하다. 이 외의 각 섬은 동해 해안에 위치하며 태국 왕에게 조공하고 금박 표문과 여러 토산품을 바쳤는데, 모두 작은 지역으로 사람들이 매우 게을렀다.

또 다음 기록이 있다.

싱가포르는 식력息力이라고도 한다. 이 작은 섬은 예로부터 말레이족 군주가 관할하며 해적 소굴이었는데, 근자에 영국령이 되었다. 땅은 비록 매우 작지만, 그 경제는 남중국해에서 가장 번성했다. 서양의 협판선이 끊임없이 왕래했을 뿐만 아니라 부기스Bugis[149]와 말레이 선박, 안남국과 태국 각 나라의 선박이 모두 무수히 드나들었다. 영국 관청에서 세금을 징수하지 않고 누구라도 장사를 할 수 있게 해 주어 상인들이 몰려들었다. 복건·광동 사람들도 여기에 살면서 사농공상士農工商에 종사하는 자가 셀 수 없이 많았다. 영국은 군대 주둔지에 포대를 설치했다.

『지리비고地理備考』에 다음 기록이 있다.

플라카 왕국은 아시아대륙 남쪽에 위치하고 북위 1도 22분에서 9도 30분, 동경 96도 20분에서 102도 사이에 자리하고 있으며 동쪽, 서쪽, 남쪽 삼면이 바다와 접해 있고 북쪽은 태국과 경계한다. 국토의 길이는 약 2천여 리이고 너비는 약 5백 리이며 면적은 대략 사방 10만 리이다. 인구는 아주 적고 지세는 험준하며 산과 언덕이 연이어 있고 수풀이 넓게 펼쳐져 있으며 늪이 많아 풍토병이 발생한다. 섬들이 무수하며 수목이 울창하고 호수와 강은 드물지만, 그 땅을 관통한다. 토지는 자못 척박하지만, 과실은 많은 편이다. 날짐승·들짐승이 많고 물고기와 소금도 풍부하다. 토산품으로는 금·철·주석·밀랍·등나무[150]·진주[151]·제비집·두구豆蔲·빈랑·혈갈·아카시아·상아·소가죽·사탕수수·목재·사곡미·파마등유巴馬藤油 등이 있다. 기후는 온화하고 왕위는 세습된다. 신봉하는 종교는 이슬람교이다. 무역이 번성하여 상인들이 몰려든다. 그 나라의 리겔Riegel[152] 등 지역은 현재 태국에 복속되었다. 페락Perak,[153] 슬랑오르,[154] 조호르,[155] 파항Pahang,[156] 쿠알라룸푸르Kuala Lumpur[157]의 각 지역은 스스로 군주를 세우고 서로 간섭하지 않는다. 나라 사람들을 말레이라고 칭했지만, 여전히 살망薩忙·적공的公·북노北奴 등의 칭호도 있었다.

또한, 신부도新埠島는 피낭섬Pulau Pinang[158]이라고도 하며 플라카해협 사이에 위치한다. 국토의 길이는 60리이고 너비는 30리이다. 땅이 매우 비옥하고 과일나무가 무성하다.

또한, 식랄도息辣島는 싱가포르라고도 하며 플라카해협 입구에 위치한다. 토지가 비옥하고 과일나무가 무성하며 무역이 번성하여 상인들이 구름처럼 몰려든다. 구 플라카 왕국은 요즘 오히려 인구가 줄고 교역량도 줄어들었다. 이상 각 지역은 도광 10년(1830)에 모두 벵골Bengal[159]에 주둔한 군대의 통제를 받았다.

『외국사략外國史略』에 다음 기록이 있다.

우종타나[160] 서쪽에서 수마트라[161]·믈라카[162] 두 지역 중간으로 나오면 해협이 있다. 섬들이 별처럼 흩어져 있는데, 가장 큰 섬이 피낭으로 서쪽에 위치하며 맞은편의 부키트메르타잠Bukit Mertajam[163]에서 멀지 않다. 북위는 5도 25분이고 동경은 100도 9분으로 넓이는 사방 5백 리이고 인구는 51,000명이다. 섬에는 높은 산과 개천이 있으며 기후가 온난하고 산수가 매우 아름답다. 이전에는 본래 버려진 섬이었는데, 건륭 50년(1785) 영국 동인도 회사에서 사들여 조선소를 만들고 개간하면서 번성해졌다. 매년 후추 2만 섬을 생산하고 정향丁香과 두구는 은 10만 원員 정도를 생산한다. 맞은편의 귀타도貴他島[164]에도 사탕수수를 심어 생산량이 3만 섬이나 된다. 날로 번성해져 사방에서 사람들이 구름처럼 몰려들었는데, 복건 사람이 가장 많았으며 하루아침에 도시가 되었다. 국가에서 지출하는 비용보다 거두어들인 세금이 훨씬 많았다.

싱가포르는 신실력파新實力坡라고도 부르고 신부두新埠頭라고도 부르며 해협 사이에 있는 섬이다. 북위 1도 15분, 동경 104도에 위치한다. 토지는 척박하고 밀림에는 호랑이가 많다. 후추와 빈랑고가 생산된다. 인도[165]에서 빙둘러 중국의 해로[166]로 가려면 서쪽에서 동쪽으로 가야 하기에 이 해협은 반드시 지나가야 하는 곳이었다. 이에 영국 동인도 회사는 가경 23년(1818)에 이 섬을 사들여 개항했다. 처음에는 인구가 겨우 150명이었지만 갑자기 2만여 명으로 늘어났는데, 그중 중국인이 많았고 모두 세금을 면제받았다. 도광 14년(1834)에는 서양의 각 나라와 다른 나라의 갑판선 472척, 중국의 상선 27척, 베트남 49척, 태국 24척, 말레이 72척, 보르네오Borneo[167] 138척, 술라웨시섬Pulau Sulawesi[168] 55척, 발리Bali[169] 63척, 자와 Jawa[170] 72척, 수마트라[171] 514척, 피낭 8척, 믈라카 60척, 서말레이족 46척, 빈탄Bintan[172] 251척, 부근 열도에서 220척이 왔다. 각 나라에서 수입한 화물값은 대략 천만 원에 달했고 수출한 화물은 이것의 두 배였다. 각처에서 구름처럼 몰려들어 결국 아시아의 거대 시장이 되었다.

싱가포르의 빈탄섬[173]은 네덜란드가 이곳에 포대를 세우고 시장을 열면서 '요서料嶼'라고 불리게 되었다. 후추와 빈랑고를 생산한다. 원주민의 식량은 베틀후추잎[174]과 빈랑 열매이다. 물건을 제조하는 사람들은 대부분 조주潮州 사람으로 교역이 넓지 않아 거두어들이는 세금도 매우 적었다. 군대를 두어 섬을 지키고 순찰선이 해적을 잡았다. 말레이 부족장이 섬의 일을 대신 처리했다. 빈탄섬은 링가제도Kepulauan Lingga[175]에 속하며 말레이족이 약탈을 일삼았는데, 네덜란드가 조약을 맺어 녹봉을 주며 해적질을 금지하고는 어기면 즉시 벌했다. 국토는 척박해 주석 이외에 다른 산물은 없으며 오곡 또한 나지 않는다. 이 섬의 북쪽에는 아남바스제도Kepulauan Anambas[176]와 나투나제도Kepulauan Natuna[177] 등 버려진 섬이 있는데, 해적들의 은신처가 되었다.

『외국사략』에 다음 기록이 있다.

믈라카는 옛 왕조이다. 북위 2도에서 10도에 위치하며 국토의 길이는 265리이고 너비는 40리이다. 국토의 반은 말레이족이 살고 중간에 흑산黑山[178]이 널리 뻗어 있으며 내지에는 지류가 많은데 모두 바다로 흘러 들어간다. 바다 입구까지 모래톱이 펼쳐져 있고, 사람들은 매우 적으며 다만 나무를 베어 얼기설기 집을 짓고 살 뿐이다. 산에는 모두 검은 얼굴을 한 사람들이 살고 있으며 옷도 입지 않고 집도 없다. 옛날에는 태국에서 관할했는데, 믈라카의 군주가 송나라 덕우德佑 3년[179](1277)에 처음으로 나라를 세웠다. 명나라 무종武宗 정덕 5년(1510)에 태국의 대군이 그 성을 공격하자 패하여 물러났다. 포르투갈 해군이 그 땅을 공격하여 함락시킨 후 포르투갈에 복속되었다. 순치順治 원년(1644)에 네덜란드가 또 그 성을 함락시켰다. 가경 연간에 영국이 또 그곳을 공격했다. 이때 예수회 선교사들이 학당을 열어 풍속을 교화시켰다. 이쯤에 영국 관청에서 항구를 관리했지만, 교역은 매우 적었고 산물도 많지 않아 사금·주석·남과南果·후추·오곡 같은 것은 모두 외국에서 들여왔다. 날씨는 화창하고 풍토병이 없었다. 백성은 적었지만, 말레이족과 인도인도 있었다. 산수는 매우 아름다웠다.

또 다음 기록이 있다.

말레이반도의 나라들은 남중국해를 따라 매우 길게 툭 튀어나와 있는데, 그 안에는 산도 많고 초목이 무성하며 단향·침향·야모과도 많다. 산에는 주석 광물이 많고 강에는 사금이 있으며 해변에는 야자[180]가 많다. 사람들은 게으르고 땅은 거칠며 유독 해변에만 집이 몇 채 있는데, 모두 야자잎으로 만들었다. 근처에 바나나나무를 심어 그 열매를 먹었고 온종일 빈랑을 담뱃잎에 싸서 씹었으며 밥을 물에 말아 먹었는데, 일상용품이 많지 않아도 자못 만족했다. 매일 잠을 많이 잤다. 간간이 나가서 해적질할 때면 온 힘을 다해 약탈했다. 체구는 작으며 희색이 만면하다가도 화를 돋우면 호랑이처럼 불같이 화를 냈다. 그러나 담력이나 지략이 없어 쉽게 흩어져 달아났다. 연해 각 곳에는 부족장이 있었으나 모두 매우 궁핍했고 중국인들이 무역을 대신 처리했는데, 하문 등지의 사람이 가장 많았다. 말레이반도의 나머지 땅은 태국의 남쪽에서부터 차이야[181]·나콘·싱고라였다. 이 땅 사람의 절반은 태국 말을 하고 불상을 숭배하며, 절반은 말레이족과 이슬람인으로 알라신을 숭배했다. 이곳에 있는 태국 관리들은 매번 말레이족을 학대했다. 빠따니·클란탄[182]·트렝가누 등지는 산이 연이어져 있고 모두 금은수金銀樹를 태국에 조공한다. 조공 사신을 인준하면 오곡을 사서 돌아갔다. 남쪽으로 이곳과 연결된 나라는 파항이고 최남단에 있는 나라는 조호르이다. 별도로 작은 지역들이 있는데, 세세하게 서술하기 어렵다. 풍속은 대부분 비슷하고 산물도 같다. 중국 복건과 광동 사람들이 여기에 와서 무역하는데, 매번 이익을 많이 남긴다. 사람들은 금전을 화폐로 쓰는데, 무게는 4~5푼이고 은은 사용하지 않는다. 오직 번두番頭를 거래에서 중요하게 생각했다. 교역할 때에도 매년 겨우 3~4척의 배만 수용하는데, 거래 품목은 사금·후추·야모과·빙편·해삼·제비집·물총새 깃털·가문석이다. 또한 아편과 포목을 후추 등과 바꾸기도 한다.

『만국지리전도집萬國地理全圖集』에 다음 기록이 있다.

플라카해협[183]의 동쪽 입구에 싱가포르가 있다. 싱가포르는 북위 1도 15분, 동경 104도에 위치한다. 섬은 크지 않고 후추·빈랑고만이 생산된다. 가경 23년(1818) 영국 관청에서 그 섬을 사들인 이후 널리 장삿길을 개척해 어느 나라의 선박을 불문하고 와서 장사하면 모두 세금을 면해 주었기에 결국 남중국해 각 섬 중 무역의 중심지가 되었다. 중국 선박은 매년 수십 척의 큰 배에 항상 수천 명[184]의 복건·광동 사람을 태워 이곳에 와서 장사하거나 농사를 짓게 했는데, 거주하는 중국인이 모두 1만여 명이나 되었다. 이 외에 서양의 협판선이 줄지어 매년 수백 척씩 왔는데, 포목과 그릇들을 들여와 남중국해의 산물과 바꿨다. 사람들은 아침저녁으로 분주하게 움직여 하루도 쉬는 날이 없었다. 부기스[185]와 말레이 사람들은 해변에 살면서 모두 영국의 지배를 받았다. 매년 수출입되는 화물값은 은 89,000,000원에 이르렀다.

또 다음 기록이 있다.

피낭은 서북쪽에 있고 높은 산이 있다. 땅에는 옥과玉果와 후추를 심는데, 생산량이 적지 않으며 산수가 매우 아름답다. 인구는 54,000명이고 그중 1만 명이 중국인이다. 맞은편 연해 지역도 영국이 관할해서 영국에서는 총문관總文官을 세워 피낭·믈라카·싱가포르 등지를 아울러 지배했다.

또 다음 기록이 있다.

남중국해 연해에 있는 섬들에는 말레이족이 거주한다. 몸이 왜소하고 약하며 자색 얼굴에 머리는 검고 매우 길다. 천을 머리에 감싸고 맨발로 다니며 허리에는 무늬 천을 두르고 잠방이를 입는다. 각자 단도를 차고 다니다가 화가 나면 사람을 찌른다. 늘 빈랑을 씹으며 놀러 다니고 일은 전혀 하지 않는다. 배를 타고 물고기를 잡으며 해적질을 한다. 이슬람교를 신봉하여 교주의 장지[186]에 가서 향을 피우고 돌아오면 서민들은 그 사람을 존경한다. 내지의 백성들은 얼굴색이 같지 않으며, 자색과 흑색 두 종족이 있다. 얼굴이 흑색인 사람은 산의 동굴이나 수풀에 사는 원주민으로, 아는 것이 적어 중국인들이 이를 이용해 기회를 엿보아 이익을 취한다. 광주부廣州府와 가응주嘉應州[187] 사람은 물건을 만들고 조주부潮州府 사람은 농사를 지으며 복건 사람은 장사를 한다. 가장 많이 이익을 취하는 사람은 바로 하문과 장주漳州 상인으로 대부분 돌아가지 않고 이곳에 머물면서 매년 한 번씩 편지와 은을 보내 가족 친지의 생활에 보탠다. 일단 고향에 돌아가면 모두 다 쓰고 나서 다시 돌아와 이익을 취한다. 무릇 외국으로 나가는 사람의 대부분은 중국의 불한당 같은 놈들로, 가정을 떠나 먼 곳으로 가지만 여자는 데리고 가지 않고 원주민 여자와 결혼해 자식을 낳으며 개과천선하는 사람은 드물다. 도처에서 아편을 먹고 도박하니 천박한 풍조가 나날이 성해졌다. 서양 사람 중에는 네덜란드의 권력이 가장 세다. 이 나라에 오는 서양 상인은 적지만 모두 문무를 갖추고 있다. 원주민과 왕래할 때도 선량하고 교만하지 않다. 스페인 사람은 편한 것을 좋아하고 일하기 싫어하며, 원주민은 그저 천주교만 믿어, 신부가 가장 권력이 세다. 상인은 매우 적고 본래 속한 섬을 벗어나지도 않는다. 영국만이 섬 3개를 차지하고 무역을 중요시해 항구를 열고 세금을 면해 주면서 사방의 상인들을 불러 모았지만, 원주민과는 여전히 왕래할 도리가 없었으니 아마도 교파·언어·기호가 서로 통하지 않았기 때문이다.

위원이 말한다. 영국이 싱가포르를 개척하여 풍요로워졌다고 중국에서 들은 지 이미 수십 년이 되었지만 모두 옛날에 어떤 나라였는지 알지 못했다. 『해록』과 영국의 해양 지도를 보고서야 비로소 조호르와 믈라카의 옛 땅이었음을 알았다. 명나라 이전에 믈라카는 남중국해의 중심 도시였으나 영국이 처음 조호르로 교역을 옮겼다. 싱가포르에 있는 견하서원堅夏書院은 미국[188] 사람이 세운 곳이고, 믈라카에 있는 영화서원은 영국 사람이 세운 곳으로, 모두 외국 이민족이 한문을 배우고 한자 서적을 판각한 곳이다. 그래서 여기서 판각된 서적은 모두 이 두 서원의 소장본이라고 적혀 있다. [믈라카와 조호르는] 모두 태국의 동남쪽 경계에 있고 해안이 서로 이어져 결코 섬은 아니다. 란타우섬Lantau island[189]과는 겨우 5~6일 거리로 평지가 수백 리이고 바다로 툭 튀어나와 키 바닥(箕舌) 같은 모양으로 남중국해의 요충지이다. 건륭 이전에는 대부분 복건과 광동 사람들이 들어와 살았다. 영국 군대가 점령하면서 서양식 건물을 짓고 시장을 넓혔으며 또한 영국의 훌륭한 기술자를 많이 뽑아 이곳으로 옮겨 살게 했다. 대포를 주조하는 곳도 있고 조선소도 있었으며 또한 영화서원을 지어 중국인을 스승으로 모셔다 한문과 중국어를 가르치고 중국의 경사자집經史子集과 지도, 지리지地理志를 간행하여 더욱 언어와 문자의 거리를 없앴다. 이에 영국은 중국 정세의 허와 실을 자세히 알았으나 중국은 오히려 한 분야도 저들의 진위를 알지 못했고 한 사람도 저들의 장기를 배우지 못했다. 안타깝구나![190] 강희 초에 대만을 평정할 때 조정에서는 대만 사람들을 이주시키고 그 땅을 버리고 오직 팽호彭湖만을 지키려고 했지만, 시랑施琅[191]만은 힘껏 싸우며 중국이 차지하지 못하면 반드시 네덜란드에게 귀속될 것이라고 했다. 강희제는 시랑의 의견에 따라 관청을 세우고 군대를 배치해 해외 세력과 단절시켰다. 만약 당시 주애珠厓[192]를 버리자는 의견을 고수했다면 대만이 지금의 싱가포르처럼 되지 않았을 경우는 거의 없을 것이다! 후세의 누군가가 서양 오랑캐가 우리의 허실을 정탐하듯이 날마다 서양 서적을 번역하고 서양의 일을 알아보고 서양 상황을 헤아려 본다면 어쩌면 쓸데없는 일[193]을 한다고 책망하지 않고, 심지어 외국 오랑캐와 내통했다고 하는 경우도 거의 없을 것이다. 파항·조호르 등의 나라는 명나라 이전 역사에는 보이지 않는데, 아마도 『양서』의 단단丹丹[194] 『당서唐書』[195]에는 단단單單으로, 진주振州 동남쪽에 위치한다고 적혀 있다. 인 듯하다. 『수서隋書』와 『당서』에 보면, 푸리Puri[196]에 갔던 사람이 먼저 적토赤土·단단에 갔다가 그 나라로 갔다고 되어 있다. 적토가 프놈국이니 단단은 프놈국과 연결된 동남쪽 경계에 있었음이 틀림없다. 그래서 당나라 사람의 묘지와 양나라·송나라 사람의 비문에 기록되어 있는 것이다.

暹羅東南屬國今爲英吉利
新嘉坡沿革三

卽滿剌加, 舊柔佛等國. 新嘉坡一作新州府,
一作星忌利坡, 皆字音相近.
原無, 今補.

『明史』: 滿剌加在占城南. 順風八日至龍牙門. 又西行二日卽至. 或云卽古
頓遜國, 唐曰哥羅富羅. 『梁書』「海南諸國傳」: 頓遜國在海崎上, 地方千里, 城去
海十里. 有五王, 竝羈屬扶南. 杜氏『通典』: 頓遜國, 梁時聞焉, 在海崎山上, 北去扶
南可三千里, 其國之東界通交州, 其西界接天竺. 諸國賈人多至其國而互市焉. 頓遜
廻入海中千餘里, 漲海無涯岸, 船未曾得徑過也. 其市東西交會, 日有萬餘人, 珍寶
物貨無種不有. 又哥羅富羅國, 亦見『通典』.

其地無王, 亦不稱國. 服屬暹羅, 歲輸金四十兩爲賦. 永樂元年, 遣使賜以
織金文綺, 宣示威德招徠之. 其酋大喜遣使隨入朝貢. 永樂三年九月, 至京師詔
封爲滿剌加國王. 請封其山爲一國之鎭, 帝製碑文勒山上. 永樂九年, 王率妻子
陪臣五百四十餘人來朝. 抵近郊, 命中官有司宴勞, 供張會同館. 入朝奉天殿,
帝親宴之, 錫賚甚厚. 永樂宣德中, 王屢率妻子陪臣來朝, 竝訴暹羅見侵狀. 朝
廷屢敕暹羅, 暹羅乃奉詔. 成化十七年九月, 貢使言: "成化五年貢使還, 飄抵
安南境, 多被殺, 餘黥爲奴. 今已據占城地, 又欲吞本國." 帝乃因安南使還, 敕

責其王. 後佛郎機強擧兵侵奪其地, 國王出奔, 遣使告難. 時世宗已嗣位, 敕責佛郎機, 令還其故土. 而諭暹羅國諸王救災恤隣, 迄無應者, 滿剌加竟爲所滅. 時佛郎機亦遣使朝貢請封, 抵廣東, 守臣以其國素不列王會, 羈其使以聞. 詔予方物之直遣歸. 後改名麻六甲云. 所貢物, 有瑪瑙·珍珠·玳瑁·珊瑚樹·鶴頂·金母鶴頂·瑣服·白布·西洋布·撒哈剌·犀角·象牙·黑熊·黑猿·白麂·火雞·鸚鵡·片腦·薔薇露·蘇合油·梔子花·烏爹泥·沈香·速香·金銀香·阿魏之屬.

有溪可淘沙取錫. 田瘠少收, 民皆淘錫捕魚爲業. 氣候朝熱暮寒. 男女椎髻黝黑. 間有白者, 唐人種也. 俗淳厚, 市道頗平. 自爲佛郎機所破, 其風頓殊. 商舶希至, 多直詣蘇門答剌. 然必取道其國, 率被邀劫, 海路幾斷. 其自販于中國者, 則直達廣東香山澳, 接跡不絶云.

明黃衷『海語』: 滿剌加在南海中, 始爲暹羅屬國, 厥後守土酋長叛其主而自立. 自東筦縣南亭門放洋, 星盤與暹羅同道. 至崑屯洋, 直子午, 收龍牙門港, 二日程至其國. 爲諸夷輻輳之地, 亦海上一小都會也. 王居前屋用瓦, 乃永樂中太監鄭和所遺者. 餘屋皆錫箔爲飾. 遇制使若列國互市, 王卽盛陳儀衛以自儌備. 民皆居土室. 其尊官稱姑郎伽邪, 巨室稱南和達. 民多饒裕, 富家胡椒有至數千斛, 象牙·犀角·西洋布·珠貝·香品, 所蓄無算. 文字皆梵書, 貿易以錫行, 大都錫三斤, 當銀一錢. 牙儈交易, 搦指節以示. 數千金貿易不立文字, 指天爲約, 卒無敢負者. 不産五穀, 米稻皆販自暹羅崛巃·陂隄里. 俗奉回敎, 禁豕肉, 以酥酪和飯而啖. 雞犬鵝鶩, 常仰販他國, 價五倍於華. 民性獷暴而重然諾, 刃不離頃刻, 語不合, 輒揕刃其胸, 逃匿山谷. 踰時乃出, 死者家不復尋仇, 姑郎伽邪亦不復追論矣. 地多崇山大谷, 陸行可達暹羅, 嘗竝有爪哇之國. 古闍婆國. 然爪哇夷素兇狡, 凡受傭其地而戕害其主者十八九. 惟善制藥筒, 中其矢者無不立死.

正德間, 西洋佛郎機之船, 互市爭利而鬨, 夷王執其那達而囚之. 佛郎機人歸愬於其主, 乃治八大艘, 精兵及萬, 乘風突襲, 其國大被殺掠. 滿剌加王退保陂隄里, 佛郎機將以其地索賂於暹羅而歸之, 暹羅辭焉. 佛郎機滿載而歸, 王乃復所. 『瀛涯勝覽』: 滿剌加, 舊名五嶼, 以海有此山也. 東南距海, 西北皆岸, 岸連山. 地瘠鹵, 收獲殊寡, 故未稱國, 隸暹羅. 歲輸金五十兩, 否則被伐. 永樂七年己丑, 上命太監鄭和冊爲國王. 王自是不役屬暹羅, 攜妻子赴京謝, 願修職貢. 上賜舶還. 其境有大溪灌王宮入海, 跨溪橋之, 構亭於上, 約二十餘楹, 交易者來集. 俗尙回回教, 持齋受戒. 王以白纏頭. 風俗淳樸. 民舍如暹羅, 聯搨趺坐. 業漁, 刳木爲舟, 泛海而漁. 婚喪類爪哇. 中國舶亦至其地, 栫木爲柵, 關四門鼓樓, 夜巡以鈴. 內設重柵, 有倉庫可貯貨. 五月中方發舶. 厥產黃連·烏木·打魔香, 此香乃樹脂墜地成, 遇火卽燃. 國人以當燈及塗舟, 水不能入. 明瑩者若金箔, 名水珀是已. 南懷仁『坤輿圖說』: 滿剌加國, 地不甚廣, 爲海商輻輳. 正在赤道下, 春秋二分, 氣候極熱, 賴無日不雨, 故可居. 產象及胡椒·佳果木, 終歲不絕. 人良善, 不事生業, 或彈琵琶閒遊.

謝淸高『海錄』: 宋卡國在暹羅南少東. 由暹羅陸路十七八日, 水路東南行順風五六日可到. 疆域數百里, 或作宋腳, 或作宋脲勝. 土番名無來由. 地曠民稀, 俗不食豬, 與回回同. 鬚止留下頷, 出入懷短劍自衛. 娶妻無限多寡. 男女將婚, 男必少割其勢, 女必少割其陰. 女年十一二卽嫁, 十三四便能生產, 男多贅於女家. 俗以生女爲喜, 以其可以贅婿養老也. 若男則贅於婦家, 不獲同居矣. 其資財則男女各半, 凡無來由種類皆然. 死無棺槨, 葬椰樹下, 以濕爲佳, 不封土, 不墓祭.

王傳位必以嫡室子, 庶子不得立. 君臣之分甚嚴, 王雖無道, 無敢覬覦者. 卽宗室子弟, 國人無敢輕慢. 婦人穿衣褲, 男子唯穿短褲, 裸其上. 有事則用寬幅布數尺, 縫兩端, 襲於右肩, 名沙郎. 民見王及官長俯而進, 至前蹲踞, 不敢立.

見父兄則蹲踞, 合掌於額, 立而言. 平等相見, 唯合掌於額. 餘與暹羅略同. 山多古木, 土産孔雀·翡翠·玳瑁·象牙·胡椒·檳榔·椰子·銀·鐵·沈香·降香·速香·伽楠香·海參·魚翅, 歲貢於暹羅. 『皇清通考』「四裔門」: 宋腒勝, 在西南海中, 屬暹羅. 俗佞佛, 以手團食. 男蓄髮, 削其髯. 著衣褲, 無鞋襪. 首插雉尾, 腰系疋帛. 事耕漁, 常佩刀. 女椎髻跣足, 短衣長裙, 披錦於肩. 能紡織. 土産牛鹿肉·蝦米·燕窩·海參·番錫之屬. 本朝雍正七年後, 通市不絶. 其國距廈門水程一百八十更. 旁有斜仔·六崑·大呢諸國. 斜仔在西南海中, 東北與宋腒勝接. 風俗: 男子服短衣布幔, 跣足持刀. 女穿花色衣, 被絲幔, 足曳淺拖鞋. 土産燕窩·番錫·象牙·棉花. 其國距廈門水程一百八十更, 西與六崑國接. 六崑風俗物産, 同斜仔, 距廈門水程一百五十更. 大呢一名大年, 在西南海中, 東北與六崑接. 男女短衣跣足, 佩刀執槍. 土産胡椒·蝦米·燕窩·黃蠟·牛鹿脯. 其國距廈門水程一百五十更. 三國自雍正七年後通市不絶, 與宋腒勝俱暹羅屬國.

『海錄』又曰: 太呢國在宋卡東南. 由宋卡陸路五六日, 水路順風約日餘可到. 連山相屬, 疆域亦數百里. 風俗土産, 均與宋卡略同. 民稀少而性兇暴. 海艘所泊處, 謂之淡水港. 其山多金, 山頂産金處名阿羅帥. 由淡水港至此, 須陸行十餘日. 由吉蘭丹港口入, 則三四日可至. 故中華人到此淘金者, 船多泊吉蘭丹港門, 以其易於往來也. 國屬暹羅, 歲貢金三十斤. 明張燮『東西洋考』: 太呢國, 華人流寓甚多, 趾相踵也. 舶至, 獻果幣, 如他國. 初必設食待華人, 後來此禮漸廢矣. 貨賣彼國, 不敢徵稅. 惟與紅毛售貨, 則湖絲百斤, 稅紅毛五斤, 華人銀錢三枚. 他稅稱是. 若華人買彼出貨下船, 則稅如故.

又曰: 吉蘭丹國在太呢東南, 由太呢沿海順風約日餘可到. 疆域風俗土産略同太呢, 亦無來由種類, 爲暹羅屬國. 王居在埔頭, 埔頭者, 朝市之處, 而洋船所灣泊也. 周圍種笏竹爲城, 加以木板, 僅一門. 民居環竹外. 王及官長俱席地而坐, 裸體跣足, 無異居民. 出則有勇壯數十擁護而行, 各持標槍. 見者咸蹲身合掌, 王過然後起. 政簡易, 王日坐堂, 酋長有稱'萬'者, 有稱'斷'者, 咸入朝環坐議政事.

有爭訟者, 不用呈狀, 但取蠟燭一對俯捧而進. 王見燭則問何事, 訟者陳訴. 王則命宣所訟者進質. 王以片言決其曲直, 無敢不遵者. 或是非難辨, 則令沒水. 沒水者, 令兩造出外, 遇道路童子, 各執一人至水旁, 延番僧誦咒. 以一竹竿令兩童各執一端同沒水中, 番僧在岸咒之, 所執童先浮者, 則爲曲, 無敢復爭. 童子父母習慣, 亦不以爲異也. 又其甚者, 則有探油鍋法. 盛熱油滿鍋, 番僧誦咒, 取一鐵塊置鍋中, 令兩造探而出之, 其理直者則毫無損傷, 否則鼎沸傷人, 終不能取. 非自度無愧者, 鮮不臨鍋而服罪. 故訟者無大崛強, 而君民俱奉佛甚虔. 王薨, 或子繼, 或弟及, 雖有遺命, 然必待民心之所歸, 而後卽位. 若民不奉命, 而兄弟叔侄中有爲民所戴者, 則讓之而退處其下. 不然, 雖居尊位, 而號令亦不行也.

土番居埔頭者, 多以捕魚爲生. 每日上午各操小舟乘南風出港, 下午則乘北風返棹. 南風謂之出港風, 北風謂之入港風. 日日如此, 從無變易, 殆天所以養斯民也. 其居山中者, 或耕種, 或樵探, 上無衣, 下無褲, 唯剝大樹皮圍其下體. 亦無屋宇, 穴居巢處. 凡土番俱善標槍, 能擲殺人於數十步外. 乘便行劫, 避匿老林, 故山谷僻處, 鮮有行人. 爭訟有不能決者, 常自請於王, 願互用標槍死無悔. 王亦聽之, 但酌令理直者先標. 中而死, 則彼家自以屍歸, 不中則聽彼反標, 顧鮮有不中者. 婦女淫亂, 而禁嫁華人. 故閩粵人至此鮮娶者, 有妻皆暹羅女也. 犯奸者事發, 執而囚之, 度其身家厚薄而罰其金. 凡犯令者亦然, 少笞杖之刑.

國有大慶, 王先示令擇地爲場. 至期, 于場中飮酒·演戲, 國人各以土物貢獻, 王受其儀, 于場中賜之飮食. 四方來觀之華夷雜沓, 奸賭無禁, 越月而後散. 凡獻饋儀物, 皆以銅盤盛之, 戴於首而進. 飮食不用箸, 多以右手搏取, 故重右而輕左. 人若以左手取食物相贈遺, 則怒爲大不敬云. 地多瘴癘, 華人至此, 必入浴溪中, 以水灌頂, 多至數十桶, 俟頂上熱氣騰出然後止. 日二三次, 不浴則疾發. 居久則可少減, 然亦必日澡洗. 卽土番嬰疾, 其傷於風熱者, 多淋水卽瘳, 無庸藥石, 凡南洋諸國皆然.

其地有雙戈及呀喇頂等處, 皆産金. 由吉蘭丹埔頭入內河, 南行二日許, 西有小川通太呢阿羅帥, 又南行日餘, 雙戈水會之. 又南行十餘日, 則至呀喇頂, 與彭亨後山麻姑産金處相連. 河中巨石叢雜, 水勢峻厲, 用小舟逆挽而上, 行者甚艱. 中國至此者歲數百, 閩人多居埔頭, 粵人多居山頂. 山頂則淘取金砂, 埔頭則販賣貨物及種植胡椒. 凡洋船到各國, 王家度其船之大小‧載之輕重而權其稅. 船大而載重者納洋銀五六百枚, 小者二三百不等, 謂之凳頭金. 客人初到埔頭, 納洋銀一枚, 居浹歲, 又納丁口銀一枚. 居吉蘭丹山頂淘金欲回中國者, 至埔頭, 必先見王, 納黃金一兩, 然後許. 年老不復能營生者減半, 若甲必丹知其貧而爲之請, 則免. 甲必丹者, 華人頭目也. 凡洋船造船出賃者, 謂之板主, 看羅盤指示方向者, 謂之夥長, 看柁者, 謂之太工, 管理銀錢出入者, 謂之財庫, 艙口登記收發貨物者, 謂之清丁, 而出資賃船置貨貿易則爲船主. 船中水手悉聽指麾, 故有事亦唯船主是問. 其釀酒‧販鴉片‧開賭場者, 稅亦特重. 私家逋負, 酋長嘗置若罔聞, 而賭賬則追捕甚力, 各國多如此. 食鴉片煙, 則吉蘭丹爲甚, 客商鮮不效尤者. 其土産唯檳榔‧胡椒爲多, 亦以三十斤金爲暹羅歲貢. 源案: 吉蘭丹, 卽大呢之馬頭也. 風俗俱同大呢. 嘉靖末, 海寇餘衆遯歸於此, 生聚至二千餘人, 行劫海中, 商舶苦之. 或謂吉蘭丹卽小葛蘭國. 按: 小葛蘭與柯枝接境, 而吉蘭丹與大呢相連, 去彼遠甚. 但大呢. 吉蘭丹俱鑄金爲錢, 而柯枝與小葛蘭亦俱用金錢, 以此相同, 影響之所自起也. 姑載之以破疑.

又曰: 丁加羅國, 一作丁葛奴, 疑卽丁機宜也. 源案: 此語誤甚. 丁機宜別自一島, 在蘇門答剌之東, 非暹羅相連之地. 在吉蘭丹東南, 由吉蘭丹沿海約日餘可到. 疆域風俗與上數國略同, 而富強勝之. 各國王俱喜養象, 聞山中有野象, 王家則令人砍大木, 於十里外周圍柵環之, 旬日漸移而前. 如此者數次, 柵益狹, 象不得食. 俟其羸弱, 再放馴象與鬭, 伏則隨馴象出, 自聽象奴驅遣. 土産胡椒·檳榔·椰子·沙藤·冰片·燕窩·魚翅·海參·油魚·鮑魚·螺頭·帶子·紫荣·孔雀·翡翠·速香·降香·伽楠香. 帶子, 角帶也, 形若江瑤柱. 胡椒最佳, 甲於諸番. 歲貢暹羅·安南及鎮守葛剌巴之荷蘭. 陳倫炯『海國聞見錄』: 由暹羅而南, 斜仔·六坤·宋腳, 皆暹羅屬國. 大呢·吉蘭丹·丁葛奴·彭亨諸國, 沿山相續, 俱由小眞嶼向西分往, 水程均一百五·六十更不等. 土産鉛·錫·翠毛·佳文席·燕窩·海參·料藤·冰片等類相同. 惟丁葛奴胡椒甲於諸番. 番皆無來由族類, 不識義理, 裸體挾刀, 下圍幅幔. 檳榔夾煙嚼, 生米和水吞. 貿易難容多艘.

又曰: 彭亨在丁加羅南, 音近邦項, 本無正字也. 此由丁加羅陸路約二日可到. 疆域風俗民情均與上數國同. 亦産金, 而麻姑所産爲最. 土産胡椒·冰片·沙穀米. 胡椒藤木, 初種時長尺餘, 年餘長至數尺, 則卷成圈, 復取土掩之. 俟再生, 然後開花結子. 十餘年藤漸弱, 則取其旁舊土或有雜木葉黴敗其中者, 糞之復茂. 不可以他物糞. 至三十餘年, 則不復結子, 須擇地另種. 舊地非百年後不能復種. 自安南至麻倫呢諸國皆有, 唯丁加羅所産爲最. 冰片, 木液也. 周流木內, 夜則上於樹杪, 明則下於樹根. 土番夜聽其樹而知其上下老嫩. 俟其老時, 四鼓潛往, 以刀削其根數處, 如中國之取松脂然. 天明其液流從砍處落地, 滴滴成片. 若未老, 則出水而已. 沙穀米亦以木液爲之. 其木大者合抱, 砍伐破碎, 春之成屑, 則以水洗之, 去其滓. 俟其水澄, 取其下凝者暴乾成粉. 復以水灑之, 則累累如顆珠, 煮食之可以療饑.

以上數國, 閩·粤人多來往貿易者. 內港船往各國, 俱經外羅山南行, 順風約一日過煙筒·大佛山, 又日餘經龍柰口, 過崑崙海, 日餘見崑崙山. 至此然後分途而行, 往宋卡·暹羅·大呢·吉蘭丹各國, 則用庚申針, 轉而西行矣. 由彭亨東南行, 約日餘, 復轉西, 入白石口. 順東南風, 約日餘則到舊柔佛. 『明史』: 彭亨在暹羅之西. 洪武十一年, 其王表貢. 永樂十年, 遣中官鄭和使焉. 其國土田沃, 氣候常溫, 米粟饒足, 煮海爲鹽, 釀椰漿爲酒. 上下親狎, 無寇賊. 然惑於鬼神, 刻香木爲像, 殺人祭賽, 以禳災祈福. 所貢有象牙·片腦·乳香·速香·檀香·胡椒·蘇木之屬.

又曰: 舊柔佛在彭亨之後, 陸路約四五日可到. 疆域亦數百里. 民情風俗略與上同. 土番爲無來由種類. 本柔佛舊都, 後徙去, 故名舊柔佛. 嘉慶間, 英吉利以此爲海道四達之區, 墾闢土地, 招集商民貿易耕種, 而薄其賦稅. 數年來, 舟船輻輳, 樓閣連亘, 遂爲勝地. 番人稱其地爲息辣, 閩·粵人謂之新州府, 亦或作新嘉坡. 土産胡椒·檳榔膏·沙藤·紫菜. 檳榔膏卽甘瀝, 可入藥. 『明史』: 柔佛近彭亨, 一名烏丁礁林. 永樂中, 鄭和遍歷西洋, 無柔佛名. 或言和曾經東西竺山, 今此山正在其地, 疑卽東西竺. 萬曆間, 其酋好搆兵, 隣國丁機宜·彭亨屢被其患. 華人販他國者, 其人多就之貿易, 時或邀至其國. 國中覆茅爲屋, 列木爲城, 環以池. 無事通商于外, 有警則召募爲兵, 稱強國焉. 地不産穀, 常易米於隣壤. 字用茭葦葉, 以刀刺之. 見星方食. 節序以四月爲歲首, 居喪, 婦人剃髮, 男子則重剃. 死者皆火葬. 所産有犀·象·玳瑁·片腦·沒藥·血竭·錫·蠟·嘉文簟·木棉花·檳榔·海菜·燕窩·西國米·蜚吉柿之屬. 『皇淸通考』「四裔門」: 柔佛在西南海中, 背山而國前臨大海歷海洋九千里達廣東界. 經七洲大洋, 到魯萬山, 由虎門入口. 國中無城郭宮室, 王府卽建於海濱, 支以竹木, 蓋以茅葉. 民皆環山而居. 崇山峻嶺, 樹木叢雜, 野獸縱橫. 天時雖秋冬亦暖. 王以柳葉爲衣左衽, 下裳密緞小花爲之. 佩刀, 首蓄髮長二三寸, 蒙以金花帕, 跣足. 民人冠用銅線爲胎, 幪以白布, 衣短衫, 或裸而以裳圍其下體. 婦女織席, 挽椎髻, 肩披錦. 父母喪, 則剃髮, 衣黑衣爲喪服. 夫皆贅於婦. 相見以合掌拱上爲禮. 俗輕生好殺. 尚佛教, 喜鬪雞. 伐烏木, 拾海菜. 時出海劫掠. 飲食用手,忌豬肉, 嗜煙. 歲齋一月, 舉國絕食, 見星乃食, 歷三十日始止. 土産降香·烏木·西國米·冰片·海參·胡椒·燕窩之屬. 亦産沙金, 鑄花小金錢爲幣. 康熙初, 嚴南洋諸國商販之禁, 故閩·粤無柔佛之船, 而內地商船亦無往其國者, 迨雍正七年弛禁後, 其國通市不絕. 距廈門水程一百八十更. 七洲洋中, 有神鳥, 狀如海雁而小, 長喙色紅, 腳短而綠. 尾羽如箭, 長二尺許. 能導人水程, 呼是則飛去, 曰否則仍飛而來. 獻紙謝神, 翱翔不知所之矣. 柔佛屬國有丁葛奴·單呾·彭亨, 皆雍正七年後通市. 丁葛奴亦瀕南海, 四時皆暖, 無霜雪. 崇山峻嶺, 蜿蟺相望. 風俗略同柔佛. 土産胡椒之美, 甲於他番. 餘則沙金·冰片·沙藤·速香等物. 其國人終身不出境, 無航海而來中國者. 每歲多春間, 粤東本港商人以茶葉·瓷器·色紙諸物, 往其國互市. 乾隆二十九年, 以兩廣總督蘇昌奏准帶土絲及二蠶胡絲. 浙·閩人亦間有往者. 及夏秋乃歸, 必經七洲大洋, 至魯萬山, 由虎門入口, 達廣東界, 計程九千里. 單呾距廈門水程一百三十更. 風俗·衣服·飲食·土産與柔佛同. 彭亨國與柔佛連山相枕, 內地商民往柔佛國, 有轉附番舶至其地貿易者. 陳倫炯『海國聞見錄』: 柔佛國山雖聯於彭亨, 其勢在下, 水路應到崑崙, 用未針取茶盤, 轉西至柔佛, 計廈門水程一百七十三更. 番情與上諸國相似, 所産亦相同, 惟較之略美而倍多. 每年經商, 可容三四舶就舟交易. 産沙金, 國以鑄花小金錢爲幣, 重四五分. 銀幣不行.

又曰: 麻六甲, 一作滿剌加, 在舊柔佛西少北, 東北與彭亨後山毗連, 陸路通行. 由舊柔佛水路順東南風半日過琴山徑口, 又日餘到此. 土番亦無來由種類. 疆域數百里, 崇山峻嶺, 樹木叢雜, 民情兇惡, 風俗詭異. 屬荷蘭管轄. 初小西洋各國番舶往來中國, 經此必停泊, 採買貨物, 本爲繁庶之區. 自英吉利開新嘉坡, 而此處浸衰息矣. 土産錫·金·冰片·沙藤·胡椒·沙穀米·檳榔·燕窩·犀角·水鹿·玳冒·翡翠·降速·伽楠各香. 閩·粤人至此採錫及貿易者甚衆. 陳倫炯『海國聞見錄』: 由柔佛而西, 麻喇甲亦無來由族類, 官屬名曰惡耶. 國王彷暹羅, 用漢人理

國事, 掌財賦. 産金·銀·西洋布·犀角·象牙·鉛·錫·胡椒·降香·蘇木·燕窩·翠毛·佳文

席等類. 金錢銀幣皆互用. 中國洋艘, 到此而止. 距廈門水程二百六十更. 『海錄』又

曰: 沙剌我國在麻六甲西北, 由麻六甲海道順東南風二三日, 經紅毛淺下有浮沙, 其

水不深. 此國在紅毛淺東北岸, 疆域數百里. 民頗稠密, 性情兇獷. 後山與丁加羅·吉

蘭丹相連, 山中土番名獠(讀力麻切). 子裸體跣足, 鳩形鵠面, 自爲一類. 亦服國王管

轄, 但與無來由不相爲婚. 嘗取蜜蠟·沙藤·沈香·速香·降香·犀角·山馬·鹿脯·虎皮等

物, 出與國人交易. 閩粤人亦有到此者. 其産錫·冰片·椰子·沙藤. 又曰: 吉德國在新

埠西北, 又名計達. 由新埠順東南風日餘可到. 後山與宋卡相連, 疆域風俗亦與宋卡

略同. 土曠民稀, 米價平減. 土産錫·胡椒·椰子. 閩·粤人亦有至此貿易者. 由此陸路

西北行二日, 海道日餘, 到養西嶺. 陸路又行三四日, 水路約一日, 到蓬呀, 俱暹

羅所轄地. 自宋卡至此, 皆無來由種類, 性多兇暴, 出入必懷短刀. 以花鐵爲之, 長

六寸有奇, 鑲以金, 海馬牙爲柄. 其刃末有花紋者, 持以相鬪, 刀頭有紋者, 則佩之

以爲吉慶. 王及酋長皆然.

『每月統紀傳』曰: 麻剌甲地方毗連於柔佛·丁葛奴·大年·吉連丹·宋腳諸國,

沿大山相續. 土番爲無來由族類, 不識義理, 裸體挾刀, 下圍幅幔. 檳榔夾煙嚼.

貿易難容多艘. 土産鉛·錫·翠毛·佳紋席·燕窩·海參·藤·胡椒等貨. 諸國相似, 所

産相同. 麻剌甲在明朝時, 有馬萊由之王. 馬萊由, 一作無來由. 因暹羅侵地, 麻

剌甲遣貢使至北京控訴. 永樂三年, 詔暹羅國王勿開兵隙. 暹羅王遣使謝罪, 然

陽遵陰違, 竟侵服之. 嘉靖年間, 葡萄牙兵船往麻剌甲, 盡力征服, 設官治之.

天啟·崇禎年間, 荷蘭又戰勝葡萄牙而有其地. 至嘉慶年間, 英吉利以萬古累易

之, 於是麻剌甲爲英吉利新藩. 開英華院以敎唐人與土人, 且義學甚多, 男女

不論, 土番漢人皆知讀書. 故廣東與福建人居此種園耕田, 與實力嶼·檳榔嶼貿

易. 柔佛爲阿細亞大山, 諸國極南入海之山, 副馬萊酉王管之. 彭亨有金沙, 錫

甚盛. 福建船希往彼, 以柔佛·彭亨性悍好鬪, 正是馬萊酉族類之習. 此外, 海濱國屬於暹羅者, 皆地小不足比數.

顏斯綜『南洋蠡測』曰: 南洋之間有萬里石塘, 俗名萬里長沙, 向無人居. 塘之南爲外大洋, 塘之東爲閩洋. 夷船由外大洋向東, 望見臺灣山, 轉而北, 入粵洋. 歷老萬山, 由澳門入虎門, 皆以此塘分華夷中外之界. 唐船單薄, 舵工不諳天文, 惟憑弔鉈驗海底泥色定爲何地, 故不能走外大洋. 塘之北爲七洲洋, 夷人知七洲多暗石, 雖小船亦不樂走. 塘之西爲白石口, 附近有一埠, 四面皆山, 一峽通進. 平原曠野, 頗有土人, 竝無酋長. 産胡椒·沙藤. 有唐人墳墓碑記, 梁朝年號及宋代咸淳. 或云此暹羅極東邊境. 十餘年前, 英吉利據此島, 名之曰星忌利坡, 召募開墾. 近聞已聚唐人雜番數萬. 閩·粵之輕生往海外者, 冒風濤·蹈覆溺而不顧, 良由生齒日衆, 地狹民稠. 故無室無家之人, 一往海外, 鮮回鄉者. 此島由外洋至粵十餘日, 由七洲洋至粵僅七八日. 近來英吉利甘心留粵, 一則恃南洋·港腳諸番沿途俱有停泊, 二則恃星忌利坡離粵不遠, 彼國雖隔數萬里之遙, 今則無異隣境. 此外海岸, 土瘠産稀, 如飛頭蠻等處, 雖常到, 不屑顧. 其志蓋欲扼此東西要津, 獨擅中華之利, 而制諸國之咽喉. 古今以兵力行商賈, 以割據爲壟斷, 未有如英夷之甚者.

『貿易通志』: 東南洋貿易之盛者, 莫如暹羅及新嘉坡. 暹羅與安南·緬甸相接, 而通商最廣. 中國買米買貨之船赴其國者, 歲百餘號. 所駐中國人五萬有餘. 英吉利·亞默利加等國互市, 每年貨價約銀五百萬餘員. 新嘉坡本非國, 乃斗入南海中一大峽, 地方二千里, 距澳門水程十更. 向爲閩·廣客民流寓, 約二萬餘人. 英吉利屢以兵船爭奪, 嘉慶二十三年襲而據之. 置城戍兵營, 肆貨招商賈. 設英華書院, 凡國中書籍, 皆鏤板翻譯, 延華人敎其子弟. 屹然爲巨鎭. 計閩·廣船歲往者八九十艘, 安南三十六艘, 暹羅四十艘, 各南洋小船千三百餘艘, 夾板船四百七十四艘, 貨物出入約計銀各八百餘萬員. 其地近中國, 故凡紅毛船之自澳門歸, 與自西洋至者, 均以此爲總彙. 此外, 麻剌甲·檳榔嶼等處, 亦英吉利公司所據, 而貿易有限, 不及新嘉坡三分之一.

『梁書』「南夷傳」: 扶南國在日南郡之南, 海西大灣中, 去日南可七千里, 在林邑西南三千餘里. 城去海五百里. 有大江廣十里, 西北流, 東入於海. 其國輪廣三千餘里, 土地洿下而平博, 氣候風俗大較與林邑同. 出金·銀·銅·錫·沈木香·象牙·孔翠·五色鸚鵡.

其南界三千餘里, 有頓遜國, 在海崎上, 地方千里, 城去海十里. 有五王, 竝羈屬扶南. 頓遜之東界通交州, 其西界接天竺·安息徼外諸國, 往還交市. 所以然者, 頓遜回入海中千餘里, 漲海無崖岸, 船舶未曾得徑過也. 其市東西交會, 日有萬餘人. 珍物寶貨, 無所不有. 又有酒樹, 似安石榴, 采其花汁停甕中, 數日成酒.

頓遜之外, 大海洲中, 又有毗騫國, 去扶南八千里. 傳其王身長丈二, 頸長三尺, 自古來不死, 莫知其年. 王神聖, 國中人善惡及將來事, 王皆知之, 是以無敢欺者, 南方號曰長頸王. 國俗有室屋·衣服, 噉粳米. 其人言語小異扶南. 有山出金, 金露生石上, 無所限也. 國法刑罪人, 竝於王前噉其肉. 國內不受估客, 有往者亦殺而噉之, 是以商旅不敢至. 王長樓居, 不血食, 不事鬼神. 其子孫生死如常人, 唯王不死. 扶南王數遣使與書相報答. 常遺扶南王純金五十人食器, 形如圓盤, 又如瓦㼧, 名爲多羅, 受五升. 又如碗者, 受一升. 王亦能作天竺書, 書可三千言, 說其宿命所由, 與佛經相似, 竝論善事.

又傳扶南東界即大漲海, 海中有大洲, 洲上有諸薄國. 國東有五馬洲. 復東行漲海千餘里, 至自然火洲. 其上有樹生火中. 洲左近人剝取其皮, 紡績作布,

極得數尺以爲手巾. 曾與焦麻無異而色微青黑. 若小垢洿, 則投火中, 復更精
潔. 或作燈炷, 用之不知盡.

案: 扶南爲今暹羅國. 其南界三千餘里, 有頓遜國. 在海崎上, 斗入海中
三千餘里, 則今之柔佛·新甲埔也. 頓遜之外, 大海州中, 又有毗騫國, 去扶
南八千里, 則未知爲今之婆羅大爪哇島歟, 抑小爪哇島歟! 至其東方連漲
海中, 有諸薄州, 再東有自然火洲, 則南洋諸嶠叢峙, 固難一一指實之矣.

『每月統紀傳』曰: 廣南沿山海至占城·祿賴, 繞西而至柬埔寨. 柬埔寨雖別
自一國, 界在越·暹二國之間, 東貢越南, 西貢暹羅. 土番爲馬萊西, 裸體居多,
以布幅幃下身. 自柬埔寨大山繞至西南爲暹羅, 沿山海而南爲斜仔邑·六坤邑.
麻剌甲地方與柔佛·丁機宜或丁葛奴·大年·吉連丹·宋腳諸國, 沿大山相續. 土
番爲馬萊酋族類, 不識義理, 裸體挾刀, 下圍幅幔, 檳榔夾煙嚼. 貿易難容多艘.
土産鉛·錫·翠毛·佳紋席·燕窩·海參·藤·胡椒等貨. 麻剌甲向來有馬萊酋土君,
因暹羅王於明朝時侵伐其國, 服之. 嘉靖年間, 葡萄牙人往麻剌甲, 盡力征服,
設官治之. 天啟·崇禎時, 爲荷蘭所奪, 自是荷蘭管其國. 至道光年間, 英吉利以
萬古累島易之, 英人因於麻剌甲開新藩, 立英華院, 教唐人在其土所生之子兼
通中西文藝. 且多設義學, 無論男女土番漢人, 皆令讀書. 故閩·廣人居此種耕,
與息力·檳榔嶼生理甚旺. 柔佛爲亞西亞諸國極南入海之大山, 馬萊酋王管之.
又彭亨有金沙·錫礦, 福建船希往彼. 永樂年間, 二王遣公使朝貢. 蓋柔佛與彭
亨王兩國好鬪, 正是馬萊西各族之性情也. 此外各島, 在東海濱, 朝貢暹羅王,
奉金葉表諸方物, 都是小地方, 居民甚懈惰.

又曰: 新甲埔, 一名息力. 此小島舊是馬萊西土君所轄, 爲海賊之藪, 近歸英

國所管. 地雖極小, 其生理爲南海至盛. 不但西洋夾板斷續往來, 且武吉及馬萊酉之船, 安南·暹羅各國之船, 皆無數出入. 英國之官, 不納餉稅, 任人貿易, 商賈輻輳. 福建·廣東人住此爲商匠士農者無數. 英吉利有營汎砲臺.

『地理備考』曰: 馬拉加國在亞細亞州之南, 北極出地一度二十二分起至九度三十分止, 經線自東九十六度二十分起至一百零二度止, 東西南三面枕海, 北界暹羅國. 長約二千餘里, 寬約五百里, 地面積方約十萬里. 人煙希疏, 地勢嶄岩, 岡陵綿亙, 叢林廣布, 水澤瘴癘. 島嶼充斥, 樹木蔚茂, 湖河稀小, 貫徹其地. 田土頗瘠, 果實略多. 禽獸蕃衍, 魚鹽豐盈. 土産金·鐵·錫·蜜蠟·藤·珍珠·燕窩·豆蔻·檳榔·血竭·兒茶·象牙·牛皮·甘蔗·木料·沙穀米·巴馬藤油各等物. 地氣溫和, 王位世襲. 所奉之敎, 乃回敎也. 貿易興隆, 商賈輻輳. 國內地方里哥爾等處, 現歸暹羅國兼攝. 一北剌克部, 一薩靈哥爾部, 一惹何爾部, 一巴杭部, 一隆波部, 各處自爲立主, 不相統屬. 國人號曰馬來由, 然猶有薩忙·的公·北奴之目焉.

又, 新埠島一名布路檳榔, 在馬拉加海峽之間. 長六十里, 寬三十里. 地多肥饒, 菓木茂盛.

又, 息辣島一名新嘉坡, 在馬拉加海峽口. 田土膴腴, 菓木豐茂, 貿易昌盛, 商賈雲集. 其馬拉加舊國, 近日人煙反少, 貿易蕭疏. 以上各處, 於道光十年皆受駐榜加剌之兵帥節制.

『外國史略』曰: 亞西亞地嘴西出蘇門·馬六加二地中間, 爲海峽. 各島散布如星棋, 最大者檳榔嶼, 在西邊, 距對面貴他大山不遠. 北極出地五度二十五分, 偏東一百度九分, 廣袤方圓五百里, 居民五萬一千. 嶼有高山有溪, 地氣和暖, 山水甚美. 前本荒島, 乾隆五十年, 英國公班牙買爲船廠, 開墾豐盛. 每年出胡椒二萬石, 丁香豆蔲價值銀十萬員. 對面之貴他島亦種甘蔗, 産物三萬石. 日增月盛, 四方雲集, 福建人尤多, 居然都會. 國家所費有限, 而收餉過之.

新嘉坡或稱新實力坡, 或稱新埠頭, 海峽中之嶼. 北極出地一度十五分, 偏東一百零四度. 土甚磽, 大林多虎. 出胡椒·檳榔膏. 印度繞至中國之海路, 由西轉東, 此峽爲所必經. 故英國公班衙於嘉慶二十三年買以開埠. 其始居民僅百五十口, 頓增至二萬餘, 中多唐人, 盡免稅餉. 道光十四年, 各西國及他國之甲板四百七十二船, 中國之商二十七船, 越南四十九船, 暹羅二十四船, 蕪來由七十二船, 婆羅島一百三十八船, 西里白島五十五船, 巴里嶼六十三船, 牙瓦島七十二船, 蘇門他拉島五百一十四船, 檳榔嶼八船, 馬六加六十船, 西邊蕪來由族類四十六船, 料嶼二百五十一船, 附近之列嶼二百二十船. 各國所運入貨物約共一千萬員, 而運出之物有加於此. 各方雲集, 遂爲亞西亞之大市.

新嘉坡賓當島, 荷蘭在此築砲臺開市, 稱曰料嶼. 出胡椒·檳榔膏. 土民所食者, 參蔞葉·檳榔子. 制造物件, 多潮州人, 通商不廣, 收餉甚微. 設兵守島, 有巡船捕海盜. 有蕪來由土酋代辦島務. 賓當島所屬令音嶼, 蕪來由以劫盜爲務, 荷蘭與約, 給俸祿令其毋爲海賊, 有犯卽刑. 其地磽, 出錫, 無他産, 亦不出五穀. 此島之北向, 有亞南巴·那土那等荒島, 爲海賊所潛匿.

『外國史略』曰: 馬六加, 古國也. 北極出地二度及十度, 長二百六十五里, 闊四十里. 其地半蕪來由族類, 中間黑山遍延, 內多支溪, 下流入海. 有沙線入海口, 居民甚罕, 惟伐木搭棚而已. 山內盡黑面人, 無衣服居處. 舊屬暹羅管轄, 其馬六加之君, 於宋德佑三年始創立國. 明武宗正德五年, 暹羅大軍攻其城敗退. 葡萄亞水師攻陷其地, 自後歸葡萄亞. 順治元年, 荷蘭又降其城邑. 嘉慶間, 英人又破之. 是時, 有耶穌門徒開學館, 教化其俗. 當此際, 有英官管理埠頭, 但通商甚微, 物産不多, 如金沙·錫·南果·胡椒·五穀, 悉由外國運入. 天氣清爽,無瘴氣. 居民罕少, 亦有蕪來由垃印度人. 其山水特美麗.

又曰: 蕪來由列國沿南洋海斗出甚長, 其中多山, 草木茂盛, 多檀香·沈香·沙藤. 山多錫礦, 溪有金沙, 海邊多椰子. 民惰地荒, 獨海邊有數屋, 皆竹葵爲之. 附近種蕉樹, 食其果, 終日嚼檳榔靑煙, 以水和飯, 日用不多, 故頗自足. 每日多眠睡. 間出爲海盜, 乃盡力劫掠. 體矮, 而帶喜色, 若激其怒, 則憤烈如虎. 然無膽略, 易奔潰. 沿海各處有土酋, 皆甚貧乏, 賴中國人代理其貿易, 最多者廈門等處之人. 其餘若蕪來由之列地, 由暹羅而南, 斜仔到六坤·宋腳. 此地之民, 半暹羅語音, 喜拜佛像, 半蕪來由各類垃回回人, 拜天地眞主. 暹羅之官在此者, 每酷虐蕪族. 其大尼·單丹·丁葛奴等地, 沿山陸續, 皆以金銀樹貢暹羅. 且准貢使買五穀而回. 南連此地者曰彭亨, 南方之極南者爲柔佛. 另有微地, 難細述. 風俗多相似, 所産亦相同. 中國閩·廣人至此貿易, 每獲厚利. 民以金錢爲幣, 重四五分, 不用銀. 惟用番頭以爲通行之寶. 經商每年僅可容三四舶, 所市者金沙·胡椒·沙藤·冰片·海參·燕窩·翠毛·佳文席. 亦以鴉片·布匹易胡椒等物.

『萬國地理全圖集』曰: 麻海峽之東口, 有新嘉坡埠. 北極出地一度十五分, 偏東一百零四度. 嶼地不大, 獨出胡椒·檳榔膏. 嘉慶二十三年, 英國官憲買其嶼以後, 廣開商路, 不論何國船隻赴市, 槪免稅餉, 遂爲南海各島貿易之中市. 中國船隻每年幾十巨艦, 常駕閩·粵客數千人到此買賣耕作, 所居漢人共一萬有餘丁. 此外列西國夾板, 每年幾百隻, 運進布帛器皿, 以南洋物産易之. 居民早夜奔馳, 日無寧晷. 蕪吉·蕪來由等人住其海濱, 皆屬英人管轄. 每年運進載出之貨價, 其計銀八千九百萬員.

又曰: 檳榔嶼在西北, 有高峰. 其土種植玉菓·胡椒, 所出不少, 山水甚美. 居民五萬四千丁, 其中有一萬係漢人. 對面沿海地方又歸英國轄, 故立總文官兼攝檳·馬·新等處.

又曰: 南洋島之沿海, 蕪來由族居之. 身體弱矮, 面紫, 髮黎甚長. 纏頭赤腳, 腰圍紋布, 穿裙. 各帶短刀, 怒即刺人. 時吃檳榔遊玩, 竝不務工. 駕船捕魚, 爲海賊. 奉回回教, 往其教主葬處燒香歸, 則庶民敬仰其人. 內地居民不同面, 有紫黑二類. 黑面者, 寓山穴叢林, 爲其原土人, 智量有限, 是以中國人乘機取利. 廣州府與嘉應州人爲工, 潮州府人爲農, 福建人爲商. 最獲利者, 乃廈門·漳州之商, 大半留住不歸, 每年一次寄信及銀以補親戚之用. 一歸故鄉, 盡皆耗費, 仍返棹尋利矣. 凡出外國之人, 多係內地棍徒, 離家庭, 走絕域, 但不帶婦女, 與土女結親生子, 而自新者鮮. 遍地吃鴉片·賭錢, 澆風日熾. 至西國之人, 荷蘭操權尤廣. 此國之西賈少, 皆屬文武. 與土人來往, 溫良不驕. 是班牙國人好逸避勞, 土人但崇天主教, 有大權者乃僧也. 其商賈甚少, 竝不出其本屬之島. 英人惟據三島, 以通商爲重, 故開港免餉, 以招四方之商貿, 然與土人仍無往來之理, 蓋教門·語言·嗜尚各不相通也.

魏源曰: 英夷開闢新嘉坡, 富庶聞於中國已數十年, 皆不知爲古時何國. 閱『海錄』及英夷海圖, 始知卽柔佛·滿刺加故墟. 蓋明以前, 滿刺加爲南洋之都會, 英夷始移其貿易於柔佛. 新嘉坡有堅夏書院, 彌利堅國人所建, 麻六甲有英華書院, 英吉利所建, 皆外夷習學漢文及翻刻漢字書籍之所. 故所刻書皆署此兩書院藏板. 皆暹羅之東南境, 海岸相連, 竝非島嶼. 距大嶼山僅五六日程, 平衍數百里, 斗出海中, 形如箕舌, 扼南洋之要衝. 乾隆以前, 多爲閩·粵人流寓. 自英夷以兵奪據, 建洋樓, 廣衢市, 又多選國中良工技藝, 徙實其中. 有鑄砲之局, 有造船之廠, 竝建英華書院, 延華人爲師, 敎漢文漢語, 刊中國經史子集圖經地志, 更無語言文字之隔. 故洞悉中國情形虛實, 而中國反無一人了彼情僞, 無一事師彼長技. 喟矣哉! 方康熙初定臺灣時, 廷議欲遷其人, 棄其地, 專守彭湖, 獨施琅力爭之, 謂不歸中國必歸於荷蘭. 聖祖從之, 設官置戍, 海外有截. 使當日執捐珠厓之議, 臺灣今時不爲新嘉坡者幾希! 使後世有人焉, 日翻夷書, 刺夷事, 籌夷情, 如外夷之偵我虛實, 其不轉罪以多事, 甚坐以通番者幾希! 彭亨·柔佛等國, 明以前不見於史. 蓋卽『梁書』之丹丹. 『唐書』作單單, 在振州東南. 而隋·唐書竝言往婆利州者, 先由赤土·丹丹而至其國. 赤土爲扶南, 則丹丹必其相連之東南境. 故有唐人墓及梁·宋碑記云.

주석

1 플라카Melaka 왕국: 원문은 '만랄가滿剌加'이다. 팔렘방Palembang의 왕자인
   파라메시와라Paramesywara가 1400년경에 플라카 왕국을 건설했다고 한다.

2 참파국: 원문은 '점성占城'이다.

3 용아문龍牙門: 지금의 싱가포르섬과 싱가포르 남쪽의 싱가포르해협을
   말한다. 용아문은 해협의 석력문石叻門(Selat Panikam)을 가리키며 지금은
   케펠항Keppel Harbour이라고 불린다. 본래 용의 이빨처럼 툭 튀어나온 산
   이 있기 때문에 붙여진 이름이다. 오늘날 중국인들은 여전히 싱가포르
   의 석력으로 부른다.

4 돈손국頓遜國: 동남아시아에 있던 나라로 전손典遜이라고도 한다. 지금
   의 미얀마 타닌타리Tanintharyi 일대이다.

5 가라부라哥羅富羅: 지금의 말레이반도 북부의 크라지협Isthmus of Kra 일대
   를 가리킨다. 광서 2년본에는 '가라부사哥羅富沙'로 되어 있으나 악록서
   사본에 따라 고쳐 번역한다. 이하 동일하다.

6 프놈국Norkor Phnom: 원문은 '부남국扶南國'이다.

7 두 씨杜氏: 당대唐代의 정치가이자 사학자였던 두우杜佑를 말한다.

8 인도India: 원문은 '천축국天竺國'이다. 천축天竺은 신독身毒, 흔도痕都, 온도
   溫都, 흔도忻都라고도 한다. 지금의 인도, 파키스탄, 방글라데시 등의 나
   라를 포함한다.

9 리: 광서 2년본에는 '국國'으로 되어 있으나 의미상 악록서사본에 따라
   '리里'로 고쳐 번역한다.

10 태국: 원문은 '섬라暹羅'이다.

11 영락永樂: 명나라 세 번째 황제인 성조成祖 주체朱棣(재위 1403~1424)의 연호
   이다.

12 금실로 무늬를 짜 넣은 비단: 원문은 '직금문기織金文綺'이다.

13 회동관會同館: 고대 중국의 도성에는 모두 조정에서 손님을 접대하는 기구를 설치했는데, 한대漢代 이후부터 홍려시鴻臚寺를 두어 전문적으로 이 일을 하게 했다. 원대元代에는 예부禮部 소속의 회동관에서 이 일을 맡아 보았다.

14 포르투갈: 원문은 '불랑기佛郎機'이다.

15 왕회王會: 왕회는 주대周代의 천자에게 조공하는 속국이나 이민족들의 왕이 만나는 모임을 말한다. 왕회에서는 이들 나라에 대한 명칭을 적어 놓았는데, 여기서는 명나라에 조공하는 나라들을 적어 놓은 책인 듯하다.

16 마륙갑麻六甲: 마류갑馬六甲이라고도 하며 믈라카 왕국을 가리킨다.

17 학정鶴頂: 학鶴, 또는 학정조鶴頂鳥의 머리털로 붉은색을 띠는데, 가공한 후 장식물로 이용됐다.

18 금모학정金母鶴頂: 금모는 사금 가운데 큰 것으로 사금으로 만든 학정을 말하는 듯하다.

19 쇄복瑣服: 새의 깃털로 만든 옷감이다.

20 살합랄撒哈剌: 페르시아어로 Sagheree이며 붉은색 실로 만든 버선 모양의 신발을 말한다.

21 오다니烏爹泥: 약초의 일종이다. 콩과 아카시아속에 속하며 비염, 입안의 상처, 종기 등을 치료하는 데 사용한다고 한다.

22 금은향金銀香: 광서 2년본에는 '금향金香'으로 되어 있으나 악록서사본에 따라 고쳐 번역한다.

23 춥다: 원문은 '한寒'이다. 광서 2년본에는 '색塞'으로 되어 있으나 악록서사본에 따라 고쳐 번역한다.

24 수마트라: 원문은 '소문답랄蘇門答剌'이다. 명대 수마트라와 믈라카 왕국은 주요 군사 지역이었다. 명대 해군은 믈라카해협에 성을 쌓고 창고를 지어 서양 오랑캐를 다스리는 근거지로 삼았다.

25 바닷길: 원문은 '해로海路'이다. 광서 2년본에는 '로路'로 되어 있으나 악록서사본에 따라 고쳐 번역한다.

26 마카오Macao: 원문은 '향산오香山澳'로 마카오의 옛 이름이다. 마카오가

광동성 향산현香山縣에 속해 있었기 때문에 이렇게 불렀다.

27 플라카 왕국은 … 세웠다: 일반적으로는 싱가포르의 말레이족 왕이자 변절자였던 파라메시와라가 플라카 왕국을 건국한 때를 1400년경으로 간주하고 있는데, 최근 학계에 제출된 또 다른 자료에 따르면 이 나라가 건국된 시기를 1262년으로 잡고 있다. 15세기 플라카 왕국은 매우 강성했으며, 당시 수도가 대표적인 국제 무역항으로 성장했고 말레이반도 대부분과 리아우제도, 수마트라섬의 중요한 부분을 지배했다. 1402년 왕국이 세워질 때는 힌두 국가였지만, 1409년 파사이 공주와의 결혼을 통해 이슬람으로 개종했다. 향신료 무역의 중계항으로서 인도, 중동에서 많은 이슬람 상선이 이곳을 찾아왔으며, 이 때문에 동남아시아 이슬람 포교의 거점이 되었다.

28 동관현東莞縣: 관성莞城이라고도 하며 지금의 광동성 주강珠江 입구이다.

29 성반星盤: 아스트로라베로, 고대 그리스의 천문관측기이다. 15세기 중반에 뱃사람들이 천문항법용으로 많이 사용했다.

30 곤둔양崑屯洋: 『해국문견록』에는 '곤륜양崑崙洋'으로 쓰였다. 지금의 베트남 남쪽의 꼰다오제도 인근 해역을 가리킨다.

31 정화鄭和: 정화(1371~1433)는 명대 태감으로, 원래 성은 마씨馬氏였다. 운남성雲南省 곤양昆陽 사람이다. 명대의 항해사이자 외교가이다. 홍무 4년(1371) 가난한 무슬림 집안에서 태어났다. 명나라 군대가 운남을 정복하는 중에 포로가 되어 거세를 당해 태감이 되었다. 영락 2년(1404)에 정씨鄭氏 성을 하사받았고 영락 3년(1405)부터 시작된 남해 대원정의 수장이 되었다. 선덕 8년(1433)까지 28년 동안 모두 7차례에 걸친 대원정에서 30여 개국을 방문했고 가장 멀리는 아프리카와 홍해紅海까지 갔다 왔다.

32 븐다하라bendahara: 원문은 '고랑가사姑郎伽邪'이다. 플라카 왕국에서 국왕(술탄) 다음 지위를 가진 재상을 일컫는 말이다. 국왕의 명령을 집행하고 총리와 총사령관의 역할을 담당했다. 또한 국왕에게 궁전을 주고 자기 가문에서 왕비를 뽑아 줌으로써 자신들의 독자적인 권력을 확보했다. 븐다하라의 지위가 가장 중요한 때는 국왕이 죽었을 때이다. 븐다하라

는 왕권의 상징물들을 보관하고 그것을 후계자에게 건네줄 때까지의 공위 동안 섭정했다. 이 직위는 대부분 국왕의 나이 든 친척이 차지했다. 븐다하라는 국왕과 가까운 관계이기 때문에 왕국의 행정관들로 이루어진 '4인 회의'의 중심인물이었다. 세습되었던 이 직위는 믈라카 왕국이 멸망한 후에도 약간의 변화만을 겪은 채 모든 말레이 국가에 존재했다.

33 샤반다르syahbandar: 원문은 '남화달南和達'로, 항구를 관리하던 구역장이다.

34 태국: 원문은 '섬라暹羅'이다. 광서 2년본에는 '라羅'로 되어 있으나 악록서사본에 따라 고쳐 번역한다.

35 파탈룽Phatthalung: 원문은 '굴룽崛籠'으로 지금의 태국 파탈룽의 음역이다. 일설에는 트랑Trang이라고도 한다.

36 쁘디르Pedir: 원문은 '피제리陂隄里'로 지금의 인도네시아 수마트라 북부의 시글리Sigli 일대이다.

37 정덕正德: 명나라 제10대 황제 무종 주후조朱厚照(재위 1506~1521)의 연호로 16년간 사용되었다.

38 나달那達: 포르투갈 함대의 우두머리로 추정된다.

39 오서五嶼: 지금의 말레이시아 믈라카항 밖에 위치하며 브사르Besar, 도돌Dodol, 하냣Hanyat, 낭카Nangka, 운단Undan 등의 다섯 섬을 말한다.

40 들쭉날쭉 연이어져 있다: 원문은 '연탁부좌聯拓趺坐'이다. 광서 2년본에는 '연탁질좌聯拓跌坐'로 되어 있으나 악록서사본에 따라 고쳐 번역한다.

41 건기와 우기: 원문은 '춘추春秋'이다. 여기서는 건기와 우기로 번역해야 의미가 더 정확하다.

42 싱고라Singgora: 원문은 '송잡국宋卡國'이다.

43 남자와 … 잘라 내야 한다: 원문은 '소할기세, 여필소할기음少割其勢, 女必少割其陰'이다. 광서 2년본에는 '선손기동신先損其童身'으로 되어 있으나 악록서사본에 따라 고쳐 번역한다.

44 사룽Sarung: 원문은 '사랑紗郞'으로, 사롱紗籠이라고도 한다. 미얀마, 인도네시아, 말레이열도의 원주민 고유 의상으로, 남녀 모두 입으며 밝고

화려한 색상이 주를 이룬다. 금실로 짠 사롱도 있다.

45 감히 … 꿇어앉고: 원문은 '불감립, 견부형즉유거不敢立, 見父兄則蹂踞'이다. 광서 2년본에는 이 구절이 없으나 악록서사본에 따라 고쳐 번역한다.

46 싱고라: 원문은 '송거로宋腒勝'이다.

47 차이야Chaiya: 원문은 '적자埭仔'이다.

48 나콘Nakhon: 원문은 '육곤六昆'이다.

49 빠따니Pattani: 원문은 '태니太呢'이다.

50 빠따니: 원문은 '담수항淡水港'이다.

51 울루메라Ulu Merah: 원문은 '아라수阿羅帥'이다. 빠따니강 상류에 위치하며 태국과 말레이시아 경계의 울루메라산을 가리킨다.

52 코타바하루Kota Baharu: 원문은 '길란단항구吉蘭丹港口'이다. 지금의 말레이시아 클란탄주의 주요 도시이다.

53 장섭張燮: 광서 2년본에는 '장혁張奕'으로 되어 있으나 악록서사본에 따라 고친다.

54 호사湖絲: 절강성 호주湖州에서 나는 잠사이다.

55 클란탄Kelantan: 원문은 '길란단국吉蘭丹國'이다.

56 그 옳고 그름: 원문은 '기곡직其曲直'이다. 광서 2년본에는 '무곡직無曲直'으로 되어 있으나 악록서사본에 따라 고쳐 번역한다.

57 소구알So Gual: 원문은 '쌍과雙戈'로, 지금의 말레이시아 클란탄주 서남부에 위치한다.

58 갈라스Galas: 원문은 '아랄정呀喇頂'으로, 지금의 말레이시아 클란탄강 상류 지역이다.

59 코타바하루: 원문은 '길란단부두吉蘭丹埔頭'이다.

60 소구알강: 원문은 '쌍과수雙戈水'로, 말레이시아 클란탄주 서남부의 클란탄강 지류이다.

61 라브Raub: 원문은 '마고麻姑'로, 말레이시아에서 금 생산지로 유명한 라브를 가리킨다. 혹은 세만고Semango의 약칭이라고도 한다.

62 카피탄 치나Kapitan Cina: 원문은 '갑필단甲必丹'이다. 포르투갈과 네덜란드

가 인도네시아와 말레이시아의 식민지를 다스리기 위해 두었던 화교
제도이다. 즉 화교의 우두머리를 뽑아 식민지 정부에 협조시키고 화교
의 제반 상황을 처리하게 했는데, 이 우두머리를 카피탄이라고 불렀으
며 정식 명칭은 카피탄 치나였다.

63　보고: 원문은 '간看'이다. 광서 2년본에는 '섬暹'으로 되어 있으나 악록서
　　사본에 따라 고쳐 번역한다.

64　창구艙口: 배의 화물 창고에 짐을 올리고 내리기 위해 창갑판에 만들어
　　놓은 네모난 구멍을 말한다.

65　빠따니의 항구: 원문은 '대니지마두大呢之馬頭로 오기이다. 빠따니의 항구
　　는 빠따니로 클란탄도 아니고 클란탄의 항구인 코타바하루도 아니다.

66　퀼론Quilon: 원문은 '소갈란국小葛蘭國'이다. 인도 남서부 케랄라주 남부에
　　위치하며 수백 년 전에는 엘란콘으로 불렸으며 아랍인들에게는 카울람
　　말, 13세기 마르코 폴로에게는 코일룸이라는 이름으로 알려졌다.

67　코친Cochin: 원문은 '가지柯枝'이다. 인도 남서부 케랄라주 중서부에 위치
　　하며 이름 없는 어촌이었던 코친은 고츠산맥에서 흘러내리는 여러 하
　　천과 아라비아해의 역수逆水가 이 내륙 항구를 본토로부터 분리시키면
　　서 인도 서해안에서 가장 안전한 항구로 부상하기 시작했다. 항구는 곧
　　새로운 전략 요충지가 되었으며, 상업적인 면에서도 번영을 누리게 되
　　었다.

68　정가라국丁加羅國: 지금의 말레이시아 트랭가누주Trengganu이다.

69　정기의丁機宜: 지금의 인도네시아 말루쿠제도 티도레섬Pulau Tidore에 있
　　는 통가오이이다.

70　상노象奴: 코끼리 조련사를 말한다.

71　야모과野木瓜: 원문은 '사등沙藤'이다.

72　빙편冰片: 알코올과 에테르에 잘 녹지만 물에는 녹지 않는다. 향료의 원
　　료로 쓰거나 식중독, 곽란 따위에 약재로 사용된다.

73　클라파Kelapa: 원문은 '갈랄파葛剌巴'이다. 순다클라파Sunda Kelapa를 말하
　　며, 클라파는 야자椰子라는 뜻이다. 이에 중국인들은 습관적으로 갈류

파, 즉 야자 도시(椰城)라고 불렸다. 1527년 드막국Demak이 이 땅을 점령하고 자야카르타Jaya Karta로 명칭을 바꿨다. 1618년에는 네덜란드 식민군에게 점령당한 뒤 바타비아로 명칭을 바꿨다. 인도네시아가 독립한 후 16세기 초의 옛 명칭을 회복하고 자카르타Jakarta로 명칭을 정했는데, 지금의 인도네시아 수도 자카르타를 가리킨다.

74 남쪽: 원문은 '이남而南'이다. 광서 2년본에는 '서남西南'으로 되어 있으나 악록서사본에 따라 고쳐 번역한다.

75 혼쭈오이섬Đảo Hòn Chuôi: 원문은 '소진서小眞嶼'이다. 지금의 코친차이나 혼쭈오이섬을 가리킨다.

76 사곡미沙穀米: 서곡미西穀米·서미西米·사호미沙弧米·서국미西國米라고도 하는데, 바로 사고sago를 가리킨다. 사고는 사고야자나무에서 나오는 쌀알 모양의 흰 전분으로, 동양에서는 밀가루처럼 사용하고, 서양에서는 요리를 걸쭉하게 하는 데 사용한다.

77 말반Malvan: 원문은 '마륜니麻倫呢'로, 지금의 인도해안 고아 서북쪽에 위치한다.

78 꺼내: 원문은 '취取'이다. 광서 2년본에는 '즉卽'으로 되어 있으나 악록서사본에 따라 고쳐 번역한다.

79 레섬Cù Lao Ré: 원문은 '외라산外羅山'이다. 베트남 중부 해안 밖의 꽝동군도Quần đảo Quảng Đông에 위치한다.

80 쑤언다이Xuân Đài: 원문은 '연통煙筒'으로 연통산煙筒山을 말한다. 지금의 베트남 중부 바렐라곶 이북 혹은 지금의 송까우Song Cau 동쪽의 쑤언다이곶 일대를 가리킨다.

81 바렐라곶Cap Varella: 원문은 '대불산大佛山'으로 지금의 베트남 케가곶Mui Ke Ga 일대를 말한다.

82 곤륜해崑崙海: 지금의 베트남 꼰다오제도 부근의 해역을 가리킨다.

83 꼰선섬Đảo Côn Sơn: 원문은 '곤륜崑崙'으로, 베트남 남부에 위치한다.

84 싱가포르 해협Singapore Strait: 원문은 '백석구白石口'이다.

85 구 조호르Johor: 말레이시아 남부의 중요 항구도시로 16~18세기까지 조

호르 왕국의 수도였다.

86 유향乳香: 유향수乳香樹에서 나오는 우유 같은 액을 공기 중에 노출시켜 굳힌 후 불순물을 긁어내 말린 향이다. 방향제나 혈액 순환제 등에 쓰인다.

87 소목蘇木: 소목은 콩과의 낙엽 관목으로서 인도·말레이시아·중국 남부 등의 열대 아시아에 분포한다. 목재는 단단하고, 심재心材는 밝은 홍색이며, 나무껍질과 열매에는 색소를 가지고 있어서 오랜 옛날부터 홍색 염료의 자원으로 사용하였고, 한의학에서는 혈액 순환을 촉진하고 어혈을 없애며 부기를 가라앉히며 복통을 진정시키고 부인들의 심복통心腹痛, 무월경, 산후 어혈로 배 아픈 데, 이질, 파상풍, 부스럼 등에 쓴다.

88 영국: 원문은 '영길리英吉利'이다.

89 슬랏Selat: 원문은 '식랄息辣'로, 해협이란 뜻이며 지금의 싱가포르이다.

90 우종타나Ujong Tanah: 원문은 '오정초림烏丁礁林'이다.

91 동서축산東西竺山: 동서축·천축산天竺山·축산竺山·축서竺嶼라고도 한다. 모두 현재 말레이시아 조호르바루시 동쪽 해안의 아우르섬Pulau Aur이다.

92 몰약沒藥: 감람과 식물에서 채취한 천연 고무수지로 만든 암갈색의 덩어리로, 방부제나 약제, 향료로 사용된다.

93 혈갈血竭: 덩굴식물인 기린수麒麟樹의 열매와 줄기에서 채취한 수지로 색이 붉다. 악성 종기나 뭉친 피를 풀어 주는 데 쓰이는 약재이다.

94 서국미西國米: 앞서 나온 사곡미, 즉 사고를 가리킨다.

95 기길시𡜞吉柿: 망고스틴을 말한다. '기𡜞'는 광서 2년본에 '빙편冰片'으로 되어 있으나 악록서사본에 따라 고친다.

96 칠주양七洲洋: 대만해협 서남쪽에서 해남도 동북쪽까지의 해역을 가리킨다.

97 노만산魯萬山: 노만산老萬山, 만산萬山, 만산군도萬山群島, 만산열도萬山列島라고도 하는데, 주해珠海 동쪽에 위치한다. 포르투갈어로 라드로네스섬Islas de los Ladrones, 즉 해적들의 섬으로 불리다 후에 마리아나제도로 이름이 바뀌었다.

98 매해 1월에 … 그친다: 라마단Ramadan 행사를 말한다. 이슬람교도들은
　　매년 약 한 달 정도 해 뜰 무렵부터 해 질 녘까지 금식을 하는 종교 의식
　　이 있는데, 금식하는 달(月)을 라마단이라고 한다. 라마단은 이슬람력으
　　로 9번째 달이다. 라마단 기간은 이슬람교의 창시자가 신으로부터 계
　　시를 받은 사건을 기념하기 위한 것으로, 서기 632년부터 시작되었다.
　　금식은 이슬람교에서 강조하는 계율 중 하나로, 라마단 기간 중 금식은
　　종교적 의무일 뿐 아니라 단지 음식을 먹지 않는다는 차원을 넘어 몸과
　　마음을 수련한다는 의미가 있다. 또, 배고프고 힘든 사람들의 고통을
　　직접 체험함으로써 그들의 고통을 함께 나눈다는 뜻도 가지고 있다. 라
　　마단 기간에는 음식뿐 아니라 음료, 흡연, 성행위 등이 모두 금지된다.

99 클란탄: 원문은 '단달單呾'로 지금의 말레이시아 클란탄주이다.

100 소창蘇昌: 소창(?-1768)은 만주 정람기正藍旗 출신으로, 봉천부윤奉天府尹·광동
　　순무廣東巡撫·양광총독·호광총독湖廣總督·민절총독閩浙總督 등을 역임했다.

101 토사土絲: 광동산 생사를 말한다.

102 하잠호사夏蠶胡絲: 원문은 '이잠호사二蠶胡絲'이다. 하잠은 여름 누에를 말
　　하고 호사는 호주산 생사를 말한다.

103 미침未針: 서남쪽 7시 방향이다.

104 티오만섬Pulau Tioman: 원문은 '다반茶盤'으로 지금의 말레이반도 동쪽에
　　위치한다.

105 인도 고아Goa: 원문은 '소서양小西洋'이다.

106 영국이 싱가포르를 건설함으로써: 영국이 싱가포르를 차지하는 데는
　　토머스 스탬퍼드 래플스Thomas Stamford Raffles(1781~1826)의 공이 컸다. 래
　　플스는 23세 때 영국 피낭Pinang 정부의 사무관보가 되고 피낭에서 동인
　　도제도에 흩어져 있는 여러 말레이족에 대해 연구했다. 인근 자와섬에
　　서 영국 교역선을 괴롭히는 프랑스를 공격하는 작전에서 인도 총독의
　　참모로 선발되어 승리를 거두었다. 자와 부총독에 임명된 그는 원주민
　　의 생활 여건을 개선하는 등의 개혁 조치를 시작했다. 그러나 얼마 안
　　가 이윤을 주목적으로 하는 동인도 회사 운영자들의 환영을 받지 못해

신임을 잃고 영국으로 소환되었다. 네덜란드가 동인도제도에 대한 영
향력을 다시 확대해 가는 것을 막기 위해 인도 총독을 설득하여 행동에
나섰다. 1819년 영국은 싱가포르항을 식민지로 삼았고, 1824년 네덜란
드는 싱가포르에 대한 모든 요구를 포기했다.

107 라자Raja: 원문은 '악야惡耶'이다. 말레이어로 국왕을 의미한다.

108 슬랑오르Selangor: 원문은 '사랄아국沙剌我國'이다.

109 중사군도: 원문은 '홍모천紅毛淺'으로 남중국해에 있는 메이클즈필드천
퇴Macclesfield Bank와 스카버러암초Scarborough Shoal를 합쳐 부르는 용어이
다. 파라셀제도 동쪽, 프라타스군도Pratas Islands 남쪽, 스프래틀리군도 북
쪽에 위치한다.

110 크다Kedah: 원문은 '길덕吉德'이다.

111 계달計達: 말레이시아 크다주이다.

112 양서령養西嶺: 태국의 푸껫부Phuket 일대이다. 이 땅의 옛 명칭은 Junk
Seylon, 말레이어로는 우종 살랑Ujong Salang이다.

113 팡응아Phang Nga: 원문은 '봉아蓬呀'이다. 태국 남부에 위치한 팡아만을
가리킨다.

114 클란탄: 원문은 '길련단吉蓮丹'이다.

115 가정嘉靖: 명나라 제11대 황제 세종世宗 주후총朱厚摠(재위 1521~1567)의 연호
이다.

116 천계天啓: 명나라 제15대 황제 희종熹宗 주유교朱由校(재위 1621~1627)의 연호
이다.

117 숭정崇禎: 명나라 제16대 황제 사종思宗 주유검朱由檢(재위 1628~1644)의 연호
이다.

118 포르투갈: 원문은 '포도아葡萄牙'이다. 광서 2년본에는 '포복아葡匐牙'로 되
어 있으나 악록서사본에 따라 고친다.

119 붕쿨루Bengkulu: 원문은 '만고루萬古累'이다. 지금 인도네시아 수마트라섬
에 위치한다.

120 영화서원英華書院: 1825년 말레이반도의 믈라카에 세워진 중국어학교이

다. 런던 선교회 소속 선교사인 로버트 모리슨Robert Morrison이 윌리엄 밀른William Milne과 최초의 중국인 개신교도였던 양아발梁阿發의 도움을 받아 세운 학교이다. 양아발은 임칙서의 통역관으로 활동했던 양진덕梁進德의 부친이다.

121 슬랏: 원문은 '실력서實力嶼'로, 지금의 싱가포르이다.

122 만리석당萬里石塘: 지금의 스프래틀리군도Spratly Islands, 즉 남사군도南沙群島를 가리킨다.

123 함순咸淳: 송나라 도종度宗 조기趙禥의 연호이다. 남송 시기에는 함순이라는 연호가 10년 동안 사용되었다. 함순 10년 7월에 공제恭帝가 즉위했을 때도 사용되다가 다음 해 덕우로 바뀌었다.

124 인구: 원문은 '생치生齒'이다. 고대에는 유치가 빠지고 이가 다 자란 남녀를 호적에 올렸기 때문에 인구, 식구의 뜻을 가지게 되었다. 이 말은 『주례周禮』 「추관秋官·사민司民」의 "이가 새로 난 사람은 모두 호적에 적는다(自生齒以上, 皆書於版)"라는 말에서 나왔다.

125 항각港脚: 아편 전쟁 이전에 영국에 속한 인도 각 항구를 가리킨다.

126 판두랑가: 원문은 '비두만飛頭蠻'으로, 베트남 구 참파국의 판두랑가 일대이다. 그런데 고서적에 나오는 비두만 전설은 매우 황당하며 여기서는 지명이 아닌 종족으로 보고 있다. 장화張華의 『박물지博物志』에는 비두만에 대해 다음과 같이 기록하고 있다. "또 남방에 사는 낙두민은 머리가 떨어져 날 수 있으며 귀를 날개로 삼는다. 새벽이 되면 다시 날아와 몸에 붙는다. 오나라 때에 종종 이런 사람을 본 적이 있다(又南方有落頭民, 其頭能飛, 以耳爲翼, 將曉, 還復着體. 吳時, 往往得此人也)."

127 홍모선紅毛船: 홍모는 붉은 머리털을 가진 사람이란 의미로 명대에는 주로 네덜란드인을, 청대에는 영국인을 가리켰지만, 일반적으로 서양인을 일컫는 말이다. 여기에서 홍모선은 서양 선박을 지칭한다.

128 동인도 회사: 원문은 '공반아公班衙'이다. 영어 company의 음역으로, 바로 동인도 회사를 가리킨다.

129 시암만Gulf Of Siam: 원문은 '해서대만海西大灣'이다.

130 럼업Lâm Ấp: 원문은 '임읍林邑'이다. 참족Cham이 세웠다고 전해지는 나라로 2세기 말 쿠리엔區連이 세웠다고 기록되어 있다. 후에 참파국이 된다.

131 기후: 원문은 '기후氣候'이다. 광서 2년본에는 '기후氣厚'로 되어 있으나 악록서사본에 따라 고친다.

132 침목향沈木香: 광서 2년본에는 '침수향沈水香'으로 되어 있으나 악록서사본에 따라 고친다.

133 파르티아Parthia: 원문은 '안식安息'으로, 지금의 이란Iran 동남부에 위치했던 고대 국가이다. 후에 서아시아의 대국으로 발전해 이란과 티그리스강·유프라테스강 유역까지 차지했다.

134 목: 원문은 '경頸'이다. 광서 2년본에는 '두頭'로 되어 있으나 악록서사본에 따라 고쳐 번역한다.

135 멥쌀: 원문은 '갱미粳米'이다. 광서 2년본에는 '갱미秔米'로 되어 있으나 악록서사본에 따라 고쳐 번역한다.

136 주고받았다: 원문은 '보답報答'이다. 광서 2년본에는 '보달報達'로 되어 있으나 악록서사본에 따라 고쳐 번역한다.

137 기왓장: 원문은 '와우瓦甌'이다. 광서 2년본에는 '미와尾甌'로 되어 있으나 악록서사본에 따라 고쳐 번역한다.

138 다라多羅: 식기의 이름으로 팔미라야자나무를 의미하는 산스크리트어의 번역어이다. 식기 모양이 팔미라야자나무의 잎을 닮았다.

139 남중국해: 원문은 '대창해大漲海'이다.

140 말루쿠Maluku: 원문은 '오마주五馬洲'이다. 광서 2년본에는 '마오주馬五洲'로 되어 있으나 악록서사본에 따라 고친다. 오마주는 말루쿠제도를 가리키며, '오마'는 '가우메디Gaumedi'라는 현지 정향나무에 대한 음역이다.

141 소순다열도Lesser Sunda Islands의 화산섬: 원문은 '자연화주自然火洲'이다. 광서 2년본에는 '자연대주自然大洲'로 되어 있으나 악록서사본에 따라 고쳐 번역한다. 이하 동일하다.

142 초마焦麻: 생강목 파초과의 여러해살이풀로, 줄기와 잎이 파초처럼 생겨 초마라는 이름이 붙여졌다. 마닐라삼이라고도 하며 섬유를 채취하기

위해 재배한다.

143 싱가포르: 원문은 '신갑포新甲埔'이다. 돈손국은 조호르와 싱가포르가 아 니다. 옛 프놈국도 당시의 태국이 아니다.

144 대조왜大爪哇: 광서 2년본에는 '소과왜小瓜哇'로 되어 있다. 악록서사본에 서도 '대과왜大瓜哇'로 고쳐 놓았는데, '과瓜'는 '조爪'의 오기이다.

145 소조왜小爪哇: 광서 2년본에는 '소과小瓜'로 되어 있다. 악록서사본에서도 '소과왜小瓜哇'로 고쳐 놓았는데, '과瓜'는 '조爪'의 오기이다. 이하 동일하다.

146 녹뢰祿賴: 베트남의 쩔런Chợ Lón, 사이공Saigon, 자딘Gia Định 일대로 오늘날 호찌민시를 말한다.

147 통가오이Tongaoi: 원문은 '정기의丁機宜'이다. 지금의 인도네시아 말루쿠 제도 티도레섬Pulau Tidore에 위치한다.

148 포르투갈: 원문은 '포도아葡萄牙'이다. 광서 2년본에는 '복도아葡萄牙'로 되 어 있으나 악록서사본에 따라 고친다.

149 부기스Bugis: 원문은 '무길武吉'이다.

150 등나무: 원문은 '등籐'이다. 광서 2년본에는 이 글자가 없으나 문맥상 악 록서사본에 따라 보충해서 번역한다.

151 진주: 원문은 '진주珍珠'이다. 광서 2년본에는 '주진珠珍'으로 되어 있으나 악록서사본에 따라 고친다.

152 리겔Riegel: 원문은 '리가이里哥爾'이다.

153 페락Perak: 원문은 '북랄극부北剌克部'이다.

154 슬랑오르: 원문은 '살령가이부薩靈哥爾部'이다.

155 조호르: 원문은 '야하이부惹何爾部'이다.

156 파항Pahang: 원문은 '파항부巴杭部'이다.

157 쿠알라룸푸르Kuala Lumpur: 원문은 '융파부隆波部'이다.

158 피낭섬Pulau Pinang: 원문은 '포로빈랑布路檳榔'이다.

159 벵골Bengal: 원문은 '방가랄榜加剌'이다.

160 우종타나: 원문은 '아서아지취亞西亞地嘴'이다. 말레이어로는 우종타나로 대지의 끝자락이라는 뜻이며 말레이반도 최남단을 가리킨다. 지금의

말레이시아 조호르주에 위치한다.

161 수마트라: 원문은 '소문蘇門'이다.

162 믈라카: 원문은 '마륙가馬六呷'이다.

163 부키트메르타잠Bukit Mertajam: 원문은 '귀타대산貴他大山'으로 대산각大山脚
이라고도 한다. 크다주의 서남부 지역에 가깝다.

164 귀타도貴他島: 크다주 서남쪽 연해 일대로 추정된다.

165 인도: 광서 2년본에는 인도 앞에 '위爲' 자가 있으나 악록서사본에 따라
고친다.

166 해로: 원문은 '해로海路'이다. 광서 2년본에는 '로해路海'로 되어 있으나
악록서사본에 따라 고친다.

167 보르네오Borneo: 원문은 '파라도婆羅島'이다.

168 술라웨시섬Pulau Sulawesi: 원문은 '서리백도西里白島'이다.

169 발리Bali: 원문은 '파리서巴里嶼'이다.

170 자와Jawa: 원문은 '아와도牙瓦島'이다.

171 수마트라: 원문은 '소문타랍도蘇門他拉島'이다.

172 빈탄Bintan: 원문은 '요서料嶼'이다.

173 빈탄섬: 원문은 '빈당도賓當島'이다.

174 베틀후추잎: 원문은 '삼루엽參蔞葉'이다. 베틀후추는 후추목 후추과의 덩
굴식물이다.

175 링가제도Kepulauan Lingga: 원문은 '영음서舲音嶼'이다. 빈탄섬은 링가제도
에 속하지 않고 리아우제도Kepulauan Riau에 속한다.

176 아남바스제도Kepulauan Anambas: 원문은 '아남파亞南吧'이다.

177 나투나제도Kepulauan Natuna: 원문은 '나토나那土那'이다. 광서 2년본에는
'방토나邦土那'로 되어 있으나 악록서사본에 따라 고친다.

178 흑산黑山: 베논산맥Benon Range의 끝자락이다.

179 덕우德佑 3년: 원문은 '덕우삼년德祐三年'이다. 광서 2년본에는 '덕우이년
德祐二年'으로 되어 있으나 악록서사본에 따라 고쳐 번역한다.

180 야자: 원문은 '야자椰子'이다. 광서 2년본에는 '낭자榔子'로 되어 있으나

악록서사본에 따라 고쳐 번역한다.

181 차이야: 원문은 '사자斜仔'이다. 광서 2년본에는 '사행斜行'으로 되어 있으나 악록서사본에 따라 고친다.

182 클란탄: 원문은 '단단單丹'이다. 광서 2년본에는 '거단車丹'으로 되어 있으나 악록서사본에 따라 고친다.

183 믈라카해협: 원문은 '마해협麻海峽'이다. '협峽'은 광서 2년본에는 '섬陝'으로 되어 있으나 악록서사본에 따라 고친다.

184 수천 명: 원문은 '수천인數千人'이다. 광서 2년본에는 '수십인數十人'으로 되어 있으나 악록서사본에 따라 고쳐 번역한다.

185 부기스: 원문은 '무길蕪吉'이다.

186 교주의 장지: 원문은 '교주장처敎主葬處'로 이슬람교의 성지 메카를 의미한다. 이슬람교에서는 성지 순례를 다녀온 사람을 하지라고 불러 존경을 표한다.

187 가응주嘉應州: 청 옹정 11년(1733)에 정향현程鄕縣이 승격되어 직예가응주直隷嘉應州가 되었다. 정향현과 흥녕현興寧縣, 장락현長樂縣, 평원현平遠縣, 진평현鎭平顯 5현을 '가응오속嘉應五屬'이라 칭했으며 광동성 직속 관할지였다.

188 미국: 원문은 '미리견국彌利堅國'이다.

189 란타우섬Lantau island: 원문은 '대서산大嶼山'으로, 주강 하구 바깥쪽에 있다. 란타우섬은 지금 홍콩 국제공항, 즉 첵랍콕 공항이 있는 섬으로 총 260여 개의 섬으로 이루어진 홍콩에서 가장 큰 섬이다.

190 안타깝구나!: 원문은 '위의재喟矣哉'로, 한숨짓는 소리, 탄식하는 소리이다.

191 시랑施琅: 시랑(1621~1696)은 복건성 사람이다. 정지룡鄭芝龍의 부하였다가 1646년 정지룡과 함께 청조에 투항했다. 1681년 복건수사제독으로 대만 평정의 책임자로 천거되었으며 1683년 마침내 대만을 평정했다. 시랑은 그 공로를 인정받아 정해후靖海侯에 책봉되었다.

192 주애珠厓: 해남성海南省 총산현瓊山縣 동남부를 가리킨다.

193 쓸데없는 일: 원문은 '다사多事'로, 앞서 나온 서양 서적을 번역하고, 서

양의 일을 알아보고 서양 상황을 헤아려 보는 일을 말한다. 이 말은 『위원전집魏源全集』 권4의 "진실로 외국 서적을 번역하고, 서양의 일을 알아보자고 주청하는 이가 있다면 틀림없이 쓸데없는 일이라 말할 것이다 (苟有議飜夷書·刺夷事者, 則必曰多事事)"라는 문장에 근거해 번역한다.

194 단단丹丹: 단단單丹이라고도 하며 지금 말레이시아 클란탄주로, 파항·조호르 지역이 아니다.

195 『당서唐書』: 광서 2년본에는 '광서廣書'로 되어 있으나 악록서사본에 따라 고친다.

196 푸리Puri: 원문은 '파리주婆利州'로 칼리만탄섬Pulau Kalimantan 서부 지역이다. 보르네오섬을 말한다.

海國圖志
卷十

해국도지
권10

一

유럽인(歐羅巴人) 원찬
후관侯官 임칙서林則徐 역
소양邵陽 위원魏源 편집

본권에서는 동남아시아 연안국으로서 미얀마의 지리, 역사, 풍속, 언어, 문화적 특색을 서술하고, 나아가 중국에서 미얀마로 들어가는 여정을 상세하게 소개하고 있다. 마지막 부록에서는 대금사강大金沙江의 실체에 대해 고증하고 있다. 여기에서는 중국 정사의 기록을 비롯해 『해록海錄』, 「곽세훈전郭世勳傳」, 『지구도설地球圖說』, 『지리비고地理備考』, 『외국사략外國史略』 등의 기록을 인용, 소개하고 있으며, 이들 기록에 대한 위원 자신의 독창적인 견해와 비평을 함께 싣고 있다.

미얀마

—

　미얀마와 태국·안남 3국은 아시아대륙 남쪽에 있는데 유럽인은 [3국이] 인도와 인접하고 있기 때문에 모두 인도의 변방이라고 인식하고 있다. 이전에 그 지역에 간 유럽인이 드물었기 때문에 벵골¹ 갠지스강Ganges River²의 동쪽 기슭만을 알 뿐이었다. 이집트의 화가 프톨레마이오스 Ptolemaeos³가 그린 『지리도地理圖』에는 대해만의 서쪽 연안에 계단식 성이 등장하는데 바로 미얀마의 타닌타리Tanintharyi이다. 일찍이 이탈리아인이 중국 해안에 도착해서 그린 나라 또한 여전히 명확하지 않다. 포르투갈⁴이 믈라카Melaka⁵를 공격해서 취할 때에 고찰했던 지역도 부근의 한구석에 불과하다. 포르투갈이 일찍이 라비리羅比里를 파견해서 태국에 이르렀을 때에 선교를 하면서 비로소 태국에 대해 대략적인 것을 알게 되었다. 근래 영국이 인도 지역을 차지했는데, 대체로 3국과 국경을 마주하고 있기 때문에 이 지역의 사정에 대해 언급하는 것이 비록 상세하지는 않지만 전 시대의 유럽인과 비교하면 많은 것을 알고 있다. 미얀마는 수도 잉와Innwa[6]에 세워졌으며 또한 마랍마馬臘麻라고도 한다. 원래는 잉와, 아라칸Arakan,[7] 바고Bago[8] 세 나라였다. 각각 서로 통합되지 않아 늘 서로 다투었는데, 특히 미얀마는 요충지에 있었기 때문에 더욱 커다란 피해를 입었다. 1600년(만력 28) 미얀마는 군사를 일으켜 바고를 복속시켰다. 1700년(강희 39)에 이르러서 바고가 다시 네덜란드·포르투갈[9] 양국의 군사를 끌어들여 미얀마를 공격해서 연전연승을 거두고 곧장 잉와까지 밀고 들어가서 미얀마의 마하담마라자 디파디Mahadhammaraza Dipadi[10]를 사로잡았고, 이로 인해 미얀마는 오히려 바고에 복속하게 되었다. 그러나 미얀마인은 강인해서 돌연 알라웅파야Alaungpaya[11] 부락에서 병사를 모집해 수도 잉와를 회복하고 자립해서 왕이 되어 미얀마의 옛 땅을 거의 다 수복하고 마침내 군사를 일으켜 바고를 멸망시켰다. 그 아들 신뷰신Hsinbyushin[12]이 대를 이어 즉위한 후에 바고가 다시 반란을 일으켰으나 신뷰신이 다시 공격해 승리하고 마침내 승세를 타고 태국을 아울러 취했다. 그러나 얼마 후 태국에 패배하여 단지 믈라카해협 서쪽 연해인 메익Myeik[13]·타닌타리 등의 성을 보존했을 뿐이었다. 신뷰신이 사망하자 그 동생 보다우파야Bodawpaya[14]가 뒤를 이어 즉위하여 또다시 아라칸을 합병해 하나의 국가를 만들었다. 또한 이 외 카차르Cachar[15]·카사이Cassay[16] 등지를 공격해서 취해 군대의 위세가 대단했다. 그러나 카차르[17] 지역은 모두 벵골과 국경을 접하고 있고 벵골은 영국에 복속해 있었기 때문에 양국은 국경을 접한 지 오래되자 다시 군사적 충돌이 일어났다. 1826년(도광 6) 영국은 마침내 인도의 군대를 동원해 미얀마를 공격했다. 미얀마는 전투에 익숙한 것을 믿고 영국을 업신여겼다. 그런데 미얀마 군대는 규율이 엄격하지 못해 진격은 민첩했지만 물러나는 것도 빨라서 이 때문에 영국군에게 기세가 꺾였다. 영국군 역시 그 지역의 풍토에 익숙하지 않고 지세가 험하고 식량 조달이 어려우며 풍토병으로 인해 질병이 돌아 깊숙이 들어갈 수가 없어 본래는 군대를 철수하고자 했으나 오히려 성명을 내고는 곧장 잉와를 탈취하고 신속하게 진격해 들어갔다. 미얀마군은 여러 차례 패배로 인해 기세가 꺾여 자신을 낮추고는 화의를 요청해서 마침내 아라칸·메익·다웨이Dawei[18]·타닌타리 등 연해 지역을 할양하고 영국에게 배상금을 지불하는 조건으로 비로소 전쟁을 중지했다. 그러나 미얀마의 육상전은 언제나 견고하고 예리한 목책에 의지해 주위에 이중으로 해자를 파서 때로는 영국 군대 역시 무너트리지 못했다.

이 나라의 조세는 동쪽의 중국과 마찬가지로 토지에서 [나오는] 전량錢糧을 정식 세수로 삼았다. 이 외 외국과의 무역에 세금을 징수해서 정식 항목으로 하지 않고 별도로 [왕실] 내부의 창고에 저장했다. 미얀마·태국·안남이 모두 그러했다. 들은 바에 따르면 미얀마 국왕은 영국[19]과의 강화에 원망을 품고 영국에게 배상금을 지불하는데 말이 떨어지기가 무섭게 처리해 버려 그 국왕의 재력이 [어느 정도인지] 알 수 있었다. 미얀마·태국·안남국의 정사는 대략 동방의 각 나라와 서로 같아 국왕이 전제 권력을 장악해서 문무백관은 마음대로 할 수 없었다. 통용되는 법률과 관례는 모두 중국·인도 양국의 규율에 맞추어서 손익을 참작해서 시행했다. 예를 들어 미얀마의 관직으로 '옹의사翁疑士', '옹다사翁多士',[20] '아달옹사阿達翁士' 등은 모두 수도에서 왕을 보좌해 정사를 돌보고 아울러 율관律官이 외부로 나가 각 부락을 나누어 다스리면서 조세를 징수하고 공물供物을 수도로 운송했다.

부락민은 사정이 있으면 먼저 맥옹아문麥翁衙門에 가서 호소하고 그다음에 비로소 나도아문羅都衙門에 소송을 제기하며 나도를 거쳐 국왕에게 전해지면, [국왕이] 판단을 했다. 불에 달군 쇠로 몸을 지지는 형벌이 있고 저주하는 법률이 있어 참작해서 시행했는데, 대체로 인도와 동일했다. 인도의 바깥은 모두 문자를 알았으나 단지 미얀마는 언어가 매우 복잡해서 산스크리트어[21]도 사용하고 타타르어도 사용하며 중국어도 사용해서 복잡하게 이루어져 있었다. 유럽인은 구두법을 몰라 가령 긴 문장을 마주하면 읽고 쓰는 것 모두 어려워했다. 서적은 모두 패엽貝葉[22]으로 만들었는데, 국왕은 상아로 책을 만들고 금으로 가장자리를 장식하며 금박 무늬 상자[23]에 보관했으며 아울러 글자를 새겨 넣었는데 역시 금으로 장식했다. 장서는 비록 풍부했으나 오로지 신명을 강론한 것을 주로 해서 역사 기록·음악·의학·화보畫譜 등은 사소한 것으로 여겼다. 다만, 안남의 문학은 유독 중국을 받들어 미얀마·태국에 비교하면 심오함이 있었다. 미얀마의 가옥은 매우 비루해서 대나무를 지면에 세우고 등나무 줄기를 사용해 뼈대를 만들고 돗자리로 담장을 만들어 거적으로 덮으면 바로 완성된다. 큰 집은 하루에 완성할 수 없었으나 작은 집의 경우에는 잠깐이면 되는데 조잡하고 간단해서 비바람에 무너져도 압사할 염려는 없었다. 화재가 발생하더라도 역시 재산의 손실을 걱정할 필요가 없었다. 이라와디강Irrawaddy River[24]은 티베트에서 발원해서 남쪽으로 흘러 미얀마의 마로Maro[25]를 지나 바다로 들어간다. 생각하건대 이라와디강은 아로장포강, 즉 대금사강이다.

미얀마는 동쪽으로 라오스[26]·태국과 경계하고 있고 서쪽으로는 벵골과 경계하고 있으며 남쪽으로는 바다에 닿아 있고 북쪽으로는 티베트·운남과 경계하고 있다. 잉와를 수도로 하고 48여 개의 부락을 다스리며 인구는 약 4백만 명이다. 이상은 원본의 내용이다.

잉와[27] 수도이다.　　　　몽린Monglin[28]　　　　치앙마이Chiang Mai[29]

카차르[30] 짜잉통Kyaingtong[31] 타무Tamu[32]

랍비나고拉比那古[33] 비르마Birma[34] 치보Chibo[35]

짜욱먀웅Kyaukmyaung[36] 더가웅Tagaung[37] 아마라푸라Amarapura[38]

카웅톤Kaungton[39] 바모Bhamo[40] 몽쾅Mongkwang[41]

변정邊定[42] 루캄비Lukhambi[43] 고우공Gougong[44]

마니푸르Manipur[45] 라니와Lanywa[46] 판타Pantha[47]

파감Pagahm[48] 몰라익Mawlaik[49] 민지안Myingyan[50]

슈웨보Shwebo[51] 아라칸Arakan[52] 사가잉Sagaing[53]

예난자웅Yenangyaung[54] 메이두Maydooh[55] 마궤Magwe[56]

응아쥰Ngazun[57] 피에Pye[58] 파코쿠Pakokku[59]

친야쿈Chinyakyun[60] 와이마주Waymazoo[61] 양곤Yangon[62]

민라Minhal[63] 모타마Mottama[64] 퉁구Toungoo[65]

다누뷰Danubyu[66] 파둥Paduang[67] 먀웅먀Myaungmya[68]

찌테Kyithe[69] 지나마기이知那麻幾爾[70] 파테인Pathein[71]

시리암Syriam[72]

마라麻羅 대금사강에서 이 성의 서쪽을 경유해 동인도로 들어간다.[73]

모니와Monywa[74]

원본은 여기까지이다.

緬甸

—

緬甸與暹羅·安南三國, 在阿細亞洲南洋, 歐羅巴人以其與印度交界, 統謂之爲印度外. 前代歐羅巴人罕至其地, 所知者, 不過孟阿臘安治市河之東岸而已. 伊揖畫師比多里彌所繪『地理圖』, 其圖內大海灣之西岸, 有梯泥城, 卽緬甸之底泥色領城也. 意大里亞人曾至中國海岸, 而所繪之國亦未詳確. 佛蘭西國當日攻取麻六甲地, 所考察者僅附近一隅. 佛蘭西曾遣羅比里至暹羅國, 欲行敎化, 始略知暹羅國大槪. 近日英吉利已得印度之地, 多與三國交界, 故所說此方之事雖不詳備, 較前代歐羅巴人則所得爲多. 緬甸國建都阿瓦, 又謂之馬臘麻. 原是三國: 一曰阿瓦, 一曰阿臘干, 一曰秘古. 各不相統, 恒相爭奪, 惟緬甸當衝, 受害尤重. 千有六百年(明萬曆二十八年), 緬甸興兵攻服秘古. 迨千有七百年(康熙三十九年), 秘古復約荷蘭·西洋兩國之兵同攻緬甸, 屢戰屢勝, 直抵阿瓦, 禽獲緬甸之底布里王, 維時緬甸反屬於秘古. 然緬人強悍, 突有阿羅般部落招集土兵恢復阿瓦國都, 自立爲王, 盡收緬甸舊地, 遂出師攻滅秘古國. 其子山巴領嗣位後, 秘古復叛, 山巴領又攻勝之, 遂乘勝竝取暹羅. 久仍爲暹羅所敗, 僅存麻

六甲以西沿海之麻爾古·底呢色領等城耳. 山巴領歿, 其弟皿底臘疑勃老嗣位,

又竝合阿臘干爲一國. 此外尙有攻取加渣爾·加色等處, 軍威可謂勃矣. 然以加

渣爾之地, 皆與孟阿臘接壤, 孟阿臘屬於英吉利, 兩國接壤日久, 復起兵爭. 千

有八百二十六年(道光六年), 英吉利遂起印度之兵攻緬. 緬恃其習戰, 視英寇蔑如

也. 然緬軍紀律不嚴, 進銳退速, 以此爲英軍所挫. 英軍亦不習其水土, 地險餉

艱, 瘴惡多疾, 難以深入, 本欲退師, 反聲言直取阿瓦, 長驅而進. 緬軍屢衂氣

阻, 遂卑辭求和, 乃割阿臘干·麻爾古·達阿依·底尼色領沿海之地, 復償英吉利

兵餉, 始罷兵. 然緬甸陸戰, 全恃堅銳木柵, 環繞重濠, 有時英吉利兵馬亦爲其

所拒.

其國賦稅, 如東方中國之法, 以田地錢糧爲正供. 此外, 征收外國貿易稅餉,

不作正項, 別貯內庫. 緬甸·暹羅·安南皆然. 傳聞緬甸國王與西洋英國搆釁講

和, 津貼英軍兵餉, 咄嗟立辦, 可見其國之富. 緬甸·暹羅·安南, 政事大略與東

方各國相同, 權柄專制於王, 百官不得專擅. 所用律例, 皆合中國·印度兩國之

律, 參酌損益而行. 如緬甸之職官, 若'翁疑士', 若'翁多士', 若'阿達翁士', 皆

在國都助王理政, 竝有律官出外分轄各部, 征收賦稅, 解都供餉.

部民有事, 先赴訴麥翁衙門, 次始上控於羅都衙門, 由羅都而達於王, 以判

斷之. 有烙鐵之刑, 有咒詛之法, 斟酌施用, 與印度略同. 印度外咸知文字, 惟

緬甸語音龐雜, 有用佛語, 有用韃韃里音語, 有用中國音語, 參雜而成. 歐羅巴

人不能分其句讀, 望之如一長句, 說寫俱難. 書籍皆編貝葉, 國王則以象牙爲篇

頁, 以金飾邊, 貯以描金盒, 竝有雕刻成字, 而金飾之者. 藏書雖富, 專以講論

神明爲主, 而史記·音樂·醫學·畫譜, 謂之雜說小書. 惟安南文學獨遵中國, 較

緬甸·暹羅爲深奧. 緬甸屋舍最陋, 以竹插地, 用籘繫架, 用蓆作牆, 而苫覆之,

卽謂落成. 大者不日可完, 小者頃刻立就, 雖潦草而便易, 風雨坍塌, 旣無推壓

之虞. 回祿偶遭, 亦無蕩貲之戚. 伊底河發源西藏, 南流經緬甸之麻羅城而入

海. 案: 伊底河謂雅魯藏布江, 卽大金沙江也.

緬甸國東界南掌·暹羅, 西界孟阿臘, 南界海, 北界西藏·雲南. 以阿瓦爲國都, 領部落四十有八, 戶口約四百萬名. 原本.

阿瓦 國都.	門額爾
西靡	哥里布
江墩	凍米
拉比那古	巴爾麻
芝補	窮皿
打梗	翁薆拉布拉
光墩	邦布
磨觀	邊定
拉公厘	高梗
蒙厘布	郎欲河
班沙	巴宕謬
麻拉	西格呀都
麻渣布	阿拉幹
渣岩	特曩休
薆都	皿特
新達	比衣謬
呢特	濟騷
欲麻疏	蘭梗
皿巴	麻爾打曼
東俄	底奴彪

波丹謬	哥士皿
衣岩	知那麻幾爾
巴三	西利喡
麻羅 大金沙江, 由此城西入東印度.	母哇

原本止此.

주석

🐉

1 벵골: 원문은 '맹아랍孟阿臘'이다. 지금은 방글라데시와 인도의 서벵골주로 나뉘어 있다.

2 갠지스강Ganges River: 원문은 '안치시하安治市河'로 항하恒河라고도 한다.

3 프톨레마이오스Ptolemaeos: 원문은 '비다리미比多里彌'이다. 고대 그리스의 천문학자이자 지리학자로 이집트에서 출생했다.

4 포르투갈: 원문은 '불란서佛蘭西'로 되어 있으나 역사적인 사실에 따라 포르투갈로 고쳐 번역한다. 이하 동일하다.

5 플라카Melaka: 원문은 '마륙갑麻六甲'이다. 고대에는 만랄가, 만랄滿剌, 마랄갑麻剌甲, 문로고文魯古, 돈손頓遜, 가라부사哥羅富沙, 마륙가馬六加, 맹랄갑孟剌甲 등으로 불렸다. 말레이반도 서해안의 플라카해협에 면해 있는 항구도시로, 지금은 말레이시아를 구성하는 13개 주州 중 하나이다.

6 잉와Innwa: 원문은 '아와阿瓦'이다. 미얀마 만달레이구Mandalay의 도시로 이라와디강 강가의 아마라푸라의 남쪽에 위치한다. 1364년부터 1841년까지 미얀마 잉와 왕조의 수도였다.

7 아라칸Arakan: 원문은 '아랍간阿臘干'으로, '아라칸Arracan'으로 표기하기도 한다. 지금의 미얀마 라카인주Rakhine를 가리킨다.

8 바고Bago: 원문은 '비고秘古'이다.

9 포르투갈: 원문은 '서양'이다.

10 마하담마라자 디파디Mahadhammaraza Dipadi: 원문은 '저포리왕底布里王'이다. 미얀마 따웅우 왕조의 마지막 왕으로 1752년 바고에 패해 포로로 잡혔다.

11 알라웅파야Alaungpaya: 원문은 '아라반阿羅般'이다. 미얀마의 꼰바웅 왕조를 세운 왕(재위 1752~1760)이다.

12 신뷰신Hsinbyushin: 원문은 '산파령山巴領'이다. 알라웅파야의 아들로 꼰바

웅 왕조의 3대 왕(재위 1763~1776)이다.

13 메익Myeik: 원문은 '마이고麻爾古'이다. 지금 미얀마의 메익이다. 메익은
말레이반도 서해안에 위치하며, 말레이반도 남부의 정치·경제 중심지
이다.

14 보다우파야Bodawpaya: 원문은 '명저랍의발로皿底臘疑勃老'이다. 미얀마 꼰
바웅 왕조의 6대왕(재위 1782~1819)이다.

15 카차르Cachar: 원문은 '가사이加渣爾'이다. 카차르는 인도 북동부 아삼주
중남부의 행정구이다.

16 카사이Cassay: 원문은 '가색加色'으로, 메클리Mechley라고도 한다.

17 카차르: 원문은 '가사이加渣爾'로, 광서 2년본에는 '마이고麻爾古'로 되어
있으나 악록서사본에 따라 고친다.

18 다웨이Dawei: 원문은 '달아의達阿依'이다.

19 영국: 광서 2년본에는 '서양西洋'으로 되어 있으나 악록서사본에 따라 고
쳐 번역한다.

20 웅다사翁多士: 광서 2년본에는 '경옹다사敬翁多士'로 되어 있으나 악록서
사본에 따라 고쳐 번역한다.

21 산스크리트어: 원문은 '불어佛語'이다.

22 패엽貝葉: 야자 등의 나뭇잎을 가공해서 종이 대신 사용한 필기 매체로
패다라엽貝多羅葉의 약칭이다. 동남아시아 등지에서 많이 이용되었다.
고대 인도에서는 부처의 가르침을 패엽에 기록했기 때문에 불경을 패
엽경이라고 했다.

23 금박 무늬 상자: 원문은 '묘금합描金盒'이다.

24 이라와디강Irrawaddy River: 원문은 '이저하伊底河'이다. 대금사강이라고도
한다.

25 마로Maro: 원문은 '마라성麻羅城'이다. 지금 미얀마 서남부의 몰먀잉
Mawlamyine이다.

26 라오스: 원문은 '남장南掌'이다.

27 잉와: 원문은 '아와阿瓦'이다.

28 몽린Monglin: 원문은 '문액이門額爾'이다.

29 치앙마이Chiang Mai: 원문은 '서미西糜'이다. 지금 태국의 치앙마이 일대이다.

30 카차르: 원문은 '가리포哥里布'이다. 지금 인도의 카차르 지구 동부이다.

31 짜잉통Kyaingtong: 원문은 '강돈江墩'이다.

32 타무Tamu: 원문은 '동미凍米'이다. 지금 미얀마의 서부 타무 일대이다.

33 랍비나고拉比那古: 지금 미얀마 북부의 더가웅 지역과 이라와디강의 서쪽이다.

34 비르마Birma: 원문은 '파이마巴爾麻'이다. 지금 미얀마 서북부의 몰라익 지역과 친드윈강Chindwin River의 서쪽이다.

35 치보Chibo: 원문은 '지보芝補'이다. 지금 미얀마 동부의 짜잉통과 살윈강의 서쪽이다.

36 짜욱먀웅Kyaukmyaung: 원문은 '궁명窮皿'이다.

37 더가웅Tagaung: 원문은 '타경打梗'이다.

38 아마라푸라Amarapura: 원문은 '옹멸랍포랍翁蔑拉布拉'이다.

39 카웅톤Kaungton: 원문은 '광돈光墩'이다. 공둔恭屯이라고도 하며, 지금 미얀마의 바모 부근이다.

40 바모Bhamo: 원문은 '방포邦布'이다.

41 몽쾅Mongkwang: 원문은 '마관磨觀'이다.

42 변정邊定: 『사주지』의 원 저작인 휴 머레이Hugh Murray의 『세계지리대전 The Encyclopædia of Geography』의 지도(이하 원 지도로 약칭)에는 느마이강N'Mai Hka 서쪽 해안에 그려져 있다.

43 루캄비Lukhambi: 원문은 '랍공리拉公厘'이다. 지금 인도 마니푸르주에 위치한다.

44 고우공Gougong: 원문은 '고경高梗'이다. 지금 인도 마니푸르주 서부이다.

45 마니푸르Manipur: 원문은 '몽리포蒙厘布'이다.

46 라니와Lanywa: 원문은 '랑욕하郎欲河'이다.

47 판타Pantha: 원문은 '반사班沙'이다. 지금 미얀마 사가잉주에 위치한다.

48 파감Pagahm: 원문은 '파탕류巴宕謬'이다. 지금 미얀마 만달레이주에 위치

한다.

49 몰라익Mawlaik: 원문은 '마랍麻拉'이다. 지금 미얀마 사가잉주에 위치한다.

50 민지안Myingyan: 원문은 '서격하도西格呀都'이다. 지금 미얀마 만달레이주에 위치한다.

51 슈웨보Shwebo: 원문은 '마사포麻渣布'이다. 지금 미얀마 만달레이주에 위치한다.

52 아라칸: 원문은 '아랍간阿拉幹'으로, 아랄간阿剌干이라고도 한다. 지금 미얀마 라카인주이다.

53 사가잉Sagaing: 원문은 '사암渣巖'이다. 지금 미얀마 사가잉주의 주도이다.

54 예난자웅Yenangyaung: 원문은 '특낭휴特曩休'이다.

55 메이두Maydooh: 원문은 '멸도蔑都'이다. 원 지도에는 루이보의 서쪽에 그려져 있는데 실제로는 무강Mu River의 동쪽에 위치한다.

56 마궤Magwe: 원문은 '명특皿特'이다.

57 응아쭌Ngazun: 원문은 '신달新達'이다.

58 피에Pye: 원문은 '비의류比衣謬'이다.

59 파코쿠Pakokku: 원문은 '니특呢特'이다.

60 친야큔Chinyakyun: 원문은 '제소濟騷'이다.

61 와이마주Waymazoo: 원문은 '욕마소欲麻疏'이다. 광서 2년본에는 '마욕소麻欲疏'로 되어 있으나, 악록서사본에 따라 고쳐 번역한다. 미얀마 마궤구 민부Minbu 일대이다.

62 양곤Yangon: 원문은 '란경蘭梗'이다. 미얀마의 수도였던 양곤이다. 2005년 미얀마의 군사정부는 수도를 양곤에서 핀마나Pyinmana로 이전한 후 신수도의 이름을 네피도Nay Pyi Taw로 변경했다. 네피도는 황도皇都를 의미한다.

63 민라Minhal: 원문은 '명파皿吧'이다. 지금 미얀마 마궤구의 민라로 민부 이북에 있다.

64 모타마Mottama: 원문은 '마이타만麻爾打蔓'이다. 옛 이름은 마르타반Martaban이다.

65 퉁구Toungoo: 원문은 '동아東俄'로 동우東吁, 동과東瓜라고도 한다.

66 다누뷰Danubyu: 원문은 '저노표底奴彪'이다. 지금 미얀마 에야와디주
    Ayeyarwady의 다누뷰이다.

67 파둥Paduang: 원문은 '파단류波丹謬'이다.

68 먀웅먀Myaungmya: 원문은 '가사명哥士皿'이다.

69 찌테Kyithe: 원문은 '의암衣崦'이다.

70 지나마기이知那麻幾爾: 미얀마 에야와디구의 보갈레이Bogale, 혹은 짜익랏
    Kyaiklat으로 추정된다.

71 파테인Pathein: 원문은 '파삼巴三'이다.

72 시리암Syriam: 원문은 '서리안西利晏'이다. 지금 미얀마 양곤의 동남쪽에
    있다.

73 대금사강에서 … 들어간다: 이라와디강은 미얀마 서남부의 몰먀잉 일
    대에서 안다만해Andaman Sea로 흘러 들어간다. 따라서 동인도로 흘러간
    다고 하는 것은 오류이다.

74 모니와Monywa: 원문은 '모왜母哇'이다. 이라와디강 동쪽 기슭에 있으나
    원 지도에는 그 동남쪽 무강 동쪽 기슭으로 그려져 있다.

연혁

—

원본에는 없으나, 지금 보충한다. 연안국만을 거론한다.

『신당서新唐書』에 다음 기록이 있다.

퓨Pyu 왕조는 옛날의 주파朱波[1]이다. 스스로 돌라주突羅朱[1]라고 하는데 사파국闍婆國[2] 사람들은 도리졸徒里拙이라고 부른다. 영창永昌에서 남쪽으로 2천 리에 있으며 경사에서 10,400리 떨어져 있다. 동쪽으로는 첸라에 이어지고 서쪽으로는 동천축과 접해 있으며 서남쪽으로는 아유타야Ayuthaya[3] 남쪽은 바다로 이어지고 북쪽은 남조南詔와 접해 있다. 땅의 길이는 3천 리이고 너비는 5천 리이다. 동북으로 길이가 길며 [운남성의] 양저미성羊苴咩城[4]에 속해 있다. 무릇 속국은 18곳이 있으니, 가라파제迦羅婆提,[5] 마례오특摩禮烏特,[6] 가려가迦黎迦,[7] 반지半地,[8] 미신彌臣,[9] 곤랑坤朗,[10] 게노偈奴,[11] 나율羅聿,[12] 불대佛代,[13] 거론渠論,[14] 파리婆梨,[15] 게타偈陀,[16] 다귀多歸,[17] 마예摩曳[18]이고 나머지는 사위舍衛, 첨파瞻婆,[19] 사파闍婆이다. 미신에서 곤랑 사이에는 또 소곤륜小崑崙[20] 부락이 있는데 왕의 이름은 망실월茫悉越이며 풍속은 미신국과 같다. 곤랑에서 녹우祿羽[21] 사이에는 대곤륜大崑崙[22] 왕국이 있는데, 미신국보다 크다. 곤륜 소왕이 사는 곳에서 반나절을 가면 모타마[23]에 도착하고 바닷길로 다섯 달을 가면 불대국佛代國에 도착하는데 강의 지류가 360개나 된다. 생각하건대 이 강은 대금사강이다. 사리비리예思利毗離芮[24]라는 이름의 하천이 있다. 이 땅에는 특이한 향료가 많고 북쪽에는 시장이 있어 여러 나라의 상선들이 모여들며 바다 너머는 사파이다. 15일을 가면 두 개의 큰 산을 지나는데 하나는 정미正迷[25]라 하고 다른 하나는 사제射罷[26]라고 한다. [한] 나라가 있는데 풍속은 불대국과 같다. 다용보라천多茸補邏川[27]을 따라가면 사파에 이르고 [여기서] 8일을 가면 파회가로국婆賄伽盧國[28]에 이른다. 열대성 기후로 대로변에 야자와 빈랑을 심어 두었는데, 올려다보면 해가 보이지 않을 정도로 우거져 있다. 왕은 금으로 된 벽돌집에 거처하며 부엌에는 은으로 된 기와를 덮었고, 향목으로 밥을 지었으며 집 안은 아름다운 구슬로 장식했다. 두 개의 연못이 있는데 금으로 제방을 쌓았으며 배와 노는 모두 금은보석으로 장식했다.

퓨국 왕이 외출할 때는 금줄로 평상을 묶은 가마를 타고 먼 곳을 갈 때는 코끼리를 타는데 비빈과 관리 수백 명이 뒤를 따랐다. 푸른색 벽돌로 둥근 성을 쌓았는데 둘레는 160리이고 12개의 문이 있으며 네 구석에는 부도浮圖를 만들었다. 백성들은 모두 납과 주석으로 기와를 만들고 여지荔支를 목재로 사용했다. 민간에서는 살생을 싫어했으며, 절을 할 때는 손으로 팔을 감싸 안고 이마가 땅에 닿을 정도로 조아리는 것을 공손하게 여겼다. 천문에 밝고 불법을 받들었다. 수많은 사찰이 있는데 유리로 벽돌을 만들고 금은과 화려한 색채로 꾸몄고 자수정을 바닥에 깔고 화려한 문양의 융단을 덮었다. 왕의 거처 역시 이와 같았다. 백성들은 7세가 되면 머리를 깎고 출가해서 사찰에 머물며 20세가 되어도 불법에 통달하지 못하면 다시 평민으로 돌아갔다. 옷은 흰색 면포와 조하포朝霞布[29]

를 입으며 누에를 쳐서 비단을 만드는 것은 생명을 해치는 것이라고 여겨 감히 입지 않았다. 금화관과 비취색 모자(翠冒)를 쓰는데 갖가지 구슬로 장식했다. 왕궁에는 금과 은으로 된 두 개의 종을 설치해서 적이 나타나면 분향하고 종을 쳐서 길흉을 점쳤다. 높이가 1백 자나 되는 거대한 흰 코끼리가 있어 송사가 있는 자는 코끼리 앞에서 분향하며 스스로 옳고 그름을 생각한 후에 물러났다. 재해나 역병이 있으면 왕 또한 코끼리 앞에 꿇어앉아 분향하며 자신을 책망했다. 별다른 형구는 없고 죄지은 자는 5개의 대나무로 만든 채찍으로 등을 때리는데 [죄가] 무거운 경우에는 5대, 가벼운 경우에는 3대를 때렸다. 사람을 죽인 자는 즉시 사형에 처했다. 토양은 콩·조·벼·기장에 적합하고, 사탕수수는 크기가 정강이만 하며, 마와 보리는 나지 않았다. 금과 은으로 화폐를 만들었는데, 반달 같은 모양으로 등가타登伽佗, 또는 족탄타足彈佗라고 불렀다. 기름이 없어 밀랍에 향을 섞어서 대신 불을 밝혔다. 여러 남만과 무역을 하는데 상괭이(江豬)·백첩白氎·유리琉璃·호리병(罌缶)을 서로 교역했다. 부인들은 머리를 정수리 위에 높게 말아 올리고 금, 진주, 구슬꿰미로 장식하고 옷은 푸른빛의 나풀거리는 비단 치마를 입고 비단 천을 걸쳤다. 다닐 때는 부채를 들고 다니는데 귀족 집안의 경우에는 시중드는 사람이 5~6명이나 되었다. 성 근처에 풀 한 포기 나지 않는 모래 산이 있으며 또한 파사波斯[30]·바라문婆羅門[31]과 접해 있는데 거리는 서사리성西舍利城에서 20일 정도 가야 한다. 서사리란 동천축東天竺[32]을 말한다. 남조는 군사력이 강한 지역과 접해 있어 항상 통제를 받았다. 생각건대, 미얀마와 동인도는 국경을 접하고 있는데 오직 『당서唐書』에서만 그 단초가 약간 보이기에 그 부분만 취해 기록한 것이다. 원나라와 명나라 시기에는 중국과 전쟁을 벌였으나 모두 해국인 인도와 관계가 없기 때문에 기록하지 않은 것이다.

사청고謝淸高의 『해록海錄』에 다음 기록이 있다.

오토국烏土國은 태국의 팡응아주Phang Nga[33] 서북쪽에 있으며 강역은 태국에 비해 훨씬 크다. 팡응아주에서 육로로 4~5일을 가고 해로로 순풍을 타고 약 2일을 가면 메익[34]에 도착하는데 [메익은] 오토국의 속읍으로 광주廣州 사람들이 이곳에서 장사하고 있다. 다시 북쪽으로 1백 리 남짓 가면 다웨이[35]에 도착하고 다시 서북쪽으로 2백여 리를 가면 바고[36]에 도착하며 다시 서쪽으로 2백여 리를 가면 양곤[37]에 도착하는데 모두 오토국의 속읍이다. 왕도는 앙화盎畫 앙화는 잉와(阿瓦)의 음역이다. 에 있다. 바고에서 내지 하천으로 들어가 뱃길로 약 40일을 가면 비로소 수도에 도착하는데, 성곽과 궁실이 있다. 바고에는 공명성孔明城이 있으며 주위에는 모두 성가퀴[38]가 있는데 [성가퀴의 구멍 수가] 3~5개로 뒤섞여 있어 그 수를 알 수 없다. 전하는 바에 따르면 제갈량諸葛亮[39]이 남만을 정벌할 때 구축한 것으로 [한번] 들어간 자는 종종 길을 잃어, 나오는 곳을 찾지 못했다고 한다. 북쪽은 운남과 경계를 접하고 있어 운남 사람들이 많이 이곳에서 장사를 했다. 의복과 음식은 대체로 태국과 같고 소박하고 인정이 두터우며 특히 태고의 풍습을 지니고 있다. 사람들은 대부분 판잣집에 살며 밤에는 문을 잠그지 않아도 도둑이나 분쟁이 없다. 양곤[40]에서 서북쪽으로 가는 연해 수천 리는 첩첩산중으로 사람이 거의 살지 않는다. 기괴한 금수가 출몰해서 울부짖고 솟아오른 바위와 가파른 절벽 사이에는 고목과 기이한 꽃이 많다고 하는데 아직 본 적은 없다. 뱃길로 반 달 정도 가면 바야흐로 끝에 이르는데 역시 해외의 기이한 장관이다. 치타공Chittagon[41]은 오토국 타웅지Taunggyi[42] 북쪽에 위치하며 수십 년 동안 영국이 새로 개척한 토지로 아직 상인이 간 적이 없어 그곳의 풍속과 토산품에 대해서는 상세하지 않다.

국사관國史館[43]의 「곽세훈전郭世勳傳」에 다음 기록이 있다.

건륭 55년(1790) 태국 왕 라마 1세Rama I[44]가 다음과 같이 표문을 올려 아뢰었다.

"건륭 36년 오토국에서 군사를 일으켜 성을 에워싸 수도가 함락되어 그의 아버지 피아 딱신Somdet Phrachao Taksin Maharaj[45]이 옛 기반을 회복했으나 겨우 10분의 6에 그쳐 옛 영토인 메익[46]·모타마[47]·다웨이[48] 세 성은 여전히 점령당하고 있으니 조서를 내려 오토국에게 명해 세 성을 돌려주게 해 주길 청하옵니다."

조서에서 말하는 오토국은 미얀마의 다른 이름으로 이전 미얀마의 군주 신뷰신[49]이 태국의 스리야마린 보로마라차 3세[50]와 전쟁을 벌인 것이지 새로운 군주 보다우파야[51] 시기의 일은 아니다. 지금 미얀마는 왕조가 바뀌었는데 어찌 조정을 번거롭게 해서 빼앗긴 땅을 돌려 달라고 하는가? 양광총독 곽세훈郭世勳[52]에게 명해 격문을 내려 금지하게 했다. 생각하건대, 태국을 달리 적토국이라고 하고 미얀마를 오토국이라고 한 것은 모두 토양의 색깔을 들어 이름을 삼은 것이다.

『지구도설地球圖說』에 다음 기록이 있다.

잉와국(阿瓦國)은 동쪽으로는 태국, 남쪽으로는 벵골만 및 인도양, 서쪽으로는 천축국 및 벵골만, 북쪽으로는 티베트와 경계한다. [잉와국] 내에는 또한 세 개의 작은 나라가 있으니 잉와·바고[53]·모타마[54]가 그것이다. 백성은 약 270만 명을 헤아리며 도성은 잉와이고 성내에는 5만 명이 거주한다. 사람들은 왜소하지만 건장해서 힘든 일을 마다하지 않고, 경영을 잘해서 태국 사람들보다 재주가 뛰어나다. 다만, 탐욕이 너무 커서 가령 천하를 주더라도 족하다고 하지 않을 것이다.

머리에는 모자를 쓰지 않고 몸에는 하포夏布를 걸치며 여자는 치마를 입고 바지를 입지 않으며 염치가 전혀 없다. 불교를 숭상해서 매일 꽃과 과일, 음식을 스님에게 공양하며 스님은 모두 황색 옷을 입고 탁발을 한다. 근래 예수회 선교사들이 기독교를 전수했다. 형벌과 정치는 다른 나라와 매우 다르다. 군주의 이름은 감히 부르지 않으며, 군주의 성씨 또한 쓰거나 말하지 않는데, 이에 저촉하면 사형이라는 엄벌이 내려졌다. 또한 남자는 20세 이상이 되면 3년 이내에 1년은 농사를 짓거나 병사가 되어 나라를 위해 일했다. 이라와디강이라는 매우 큰 강이 있다. 이 땅에서는 금·보석·거목·석유[55]·소금·유황·코끼리·사슴·소·말 등이 난다. 거래되는 품목으로는 차·포백 등이 있다.

『지리비고』에 다음 기록이 있다.

잉와국은 아시아대륙 남쪽에 있으며 북위 6도에서 27도 10분, 동경 89도 45분에서 98도 50분에 위치한다. 동쪽으로는 중국 운남과 태국에 이르고, 서쪽으로는 인도로 이어지며 남쪽으로는 벵골만에 접하고 북쪽으로는 아삼Assam[56]과 경계하고 있다. 남북의 거리는 5,500리이고 동서의 너비는 2천 리이다. 면적은 약 405,000리이고 인구는 7백여만 명이다. 본국의 지세는 북방은 높은 산맥이 첩첩이 쌓여 꾸불꾸불 끊임없이 펼쳐져 있고 중앙은 구릉지가 드물며 높고 험한 곳이 거의 없다. 남방은 평원이 드넓게 펼쳐져 있고 자주 물난리를 겪는다. 이라와디강[57]·시탕강Sittang River[58]·살윈강Salween River[59]·테나세림강[60]·아랄간亞刺干강[61] 등은 곧 이 나라에서 가장 긴 하천으로 종횡으로 관통하고 있다. 토지는 매우 비옥해서 곡식과 과일이 풍요로우며 날짐승과 길짐승, 초목이 없는 것 없이 풍부하다. 토산품으로는 금·은·구리·철·주석·납·다이아몬드·호박琥珀·홍옥

紅玉·와택窩宅⁶²·벽옥碧玉·유황·화석花石·신석信石⁶³·면화·담배·감자·인디
고(藍靛)·목재 등이 있다. 기후는 온화하나 비가 내리지 않으면 덥고, 매
년 변함없다. 왕위는 세습한다. 신봉하는 종교는 불교이다. 시장에서 교
역은 인도·중국이 대부분을 차지한다. 이 나라는 처음에는 바고⁶⁴의 지배
를 받았으나 얼마 후 자립해서 별도로 한 나라를 세웠다. 건륭 5년(1740)
나라 안의 변란으로 도적들이 창궐했다. 12년 후에 바고 사람들이 다시
침략해 왔다. 당시 이 나라 사람 알라웅파야⁶⁵가 무리를 이끌고 물리쳐서
대승을 거두고 나라를 세워 창업하고서 왕위에 올라 왕이 되었다. 그 후
역대 군주가 강역을 개척해서 국내외에 11개 부部를 두었다. [그중] 잉와
는 본국의 수도이다. 이라와디강의 좌측에 건설되었는데, 띠로 만든 집
에 대부분 거주하며, 목재로 된 집도 있고 심지어 기와집도 있기는 하지
만 그 수는 매우 적었다. [그 외에] 아라칸,⁶⁶ 마니푸르,⁶⁷ 정실론Jungceylon,⁶⁸
모타마,⁶⁹ 메익,⁷⁰ 바고, 다웨이,⁷¹ 타닌타리,⁷² 치앙마이⁷³가 그것이다. 교역
이 활발한 대도시로는 양곤,⁷⁴ 피에,⁷⁵ 예난자웅⁷⁶이 있다. 이 외에 공물을
바치는 속지로 가성안加星安, 살파음薩巴音, 견見, 달옹소達翁蘇, 요遙, 파랄
안巴剌安, 삼森, 납말拉襪, 달요達撓, 살랍옹薩拉翁이 있다.

『외국사략外國史略』에 다음 기록이 있다.

미얀마는 북위 15도 45분에서 27도 20분에 위치하며 길이는 260리, 너
비는 1백 리이다. 북쪽으로는 운남과 접해 있고 남쪽으로는 태국 및 마
르타반만Gulf of Martaban⁷⁷에 접해 있으며 동쪽으로는 라오스 및 운남에 닿
아 있고 서쪽으로는 영국의 속지 및 벵골만에 닿아 있다. 해변이 매우 낮
고 나머지는 모두 산으로 둘러싸여 있다. 산물로는 철·구리·주석·적동·
납·금·은·석유·초석·소금, 붉고 푸른 보석이 가장 많다. 석유는 깊은 우

물에서 끌어올려 색깔이 검푸른데 이를 태우면 검은 연기가 난다. 숲에는 [재질이] 단단한 나무가 있어 선박 제조에 적합하다. 또한 칠유漆油[78] 및 자경목紫梗木·감자·좁쌀·콩·담배·면화·인디고(靑黛)를 산출한다. 이 나라에는 코끼리·호랑이·표범·곰·살쾡이·꿩·메추라기·금계·도요새가 많다. 인구는 약 8백만 명이다. 땅은 황무지가 많아 농사를 짓는 일이 드물다. 사람들은 신장이 크고 건강하며 얼굴빛은 검붉은색이고, 전신에 문신을 새겼다. 남녀 대부분 옷을 걸치지 않았으며 귀에 구멍을 뚫고 금과 은으로 된 장식을 걸었다. 성품이 탐욕스러워 즐겨 웃지 않으며 속이길 좋아하고 오만했다. 불교를 숭상하며 스님을 봉양하는데, 스님은 황색 가사를 입고 머리를 깎고는 탁발하며 절에 거주했다. 불탑을 많이 세웠으며 불상에 금박을 입혔다. 백성들은 가난하고 관리는 부유했으며 언어는 대체로 발음이 다양했다. 그중에는 라오스·바고[79] 사람이 많으며 모두 불교를 받들었다. 산속에는 농사를 짓는 사람들이 있는데 종족이 다양해서 하나가 아니었다. 미얀마 사람들은 화려한 문양의 직물을 짜거나 꽃과 나무를 조각하는 데 능숙했으며 금세공 기술이 뛰어났다. 다만, 천주교에 대해서는 알지 못했다.

사람들은 무예를 좋아하고 용맹하며 성품이 매우 잔혹하고 욕심이 적으며 게을렀다. 남자는 빈둥거리고 여자는 부지런했으며 음식이 풍족하지 못해 매양 빈랑과 배엽荖葉을 씹어 먹었다. 술 마시기를 좋아하나 살생은 좋아하지 않아 소고기나 우유를 먹지 않았다. 남녀 모두 검은색으로 손톱과 입술을 물들였다. 만약 존경하는 사람이 있으면 서지 않고 무릎을 꿇었다. 남녀가 교제하는데 야합을 해도 욕되게 여기지 않았다. 세워진 규율과 법률은 모두 인도에서 전해져 왔으며 또한 대체로 중국과 일치했다. 처음 주周나라 경왕景王[80]이 재위할 때 지금으로부터 2,391년 전에 인도에서 이주해 왔다. 1,740년 전에 다른 곳으로 도읍을 옮겼는데, 오늘날에도 여전히 종묘의 옛 자취가 남아 있다. 원나라 순제順帝[81] 31년(1363)에 비로소 지금의 잉와에 도성을 건설한 이래 대대로 전해진 지 369년만에 바고의 사람들이 군사를 일으켜 미얀마를 패퇴시켰으나 후에 [미얀마가] 다시 싸워 패퇴시켜 바고는 오히려 미얀마에 귀속되었다. 건륭乾隆[82] 14년(1749) 바고는 서양의 무기를 구매하고 아울러 네덜란드·포르투갈 각 나라 사람을 고용해 힘을 합쳐 미얀마를 공격해서 그 수도를 함락시키고서 왕을 몰아내고 나라를 점거했다.

한 하급 관원[83]이 백여 명의 의병을 일으켜 항거하자 마침내 나라 사람들이 구름처럼 모여 힘을 다해 [미얀마를] 회복했다. 후에 중국의 군사가 두 차례 그 땅을 침략했으나 대부분 풍토병에 걸려 군대를 철수했다. 미얀마 사람들은 그 군사를 약탈해서 현지 처녀의 배우자로 삼고 별도로 새로운 성에 거주하게 했기 때문에 지금의 미얀마 땅에 또한 한인의 후예가 있게 된 것이다. 또한 태국과 자주 전쟁을 벌여 태국의 많은 영토를 빼앗아 군사들의 사기가 더욱 교만해져서 후에 결국 인도를 침략했으나 영국인들에게 격퇴당했다. 도광道光[84] 4년(1824) 국왕이 다시 영국의 인도 경계를 침략했다. 당시 미얀마는 이미 동쪽의 베트남과 동맹을 체결해서 남쪽의 태국을 복속시키고 분에 넘치게 인도의 부를 탐해 마침내 국력을 기울여 침략해서 영국군과 2년간 동쪽 경계에서 악전고투를 벌였으나 물과 풍토가 맞지 않아 매우 많은 사상자를 낳았다. 영국은 끝까지 군사를 후퇴시키지 않고 다시 지원군을 증파해서 수륙 양면으로 진격해 그 나라의 수도를 치겠다고 공언했다. 미얀마 왕은 두려워 마침내 남쪽 해안가에서 화의를 요구했다. 이전의 전쟁 비용은 9백만 냥에 이르렀다. 후에 피차 전쟁을 멈추고 또한 태국을 침략하는 일은 없었으나 영국과의 분쟁만은 여전히 끊이지 않았다. 도광 26년(1846) 다시 군주를 세웠으나 그 세자에게 폐위·축출되어 왕위를 잃어버렸다. 거주민은 여러 종족을 합쳐서 모두 8백만 명 정도이고 땅은 4,600명의 토사土司가 나누어 다스렸다. 사람들은 재물을 탐하고 통상을 선호하지 않아 쌀이나 생선·소금 등은 모두 내지 하천에서 거래했다. 반출하는 것은 석유·백설탕·마늘·종이·녹차·황동·금 등의 산물이다. 칠기·비단은 모두 중국에서 가져왔는데, 이라와디강을 통해 바모[85]에 도착해서 운남과 호박·보석·상아·빈랑·제비집 등의 물건을 통상했다. 구매한 것은 비단·포필·금박·사탕·종이 등 화물이다. 미얀마 사람들은 또한 라오스와도 교역을 했다. 라오스 사람들은 매우 소박하며, 산에 있는 많은 보석·호랑이·코끼리를 수시로 공물로 바쳤으며 전쟁 시에는 또한 원조를 했다.

미얀마의 수도는 잉와이며 기와로 된 담에 대나무 가옥으로 거리는 대단히 넓고 사찰은 화려하며 궁궐은 넓었고, 3만 명의 사람들이 거주했다. 북위 21도 50분, 동경 76도에 위치한다. 도광 19년(1839) 지진이 발생했다. 아마라푸라[86]는 중국인들이 거주하던 대진국大鎭國의 옛 거주지로 거주민은 2만 명이다. 양곤[87]·모타마[88]·파테인[89] 세 성은 모두 해구海口이다. 양곤성은 인도와 교역을 하는데 산출하는 견목堅木은 대부분 선박 제조용으로 수출되며 매년 그 값어치는 은 15만 냥이다. 포필을 주로 수입한다. 부근 성에는 거대한 사찰과 높은 불탑이 많으며 백성들은 수시로 사찰을 찾아 분향하며 부처에 절을 하는데 목상에 두껍게 금박을 입혔다. 이전 시기의 도읍지는 바고에 속하며 피에[90]라고 하는데 고적이 많다. 왕은 전권을 장악해 정사를 처리하는데 법률을 따르지 않으며 나라 안의 산업을 마음대로 빼앗거나 주거나 하며 유사시에 군향軍餉을 징발해서 납세에는 정해진 원칙이 없었다. 왕이 타는 흰 코끼리는 금으로 만든 마구간에 있었는데, 보석을 새겨 넣어 왕궁과 다를 바가 없었다. [흰 코끼리는] 화려한 문양의 직물로 만든 신을 신고, 산해진미를 먹었는데, 사람들은 그 코끼리를 대신처럼 받들었다. 왕의 집안은 함께 모여서 권력을 잡았으며 친정대신親政大臣 1명, 보정관輔政官 1명, 부리정사통사관副理政事通事官 1명이 있다. 각 부락에 수장을 세우고 각 군에 관리를 두며, 토사와 조사調司는 세습되나 봉록이 없었기 때문에 재물을 강탈하는 일이 일상적이었다.

『지리비고』에 다음 기록이 있다.

아삼은 인도와 미얀마의 사이에 있는 아시아의 영국 속지이다. 북위 25도 30분에서 27도 45분에 있으며, 동경 88도 24분에서 93도 30분에 위치한다. 동북쪽으로는 티베트와 경계하고 서쪽으로 인도에 이어지며 남쪽으로 잉와국에 접해 있다. 남북의 길이는 약 1,100여 리이고 동서의 너비는 약 5백 리이다. 인구는 백여만 명이다. 경내는 높은 산이 이어져 있고, 적각릉的各隆, 유사稜斯,[91] 적색야的索也, 등새리아登塞里亞 등의 강이 있다. 토지가 비옥해 곡식과 과일이 풍부하다. 토산품으로는 금·은·구리·철·차·담배·면화·감자·후추·향료·목재·석탄 등이 있다. 기후는 습하고 더우며 기예技藝가 정교하고 무역이 매우 활발하다. 중심 도시는 조르하트Jorhat[92]이며, 예전에는 스스로 일국을 이루었으나 지금은 영국령이 되었다.

아라칸은 잉와국의 서쪽에 위치하며 길이는 약 1,800리이고 너비는 약 2백 리이다. 인구는 260만 명이다. 경내는 언덕과 나지막한 산 사이에 평원이 있고 토지는 비옥하여 곡식과 과일이 풍요로우며 조수와 초목이 없는 것 없이 차고 넘친다. 토산품으로는 금·은·소금·밀랍·상아 등이 있다. 기후는 습하고 더우며 기예는 별것이 없으나 교역은 활발하다. 중심 도시의 이름 역시 아라칸이다. 예전에는 스스로 일국을 이루었으나 지금은 영국령이 되었다.

모타마는 동쪽으로는 태국에 이어지고 서쪽으로는 큰 바다에 다다르며 남쪽으로는 예Ye[93] 지역에 접하며, 북쪽으로는 바고 지역과 경계한다. 면적은 사방 약 13,500리이고 인구는 5만여 명이다. 경내는 높은 산이 이어져 있고 토지는 비옥해서 곡식과 과일이 풍요롭다. 토산품으로는 쌀·소금·인디고·면화·육두구·담배·상아·목재 등이 있다. 기후는 온화하며 예전에는 잉와국의 일부였으나 지금은 영국령이 되었다.

다웨이[94]는 동쪽으로 빌라우크타웅Bilauktaung산맥[95]에 접하고 서쪽으로 바다에 다다르며 남쪽으로 파전하巴展河[96]와 경계하며 북쪽으로 모타마에 이어진다. 남북의 길이는 1,150리이고 동서의 너비는 150리이다. 땅의 면적은 사방 약 17,000리이며 인구는 3만 명이다. 경내는 구릉지가 끊이지 않으며 토지는 비옥하여 곡식과 과일이 풍부하고 조수와 초목이 널리 번식하고 있다. 토산품으로는 주석·꿀·소금·인디고·상아·제비집·야모과野木瓜[97]·목재·육두구·향료 등이 난다. 기후가 온화하여 사람들은 편안하고 물산이 풍부하다. 그 땅은 크게 예, 다웨이, 타닌타리 세 지역으로 나뉜다. 예전에는 본래 잉와국의 일부였으나 지금은 영국령이 되었다. 이상은 모두 동인도 벵골 군사의 통제를 받고 있다.

『외국사략』에 다음 기록이 있다.

미얀마 내 영국의 속지는 모두 미얀마가 할양한 해변 지역으로 미얀마의 남쪽에 있다. 북위 11도에서 18도에 위치하며 길이는 160리, 너비는 14리이다. 해변에는 별도로 여러 섬이 있는데, 사람들이 거주하는 곳도 있고 무인도도 있다. 동쪽 경계는 모두 산으로 높이는 약 3백~4백 길이다. 토지는 비옥하고 숲에는 견목이 많아 수상 가옥을 세울 수 있다. 물산으로 밀랍·상아·무소뿔·사슴 고기·제비집·해삼·후추·빈랑·굴·자라 등이 있으며 산에서는 홍연紅鉛·주석이 난다. 거주민은 대부분 미얀마인으로 당시 영국인이 그 지역을 점거했을 때 모두 112,400명이었다. 태국과 교전하면서 대부분 황무지가 되었다. 영국인이 사람들을 불러들여 그 지역을 보호하니 사람들의 수가 점차 늘어났다. 사람들은 대부분 바고인으로 이리저리 유랑하다가 해변에 정착했다. 산속에 사는 카렌Karen족[98]은 아직 개화되지 않았으나 의외로 기독교를 순순히 받아들였다.

별도로 영국이 점거하고 있는 지역으로 모타마[99]가 있는데, 세 지류의 하천[100] 사이에 위치해 토양이 비옥하다. 북방은 미얀마에 귀속되어 있는데, 기후가 청량하며 그다지 덥지 않으나 땅이 황무지인 것은 대체로 미얀마와 태국의 전쟁터였기 때문이다. 현재는 이미 평온해졌으나 인구는 아직 회복되지 않았다. 단지 이웃 나라 사람 및 한인이 널리 그 땅으로 이주해 거주하고 있다. 영국인은 항구에 새로운 성을 구축했는데 이를 애머스트Amherst[101]라고 한다. 토산품으로는 목재·후추·면화·인디고·담배·상아·빈랑·육두구·안료 등이 있다. 대부분 기독교를 신봉하며 교주를 공경하고 섬긴다.

다웨이[102]는 북위 10도 35분에서 15도 30분에 위치한다. 길이는 110리, 너비는 10리이다. 바닷가에 접해 있으며 동쪽으로는 태국에 이어지며 영역은 모두 산으로 높이는 4백 길이다. 해변은 강의 지류가 많아 사주가 낮으며 그 섬은 모두 돌로 되어 있다. 주석을 산출하고 상아·동유桐油·홍목·제비집·해삼·목재·빈랑이 많다. 백성들의 품성은 미개하나 천주교를 신봉한다. 이전 미얀마 관리가 거주민을 수탈해서 재산이 있으면 강탈해 갔기 때문에 백성들은 일하지 않고 게으르다. 지금은 각각 그 분수에 만족하며 또한 한인들이 많이 이주해서 거주하고 있다. 매년 나라에서는 은 55,000냥, 지키는 병사 1,500명, 수군 선박 3척을 필요로 한다.

타닌타리[103]는 땅이 가장 좁고 해변에 위치하며 남쪽으로 이어지는 말레이반도Malay Peninsula[104]는 모두 밀림으로 지나가기가 어렵다. 섬이 대단히 많고 토양은 매우 척박하다. 단향檀香·파마유巴馬油·자경수지紫梗樹脂·유향乳香을 산출하며 남과는 더욱 맛이 있다. 해변에는 제비집·해삼·진주를 채취하는 사람들이 있다. 그 사람들은 주거지가 없이 오직 물 위에서 사는데 전혀 농사를 짓지 않고 단지 해산물만을 먹는다. 주요 도시는 메익[105]으로, 영국 군대가 항상 이곳을 공격한 것은 대체로 잉와국의 수도가 지세의 험준함과 나쁜 기운(瘴惡)에 의지해 견고함을 자랑하고 있어서 그 해변 지역을 태국과 영국이 항상 차지하려고 했기 때문이다.

沿革

一

原無, 今補. 止取其涉海國者.

『新唐書』: 驃, 古朱波也. 自號突羅朱, 闍婆國人曰徒里拙. 在永昌南二千里, 去京師萬四百里. 東陸眞臘, 西接東天竺, 西南墮和羅, 南屬海, 北南詔. 地長三千里, 廣五千里. 東北裛長, 屬羊苴咩城. 凡屬國十八, 曰迦羅婆提, 曰摩禮烏特, 曰迦黎迦, 曰半地, 曰彌臣, 曰坤朗, 曰偈奴, 曰羅聿, 曰佛代, 曰渠論, 曰婆梨, 曰偈陀, 曰多歸, 曰摩曳, 餘卽舍衛, 瞻婆, 闍婆也. 彌臣至坤朗, 又有小崑崙部, 王名茫悉越, 俗與彌臣同. 由坤朗至祿羽, 有大崑崙王, 大於彌臣. 由崑崙小王所居, 半日行至磨地勃柵, 海行五月至佛代國, 有江支流三百六十. 案: 此當卽大金沙江. 有川名思利毗離芮. 土多異香, 北有市, 諸國估舶所湊, 越海卽闍婆也. 十五日行逾二大山, 一曰正迷, 一曰射鞮. 有國俗與佛代同. 經多苴補邏川至闍婆, 八日行至婆賄伽盧國. 土熱, 衢路植椰子檳榔, 仰不見日. 王居以金爲甓, 廚覆銀瓦, 爨香木, 堂飾明珠. 有二池, 以金爲隄, 舟檝皆飾金寶.

驃王出, 輿以金繩床, 遠則乘象, 嬪史數百人. 靑甓爲圜城, 周百六十里, 有十二門, 四隅作浮圖. 民居皆鉛·錫爲瓦, 荔支爲材. 俗惡殺, 拜以手抱臂, 稽顙

爲恭. 明天文, 喜佛法. 有百寺, 琉璃爲甓, 錯以金銀丹彩, 紫鑛塗地, 覆以錦

罽. 王居亦如之. 民七歲祝髮至寺, 至二十, 有不達其法, 復爲民. 衣用白氎朝

霞, 以蠶帛傷生不敢衣. 戴金花冠, 翠冒, 絡以雜珠. 王宮設金銀二鍾, 寇至, 焚

香擊之以占吉凶. 有巨白象, 高百尺, 訟者焚香跽象前, 自思是非而退. 有災疫,

王亦焚香對象跽自咎. 無桎梏, 有罪者箠五竹捶背, 重者五, 輕者三. 殺人則死.

土宜菽·粟·稻·粱, 蔗大若脛, 無麻麥. 以金銀爲錢, 形如半月, 號登伽佗, 亦曰

足彈佗. 無油, 以蠟雜香代炷. 與諸蠻市, 以江豬·白氎·琉璃·罌缶相易. 婦人當

頂作高髻, 飾金珠琲, 衣靑娑羅裙, 披羅段. 行持扇, 貴家者傍至五六. 近城有

沙山不毛地, 亦與波斯·婆羅門接, 距西舍利城二十日行. 西舍利者, 東天竺也.

南詔以兵强地接, 常羈制之. 案: 緬甸與東印度接壤, 惟『唐書』略見端倪, 故節錄

之. 元·明與中國搆兵, 皆于海國印度無涉, 故不錄.

謝清高『海錄』曰: 烏土國在暹羅蓬牙西北, 疆域較暹羅更大. 由蓬牙陸路行

四五日, 水路順風約二日到媚麗居, 爲烏土屬邑, 廣州人有客於此者. 又北行百

餘里到佗歪, 又西北行二百餘里到備姑, 又西行二百餘里到營工, 俱烏土屬邑.

王都在盎畫. 盎畫卽阿瓦之音轉. 由備姑入內河, 水行約四十日方至國都, 有城

郭宮室. 備姑鄉中有孔明城, 周圍皆女牆, 參伍錯綜, 莫知其數. 相傳爲武侯南

征時所築, 入者往往迷路不知所出云. 北境與雲南接壤, 雲南人多在此貿易. 衣

服飮食大略與暹羅同, 而樸實仁厚, 獨有太古風. 民居多板屋, 夜不閉戶, 無盜

賊爭鬪. 由營工西北行, 沿海數千里, 重山複嶺, 竝無居人. 奇禽怪獸出沒號叫,

崇岩峭壁間, 多古木奇花, 所未經覯. 舟行約半月方盡, 亦海外奇觀也. 徹第缸

在烏土國大山之北, 數十年來英吉利新闢土地, 未有商買, 其風俗土產未詳.

國史館「郭世勳傳」: 乾隆五十五年, 暹羅國王鄭華表稱: "乾隆三十六年, 被

烏土國搆兵圍城, 國都被陷, 其父鄭昭克復舊基, 僅十分之六, 其舊地丹芼氏·麻叨·塗懷三城尙被占踞, 請詔救令烏土國割回三城." 詔以烏土國卽緬甸別名, 前此緬酋孟駁與暹羅紹氏搆兵, 非新酋孟隕之事. 今緬國已易姓, 何得上煩中朝, 追索侵地? 命兩廣總督郭世勳檄諭止之. 案: 暹羅國別號赤土國, 則緬之號烏土, 均以墳壤異色得名.

『地球圖說』曰: 阿瓦國東界暹羅, 南界旁葛剌海竝印度洋, 西界天竺國竝旁葛剌海, 北界西藏國. 又內有三小國, 卽阿瓦·皮球·馬搭班是也. 其百姓約有二百七十萬數, 都城名阿瓦, 城內民五萬. 民矮小而健, 不辭勞瘁, 善經營, 巧勝暹民. 但貪心太重, 一若以天下與之而猶未足也.

首不戴帽, 身穿夏布, 女裙而不褲, 廉恥全無. 好佛敎, 日以花果食物供養其僧, 僧皆黃衣遊食. 近有耶蘇門徒傳授聖敎焉. 刑政與他國迥異. 君之名固不敢呼, 君之姓亦毋題說, 有觸卽加大辟. 又男至二十歲以上者, 三年內必以一年供王事, 或佃或兵. 有至大之江名伊犁瓦. 地產金·寶石·大樹·土油·鹽·硝·象·鹿·牛·馬等. 所貨物茶葉·布帛等.

『地理備考』曰: 阿瓦國在亞細亞州之南, 北極出地六度至二十七度十分止, 經線自東八十九度四十五分起至九十八度五十分止. 東至中國雲南曁暹羅國, 西連印度國, 南接榜加剌海灣, 北界亞桑國. 南北相距五千五百里, 東西相去二千里. 地面積方約四十萬零五千里, 煙戶七兆餘口. 本國地勢, 北方則岡嶺層疊, 迤邐綿亘, 中央則丘陵稀疏, 峻峭無幾. 南方則平原坦闊, 恒遭淹浸. 其伊拉瓦的·西當·薩彎·德那塞靈·亞剌干等, 乃本國最長之河, 縱橫貫徹. 田畝甚腴, 穀果極豐, 禽獸草木, 靡弗繁衍. 土產金·銀·銅·鐵·錫·鉛·鑽石·琥珀·紅玉·窩宅·碧玉·琉璃·花石·信石·綿花·煙葉·甘蔗·藍靛·木料等物. 地氣溫和, 非雨

則熱, 每歲如常. 王位世襲. 所奉之敎, 乃釋敎也. 其貿易通市, 與印度·中華居

多. 本國初爲北古國管轄, 迨旣自異, 別爲一國. 乾隆五年, 國中變亂, 賊寇猖

獗. 越十二載, 北古國人復行攻奪. 時本國人亞隆巴拉率衆逐之, 大獲全勝, 興

國立業, 踐祚爲君. 其後曆代嗣君開辟疆域, 將國內外爲十有一部: 一名阿瓦,

乃本國都也. 建於伊拉瓦的河左, 茅舍居多, 木室亦有, 至若磚瓦屋宇, 爲數無

幾. 一名亞拉於部, 一名加賽部, 一名仍塞蘭部, 一名馬爾達般部, 一名美爾固

宜部, 一名北古部, 一名達歪部, 一名德那塞靈部, 一名雲山部. 其通商衝繁之

地, 曰郞昆, 曰波羅美, 曰業能軍. 此外又有進貢屬地, 一名加星安, 一名薩巴

音, 一名見, 一名達翁蘇, 一名遙, 一名巴剌安, 一名森, 一名拉襪, 一名達撓,

一名薩拉翁.

『外國史略』曰: 緬甸國北極出地自十五度四十五分及二十七度二十分, 長

二百六十里, 闊一百里. 北連雲南, 南連暹羅竝馬他班海隅, 東連老掌竝雲南,

西連英吉利藩屬及旁甲拉海隅. 海濱甚低, 餘皆山. 産鐵·銅·錫·紅銅·鉛·金·銀·

石油·火硝·食鹽, 紅藍寶石最多. 石油由深井汲出, 色靑厚, 燒之出黑煙. 林有

堅木, 宜造船. 亦出漆油竝紫梗木·甘蔗·粟米·豆·煙·綿花·靑黛. 內多象·虎·豹·

熊·野猫·野雞·鵪鶉·金雞·沙佳鷸. 居民約八百萬. 地多荒蕪, 罕耕種. 其人身高

體健, 顔色黑紫, 雕題文皮. 男女多裸身, 耳穿孔, 掛金銀飾. 性貪不喜笑, 性詐

而傲. 崇佛養僧, 其僧黃衣髡首, 乞食居寺. 多造塔, 以金鑲佛像. 民貧官富, 語

多異音. 中多老掌·文萊之民, 皆拜佛. 山內有野民, 族類愈不一. 緬甸人能織文

花布, 亦能刻花木, 造奇巧金飾. 惟不知天主敎.

人好武勇, 性酷虐, 寡欲而惰. 男逸女勤, 不濫飮食, 每飯恒嚼檳榔荖葉. 好

飮酒, 不好殺獸, 不食牛肉·牛孄. 男女均以黑色染指甲口脣. 若敬人則坐不立.

男女往來, 不以苟合爲辱. 所立規矩法律, 俱由印度來, 亦多與中國合. 其始

在周景王時, 距今二千三百九十一年前, 由印度遷至. 一千七百四十年前, 遷都於他處, 今日尚存其廟古跡. 於元順帝三十一年, 始建今之阿瓦都城, 歷傳三百六十九年, 有文萊島之民興師敗緬, 後再戰敗, 而文萊反歸緬. 乾隆十四年, 文萊買西洋火器, 竝募荷蘭·葡萄亞各國人, 協力攻緬, 陷其都, 逐其王, 據其國.

有一小官起義兵百人抗拒, 既而國民雲集, 盡力恢復. 後中國兵兩侵其地, 多病瘴癘退師. 緬人掠其軍以配士女, 別居新城, 故今緬地尚有漢人苗裔. 又與暹羅屢交戰, 奪暹全境, 兵氣益驕, 後緬遂以兵侵印度, 英人擊退之. 道光四年, 國王再侵英之印度界. 時緬已東盟越南, 南服暹羅, 覬覦印度之富, 遂傾國而來, 英軍兩年鏖戰於東界, 不服水土, 斃者甚衆. 英終不退兵, 復添新軍, 水陸竝進, 聲言將搗其國都. 緬王畏懼, 乃求會於南海邊地. 前時戰費, 至九百萬兩. 後彼此息兵, 亦無侵暹羅之事, 但尚時與英人肇釁. 道光二十六年, 更立之君, 亦被其世子廢逐失位. 居民各族類共約八百萬, 地分四千六百土司. 民貪財, 不善通商, 貿易皆在內河, 若米·若魚·鹽. 運出者若石油·白糖·蒜·紙·兒茶·黃銅·金等器. 其漆器·綢緞, 皆由中國來, 由以拉瓦的江達班摩, 與雲南通商琥珀·寶玉·象牙·檳榔·燕窩等物. 所買者綢緞·布疋·金箔·糖果·紙等貨. 緬人亦與老掌交易. 老掌族類最樸實, 山內多寶玉·虎·象, 隨時進貢, 戰亦出助陣焉.

緬都曰阿瓦城, 瓦垣而竹屋, 街衢甚廣, 廟耀宮宏, 居民三萬. 北極出地自二十一度五十分, 偏東七十六度. 道光十九年地震. 安拉補臘爲唐人所居大鎮國之舊居也, 居民二萬. 蘭雲·馬他萬·巴心三城皆海口. 蘭雲城與印度貿易, 產堅木, 多運出造船, 每年價銀十五萬兩. 運入者多布疋. 附近城有大廟高塔, 愚民隨時赴之, 燒香拜佛, 用重金鑲塑木像. 前時之都, 屬文萊國者, 稱曰破米, 多古跡. 王操全權, 辦事不以律, 國中產業隨意奪給, 有事則征餉, 納稅無定則. 王所乘白象以金鑲廄, 嵌以寶玉, 與宮無異. 履花氈, 食珍羞, 人敬象如大臣.

王戶俱會同操權, 有親政大臣一位, 輔政官一位, 副理政事通事官一位. 各部立帥, 各郡置官, 有土司·調司, 皆世襲無俸祿, 故勒索爲常.

『地理備考』曰: 英吉利在亞悉亞兼攝之地在印度·緬甸之間者一, 曰亞桑. 緯度自北二十五度三十分起至二十七度四十五分止, 經度自東八十八度二十四分起至九十三度三十分止. 東北界西藏, 西連印度國, 南接阿瓦國. 長約一千一百餘里, 寬約五百里. 煙戶一兆餘口. 境內岡嶺絡繹, 河之長者曰的各隆, 曰稜斯, 曰的索也, 曰登塞里亞. 田土膴腴, 穀果豐茂. 土産金·銀·銅·鐵·茶·煙·綿花·甘蔗·胡椒·香料·材木·煤炭等物. 地氣濕熱, 技藝精良, 貿易昌盛. 首郡名若爾合德, 昔自爲一國, 今爲英吉利所兼攝.

阿剌干部在阿瓦國之西, 長約一千八百里, 寬約二百里. 煙戶二兆六億口. 境內岡陵平原兩相間隔, 田土肥饒, 穀果豐稔, 鳥獸草木, 靡弗充斥. 土産金·銀·鹽·蠟·象牙等物. 地氣濕熱, 技藝寥寥, 貿易興隆. 首郡亦名阿剌干. 昔自爲一國, 今爲英吉利所兼攝.

馬爾達般部, 東連暹羅國, 西枕大海, 南接業地, 北界北古地. 統計地面積方約一萬三千五百里, 煙戶五萬餘口. 境內岡陵絡繹, 田土膴厚, 穀果豐登. 土産米·鹽·藍靛·綿花·豆蔻·煙葉·象牙·木料等物. 地氣溫和, 昔本阿瓦國一部, 今爲英吉利兼攝之地.

達威部, 東接暹羅山, 西枕海, 南界巴展河, 北連馬爾達般部. 長一千一百五十里, 寬一百五十里. 地面積方約一萬七千里, 煙戶三萬口. 境內岡陵延袤, 田土膏腴, 穀果豐稔, 鳥獸草木靡弗蕃衍. 土産錫·蜜·鹽·靛·象牙·燕窩·沙藤·材木·豆蔻·香料等物. 地氣溫和, 人安物阜. 其地分爲三大部: 一名業, 一名達威, 一名德那塞靈. 昔本阿瓦國之部, 今爲英吉利兼攝之地. 以上皆受東印度榜加剌兵帥節制.

『外國史略』曰: 緬甸內英吉利屬地, 皆緬甸讓出海邊地, 在緬南. 北極出地十一度, 及十八度, 長一百六十里, 闊十四里. 海邊別有多島, 或居民, 或荒蕪. 東界皆山, 高約三四百丈. 地亦豐盛, 林多堅木, 可建船屋. 所出之物, 如蠟·象牙·兒角·鹿肉·燕窩·海參·胡椒·檳榔·蠔·鱉, 山內出紅鉛·錫. 居民多緬人, 時英人據其地, 共十一萬二千四百口. 因與暹羅交戰, 大半荒蕪. 英人招百姓以保護其地, 民數頓增. 民多文萊人流徙至海邊者. 山內有加連土蠻, 未向化, 卻喜聽耶穌之敎.

別有英國所據之地曰馬他班, 在三支河間, 地豐盛. 北方歸緬甸, 天氣淸爽, 不苦熱, 地荒蕪, 蓋緬甸·暹羅兩國戰場也. 現已平靖, 而民未興復. 惟鄰國之民及漢人咸遷其地爲氓. 英人築新城在港口, 曰安黑. 其土產木料·胡椒·綿花·靑黛·煙·象牙·檳榔·豆蔲·顏色等物. 多奉耶穌敎, 敬事敎主.

他威部, 北極出地自十度三十五分及十五度三十分. 長百一十里, 闊十里. 沿海, 東連暹羅, 廣延皆山, 高四百丈. 其海邊多港汊, 其洲低, 其島皆石. 產錫, 多象牙·木油·紅木·燕窩·海參·木料·檳榔. 民性愚野, 奉天主敎. 前緬甸官勒索居民, 有資卽奪, 故百姓偸惰. 今則各安其分, 又漢人多遷居之. 每年國所費銀五萬五千兩, 其護守兵千五百丁, 水師船三隻.

地那悉林部, 地最窄, 在海邊, 南及蕉來由地, 皆密林, 難通路. 其島繁多, 地甚磽瘠. 產檀香·巴馬油·紫梗樹脂·乳香, 南果尤香美. 在海邊, 燕窩·海參·珍珠, 皆斂之民. 其民無居處, 惟浮海面, 絶不耕田, 止以海味爲食. 其都會曰墨危, 英軍士常攻擊此地, 蓋阿瓦國都恃地險瘴惡爲負固, 其瀕海之地, 則暹羅·英吉利常吞竝之焉.

주석

1 돌라주突羅朱: 산스크리트어 Sri Ksetra, 미얀마어 Thayekhettya의 음역이다. 미얀마의 피에이다.

2 사파국闍婆國: 지금 인도네시아의 자와에 해당한다. 『해국도지』권18에 따르면 원나라 세조 이후 사파를 자와라고 칭했다고 한다.

3 아유타야Ayuthaya: 원문은 '타화라墮和羅'로, 산스크리트어 Dvaravati이다. 미얀마의 동남쪽에 있으며 서남쪽에 있지 않다.

4 양저미성羊苴咩城: 운남성의 대리大理 및 그 서쪽 지역을 가리킨다.

5 가라파제迦羅婆提: '타화라', '타라발저墮羅鉢底'라고도 한다. 태국의 아유타야이다.

6 마레오특摩禮烏特: 미얀마에 있었다고 하는데 현재 위치는 알 수 없다.

7 가려가迦黎迦: 미얀마에 있었다고 하는데 현재 위치는 알 수 없다.

8 반지半地: 미얀마에 있었다고 하는데 현재 위치는 알 수 없다.

9 미신彌臣: 산스크리트어로 Macchagiri이다. 미얀마 라카인 지구이다.

10 곤랑坤朗: 미얀마 남부의 바고에서 타톤Thaton에 이르는 일대이다.

11 게노偈奴: 미얀마에 있었다고 하는데 현재 위치는 알 수 없다.

12 나율羅聿: 미얀마에 있었다고도 하고, 말레이반도 남부에 있었다고도 하는데 현재 위치는 알 수 없다.

13 불대佛代: 아체국의 옛 명칭인 우디야나Udyana의 음역이다.

14 거론渠論: 미얀마에 있었다고 하는데 현재 위치는 알 수 없다.

15 파리婆梨: 인도네시아의 발리섬을 가리키기도 하며, 칼리만탄Kalimantan 혹은 수마트라로 보기도 한다.

16 게타偈陀: 미얀마에 있었다고 하며 혹은 말레이시아 크다주Kedah라고도 한다.

17 다귀多歸: 미얀마에 있었다고 하는데 현재 위치는 알 수 없다.

18 마예摩曳: 미얀마에 있었다고 하는데 현재 위치는 알 수 없다.

19 첨파瞻婆: 참파Champa이다.

20 소곤륜小崑崙: 미얀마 살윈강 하류의 타톤 일대이다. 바고, 또는 파테인 부근이라고도 한다.

21 녹우祿羽: 미얀마 남부 이라와디강 하류이다.

22 대곤륜大崑崙: 일반적으로 대고랄大古剌로 인식하고 있으며, 미얀마 이라와디강 하류 바고 일대에 있었다.

23 모타마: 원문은 '마지발磨地勃'이다.

24 사리비리예思利毗離芮: 광서 2년본에는 '사비리예思毗離芮'로 되어 있으나 악록서사본에 따라 고친다. 현재 위치로는 인도네시아의 자와·수마트라 및 말레이반도, 인도에 있었다고 하는 등 여러 설이 있다.

25 정미正迷: 현재 위치로는 인도네시아의 자와·수마트라 및 말레이반도, 인도에 있었다고 하는 등 여러 설이 있다.

26 사제射罷: 현재 위치로는 인도네시아의 자와·수마트라 및 말레이반도, 인도에 있었다고 하는 등 여러 설이 있다.

27 다용보라천多茸補邏川: Tanjong-Pura의 음역으로 인도네시아 수마트라, 혹은 자와라는 설이 있고 말레이반도라는 설도 있으며 인도의 갠지스강 지류라는 설도 있다.

28 파회가로국婆賄伽盧國: 파로가사婆露伽斯로 인도네시아 자와섬의 그레식Gresik 일대이다. 일설에는 말레이반도에 있다고도 하며 지금 미얀마 라카인 지역의 고도 바라쿠라Barakura라고도 한다.

29 조하포朝霞布: 붉은색 계통으로 섬세하게 제작된 면직물이다.

30 파사波斯: 지금의 미얀마 남부의 항구도시 바세인Bassein이다.

31 바라문婆羅門: 광서 2년본에는 '라문羅門'으로 되어 있으나 악록서사본에 따라 고쳐 번역한다. 천축국으로 지금의 인도 및 뱅골 지역을 가리킨다.

32 동천축東天竺: 광서 2년본에는 '중천축中天竺'으로 되어 있으나 악록서사본에 따라 고쳐 번역한다.

33 팡응아주Phang Nga: 원문은 '봉아蓬牙'이다.

34 메익: 원문은 '미려거媚麗居'이다. 광서 2년본에는 '타왜佗歪'로 되어 있으
   나 악록서사본에 따라 고쳐 번역한다. 여기에서 '광주 사람들이 이곳에
   서 장사하고 있다'는 문구는 다웨이를 가리키는데, 다만 '메익'이 '다웨
   이'의 북쪽에 있을 리가 없기 때문에 '다웨이'와 아래 문구의 '메익'은 도
   치되어 있는 것이 명확하다.

35 다웨이: 원문은 '타왜佗歪'이다. 광서 2년본에는 '미려거媚麗居'로 되어 있
   으나 악록서사본에 따라 고쳐 번역한다.

36 바고: 광서 2년본에는 '영공嬴工'으로 되어 있으나 악록서사본에 따라 고
   쳐 번역한다. 바고는 양곤의 동북쪽에 있으며 서쪽에 있지 않다. 『해
   록』에는 바고·양곤 두 지명이 역시 도치되어 있다.

37 양곤: 광서 2년본에는 '비고備姑'로 되어 있으나 악록서사본에 따라 고쳐
   번역한다.

38 성가퀴: 원문은 '여장女墻'으로 성첩城堞이라고도 한다. 성벽 위에 낮게
   요철 모양으로 만들어진 담으로 총구와 타구가 일정한 간격으로 배열
   되어 있어 적의 화살이나 총알로부터 몸을 보호하는 동시에 공격할 수
   있게 만든 시설이다.

39 제갈량諸葛亮: 원문은 '무후武侯'이다. 사천 성도시에는 제갈량을 모시는
   무후사武侯祠가 있다.

40 양곤: 광서 2년본에는 '바고'로 되어 있으나 악록서사본에 따라 고쳐 번
   역한다.

41 치타공Chittagon: 원문은 '철제항徹第缸'이다.

42 타웅지Taunggyi: 원문은 '대산大山'으로, 미얀마 동부 지역에 위치한다.

43 국사관國史館: 청대 역사서를 편찬하는 기관이다. 역사편찬소에 해당한다.

44 라마 1세Rama I: 원문은 '정화鄭華'이다. 라마 1세(재위 1782~1809)는 태국의
   현 왕조인 짜끄리 왕조의 창시자로, 역성혁명을 일으켜 톤부리 왕조의
   피아 딱신왕을 죽이고 스스로 왕위에 올라 수도를 방콕에 정하였다. 본
   명은 짜오 프라야 짜끄리이다.

45 피아 딱신Somdet Phrachao Taksin Maharaj: 원문은 '정소鄭昭'이다. 피아 딱신(재

위 1767~1782)은 조주潮州 출신의 화교로 톤부리 왕조의 유일한 국왕이다. 1767년 아유타야 왕조의 몰락 이후 점령군인 미얀마군을 몰아내고 태국을 해방시킨 군주로서 태국 국민들에게는 '딱신대왕'으로 추앙받고 있다. 딱신은 톤부리에 도읍을 정하고 미얀마의 침공을 물리쳤으며 라오스의 왕조였던 란나 왕국을 병합하였고 캄보디아도 병합하였다. 그의 중국 이름은 본래 정신鄭信이었으나 양광총독에게 보낸 서신에서 자신을 정소鄭昭라고 칭했다. 다만, 짜끄리 왕조의 창시자인 라마 1세는 그의 장군이었지 아들은 아니었다.

46 메익: 원문은 '단노지丹荖氏'이다. 광서 2년본에는 '단저지丹著氏'로 되어 있으나 악록서사본에 따라 고쳐 번역한다.

47 모타마: 원문은 '마도麻叨'이다.

48 다웨이: 원문은 '도회塗懷'이다.

49 신뷰신: 원문은 '맹박孟駁'이다.

50 스리야마린 보로마라차 3세: 원문은 '소씨紹氏'이다. 역사적 사실에 비추어 볼 때 신뷰신에 의해 멸망된 태국 아유타야 왕국의 마지막 왕인 보로마라차 3세로 추정된다.

51 보다우파야: 원문은 '맹운孟隕'이다.

52 곽세훈郭世勳: 곽세훈(?~1794)은 청나라 대신으로 한군漢軍 정홍기인正紅旗人이다.

53 바고: 원문은 '피구皮球'이다.

54 모타마: 원문은 '마탑반馬搭班'으로, 미얀마 몬주Mon 일대이다. 당시 미얀마의 알라웅파야 왕조 시기에 "국내는 세 개의 작은 나라로 나뉘어 있었다"라고 한 것은 타당하지 않다. 이에 비해 당시 미얀마 역사 중에서 가장 중요한 것은 제1차 영국·미얀마 전쟁인데, 『지구도설』에서는 영국의 침략에 대해서는 언급하지 않고 있다.

55 석유: 원문은 '토유土油'이다.

56 아삼Assam: 원문은 '아상국亞桑國'이다. 인도의 북동부에 위치한 주로 1826년 영국이 미얀마인들을 몰아내고 영국령 인도의 일부로 편입시켰다.

57 이라와디강: 원문은 '이랍와적伊拉瓦的'이다.

58 시탕강Sittang River: 원문은 '서당西當'이다.

59 살윈강Salween River: 원문은 '살만薩㜑'이다.

60 테나세림강: 원문은 '덕나새령德那塞靈'이다.

61 아랄간亞剌干강: 미얀마의 라카인주를 흐르는 강으로 보이나 명확하지
는 않다.

62 와택窩宅: 주석의 일종이다.

63 신석信石: 약재로 사용되는 광물의 일종이다. 중국에서는 비상을 신석
이라고 하는데, 성질이 덥고 맛이 쓰며 독성분이 있다.

64 바고: 원문은 '북고국北古國'이다.

65 알라웅파야: 원문은 '아륭파랍亞隆巴拉'이다. 옹적아雍籍牙라고도 한다. 알
라웅파야(재위 1752~1760)는 꽁바웅 왕조의 창업자이다.

66 아라칸: 원문은 '아랍어부亞拉於部'이다. 지금의 미얀마 라카인주이다.

67 마니푸르: 원문은 '가새부加賽部'이다. 인도 북동부의 마니푸르주이다.

68 정실론Jungceylon: 원문은 '잉새란부仍塞蘭部'이다. 태국 푸껫Phuket 일대이다.

69 모타마: 원문은 '마이달반부馬爾達般部'이다. 미얀마의 몬주 일대이다.

70 메익: 원문은 '미이고의부美爾固宜部'이다. 미얀마의 메익제도Myeik Archipelago
이다.

71 다웨이: 원문은 '달왜부達歪部'이다. 미얀마의 다웨이 일대이다.

72 타닌타리: 원문은 '덕나새령부德那塞靈部'이다. 미얀마의 타닌타리구 일
대이다.

73 치앙마이: 원문은 '운산부雲山部'이다. 태국 치앙마이주 일대이다.

74 양곤: 원문은 '랑곤郞昆'이다. 랑군으로, 미얀마의 옛 수도 양곤의 예전
지명이다.

75 피에: 원문은 '파라미波羅美'이다.

76 예난자웅: 원문은 '업능군業能軍'이다.

77 마르타반만Gulf of Martaban: 원문은 '마타반해우馬他班海隅'이다.

78 칠유漆油: 옻나무나 거망옻나무의 열매를 짓찧어서 만든, 굳고 끈끈한

납으로, 목랍木蠟이라고도 한다.

79 바고: 원문은 '문래文萊'이다. 문래는 본래 브루나이Brunei를 가리키지만, 『외국사략』에 보이는 문래 및 문래도文萊島는 모두 미얀마의 바고를 가리킨다.

80 경왕景王: 주나라의 제24대 왕이자 동주의 제13대 왕 희귀姬貴(재위 기원전 544~기원전 520)이다.

81 순제順帝: 원나라 제11대 칸 보르지긴 토곤테무르Borjigin Toghon Temür(재위 1333~1368)이다. 순제는 명나라의 호칭으로 정식 묘호는 혜종惠宗이다.

82 건륭乾隆: 청나라 제6대 황제 고종高宗 애신각라홍력愛新覺羅弘曆(재위 1735~1796)의 연호이다.

83 하급 관원: 꽁바웅 왕조를 세운 알라웅파야이다.

84 도광道光: 청나라 제8대 황제 선종宣宗 애신각라민녕愛新覺羅旻寧(재위 1820~1850)의 연호이다.

85 바모: 원문은 '반마班摩'이다. 이라와디강이 시작되는 미얀마 북동부 카친주의 도시이다.

86 아마라푸라: 원문은 '안랍보랍安拉補臘'이다.

87 양곤: 원문은 '란운蘭雲'이다.

88 모타마: 원문은 '마타만馬他萬'이다.

89 파테인: 원문은 '파심巴心'이다.

90 피에: 원문은 '파미破米'이다.

91 유사稶斯: 광서 2년본에는 '왜사矮斯'로 되어 있으나 악록서사본에 따라 고쳐 번역한다. 잔시강Jhansi River이다.

92 조르하트Jorhat: 원문은 '약이합덕若爾合德'이다.

93 예Ye: 원문은 '업業'이다. 미얀마 몬주 남부의 예 지구이다.

94 다웨이: 원문은 '달위부達威部'로, 미얀마 타닌타리 및 몬주 남부이다.

95 빌라우크타웅Bilauktaung산맥: 원문은 '섬라산暹羅山'이다.

96 파전하巴展河: 다웨이강으로 추정되지만, 정확히는 알 수 없다.

97 야모과野木瓜: 원문은 '사등沙藤'이다. 줄기와 뿌리를 이뇨제로 사용한다.

98 카렌Karen족: 원문은 '가련토만加連土蠻'이다. 미얀마의 남부 지역 및 태국 국경 지역에 거주하는 민족으로 1828년 미국인 선교사에 의해 첫 침례교 개종자가 나왔다.

99 모타마: 원문은 '마타반馬他班'이다. 미얀마의 몬주 일대이다.

100 세 지류의 하천: 살윈강, 쟈잉강Gyaing River, 아타란강Ataran River을 가리키며, 모타마, 몰먀잉 일대에서 합류해서 바다로 흘러간다.

101 애머스트Amherst: 원문은 '안흑安黑'이다. 미얀마 몬주의 길감미이다.

102 다웨이: 원문은 '타위부他威部'이다. 미얀마의 타닌타리구에 위치한다.

103 타닌타리: 원문은 '지나실림부地那悉林部'이다. 미얀마 타닌타리구 남부 지역이다.

104 말레이반도Malay Peninsula: 원문은 '무래유지蕪來由地'이다.

105 메익: 원문은 '묵위墨危'이다.

부록
미얀마로 들어가는 여정

—

사범師範의 『전계滇繫』에 보인다.

등월주騰越州[1]에서 성 남쪽으로 60리를 가면 낭송曩宋이 나오는데, 남전토사南甸土司[2]가 있기 때문에 부府를 두었다. 남전에서 왼쪽으로 60리를 가면 용포수龍抱樹[3]에 이르고 다시 50리를 가면 삼목농산杉木籠山이 나오는데, 산세가 험악하다. 다시 30리를 가면 만롱蠻隴에 이르고 다시 60리를 가면 농천토사隴川土司이다. 다시 40리를 가면 방중산邦中山에 이르고 다시 1백 리를 가면 맹묘토사猛卯土司에 이르니, 무릇 450리이다. 남전에서 오른쪽으로 20리를 가면 사충沙沖에 이르고 다시 20리를 가면 맹송猛宋에 이르며 다시 50리를 가면 황릉강黃陵岡에 이르고 다시 50리를 가면 간애토사干崖土司[4]에 이른다. 다시 80리를 가면 잔달토사盞達土司에 이르고 다시 30리를 가면 태평가太平街에 이르며 다시 옹수翁輸에서 30리를 가면 동벽관銅壁關에 이르니 무릇 350리이다. 이는 등월주에서 남쪽 좌우로 나뉜 거리를 나타낸 수치이다. 농천隴川에서 80리를 가면 납살토사臘撒土司에 이르는데 호살戶撒은 그 북쪽 30리에 있다. 납살에서 80리를 가면 철벽관에 이르고 철벽관에서 왼쪽으로 20리를 가면 만등蠻等에 이르며 다시 70리를 가면 호거관虎踞關[5]에 이르고 다시 50리를 가면 남희南喜[6]에 이르며 다시 30리를 가면 등괴等拐, 다시 10리를 가면 천마관天馬關[7]에 이르니, 이는 경계 내에서 남쪽으로 가는 거리를 나타낸 수치이다.

임이臨夷로 가는 길은 다섯 가지가 있다. 하나는 등월주에서 북쪽 길로 4정程[8]을 가면 다산茶山[9] 경계에 이르고, 등월주에서 서쪽 길로 8정을 가면 이마里麻[10] 경계에 이르며 10정을 가면 맹양孟養[11] 경계에 이른다. 다른 하나는 등월주에서 남쪽 길로 1정을 가면 남전에 이르고 2정을 가면 간애,[12] 4정을 가면 잔달의 만합산蠻哈山, 10정을 가서 만모蠻暮[13]를 경유해 맹밀猛密[14]에 이르며, 27정을 가면 미얀마에 이르니 3천여 리에 남해에 이른다. 다른 하나는 등월주에서 남쪽 길로 1정을 가면 남전에 이르고 4정을 가면 농천 서남에 이르고 다시 10정을 가서 맹밀에서 전환해 미얀마에 이르며 농천 동쪽 길로 다시 10정을 가서 목방木邦에 이르면 전환해 경선景線[15]국에 이른다. 다른 하나는 등월주에서 동남쪽 길로 2정을 가면 포와蒲窩에 이르고 2정을 가서 망시芒市에 이르면 전환해 진강鎭康에 이른다. 예전에는 고대의 임이로 가는 길은 모두 위무하거나 토벌할 때 반드시 거쳐야 하는 경유지이며, 다만 다산 서쪽은 '야만족이 사는 땅(野人境)'으로 절벽이 매우 가팔라 사다리와 줄로도 지날 수 없었으며 물살이 거칠어 배와 뗏목으로도 건너기 어려웠다고 여겼다. 다산·이마는 이전 명나라 때 두 장관사長官司[16]가 설치되어 있던 곳으로 명나라 말 야인에게 쫓거나 내지로 도망쳐 왔는데 지금도 여전히 토사의 후예가 있기는 하지만 이미 일반 백성이 되었으며, 그 땅은 가로막혀 통하지 않은 지 오래되었다. 잉와로 가는 길은 동벽銅壁·철벽鐵壁·호거虎踞, 세 관을 벗어나면 모두 배를 타고 미얀마에 갈 수 있다. 다만 맹묘는 천마관을 벗어나면 육로가 수로보다 많다. 이전 군사를 일으킬 때 그 길을 은밀히 정탐한 바 있다. 천마관에서 50리를 가면 소람小濫[17]이고 다시 50리를 가면 돈포躉布,[18] 다시 30리를 가면 맹잡猛卡,[19] 40리를 가면 만공蠻空,[20] 45리를 가면 맹로猛老,[21] 40리를 가면 맹륵猛勒,[22] 45리를 가면 만흑蠻黑,[23] 60리를 가면 맹밀토사, 30리를 가면 불아不亞,[24] 70리를 가면 장곡동章穀洞, 30리를 가면 니고尼孤가 나오는데, 무릇 595리를 지난 후에 배를 내려 이틀을 가면 바로 잉와에 도착한다. 언득彦得·상장류上漿謬·직경直埂을 지나면 곧 잉와에 이르니 약 3백 리이다. 천마관에서 잉와에 이르는 거리를 계산하면 수륙 병행해서 9백 리에 불과할 뿐이다. 그런데 명나라 장군은 미얀마를 정벌할 시에 목방을 지나 천생교天生橋를 나와서 송채宋寨를 점령했다. 그 땅의 [부락은] 흩어져 있고 오솔길이 여기저기 나 있는데 깊이 들어가면 길이 이어지지 않아 무너지기 쉬웠다. 전하는 바에 따르면 경략經略[25]은 만인관萬仞關을 경유해 40리를 가서 맹롱猛弄·만매蠻埋를 지나, 단래알丹來戛·남잔하南盞河에 머무르고 다시 30리를 가서 알구戛鳩[26]를 벗어나 강을 건너 10리의 만내蠻乃,[27] 30리의 만난蠻根,[28] 다시 30리의 마리麻里[29]를 지나 맹공猛拱[30]에 이르고 150리의 남오뢰南烏賴,[31] 35리의 사하沙河,[32] 30리의 심구深溝,[33] 다시 60리를 지나 맹양에 이르렀다고 한다. 이 지역은 잉와에서 매우 멀고 또한 경로 역시 익숙하지 않으며 무더운 날씨에 풍토병이 창궐했기 때문에 군사를 돌려서 카웅톤[34]에 주둔했다. 이 경로는 철벽관鐵壁關[35]을 나와 50리를 가면 맹잡에 이르고 다시 50리를 가면 능목楞木에 이르고 다시 10리를 가면 세파하洗帕河에 이르며 맹윤猛允·맹영猛映을 지나서 신가新街[36]에 이르는 것으로 조굉방趙宏榜[37]이 패배한 곳이다. 남쪽으로 가면 곧 카웅톤으로 대금사강에 임해서 적군이 액강扼江의 동서로 나뉘자 우리 군이 그 동쪽 요새를 공격해서 주둔했다. 따라서 선박을 만들자는 논의는 원나라 사람이 미얀마를 정벌할 때 승리를 쟁취한 것에서 나온 말이다. 요컨대 지세를 잘 알고 병력을 많이 모아서 기습적으로 나가야 한다. 미얀마인들은 배를 잘 다루어서 배의 앞뒤에 서양 대포를 많이 탑재해서 나는 듯이 선회했다. 조꾕방이 신가에서 패배한 것은 그 대포의 공격으로 무너진 것이다. 또한 제독 상청常青에 따르면 [건륭] 34년[38](1769) 강기슭에 군대를 주둔했을 때 달밤에 강을 보니 코끼리 여러 마리가 나오는데 코끼리 등에는 10명이 타고 있고 물의 흐름을 거슬러 움직임이 매우 민첩했다고 한다. 물속에서 코끼리를 이용해 병사를 태우는 일은 종래 들어 본 적이 없는바 여기에 기록해서 병사들에게 알리는 바이다.

附入緬路程

—

見師範『滇繫』.

由騰越州城南六十里爲曩宋, 爲南甸土司, 故爲府. 由南甸左行六十里爲龍抱樹, 又五十里爲杉木籠山, 山之險者也. 又三十里爲蠻隴, 又六十里爲隴川土司. 又四十里爲邦中山, 又一百里爲猛卯土司, 凡四百五十里. 自南甸右行二十里至沙沖, 二十里至猛宋, 五十里至黃陵岡, 五十里至干崖土司. 八十里至盞達土司, 三十里至太平街, 又自翁輪三十里至銅壁關, 凡三百五十里. 此自騰越州南分左右之里數也. 自隴川八十里至臘撒土司, 戶撒在其北三十里. 自臘撒至鐵壁關八十里, 由鐵壁而左, 二十里至蠻等, 七十里至虎踞關, 又五十里至南喜, 三十里至等拐, 又十里至天馬關, 此境內南行之里數也.

至於臨夷之路則有五. 一自騰北道四程至茶山界, 自騰西道八程至里麻界, 十程抵孟養境. 一自州南一程至南甸, 二程至干崖, 四程盞達蠻哈山, 十程由蠻暮至猛密, 二十七程至緬甸, 三千里有奇至南海. 一自騰南一程至南甸, 四程至隴川西南, 又十程至猛密轉達緬, 自隴川東道又十程至木邦, 轉達景線國. 一自騰東南道二程至蒲窩, 二程至芒市, 轉達鎮康. 舊謂古臨夷之路, 皆撫剿所必由, 惟茶山而西號'野人境', 峭壁不可梯繩, 弱水難於舟筏. 而茶山·里麻, 前明設有兩長官司, 明季時爲野人所驅, 奔入內地, 今尙有早土司後裔, 已爲齊民, 其地閉塞不通久矣. 至阿瓦之道, 出銅壁·鐵壁·虎踞三關, 皆可乘船赴緬. 惟猛卯出天馬關, 陸路多於水道. 前用兵時, 密探其路. 自天馬關五十里而小濫, 又五十里而蠆布, 三十里而猛卡, 四十里而蠻空, 四十五里而猛老, 四十里而猛勒, 四十五里而蠻黑, 六十里而猛密土司, 三十里而不亞, 七十里而章穀洞, 三十里而尼孤, 凡五百九十五里然後下船, 兩日卽抵阿瓦. 歷彦得·上漿謬·直埂至阿瓦, 約三百里. 計天馬關至阿瓦, 水陸兼行不過九百里耳. 而明將軍征緬, 由木邦出天生橋, 取宋寨. 其地散漫, 小徑叢出, 深入無繼, 必至潰散. 傳經略由萬仞關四十里歷猛弄·蠻埋, 止丹來戞·南盞河, 又三十里出戞鳩, 渡江十里蠻乃, 三十里蠻根, 又三十里麻里而至猛拱, 百五十里南烏賴, 三十五里沙河, 三十里深溝, 又六十里而至孟養. 其地至阿瓦甚遠, 且路徑不熟, 炎天瘴盛, 因回師而駐老官屯. 其路則出鐵壁關五十里而至猛卡, 又五十里而至楞木, 又十里而至洗帕河, 曆猛允·猛映而至新街, 趙宏榜所敗績處也. 南行卽爲老官屯, 臨大金沙江, 賊分扼江之東西, 我軍逼其東寨而駐. 故造船之議, 謂元人征緬以此取勝也. 要在熟悉地勢, 多集兵力, 出其不意耳. 緬人善於操舟, 舟之頭尾多置西洋大砲, 旋轉如飛. 趙宏榜新街之敗, 爲其砲所擊潰. 又提督常靑言, 三十四年駐兵江岸時, 月夜見江中出數象, 象背載十人, 逆流起伏甚捷. 水中用象載兵, 古所未聞, 竝誌之以諗知兵者.

주석

1   등월주騰越州: 운남성 서부 변경의 미얀마와 인접한 곳으로 중국에서 동
    남아시아 여러 나라로 통하는 교통의 요지이다.

2   남전토사南甸土司: 정식 명칭은 남전선무사南甸宣撫使이다. 간애선무사干
    崖宣撫使, 농천선무사隴川宣撫使와 함께 '삼선三宣'으로 칭해진다. 관청 소재
    지는 지금 운남성 양가현梁河縣 차도진遮島鎭에 있었다.

3   용포수龍抱樹: 광서 2년본에는 '용구수龍拘樹'로 되어 있으나 악록서사본
    에 따라 고쳐 번역한다.

4   간애토사干崖土司: 광서 2년본에는 '천애토사干崖土司'로 되어 있으나 악록
    서사본에 따라 고쳐 번역한다.

5   호거관虎踞關: 운남성 농천현隴川縣 변경 밖에 있는 옛터로 청나라 말 중
    국과 영국이 운남과 미얀마의 경계를 구분하는 협상에서 미얀마에 속
    하는 것으로 확정했다.

6   남희南喜: 운남성 남완하南宛河 변경 지역으로 천마관의 옛터가 동북에
    있다.

7   천마관天馬關: 운남성 남완현 서쪽 변경 지역 밖의 옛터로 청나라 말 중
    국과 영국이 운남과 미얀마의 경계를 구분하는 협상에서 미얀마에 속
    하는 것으로 확정했다.

8   정程: 길이를 나타내는 단위로 보이지만, 상세하지는 않다.

9   다산茶山: 미얀마 느마이강 유역 일대이다.

10 이마里麻: 미얀마 말리강Mali Hka 유역 일대이다.

11 맹양孟養: 미얀마 카친주Kachin 서남부 일대이다.

12 간애: 광서 2년본에는 '천애干崖'로 되어 있으나 악록서사본에 따라 고쳐
    번역한다. 이하 동일하다.

13 만모蠻暮: 옛 바모로, 미얀마 카친주 동남쪽의 만달레이 일대이다.

14 맹밀猛密: 미얀마 샨주Shan의 모메익Momeik이다.

15 경선景線: 태국 서북부의 치앙샌Chiang Sean 및 그 부근 일대이다.

16 장관사長官司: 원나라 이래 소수민족 지구에 설치한 지방 정권 기구로 만이장관사蠻夷長官司라고도 한다.

17 소람小濫: 천마관 옛터의 서남쪽에 있다.

18 돈포墩布: 천마관 옛터의 서남쪽에 있다.

19 맹잡猛卡: 미얀마 샨주의 만나Man Na 일대이다.

20 만공蠻空: 미얀마 샨주의 만나 서쪽이다.

21 맹로猛老: 미얀마 샨주의 모로Molo 동쪽이다.

22 맹륵猛勒: 미얀마 샨주의 모로 일대이다.

23 만흑蠻黑: 미얀마 모메익과 모로 사이이다.

24 불아不亞: 광서 2년본에는 '포아布亞'로 되어 있으나 악록서사본에 따라 고쳐 번역한다.

25 경략經略: 명청 시대의 관직명으로, 반란 등 중요한 군사적 임무에는 특별히 경략을 설치해서 군사 및 정사를 위임했다. 지위는 총독보다 높았다.

26 알구戛鳩: 미얀마 카친주 타로지Tarlawgyi 일대이다.

27 만내蠻乃: 대략 타로지 서북쪽에 있다.

28 만난蠻報: 대략 타로지 서북쪽에 있다.

29 마리麻里: 미얀마 카친주 동남쪽에 있다.

30 맹공猛拱: 미얀마 카친주에 있다.

31 남오뢰南烏賴: 미얀마 카친주의 호핀Hopin, 남마Nam Ma 일대이다.

32 사하沙河: 대략 남마 남쪽에 있다.

33 심구深溝: 대략 모한 북쪽에 있다.

34 카웅톤: 원문은 '노관둔老官屯'이다. 미얀마 카친주 바모 부근이다.

35 철벽관鐵壁關: 운남 농천현 서쪽 변경 밖의 옛터로 청나라 말 중국과 영국이 운남과 미얀마의 경계를 구분하는 협상에서 미얀마에 속하는 것으로 확정했다.

36 신가新街: 지금 미얀마의 바모이다.

37 조굉방趙宏榜: 청나라 무장이다. 1762~1769년까지 청조는 4차례에 걸쳐 꽁바웅조의 미얀마 왕국을 정벌한 바 있는데, 그는 제2차 원정 때 등월 부장으로 참전했다.

38 34년: 광서 2년본에는 '24년'으로 되어 있으나 역사적 사실에 의거해 고 쳐 번역한다.

부록
「대금사강고大金沙江考」[1]

—

위원

　미얀마의 서쪽과 오인도국은 대금사강을 경계로 해서 영토를 구분한다. 이 강은 티베트에서 발원하니 곧 아로장포강雅魯藏布江[2]이다. [대금사강은] 발원해서 후장後藏 서쪽 경계의 아리阿里[3] 달목초극객파포산達木楚克喀巴布山에서 여러 지류가 모여 동쪽으로 2,500여 리를 흘러 중장中藏으로 들어갔다가 다시 목륜강木倫江과 만나 동남쪽으로 1,200여 리를 흘러 중장 남쪽 경계를 지나서 미얀마의 도성 잉와를 거친다. 그리고는 방향을 전환해 서남쪽으로 흘러 동인도에 이르러 갠지스강[4]과 만나 남해南海[5]로 흘러 들어가는데 그 발원지와 물줄기는 모두 운남 지경으로 들어가지는 않는다. 운남 사람들이 말하는 대금사강은 민강岷江[6]이 만나는 소금사강小金沙江을 일컬은 것이다. 소금사강은 동해로 들어가고 대금사강은 미얀마를 경유해서 남해로 들어가기 때문에 황정원黃貞元은 『우공禹貢』[7]에서 언급하는 흑수黑水가 바로 이것이라고 한다. 이 주장에서 언급하는 대금사강·난창강瀾滄江[8]·노강怒江[9] 세 강은 비록 모두 티베트[10]에서 발원해서 모두 남해[11]로 들어가지만, [강의] 규모와 길이는 판이해서 노강은 난창강의 4배이고 대금사강은 노강의 10배나 된다. 난창강·노강은 발원지가 가깝고 협소하며 대금사강의 상류 발원지는 우전국于闐國[12]에서 가깝다고 한다. 이마·다산에서 맹양의 최북단에 이르면 머리가 붉은 야만족이 사는 곳으로 절벽이 매우 가팔라서 사다리와 밧줄로도 지날 수 없고 물살이 거칠어 배와 뗏목으로도 건너기 어렵다. 본토인은 단지 멀리 강 건너 희미하게 사람과 말의 형상만 보일 뿐으로 이곳은 모두 생번生蕃[13]의 영역이다. 지금 잠시 발원지에 대해 개략적으로 설명했는데, 단지 경류經流와 지류支流가 바다로 흘러 들어가는 것을 볼 수 있는 경우만 언급한 것이다. 강물의 흐름은 맹양의 육지가 끝나는 곳에서 대거강大居江[14]·빈랑강檳榔江[15] 두 하천과 합류해서 바야흐로 대금사강으로 불리며, 대체로 여강麗江·북승北勝·무정武定·마호馬湖[16]의 소금사강과 구별된다. 이로부터 남쪽으로 흘러 맹장猛掌[17]에 이르는데, 한 줄기 강은 서쪽에서 흘러 들어온다.

또한 남하해서 만막蠻莫[18]을 지나면 대영강大盈江이 있고 등월騰越에서 진이鎭夷·남전·간애干崖를 지나 잔서盞西[19]·다산·고용古湧의 여러 물을 받아 남아南牙의 산기슭을 복류伏流[20]하다 만막에서 나와 흘러간다. 또한 만법蠻法·노륵魯勒·맹공孟拱·차오遮鼇·관둔官屯[21]·대소 창포협菖蒲峽[22]을 지나서 알살戛撒[23]에 이른다. 예전 미얀마인들이 맹양을 공격할 때 배로 군향을 운반해 알살에 이르러 맹양에서 패배한 곳이 바로 이 강이다. 정통正統[24] 연간 장웅蔣雄[25]이 군대를 거느리고 사기법思機法[26]을 추격하다가 미얀마인들에게 강에서 압살되었는데 역시 바로 이 강이다. 강은 만막을 지나면서 산이 우뚝 솟고 물살이 거세진다. 정통 연간 곽등郭登[27]이 공장貢章에서 물의 흐름을 타고 10일도 안 돼서 미얀마에 도착한 것도 바로 이 강이다. 하류는 온판溫板을 지나는데, 그 가운데 용천강龍川江은 등월에서

계미界尾·고려공산高黎共山[28]·농천·맹내猛乃·맹밀 지역을 거쳐 흘러 들어온다. 하류는 다시 맹길猛吉·준고準古·온판·맹알猛戛·마달라馬達剌[29]를 지나 창우Chaung U[30]에 이르는데, 강 중에는 봉우리가 높이 솟은 큰 산이 있고 그 산에는 큰 사찰이 있다. 또 하나의 강이 있는데, 맹판猛辦[31]·세모알洗母戛[32]에서 남쪽으로 흘러간다. 그리고 지랑용止郎龍[33]·대마혁大馬革[34]·저마살底馬撒[35]·제마隮馬를 지나 남해로 들어간다. 그 강은 만막에서부터는 지세가 평탄하고 강폭은 15리 남짓하며 남쪽으로 갈수록 강폭은 더욱 넓어지고 흐름은 더욱 완만해져 미얀마인들은 평지를 걷는 것처럼 배를 다루니 이곳에 이르면 강물과 바닷물이 모여서 하나가 된다.

생각하건대, 여기에서 언급하는 대금사강은 서남쪽 먼 변경에 위치하고 있으며, 그 강의 상류는 곧 지금의 아로장포강이다. 그 하류는 다시 미얀마를 지나는데 처음부터 끝까지 운남으로는 들어가지 않으니 『우공』에 보이는 옹주雍州·양주梁州 두 주와는 매우 멀리 떨어져 있기 때문에 우임금이 다스렸다고 하는 흑수를 가리키는 것으로 보기는 어렵다. 그러나 이 강의 중간은 미얀마와 동인도의 경계를 나누며, 하류는 대금사강이 갠지스강[36]을 만나 온전히 동인도를 지나 바다로 들어간다. 갠지스강은 즉 『불경佛經』에서 말하는 항하恒河로 대금사강大金沙江[37]과 만난 이후에는 안일득하安日得河 또는 안치시하安治市河, 감치사하澉治斯河. 라고 불리었다. 그러므로 『곤여전도坤輿全圖』에는 대금사강이 없고 대체로 모두 안일득하로 되어 있다. 영국이 편찬한 『대청국도大淸國圖』에 아로장포강은 갠지스강과 만나 바다로 들어가고 『인도도印度圖』에서는 브라마푸트라강 Brahmaputra River[38]이 있어 동쪽에서 서쪽으로 흘러 감치사하와 만나 바다로 들어간다고 하니, 즉 대금사강은 서쪽에서 만나는 갠지스강의 다른 명칭이다. 대체로 지도에서 중국은 중국의 명칭을 사용하고 외국은 외국의 명칭을 사용한다. 벵골[39]은 갠지스강의 동서 양쪽 기슭에 걸쳐 있으며 오직 동쪽으로 대금사강에 이르러 미얀마·구르카Gurkha[40] 등 나라와 경계를 나눈다. 영국이 일찍이 인도를 공격할 때 배를 타고 [강의] 흐름을 거슬러 올라가 잉와[41]로 곧장 향했고, 마카오에서 발행하는 『신문록新聞錄』에서도 또한 일찍이 중국 군대가 미얀마의 길을 빌려 동인도를 공격하는 것을 우려했던 것은 모두 이 강 하류에서 곧장 벵골[42]에 다다를 수 있었기 때문이다. 『일통지一統志』[43]에 따르면 서남쪽으로 흘러 중인도[44]로 들어가고[45] 또한 그 하류는 동인도의 갠지스강으로 들어간다고 하는데 다만 상세하게 언급하고 있지는 않다. 따라서 『곤여도설坤輿圖說』의 안일득하가 갠지스강을 가리킨다고 한다면 대금사강이 없는 것이고, 대금사강을 가리킨다고 한다면 갠지스강이 없게 되는 것이니, 두 큰 강이 하류에서 합쳐져 하나가 된 것임을 몰랐던 것이다. 대금사강이 안일득하와 합류하기 이전 그 동쪽 기슭은 미얀마이고 서쪽 기슭은 구르카 등의 나라이다. 안일득하와 합류한 이후 동남쪽 기슭 하류는 영국이 빼앗은 미얀마 땅이고 서남쪽 기슭은 벵골이다. 대체로 콜카타Kolkata[46]는 대금사강 및 갠지스강 사이에 끼어 있고 벵골은 갠지스강이 바다로 들어가는 입구에 있으니 모두 동인도 지경이다. 미얀마와 운남 사이에 또한 남장南掌·호로胡盧·경선·경매景邁 등 나라가 있는데, 모두 청나라 조정에 입공하고 있다. 연해가 아니어서 이 『일통지』에는 기록하지 않았다.

위원이 말한다.

건륭 34년(1769) 미얀마 카웅톤 전쟁[47]에서 적(미얀마)이 성책을 세워 견고하게 지키자 청군淸軍은 한 달 넘게 악전고투했지만 견고해서 무너트리지 못했는데, 바로 『사주지四洲誌』에서 미얀마의 병법이 오로지 큰 나무로 목책을 세워 둘러싸서 격파할 수 없었다고 하는데, 영국 군대 역시 저지당한 적이 있다. 대체로 미얀마의 남쪽은 바다에 접해 있어 일찍이 영국의 인도와 교전을 했기 때문에 영국은 그 장기를 알고 있다. 또한 유건劉鍵의 『정문록庭聞錄』을 보면 순치順治[48] 18년(1661) 2월 이정국李定國[49]·백문선白文選[50]이 잉와를 공격했다. 잉와성은 매우 높고 거대하며 성 밖에 있는 큰 강 란구蘭鳩, 작은 강 남갈랍南葛臘이 성을 둘러싸 삼면이 모두 물이고 오직 한쪽 면만이 육지로 통한다. 백문선이 군사를 물린 후에 땅을 파고 물을 끌어들여 호수로 만들어 삼면에 제방을 쌓아 그 위에 목성을 설치하니, [잉와]성과의 거리는 4리 정도였다. 이정국이 사람을 보내 영력제永曆帝[51]를 찾았으나 응하지 않고는 목성 밖에 다시 목성을 세워 병사를 내보내 지켰다. 이윽고 목성 앞에 다시 목성을 세워서 조금씩 전진해 이정국의 진영을 핍박하고 나서야 비로소 병사를 보내 크게 싸웠다. 앞 부대는 모두 코끼리인데, 중간에 있는 화려하게 치장한 코끼리가 전력으로 돌진해서 코끼리 떼의 선봉이 되었다. 이정국이 적진을 살피다가 코끼리가 돌다리를 건너올 때 긴 칼을 들고 코끼리를 맞을 준비를 했다. 코끼리가 코로 칼을 말자마자 코끼리 코를 베니 코끼리가 고통을 견디지 못하고 반대로 달아나니 코끼리 떼가 모두 달아났다. 백문선·이정국은 북을 치고 함성을 질러 기세를 타고 그 대장 변아과邊牙猓의 목을 베고 병사 만 명을 죽였다. 미얀마는 남은 군사를 수습해서 목책을 보수해서 견고하게 지키니 이는 곧 목책을 세워 스스로 지키고 조금씩 가다가 영채를 세우는 방책[52]을 사용했다는 증거이다. 그 실패한 원인은 목책을 벗어나 들판에서 싸우다 오히려 코끼리 진영으로 스스로 선봉을 꺾었기 때문에 백문선·이정국에게 패한 것이다. 다만 패한 후에도 목책은 여전히 존재해서 물러나 지킬 수 있었기 때문에 잉와성은 마침내 격파되지 않았다. 이른바 잘 싸운

것은 패배하지 않은 것이고 잘 진 것은 망하지 않은 것이다. 예전 명서明瑞[53]와 합국흥哈國興[54]은 모두 일찍이 산에 올라가 내려다보고 한두 목책을 격파하자 10여 개의 목책이 모두 무너졌다. 카웅-톤의 전투에서 적은 이전 실패를 거울삼아 우선 높은 곳을 점거해서 목책을 세우고 또한 견고하게 지켜 출전하지 않으니 우리 군사가 백방으로 공격해도 마침내 함락시킬 수 없었다. 이는 미얀마 군사가 들판에서 싸우는 데는 약하나 목책에 의지하는 데에는 강하니 『사주지』에서 말한 바가 허황되지 않다는 명확한 증거이다. 따라서 최고 병법의 규율은 적이 방어할 수 없고, 중간 병법의 규율은 적이 참고 견딜 수 없게 하는 것이다. 미얀마의 목책이 적군을 막을 수 있는 것에서 우리는 지킬 방법을 배울 수 있고, 안남의 찰선札船이 오랑캐의 배를 두려움에 떨게 한 것에서 우리는 공격하는 방법을 배울 수 있는 것이다.

附「大金沙江考」

一

魏源

　　緬甸之西與五印度國分壤, 以大金沙江爲界. 其源出於西藏, 卽雅魯藏布江也. 源出後藏西界之阿里達木楚克喀巴布山, 會諸水東流二千五百餘里入中藏, 復會木倫江東南流千二百餘里, 經中藏之南界過緬甸之阿瓦都城. 轉西南流至東印度, 會恒河注南海, 其源流皆不入雲南境. 滇人謂之大金沙江, 對岷江所會之小金沙江而言. 小金沙江入東海, 大金沙由緬甸入南海, 故黃貞元謂此卽『禹貢』之黑水. 其說曰大金沙江·瀾·潞三水雖同出吐番, 同入南海, 然大小遠近迴殊, 潞四倍於瀾, 大金沙十倍於潞. 瀾·潞所出源近而狹, 大金沙江上源相傳近于闐國. 自里麻·茶山至孟養極北, 號赤髮野人境, 峭壁不可梯繩, 弱水不任舟筏. 土人惟遠見川外隱隱有人馬形, 皆生番之域也. 今姑略其源, 惟自經流支流入海可見者言之. 水流至孟養陸阻地, 合大居江·檳榔江二水, 方名大金沙江, 蓋以別麗江·北勝·武定·馬湖之小金沙江耳. 自此南流至猛掌, 有一江西來入之.

　　又南下經蠻莫, 有大盈江, 自騰越經鎮夷·南甸·干崖, 受盞西·茶山·古湧諸水, 伏流南牙山麓, 出蠻莫來入之. 又經蠻法·魯勒·孟拱·遮鼇·官屯·大小菖蒲峽, 至戛撒. 昔年緬人攻孟養, 以船運餉到戛撒, 爲孟養所敗者, 此江也. 正統中, 蔣雄率兵追思機法, 爲緬人所壓殺於江中, 亦此江也. 江自蠻莫以上, 山聳水陡. 正統中, 郭登自貢章順流, 不十日至緬甸者, 亦此江也. 下流經溫板, 有龍川江自騰越經界尾·高黎共山·隴川·猛乃·猛密所部來入之. 下流又經猛吉·準古·溫板·猛戞·馬達剌至江頭, 江中有大山極秀聳, 山有大寺. 又有一江, 自猛辦·洗母戞南來入之. 又經止郞龍·大馬革·底馬撒·躋馬入南海. 其江自蠻莫以下, 地勢平衍, 闊可十五里有奇, 益南, 江益寬, 流益緩, 緬人操舟如涉平地, 至是江海之水瀰爲一色矣.

按: 此說所指大金沙江, 其上流卽今雅魯藏布江, 在西南荒徼外. 其下流又徑緬甸, 始終不入雲南, 去『禹貢』雍·梁二州甚遠, 因難指爲禹跡所導之黑水. 然此江中段則爲緬甸與東印度分界, 下游則大金沙江會岡噶江, 全由東印度入海. 岡噶江卽『佛經』之恒河, 其與[大]金沙江會以後謂之安日得河. 又曰安治市河, 又作澉治斯河. 故『坤輿全圖』無大金沙江, 蓋統歸於安日得河也. 英夷所繪『大淸國圖』, 有雅魯藏布江會恒河入海, 所繪『印度圖』, 則有蒲蘭蒲達江, 自東而西, 會澉治斯河入海, 卽大金沙江西會恒河之異名. 蓋圖中國則用中國之名, 圖外國則用外國名也. 榜葛剌跨恒河之東西兩岸, 惟以東距大金沙江與緬甸·廓爾喀等國分界. 英吉利曾攻印度, 乘舟溯流, 直向阿瓦, 而澳夷『新聞錄』中, 又嘗恐中國兵假道緬甸攻東印度, 皆以此江下游直抵孟加臘之故. 『一統志』謂其西南流入厄訥特珂國, 亦指其下游入東印度之恒河而言, 第語之不詳. 故於『坤輿圖說』之安日得河, 欲指爲恒河則無大金沙江, 指爲大金沙江則無恒河, 不知二大水下游彙合爲一也. 大金沙江未會安日得河以前, 其東岸爲緬甸, 西岸爲廓爾喀諸國. 及會安日得河以後, 東南岸下游爲英夷所奪緬地, 西南岸爲榜葛剌. 蓋古里地介大金沙江及恒河之間, 而榜葛剌則在恒河入海口岸,皆東印度境. 其緬甸·雲南間, 尙有南掌·胡盧·景線·景邁等國, 皆入貢中朝. 以非濱海, 不入是志.

　魏源曰: 乾隆三十四年, 緬甸老官屯之役, 賊樹柵固守, 官兵鏖戰彌月, 堅不可拔, 卽『四洲志』所謂緬甸兵法專以大木立柵自環, 爲不可敗, 有時英吉利兵亦爲所遏. 蓋緬甸南瀕海, 嘗與英夷之印度交兵, 故英夷知其長技也. 又考劉鍵『庭聞錄』, 順治十八年二月, 李定國·白文選攻緬於阿瓦. 阿瓦城甚高大, 城外二江, 大曰蘭鳩, 小曰南葛臘, 環城三面皆水, 惟一面通陸. 自白文選師旋後竝鑿之, 引水爲湖, 留堤三道, 置木城其上, 距城四里. 定國遣人索永曆, 不應, 而於木城之外更立木城, 出兵守之. 有間, 木城前復立一城, 步步前進, 旣逼定國營, 始出兵大戰. 前隊皆象, 中有花象, 善突陣, 爲群象先. 定國視戰地, 當象來處有石橋, 自持長刃迎待. 象鼻卷刃立斷, 負痛反奔, 群象皆奔. 文選·定國鼓噪乘之, 斬其大將邊牙猂, 殺其兵萬. 緬收餘兵保柵固守, 此卽樹柵自固, 步步爲營之證. 其失在於出柵野戰, 反以象陣自挫前鋒, 故爲白·李所敗. 惟敗後而木柵尙存, 退可以守, 故阿瓦終不得破. 所謂善戰者不敗, 善敗者不亡也. 明瑞·哈國興皆嘗登山俯瞰, 破其一二柵, 而十餘柵皆潰. 及老官屯之役, 賊懲前失, 先據高立柵, 又固守不出戰, 我兵百計攻之, 終不能拔. 是緬兵短於野戰, 長於憑柵, 具徵『四洲志』所言之不妄. 故上兵之紀律敵莫能禦, 中兵之紀律敵莫能侮. 觀於緬柵之足拒夷兵, 而知我之所以守, 觀於安南札船之足懾夷艇, 則知我之所以攻.

주석

1 「대금사강고大金沙江考」: 이 문장의 원저자는 명대의 장기張機이다. 원
제는 『고금도서집성古今圖書集成』의 「대금사강원류고大金沙江原流考」, 『전
계』의 「남대금사강원류고南大金沙江原流考」인데, 위원이 이를 『해국도
지』에 수록하면서 비교적 많이 첨삭했다.

2 아로장포강雅魯藏布江: 중국 티베트고원 남부에 있는 강으로 히말라야산
맥Himalaya Mountains과 트랜스히말라야산맥Transhimalaya Mountains의 골짜기
를 흐르는 브라마푸트라강의 상류이다. 이라와디강은 아로장포강과 만
나지 않는다.

3 후장後藏 … 아리阿里: 청대 티베트 지역은 라사Lhasa와 산남山南 지역을
전장前藏, 시가체Shigatse를 후장, 인도의 카슈미르와 접해 있는 북쪽 고원
을 아리 지구로 구분했다.

4 갠지스강: 원문은 '항하恒河'이다. 인도 북부를 가로질러 벵골만으로 흘
러 들어가는 인도 최대의 강이다.

5 남해南海: 이라와디강은 '동인도'로 흐르지 않으며 당연히 갠지스강과
만나 벵골만으로 흘러 들어가지 않는다.

6 민강岷江: 중국 사천성四川省 중부에 있는 양자강의 상류 지류로 민산산
맥岷山山脈에서 발원한다.

7 『우공禹貢』: 고대 중국의 지리서이다. 본래 『서경』「하서夏書」의 편명이
었으나 전국 시대에 1권의 책으로 분리되었다. 『우공』은 기원전 중국
을 구주九州로 나누어 기술했는데, 이 책은 『사기』에도 인용되는 등 청
나라 말기까지 영향력이 있었다.

8 난창강瀾滄江: 메콩강의 상류 수원으로 티베트에서의 명칭이다.

9 노강潞江: 노강怒江이라고도 하며, 미얀마로 유입된 후에는 살윈강Salween
River으로 불린다.

10 티베트: 원문은 '토번吐蕃'이다. 토번은 7세기 초에서 9세기 중엽까지 티
　　 베트고원에서 건립된 고대 왕국인데, 티베트 지역을 가리키는 용어로
　　 사용되기도 한다.

11 남해: 난창강 하류 메콩강은 남중국해로 들어간다. 노강 하류 살윈강은
　　 마르타반만으로 들어가며 그 남쪽이 안다만해이다. 이라와디강은 안다
　　 만해로 들어간다. 벵골만·안다만해·남중국해를 모두 '남해'라고 일컬으
　　 니 매우 명확하지 않다.

12 우전국于闐國: 이라와디강의 상류 발원지는 느마이강과 말리강으로 중
　　 국 신강의 우전于闐과는 매우 멀다. 우전국은 타클라마칸사막Taklamakan
　　 Desert의 남서쪽에 있던 고대 국가이다.

13 생번生蕃: 미개지에 살며 문명에 동화하지 않은 사람을 의미하며, 문명
　　 에 동화된 사람은 숙번熟蕃이라고 했다.

14 대거강大居江: 미얀마 북부의 느마이강이다.

15 빈랑강檳榔江: 미얀마 북부의 말리강이다.

16 여강麗江 … 마호馬湖: 지금의 운남성 서남부 일대이다.

17 맹장猛掌: 미얀마 카친주 타로지 일대이다.

18 만막蠻莫: 미얀마 바모이다.

19 잔서盞西: 광서 2년본에는 '전서展西'로 되어 있으나 악록서사본에 따라
　　 고쳐 번역한다.

20 복류伏流: 모래나 자갈로 이루어진 지표면 아래 수로를 따라 흐르는 물
　　 을 가리킨다.

21 관둔官屯: 광서 2년본에는 '관둔管屯'으로 되어 있으나 악록서사본에 따
　　 라 고쳐 번역한다.

22 만법蠻法 … 대소 창포협菖蒲峽: 모두 바모의 서남 일대이다.

23 알살戛撒: 광서 2년본에는 '알철戛撒'로 되어 있으나 악록서사본에 따라
　　 고쳐 번역한다. 이하 동일하다.

24 정통正統: 명나라 제6대 황제 영종英宗 주기진朱祁鎭(재위 1436~1449, 재위
　　 1457~1464)의 연호이다. 다만 영종은 제8대 황제로 다시 복위해서 연호를

천순天順이라고 했기 때문에 천순제라고도 불린다.

25 장웅蔣雄: 정통 6년(1441) 총병관總兵官에 임명되어 운남성 녹천토사 사임발, 사기발 부자의 난을 정벌한 장귀蔣貴의 아들이다. 장웅은 아버지를 따라 사기발의 토벌에 참여한 것으로 보인다.

26 사기법思機法: 본명은 사기발思機發(?-1454)이고 미얀마의 사적에서는 다금발多錦發이라고 한다. 녹천토사 사임발思任發의 장자로 녹천의 역役에서 사임발이 병에 걸려 명나라군에게 피살되자 명나라에 투항했다가 후에 다시 반란을 일으켰으나 결국 1454년 체포되어 북경에 압송되어 사망했다.

27 곽등郭登: 명나라 정통 연간의 무장이다. 그(?-1472)는 병부상서 왕기王驥의 부장으로 녹천의 역에 참전해 공을 세워 금의위지휘첨사錦衣衛指揮僉事를 제수받았다.

28 고려공산高黎共山: 광서 2년본에는 고려기산高黎其山으로 되어 있으나 악록서사본에 따라 고쳐 번역한다. 고려공산은 노강 서쪽 기슭에 위치한다.

29 마달라馬達剌: 지금의 미얀마 만달레이이다.

30 창우Chaung U: 원문은 '강두江頭'이다. 지금 미얀마 사가잉구의 창우이다. 창우는 미얀마어로 강기슭(江頭)을 의미한다.

31 맹판猛辨: 광서 2년본에는 '맹변猛辨'으로 되어 있으나 악록서사본에 따라 고쳐 번역한다.

32 세모알洗母戛: 광서 2년본에는 '세알모洗戛母'로 되어 있으나 악록서사본에 따라 고쳐 번역한다.

33 지랑용止郎龍: 광서 2년본에는 '지즉용止卽龍'으로 되어 있으나 악록서사본에 따라 고친다. 지금 미얀마의 예난자웅이다.

34 대마혁大馬革: 미얀마의 마궤이다.

35 저마살底馬撒: 광서 2년본에는 '저마철底馬撤'로 되어 있으나 악록서사본에 따라 고쳐 번역한다.

36 갠지스강: 원문은 '강갈강岡噶江'이다. 항하라고도 한다.

37 대금사강大金沙江: 광서 2년본에는 '금사강金沙江'으로 되어 있으나 악록

서사본에 따라 고쳐 번역한다.

38 브라마푸트라강Brahmaputra River: 원문은 '포란포달강蒲蘭蒲達江'이다. 위원은 브라마푸트라강이 이라와디강의 다른 이름이라고 오인했다.

39 벵골: 원문은 '방갈랄榜葛剌'이다. 인도대륙 북동부에 있는 지역으로 현재는 인도의 서벵골주와 방글라데시로 나뉘어 있다.

40 구르카Gurkha: 원문은 '곽이객廓爾喀'이다. 광서 2년본에는 '곽객廓喀'으로 되어 있으나 악록서사본에 따라 고쳐 번역한다. 지금의 네팔 중부에 있는 도시이다.

41 잉와: 동인도에는 잉와로 통하는 하도河道는 없다. 영국이 동인도에서 이라와디강을 거슬러서 잉와를 공격하고자 할 때에는 단지 벵골만 및 안다만해를 지나야 하는데 이는 해도海道이지 하도는 아니다.

42 벵골: 원문은 '맹가랍孟加臘'이다.

43 『일통지一統志』: 원명은 『대청일통지大淸一統志』이다. 청나라 시기 강희제의 명에 따라 서건학徐乾學 등이 참여하여 완성한 역대 중국 최대의 종합 지리서이다. 청 건륭 8년(1743)에 완성되었으며, 이후 건륭 48년(1783), 도광 22년(1842) 두 번에 걸쳐 증보되었다.

44 중인도: 원문은 '액눌특가국厄訥特珂國'으로 중인도를 가리킨다. 이와 관련된 상세한 내용은 『해국도지』권29에 보인다.

45 『일통지一統志』에 따르면 … 들어가고: 이라와디강은 벵골, 혹은 무굴 제국으로 흐르지 않기 때문에 역시 갠지스강과 합류하지 않는다.

46 콜카타Kolkata: 원문은 '고리古里'이다. 고리는 '고리갈달古里葛達'의 오류로 '갈달' 두 자가 빠져 있다. 고리갈달은 인도의 콜카타이다.

47 카웅톤 전쟁: 원문은 '노관둔지역老官屯之役'이다. 꽁바웅조의 미얀마와 청나라 사이에 일어난 전쟁으로 건륭제의 십전무공十全武功의 하나이다. 총 4차례에 걸쳐 미얀마는 청나라의 침략을 물리쳤지만, 계속되는 전쟁으로 피폐해져 청나라의 화의를 받아들였다.

48 순치順治: 청나라 제3대 황제 세조世祖 애신각라복림愛新覺羅福臨(재위 1644~1661)의 연호이다.

49 이정국李定國: 이정국(1620~1662)의 자는 홍원鴻遠·영우寧宇이며 호號는 순일純一이다. 산서성 연안 사람으로 남명南明 정권의 정치가이자 군인이다. 장헌충의 휘하에 있다가 남명 정부에 투항해서 청나라에 저항했다. 1661년 이정국은 영력제의 명을 받아 미얀마 바고의 타웅우를 공격하다 풍토병에 걸쳐 병사했다.

50 백문선白文選: 백문선(1615~1674)의 자는 육공毓公이고 섬서성 오보吳堡 사람이다. 장헌충의 휘하에 있다가 이정국을 따라서 청나라에 저항하다가 오삼계의 회유로 청에 투항했다.

51 영력제永曆帝: 남명 왕조 제5대 황제(재위 1649~1662)이자 사실상 마지막 황제로 명나라 마지막 황제 숭정제의 사촌 동생이다.

52 조금씩 가다가 영채를 세우는 방책: 원문은 '보보위영步步爲營'이다.

53 명서明瑞: 부찰명서富察明瑞(?~1768)이다. 자는 균정筠亭이고 만주 양황기인鑲黃旗人이다. 청조 중기의 명장으로 건륭 32년(1767), 운귀총독 겸 병부상서가 되어 미얀마에 출병해서 11월 큰 공을 세웠다. 건륭 33년(1768) 다시 미얀마에 출정했으나 미얀마군에 포위되어 분전 끝에 결국 자결했다.

54 합국흥哈國興: 합국흥(1732~1773)은 회족 출신으로 직례直隸 하간河間 사람이다. 건륭 17년(1752) 무진사에 급제했다.

海國圖志
卷十一

해국도지
권11

―

소양邵陽 위원魏源 편집

본권에서는 스페인령인 여송과 여송 인근 국가들의 지리, 역사, 풍속, 외모, 언어, 문화
적 특색 및 중국을 비롯한 서양 국가들과의 대외관계에 대해 서술하고 있다. 특히 여송
이 스페인의 속국이 되는 과정과 해안에 쌓인 흙을 제거하는 영국의 뛰어난 준설 능력
에 대해 상세하게 적고 있다. 여송은 소가죽만 한 크기의 땅을 대여송大呂宋, 즉 스페인
에게 떼어 주면서 스페인의 속국이 되었고, 대여송에 비추어 이전의 이름을 그대로 사
용하면서 앞에 '소小' 자를 붙여 소여송小呂宋, 혹은 뒤에 '도島' 자를 붙여 여송도呂宋島
라 불리게 되었다.

원본에는 없으나, 지금 보충한다.

스페인Spain¹령 섬 1

—

본명은 마닐라섬Manila Island²으로,
명나라 말에 소여송小呂宋이라 이름을 바꿨다.

『명사明史』에 다음 기록이 있다.

여송은 남중국해에 위치해 있으며 장주漳州³에서 아주 가깝다. [여송은]
홍무洪武 5년(1372) 정월에 사신을 보내 촐라Chola⁴ 등 여러 나라와 함께 조
공하러 왔다. 영락 3년(1405) 10월에 관리를 파견해 조서를 가지고 가서
여송을 위무하고 효유했다. 영락 8년(1410)에 팡가시난Pangasinan⁵과 함께
입공했다가 그 후로 오랫동안 오지 않았다. 만력萬曆 4년(1576)에 관군이
해적 임도건林道乾⁶을 추격해 그 나라에 갔는데, 그 나라 사람들이 임도건
을 토벌하는 데 공을 세우면서 그때부터 다시 조공하게 되었다. 당시에
스페인⁷은 강성해져 여송과 교역했다. 살펴보건대 여송도呂宋島는 본명이 마닐
라(蠻里喇)로, 명나라 말기에 유럽의 스페인(呂宋) 함대에게 점령당했다. 그리하여 중국인
들은 여송도를 소여송(小呂宋)이라 부르는데, 이것은 본국의 이름에 맞추어 그렇게 부
른 것으로, 자와섬을 신하란新荷蘭이라고 바꾸어 부르는 것과 같다. 『명사』에서는 여송
을 이 섬의 본명으로 잘못 알고 있었기 때문에 여송이 포르투갈에 의해 멸망했다고 망

령되이 말하고 있는데, 그 오류가 심하다. 지금까지도 이 섬에는 이곳을 지키는 스페인 군사가 있고, 포르투갈의 군사는 없다.

한참 뒤에 스페인은 여송이 빼앗을 수 있을 만큼 국력이 약해진 것을 보고 많은 재물을 그 왕에게 바치며 소가죽만 한 크기의 땅에 집을 짓고 살 수 있게 해 달라고 청했다. 여송 왕은 그들의 속임수를 생각지도 못하고 이를 허락했다. 이에 스페인 사람들은 소가죽을 찢어 몇천[8] 길의 길이로 고리처럼 엮어 여송의 땅을 두르고는 약속대로 해 달라고 했다. 살펴보건대 마닐라 땅을 [소가죽 끈으로] 두르고 약속대로 해 달라고 했다고 해야 한다.

여송 왕은 깜짝 놀랐으나, 이미 허락한 일이라 어쩔 수 없이 [그들의 요구를] 들어주며 국법대로 세금을 약간 징수했다. 스페인 사람들은 땅을 얻자 곧바로 집과 성을 짓고 화기火器를 늘어놓으며 방어 기구를 설치했는데, 이것은 모두 여송을 정탐하기 위한 계책이었다. 얼마 뒤 [스페인 사람들은] 결국 여송의 무방비한 틈을 타서 그 왕을 습격해 죽이고 백성들을 쫓아내고 그 나라를 차지했다. 여전히 여송이라는 국명을 사용했지만, 실제로는 스페인(佛郞機)이다. 살펴보건대 [불랑기는] 여송이라 고쳐 불러야 한다. 사실 여송국 자체는 유럽에 있다.

이 일이 있기 전에 복건 사람들은 여송이 가깝고 또한 물자가 풍부하다고 생각해서 장사하러 오는 사람이 수만 명에 달했으며 종종 오랫동안 그곳에 머물면서 돌아가지 않고 자손까지 낳고 기르는 경우도 있었다. 스페인은 여송을 빼앗았다. 살펴보건대 이후의 불랑기는 모두 여송이라 해야 한다. 스페인 왕은 총독 한 명을 진鎭에 파견했는데, 총독은 중국인들이 변란을 일으킬 것을 염려해 중국인들 대부분을 쫓아내 돌려보냈고, 남아있는 사람들은 모두 침탈을 당했다. 만력 21년(1593) 8월에 총독 고메스 페레스 다스마리냐스Gómez Pérez Dasmariñas[9]가 말루쿠Maluku[10]를 침략하면서 중국인들 250명에게 전쟁을 돕게 했다. [이때] 반화오潘和五[11]란 자가 초관哨官[12]으로 있었다. 스페인 사람들은 날마다 술에 취해 누워 지내면서 중국인들에게 배를 조종하게 했다. 그러다가 조금이라도 게으름을 피우면 번번이 채찍을 때렸고, 맞아 죽는 자도 나왔다. 반화오가 말했다.

"모반을 하다 죽으나 채찍에 맞아 죽으나 죽는 것은 매한가지요. 이것도 아니면 장차 전쟁터에서 죽을 것이니, 여기 총독을 죽여 사지에서 벗어나는 것이 낫지 않겠소? 승리하면 돛을 올려 돌아가고, 실패하면 포박을 당하니 [그때] 죽어도 늦지 않을 것이오."

사람들은 그 말을 옳다고 여기고 바로 [그날] 밤에 총독을 죽여 그 수급을 들고 크게 환호했다. 깜짝 놀라 일어난 스페인 사람들은 어찌할 바를 모르다가 모두 칼에 맞아 죽거나 물에 떨어져서 죽었다. 반화오 등은 금은보화와 갑옷, 무기를 모두 그러모아 배를 타고 돌아왔다. [돌아오는 길에] 길을 잃어 안남국安南國으로 갔다가 그곳 사람들에게 노략질당했으며, 오직 곽유태郭惟太 등 32인만이 다른 배를 얻어 타고 돌아왔다. 당시 고메스 총독의 아들 루이스 페레스 다스마리냐스Luis Pérez Dasmariñas[13]가 세부Cebu[14]에 주둔하고 있었는데, 그 소식을 듣자 무리를 끌고 달려와 신부를 보내 부친의 억울함을 진술했다. 그리고 [가져간] 전함과 금은보화를 돌려주고 원수들을 죽여 부친의 목숨을 보상할 수 있게 해 달라고 청했다. 순무巡撫 허부원許孚遠이 이를 조정에 아뢰자, 문서를 내려 양광독무兩廣督撫에게 예를 갖춰 신부를 돌려보내고, 곽유태를 법에 따라 처리하도록 하니, 반화오는 결국 안남국에 머물며 감히 돌아오지 못했다.

처음에 총독이 살해당하자 여송에 살고 있던 총독의 부하들은 중국인들을 모조리 성밖으로 몰아내고 그들의 집을 불태웠다. 루이스가 돌아오고 나서 중국인들을 성밖에서 집을 짓고 살게 해 주었다. 때마침 누군가

가 일본인들이 침략해 온다는 소식을 전해 주자 루이스는 중국인과 일본
인들이 내통해 근심거리가 될까 걱정해 중국인들을 몰아내려고 다시 의
논했다. 그때 마침 허부원이 사람을 보내 중국인들을 불러들였다. 이에
스페인 사람들은 돌아가는 길에 필요한 양식[15]을 대 주며 그들을 돌려보
냈다. 그러나 이윤을 탐내는 중국 상인들이 죽음을 불사하고 오랫동안
그곳에 머물면서 다시 마을이 형성되었다.

그 당시 광세사礦稅使[16]가 사방으로 파견되자, 간악하고 못된 놈들이 벌
떼같이 일어나 [광산의] 이권에 대해 이야기했다. [그 가운데] 염응룡閻應
龍, 장억張嶷이란 자가 여송의 카비테Cavite[17]에서 금은이 나는데, 그것을 캐
면 해마다 금 10만 냥, 은 30만 냥은 얻을 수 있다고 했다. 만력 30년(1602)
7월에 조정에 와서 그 사실을 상주하자, 만력제가 이를 받아들였다. 이
명이 하달되자, 온 조정이 깜짝 놀라며 의아해했다. 언관言官[18] 김충사金
忠士[19]·조어변曹於汴[20]·주오필朱吾弼[21] 등이 잇달아 상소를 올려 강력히 논쟁
했지만 모두 받아들여지지 않았다. 일이 복건의 수신守臣[22]에게 하달되자
조정의 명에 압박을 받은 복건의 수신은 곧장 해승海丞[23] 왕시화王時和[24]와
백호百戶[25] 우일성于一成을 장억과 함께 보내 조사하게 했다. 여송 사람들
이 이 소식을 듣고 크게 놀라자, 이곳에 흘러들어 와 살던 중국인들이 이
를 두고 말했다.

"천조는 별다른 뜻은 없고 다만 간특한 무리가 함부로 사달을 일으키
자 진상 조사차 사자를 보낸 것입니다. 간특한 무리가 스스로 그만둔다
면 그대로 돌아가 보고할 것입니다."

총독은 마음이 다소 풀어지자 신부들에게 명해 천조의 사신들을 존경
하는 것처럼 보이게 길옆에 꽃을 뿌려 두었고, 또한 성대히 병력을 배치
해 그들을 호위하며 맞이했다. 왕시화 등이 들어오자 총독은 연회를 베

풀고 물었다.

"천조는 사람을 보내 산을 개발하려고 하는데, 산에는 각각 주인이 있으니 어찌 채굴하게 놔두겠습니까? 예를 들어 중국에 있는 산을 우리 나라가 채굴하도록 놔두시겠습니까? 또한 '나무에서 금덩어리가 열린다'고들 하는데, 그런 나무가 어디 있단 말입니까?"

왕시화가 뭐라 대꾸하지 못한 채 여러 번 장억을 쳐다보자, 장억이 말했다.

"이 땅은 사방천지가 금인데, 하필 금덩어리가 어디에서 나느냐고 묻습니까?"

그 말에 상하 사람들이 모두 웃어댔지만, [총독은] 장억을 억류시켜 죽이려고 했다. 여러 중국인이 함께 화해시키고 나서야 장억을 풀어 주어 돌아올 수 있었다. 왕시화는 여송에서 돌아오고 난 뒤에 가슴이 두근거리는 병을 얻어 사망했다. 복건의 수신이 이를 조정에 아뢰면서 장억을 망언죄로 다스릴 것을 청했다. 일은 이미 마무리되었지만 여송 사람들은 끝내 의심하면서 천조가 장차 여송을 습격해 여송에서 거주하는 중국인들과 내통할 것이라 생각하고 비밀리에 그들을 죽이려고 했다.

이듬해 여송은 군사를 일으켜 이웃 나라를 침략할 것이라 선언하고 철기를 후한 값으로 사들였다. 중국 사람들은 돈을 탐내어 철기를 모두 내다 팔아 집에 쇠붙이 한 조각도 남아 있지 않았다. 총독은 곧장 명을 내려 중국인들의 이름을 기록하고 3백 명씩 나누어 1원院[26]을 조직한 다음 [그 원에] 들어오는 즉시 모두 죽여 버렸다. 그런 사실이 차츰 드러나자 중국인들은 곧 떼지어 퀴아포Quiapo[27]로 달아났다. 총독은 군사를 보내 그들을 공격했는데, 이들은 무기가 없었기 때문에 셀 수 없이 많은 사람이 죽었으며, [살아남은 사람들은] 산파블로San Pablo[28]로 달아났다. 스페인 사람들이 다시 공격해 오자 중국인들은 죽을 각오를 다해 싸웠고, [그 결과] 그들의 기세가 다소 꺾였다. 총독은 얼마 지나지 않아 후회하며 사신을 보내 화친을 청했지만, 중국인들은 거짓이 아닌가 의심하며 사신을 때려죽였다. 총독은 대로하여 사람들을 모아 성안으로 들어가 성 옆에 매복했다. 사람들은 너무 배가 고파 모두 산에서 내려와 성을 공격했다. 매복해 있던 병사들이 나와 중국인들을 크게 무찌르니 앞뒤로 죽은 자가 25,000명이었다. 곧바로 총독은 영을 내려 빼앗은 중국인의 재물을 모두 봉하고 표지를 붙여서 창고에 쌓아 두었다. 그리고는 복건의 수신에게 문서를 보내 중국인들이 모반을 일으키려 해 부득이하게 먼저 치게 되었다며, 사망자의 가족에게 와서 그들의 처자와 재물[29]을 가져가 달라고 했다. 순무 서학취徐學聚 등이 급히 조정에다 이 변고를 알리자, 황제[30]는 놀라고 슬퍼하면서 형부에 명을 내려 간사한 무리의 죄를 논의하게 했다. 만력 32년(1604) 12월 논의가 올라오자 황제가 말했다.

"장억 등이 조정을 기만하고 해외에서 사건을 일으켜 2만 명에 달하는 상인과 백성들이 모두 칼날에 죽어 나가고 국위를 손상시키고 나라를 욕되게 해, 죽어도 그 죄과를 다 씻을 수 없으니 효수하여 바다에 내걸도록 하라."

동시에 여송에 문서를 보내 함부로 사람을 죽인 죄를 따지고 사망자의 처자를 송환하게 했지만, 결국 그들을 토벌할 수는 없었다. 그 뒤로 중국인들이 다시 조금씩 건너갔지만, 이들도 중국과의 교역을 통해 이득을 보았기 때문에 역시 거부하지 않아 시간이 지나면서 다시 모여 살게 되었다.

당시 스페인은 이미 믈라카Melaka[31]를 합병했고 더욱이 여송까지 병합함으로써 그 세력이 나날이 강해져 해외를 휘젓고 다녔다. 그러더니 결국 광동성 마카오Macao[32]를 점거해[33] 성을 짓고 살면서 그곳 사람들과 무역했으니, 그 근심이 다시 월粵(광동성과 광서성 일대) 땅까지 미쳤다.

『명사』에 다음 기록이 있다. 사야오Sayao[34]와 다피탄Dapitan[35]은 인접해 있으며 모두 여송과 가깝다. 남녀 모두 머리를 길러 상투를 틀거나[36] 묶었으며, 남자는 신발을 신고 여자는 맨발로 다녔다. 판자를 이용해 성을 쌓고, 나무를 세우고 띠로 덮어 집을 지었다. 이슬람교를 숭상하며[37] 모스크Mosque[38]를 많이 세웠다. 남녀 사이의 금기가 매우 엄격했다. 도둑질을 하면 어른, 아이를 막론하고 즉시 사형에 처했다. 임산부가 장차 해산하면 물로 씻기고 아이 역시 물로 씻긴 다음 물속에 두었기 때문에 태어나면서부터 물에 익숙하다. 물산이 너무 적어 중국인들이 그 땅에서 장사하면서도 가지고 나가는 것은 고작 자기나 냄비, 솥 정도이며 값나가는 것은 면포에 그친다. 후에 스페인이 여송을 점령하고 자주 인근 국가들을 침략했지만, 오직 이 두 나라만은 지배할 수 없었다.

『황조통고皇朝通考』 「사예문四裔門」에 다음 기록이 있다.

여송은 남중국해에 위치해 있으며, 대만臺灣 봉산현鳳山縣 사마기沙馬崎[39] 동남쪽에 있다. 청나라 숭덕崇德[40] 연간에 여송이 사신을 파견해 명나라에 공물을 바치러 왔는데, 그 사신이 복건에 머물면서 아직 돌아가지 못했다. 순치順治 3년(1647) 복건이 안정되자 복건의 수신이 여송 사신을 도성[41]으로 들여보냈다. 순치 4년(1648) 6월 사신을 여송으로 돌려보냈다. 강희康熙 56년(1717) 여송 등 여러 국가의 개항장에 중국인들이 많이 모여 살았기 때문에 상선들이 동남아로 무역 가는 것을 금지시켰다. 옹정雍正 5년(1727) 뒤로는 이전처럼 통상했다. 옹정 13년(1735) 정월 여송은 밀 수확량이 아주 적어 곡식 2천 섬, 은 2천 냥, 해삼 7백 근을 양선에 실어 하문廈門으로 보내 밀 2천~3천 섬으로 바꾸어 가려 했다. 당시의 제신提臣 왕군王郡[42]이 관례에 따라 오곡을 해외로 반출시키는 것을 금지시키면서 황제께 주청을 올렸더니, 다음과 같은 성지가 내려왔다.[43]

"국가에서 오곡을 해외로 반출시키는 것을 엄금한 것은 악덕 상인이나 비적들이 암암리에 사달을 일으키는 것을 막기 위해서이다. 만약 해당[44] 국가에서 식량이 부족하여 수시로 짐에게 알려 온다면 짐은 도리어 [우리의] 넉넉한 상황을 참작하여 그들을 도와줄 것이로다. 지금 곡식을 밀로 바꾸어 주는 것이 정리에도 훨씬 가까우니, 적절한 가격으로 잘 처리해서 그 청을 들어주어라."

또 다음 기록이 있다.

카스티야Castilla[45]는 북대서양[46]에 위치해 있고, 영국과는 아주 가까우며 풍속도 똑같다. 역대 국왕의 이름과 계보는 알 수 없다. 매년 협판선夾板船을 타고 광동에 와서 무역했으며, 여송과 세부[47] 등을 거점으로 무역했다. 스페인은 늘 왕자를 보내 여송을 지켰다고 한다. 살펴보니 포르투갈은 명나라 때 여송을 습격해 점령했고, 지금의 스페인 역시 여송을 나누어 지키고 있다. 대개 옛 왕국은 사라지고 없고, 섬나라 오랑캐가 서로 점거하고 있으니 사실을 고증하기란 어렵다. 살펴보건대 카스티야 왕국은 통일 스페인의 속국이고, 명나라 때의 포르투갈 역시 여송도를 습격해 탈취한 사실이 없다. 이것은 『명사』의 오류를 그대로 따른 것이다.

장주 사람 황가수黃可垂의 『여송기략呂宋紀略』에 다음 기록이 있다.

여송은 스페인의 속국이다. 스페인은 서양의 국가 이름으로, 네덜란드·프랑스[48]·영국[49]과 어깨를 나란히 했으며, 속칭 송자宋仔라고 불렀고, 또 실반아實斑牙, 시반아是斑牙라고 했다. 복건과 광동성에서 사용하는 은

화는 스페인 국왕의 초상을 주조한 것이다. 복건[50] 해안의 동남쪽 수천 리 밖에 여송도가 있다. 여송도는 동쪽으로는 필리핀해구Philippine Trench[51]를, 서쪽으로는 복건과 광동의 바다를, 남쪽으로는 술루해Sulu Sea,[52] 북쪽으로는 루손해협Luzon Strait[53]을 경계로 하고 있다. 이 땅은 모두 3천 리 남짓이며, 동서남북 서로 간의 거리는 각각 1천 리 남짓 떨어져 있고, 바다와의 거리도 몇천 리나 된다. 지형은 동쪽을 등지고 서쪽을 향해 있고, 바이호Laguna de Bay·마닐라만Manila Bay·타알호Taal Lake 등 세 개의 호수가 있으며,[54] 각각의 너비는 3백여 리 정도 된다. 토착민의 인구는 수십[55]만 명 정도 된다. 금·진주·대모·빙편·제비집·해삼·오목과 홍목·생선·소금으로 인한 이익은 해외에서 최고이다. 명나라 때, 스페인은 여송을 점령하고 마닐라만 서쪽 해안에 카비테[56]를 건설하고, 카비테성의 서쪽 귀퉁이에 상글레이 포인트Sangley Point[57]를 진수함으로써 그 인근까지 지배했다. 이곳 풍속에서는 신부를 가장 존중했으며 천주교당[58](즉 성당)을 짓고 예배를 드렸다. 파드레Padre[59]는 신부(番僧)이다. 예수(㴝水)[60]가 주인이고, 밤낮이 바뀌었다. 천주교당에서는 각각 종을 쳐서 시간을 정했는데, 자시(즉 밤 11~1시)와 오시(낮 11~1시)가 하루의 시작점이고, 미시未時[61]와 해시亥時가 하루의 끝점이다.[62] 계율을 중시해서 조상에게 제사를 지내지 않고 모시는 신은 오직 주 예수[63]뿐이다. 더욱 기이할 만한 것은 신부가 다른 사람의 죄를 바로잡아 주면 사람들은 모두 이를 영광으로 여겼다. 염수㴝水란 대주교의 시신을 태워 만든 성수로, 주교가 이를 관리했다. 장차 천주교를 받들 때 사람들에게 본인이 주 예수로부터 태어났다고 맹세하게 한다. 맹세가 끝나면 신부는 성수를 사람들의 머리 위에 뿌렸기 때문에 염수라 부르게 되었다. 수녀원[64]은 오로지 금전과 물품만을 맡아 관리하면서 이를 국고로 바쳤다. 수녀원은 아주 엄격하게 봉쇄해 남자들의 출입을 끊었으며, 그 위세와 명망이 아주 높았다.

스페인에서 만든 갑판선은 아주 크고, 돛대는 아주 견고하며, 총포도 모두 갖추고 있어 서양 도적도 가까이 갈 수 없었다. 여송 사이를 왕래하면서 육분의六分儀[65]와 조수경照水鏡을 사용했다. 육분의와 조수경은 얕은 물의 돌이나 물속에 잠겨 있는 암석까지 모두 훤히 들여다보여, 그 사용법이 지남거指南車보다 훨씬 신묘하다. 중국인은 여송으로 갈 때 배(즉 갑판선)의 편리함을 늘 즐겼으며, 신묘한 제작 기술에 감탄했다. 갑판선을 타고 여송으로 오는 데는 석 달이 걸린다. 그 배를 타고 본국으로 돌아가는 데는 물의 성질이 달라서 5개월을 가야만 한다. 중국인들이 무역하러 오고 가며 잘 지낸 지 몇백 년은 되었다. 청나라 건륭乾隆[66] 연간에 북대서양[67]에 있는 영국[68]이 갑자기 선박 10여 척을 보내[69] 곧장 여송으로 밀고 들어와 그 땅을 점거하려 했다. 이에 스페인 출신의[70] 신부가 예물을 바치면서 화해를 청하자 영국은 그대로 돌아갔다. 나머지는 여송과의 통상에 관련된 것이기 때문에 그 대략만 기록한다.

진륜형陳倫炯의 『해국문견록海國聞見錄』에 다음 기록이 있다.

동남아시아의 여러 해양은 대만으로부터 남쪽에 있다. 대만은 동남쪽에 위치해 있는데, 북단 계롱산雞籠山에서부터 남단 사마기에 이르기까지 그 너비가 2,800리이다. 복주福州·홍주興州·천주泉州·장주와는 대치하고 있으며, 팽호와는 뱃길로 4경(약 8시간)이고, 하문과는 뱃길로 모두 11경(약 22시간)이 걸린다. 서쪽 일대는 비옥한 평야 지대이고, 동쪽은 큰 바다를 굽어보고 있다. [명나라] 숭정崇禎[71] 연간에 네덜란드 사람에게 점령당했으나, 정성공鄭成功이 탈환했다.[72] 강희 22년(1683)에 정극상鄭克塽이 청나라에 귀순함으로써 [대만은] 비로소 중국의 판도에 들어왔으나, 여송도만은 지금까지도 서양인들에게 점령당해 있다. 여송도는 대만 봉산현 사마기 동남쪽 45도에 위치해 있다. 하문에서부터 뱃길로는 72경(약 144시간, 6일)이 걸린다. 북쪽 고산 일대는 멀리서 보면 송곳니처럼 생겼으며, 속칭 아파리항Port of Aparri[73]이라고 한다. 산에는 토착민이 살고 있으며, [산은] 여송과 사마기 사이에 있다. 중간에 섬이 몇 개 있는데, 오직 홍두서紅頭嶼[74]라는 한 섬만이 대만과 조금 가깝다. 토착민이 살고 있는데, 왕래하지도 않고 말도 통하지 않았다. 감자나 해산물을 먹고 살고 사금이 나며, 대만에서는 일찍이 배로 그곳에 간 적이 있다. 여송도[75]는 북쪽 아파리항에서부터 동남쪽을 둘러 옛날 대서양에 위치한 스페인[76]에게 점령당했다. 스페인의 국명도 여송이었기 때문에 이 섬의 이름을 그대로 사용했다. 이 섬의 토양은 쌀농사에 적합하고 쌀의 크기는 5~6푼(즉 1.5cm) 정도된다. 장주와 천주 사람들은 농사를 짓고 장사하는 사람들이 아주 많았는데, 매년 정표은丁票銀[77] 5~6금金을 내야만 비로소 거주할 수 있게 해 주었다. 사방이 명확하게 구분되어 있어 오직 한곳에서만 장사할 수 있고, 다른 곳으로 넘어가는 것을 허락하지 않았다. 이 땅은 원래 토착민의 것이었으나, 지금은 여송이 관할하고 있으며, 동남아시아 무역의 중심지가 되었다. 그래서 대서양의 카스티야 왕국, 스페인의 선박이 모여들었고, 스페인은 이곳에다 천주교당을 세우고 도시를 건설하고 서양 오랑캐를 불러들였다. 중국인 가운데 그곳 여자를 아내로 맞아들이는 경우 반드시 천주교를 받아들이고 천주교당에서 예배를 올려야 한다. 새벽에 종을 울려 날[78]이 밝았음을 알리면 비로소 시장을 열 수 있다. 낮에 종을 울려 밤이 되었음을 알리면 시장을 닫고 감히 왕래하지 않았다. 해 질 무렵 종을 울려 날이 밝았음을 알리면 등불을 훤하게 밝혀 대낮처럼 생활한다. 한밤중에 종을 울려 밤이 되었음을 알리면 가게를 닫는다.[79] 주야로 각각

6시간[80]을 기준으로 낮이 되고 밤이 된다. 정오 무렵에 야간통행금지가 되면 사방천지가 익명으로 물건을 거래한다.[81]

사청고의 『해록』에 다음 기록이 있다.

소여송도小呂宋島는 본명이 마닐라섬으로, 술루해 슴빌란Sěmbilan[82]의 북쪽에 위치해 있는데, 해상의 큰 섬 가운데 하나이다. 섬의 둘레는 수천 리에 이른다. 지금은 서양 스페인(呂宋國)의 관할하에 있기 때문에 소여송小呂宋이라 고쳐 부른다. 토양은 농사에 적합하고 토착민은 영유귀英酉鬼로, 서양과 풍속이 같고, 성정이 사나우며 싸움을 좋아한다. 이곳에 주둔하는 스페인 사람들은 1만 명 정도 된다. 이곳에서 장사를 하는 중국인도 많지만, 한곳에서만 거주할 수 있으며 다른 곳으로는 갈 수 없다. [다른 곳으로] 가고 싶으면 반드시 통행증을 요구했다. 매년 정구은丁口銀[83]을 무겁게 거두어들였다. 이 땅에서는 금과 오목烏木[84]·소목蘇木[85]·해삼이 난다. 속지 중에 비간Vigan[86]이라는 곳이 있는데, 소여송에서 가장 큰 도시로, 곡물이 특히 많이 난다. 비간의 동북쪽 바다에 따로 우뚝 솟아 있는 산은 쿨레브라섬Culebra Island[87]으로 소여송에 속한다. 이곳 사람들은 중국인과 비슷하게 생겼으며, 그곳에서는 해삼이 많이 난다. 천리석당千里石塘[88]은 이 나라의 서쪽에 있다. 배를 타고 여송을 경유해 북쪽으로 4~5일을 가면 대만에 도착할 수 있다. 반면 서북쪽으로 5~6일을 가서 동사군도東沙群島[89]를 경유해서 다시 하루 남짓 가면 담간산擔干山[90]이 보이고 다시 수십 리를 가서 곧장 만산군도萬山群島[91]로 들어가면 광주廣州에 도착한다. 동사군도는 바다에 떠 있는 모래섬으로, 만산군도의 동쪽에 위치해 있기 때문에 동사군도라 불리었다. 여송과 술루해를 가려면 반드시 이곳을 거쳐 가야 한다. 산호섬이 동쪽에 하나 서쪽에 하나 있고, 중간에 작은 항구가 있어 서로 왕래할 수 있다. 서사군도西沙群島[92]는 [다른 군도에 비해] 약간 높을 뿐인데, 그래도 수면 위로 나온 부분이 1길 정도 되어 선박이 이곳을 지나가다 비바람을 만나면 시야가 흐려져 난파하기 마련이다. 그래서 대개 조주·복건·강소江蘇·절강浙江·천진天津으로 가는 선박들은 종종 풍랑을 만나면 이곳으로 와서 항구에 배를 정박시키고 풍랑을 피할 수 있었다. 서사군도에서 우물을 파면 물을 얻을 수 있었다. 서사군도의 정남쪽이 바로 천리석당[93]이다.

『만국지리전도집萬國地理全圖集』에 다음 기록이 있다.

소여송도는 중국 동남쪽에 위치해 있다. 북위 12도에서 19도, 동경 124도에서 128도에 위치한다. 남북의 길이는 1,200리이고 동서의 너비는 345리이며 인구는 60만 명이다. 내지는 아주 높고 수풀은 빽빽하고 울창하며, 화산이 있어 종종 지진이 발생한다. 백설탕·면화·마·커피·담배·카카오 열매[94]가 나는데, 외국인들은 카카오 열매를 익혀서 복용한다. 천주 사람들은 매년 배를 타고 여송항에 오면서 이곳을 마닐라라고 불렀는데, 옛날에 스페인령이 아니었을 때는 원주민들이 살았다. 산에는 얼굴이 검고 머리가 꼬불꼬불한 사람들이 살았는데, 이들은 나무껍질로 만든 옷을 입고, 초가집에서 살았다. 땅은 비옥했으나 사람들이 노동을 꺼려 굶어 죽을지언정 일을 하지 않았다. 명나라 영락永樂[95] 연간에 국왕이 사신을 보내 조공을 보내왔고, 종종 중국인을 초대하여 그 나라에서 살게 했다. 융경隆慶 5년[96](1571)에는 스페인의 군함이 그 땅을 점령해 본국의 속국으로 삼아 땅을 개간하고 열심히 일했으며, 마카오·영국·미국 각 나라와 통상했다. 마닐라성에서 새벽에 종을 울려 날이 밝았음을 알리면 비로소 시장을 열고 장사를 했다. 낮에 또 종을 울려 밤이 되면 시장을 닮았다. 그곳의 풍속은 마카오나 서양과 비슷하다. 부모님이 짝을 구하면 신부가 혼인을 주관했고, 온갖 잡다한 일도 신부가 처리했다. 사람이 죽으면 자루에 넣었다. 부자가 재물을 내면 재물의 많고 적음을 따져 천주교당 내에 묻고 가난한 사람은 천주교당의 담장 밖에 묻었다. 3년에 한 번 정리하면서 유골은 깊은 골짜기에 버렸다. 나라 사람들의 태반은 천주교를 신봉하나 나머지는 여전히 자기의 신념을 고수하면서 개종하지 않았다. 신부는 관리처럼 내지를 다스리고, 백성들은 신부를 보살처럼 숭배했다.

사점임謝占壬 영파寧波의 해상海商이다. 도광道光 6년(1826) 강소해운江蘇海運에서 힘을 써서 순검巡檢에 추천되었다. 이 말한다.

여송은 절해관浙海關[97]에서 가장 가까우며, [여송에서] 해구를 준설[98]하는 방법은 중국이 모방해서 할 수 있을 것 같다. 대략 20년 전에 여송 내의 하천이 바다로 유입되는 길목인 코레히도르섬Corregidor Island[99]의 해수면은 길이가 360리, 폭은 2백 리 정도였다. 하천의 토사가 바다로 유입되면서 하구에 토사土砂가 침적沉積되어 배의 운행을 가로막았다. 또한 바다가 탁 트인 망망대해라 물밑으로 들어가 시공하기가 어려웠다. 그때 마침 영국 선박이 그쪽으로 왔는데, 항구로 진입할 수 없었다. 영국 사람들은 본디 기묘한 기술을 많이 보유하고 있었는데, 특히 배를 돌리는 방법에 정통해 결국 반盤을 돌리는 기구를 설치해 해구에 쌓인 토사를 제거할 방법을 마련했다. 사방 수백 리에 쌓여 있던 토사가 반년도 안 되어 모두 시원하게 뚫렸고, 이때부터 대형 선박들이 돛을 올리고 그대로 들어왔는데, 전혀 막힘이 없었다.

그 방법은 모두 바퀴가 돌아가는 힘을 빌려 인력을 대신하는 것이었다. 그들이 사용한 기구는 장방식長方式의 배 몇 척을 배허리[100]에서부터 선수까지 요철처럼 이지창으로 나누고, 이지창 사이로 차반 하나를 가로로 꽂아 넣으면 수차水車, 즉 물레방아와 같아진다. 수차의 가장자리는 물밑에서 몇 치 떨어져 있어 깊이도 탄력적으로 바꿀 수 있었다. 갑판 가로로 전륜轉輪이 놓여 있어서 약간 명의 사람이 바퀴를 밟으면 차반이 돌아간다. 그리고 다시 아주 큰 키 하나를 이용하는데, 이 키로 수천 근의 흙을 담을 수 있었다. 키 바닥에 차륜車輪 두 개를 설치하고 키 앞쪽(箕口)을 쇠로 감아 놓았는데, 꼭 밭 갈 때 쓰는 쟁기 같았다. 다시 몇 길 길이의 쇠밧줄 두 줄을 이용해, 한 줄은 차반에 묶고, 다른 한 줄은 키 앞쪽에 묶는다. 차륜이 돌면서 움직이면 키가 배 쪽으로 근접해 오면서 쟁기가 지나가면 토사가 키 안으로 말려 들어간다. 갑판에 따로 앵가거鸎架車를 설치해 키를 들어 올려 토사를 작은 배로 쏟아부으면 토사가 다른 곳으로 떨어진다. 배의 사방으로 닻줄을 던져 배가 움직이지 않게 고정하고 오로지 하상의 중심에서 리듬을 타고 더 깊이 파고들어 가 급류로 하상의 중심을 쳐내면 저절로 점점 더 깊어지고 넓어져 인력도 줄이고 성공하기도 쉽다. 이것은 내가 지난날 민 땅에 갔다가 여송의 조타수와 교분이 있어 그가 적어 놓은 『해도침보海道鍼譜』에 부록으로 실려 있는 방법을 본 것인데, 안타깝게도 모든 장비를 직접 보지 못한 것이 유감일 따름이다. 근자에 천진에서 우연히 해선을 모는 조타수와 이야기하게 되었는데, 진해鎭海[101]의 왕사고王高思란 자가 지난날 여송의 조타수로 있다가 지금은 연로하여 고향으로 돌아와 있다는 것을 알게 되었다. 그는 일찍이 이 모든 공정을 직접 보았기 때문에 더 자세하게 말할 수 있었다고 한다.

근자에 듣자 하니 남하南河[102]에서는 옛날부터 혼강룡混江龍[103]과 철비기鐵篦箕[104]를 사용해 하천의 밑바닥을 쓸어 냈지만, 지금에 와서는 이것을 사용해도 효과가 없다고 한다. 그 이유는 황하의 제방이 자주 터져 물이 여러 갈래로 흐르면서 물살이 느려지고 이로 인해 모래가 쌓이면서 해구의 하신河身[105]이 일률적으로 평평해졌기 때문이다. 수면에는 여전히 급류가 흐르는데, 하천 밑바닥의 물살은 도리어 잠잠해져 철비기를 사용해서 흙을 파낸다 해도 어쩔 수 없이 토사를 제거하는 와중에도 토사가 쌓인다. 이는 하신의 높낮이가 현격하게 달라 급류가 계속 세차게 흐르면서 하천의 밑바닥에 쌓여 있던 토사가 점점 튀어 올라 급류에 휩쓸려 멀리 갈 수 있었던 과거와는 다르다. 그러다가 지난날 항해하다 자주 정박되어 있던 배의 닻줄이 풍랑이 일지 않았는데도 느닷없이 움직였고, 뱃사람들 역시 그 이유를 몰랐던 것이 생각났다. 지금에서야 비로소 해구의 물살에 급류가 적으면 해수면의 급류가 낮고 잔잔해지고, 해구의 물살이 세면 계속 세차게 흐른다는 것을 깨닫게 되었다. 요컨대 닻 갈고리를 토사에 꽂아 넣으면 닻채와 닻줄이 모두 물을 쳐서 아래로 휩쓸려가서 해저의 토사와 충돌하게 되니 닻 갈고리가 [물 밖으로] 노출되는 것은 당연하고, 이로부터 움직이게 되는 것이 자연스럽다는 것을 알게 되었다. 곰곰이 다시 생각해 보고서야 지금의 하천 밑바닥의 급류가 잔잔해지고 느려져서 토사를 바다로 보낼 수 없다는 것을 알았다. 그렇지 않고 바로 물을 쳐서 모래에 충격을 주는 방법을 시도해 볼 양이면 배 천여 척을 이용해 방향타 끝에 모두 피수판披水板[106]을 달고 양쪽에 양판鑲板(합판)을 덧댔는데, 양판의 너비는 수 자이고 길이는 수 길이며, 서양의 경목으로 만들고 여기다가 돌을 매달아 곧장 물속으로 가라앉히면 그 방식이 마치 오이를 깎는 대패와 같았다. 양판 아래에 차륜 하나를 설치하고 양판을 물에서 1~2자 떨어뜨리면 차륜이 하천 바닥에서 돌아가 물이 양판 아래에서 퍼져 나와 하천 바닥을 친다.[107] 다시 배허리에 철비기를 매달아 토사를 쓸어 내면서 치면 토사가 아래에서 위로 리듬을 따라 올라 오면서 뚫리게 된다. 많은 배가 바람을 따라 위로 올라오고 물길을 따라 내려가면서 하천 바닥의 토사를 잠시라도 멈추거나 완만하게 흐르지 않게 하면, 즉 계속 움직이게 하면 가히 토사를 바다로 끌고 들어가게 되어 어쩌면 인력을 줄이는 방법을 기대해 볼 수도 있을 것이다! 물을 쳐서 토사에 충격을 주는 방법을 시험해 실효를 거두게 되면 절강의 영파와 태주부台州府에 가서 낚싯배 1천~2천 척을 빌려 항해하여 회수淮水로 들어갈 수 있다. 그 배는 선수가 뾰족하고 선미가 넓어 강과 바다 모두를 운행할 수 있으며 안정성이 뛰어나다. 다만 정두頂頭에 역풍만 없고, 측면에서 바람이 조금만 불어도 물길을 거슬러 올라갈 수 있으니, 봄여름의 동남풍을 타면 가장[108] 순조롭다. 배의 대소를 막론하고 배마다 5인만 있으면 응용해 볼 만하다. 매일 인부들에게 주는 급료와 뱃삯은 은 두 냥이며, 그 비용도 한계가 있다. 이 일은 내가 경험해 보지 않아 감히 자신할 수는 없다. 다만 일을 맡은 대인이 하조河漕에 대한 염려가 간절한지라, 비루함을 무릅쓰고 삼가 들은 바를 기술하니, 보잘것없는 견해를 참작해 미력하나마 소용이 되었으면 한다. 살펴보건대 이것은 해구를 준설하는 방법에 대해 이야기한 것이다. '오로지 하상의 중심에서 리듬을 타고 더 깊이 파고들어 가 급류로 하상의 중심을 쳐내면 저절로 점점 더 깊어지고 넓어진다'라는 것은 아마도 앞서 하천 공사 때 혼강룡과 철비기로 흙을 쓸어 냈던 방법으로 물을 끌어들여 하천으로 돌려보내고, 이어서 맞은편 방죽(對埧)을 이용해 급류를 칠 작정이면 수력으로 토사에 충격을 준 것을 모방한 것 같다. 전적으로 선륜船輪[109]에만 의지하지 않으면 인력으로 반년 안에 수백 리 하구에 걸친 토사를 준설할 수 있다. '배의 사방으로 닻줄을 던져 배가 움직이지 않게 고정한다'라는 것 역시 사선梭船[110]이 왔다 갔다 하면서 천을 짜는 것과 같은 방식은 아니다.

『무역통지貿易通志』에 다음 기록이 있다.

스페인이 점령한 새로운 땅 여송도는 민 땅, 월 땅과 가깝고, 쌀과 백설탕·야자유·커피·대마·담배 등이 난다. 도광 12년(1832)에 들어온 갑판선 136척의 수입 품목과 수출 품목이 각각 130~140만 원 정도이며, 인구는 2백여만 명이다. 세금을 무겁게 거두지만, 상인들은 오리처럼 떼지어 몰려들었다. 그 나머지 남중국해의 각 섬 예컨대 말레이시아Malaysia,[111] 트렝가누Trenganu,[112] 파항Pahang은 각각의 군주가 다스리는 자치 구역이다. 조세가 모두 가혹했기 때문에 무역이 번성하지는 않았다.

『지리비고』에 다음 기록이 있다.

여송도의 원래 명칭은 필리핀Philippines[113]이다. 라자루스Lazarus[114]라고도 하며 남중국해의 서쪽에 위치해 있다. 북위 5도에서 20도이며, 동경 114도에서 125도에 이른다. 섬은 모두 합쳐 천 개 정도 되는데, 그 가운데 제일 큰 섬이 루손군도이고, 민다나오섬Mindanao Island[115]·술루군도Sulu Archipelago[116]·팔라완섬Palawan Island[117]이 그다음으로 크다. 산등성이와 구릉이 우뚝 솟아 있고, 화산이 빈번하게 터지며, 지진이 자주 일어난다. 기후가 무덥고, 시도 때도 없이 폭풍이 불고 폭우가 내린다. 논밭은 아주 비옥하고 곡식과 과일이 매우 풍부하다. 수풀이 빽빽하고 상품의 나무가 많다. 이 땅에서는 금·철·납·마·수은·유황·주사朱砂·보석·사탕수수·계피·커피·후추 등의 산물이 난다. 온갖 날짐승과 길짐승이 번식하고 있다. 루손군도, 민다나오섬, 술루군도, 팔라완섬 등 4개의 섬이 있는데, 순서에 따라 다음과 같이 기술한다.

루손군도에는 섬이 아주 많으며, 그 가운데 루손섬(여송도)이 가장 크다. 루손섬은 남북의 길이는 약 1,400리 남짓이고, 동서의 너비는 약 4백 리이다. 접경지대는 두 곳에 속해 있는데, 한 곳은 스페인이 함께 다스리고, 다른 한 곳은 자체 부족장이 다스린다. 스페인의 지배도 함께 받는 지역은 15개로 다음과 같다. 첫째는 톤도Tundo[118]로, 주요 도시는 마닐라Manila[119]이다. 인구가 조밀하고, 각지의 사람들이 모여들며, 항구가 안정되고 넓어 배가 숲을 이룰 정도로 많다. 둘째는 카비테[120]로, 주요 도시 역시 카비테이다. 셋째는 바탕가스Batangas[121]로, 주요 도시 역시 바탕가스이다. 넷째는 불라칸Bulacan[122]으로, 주요 도시 역시 블라칸이다. 다섯째는 라구나Laguna[123]로, 주요 도시는 팍상한Pagsanjan[124]이다. 여섯째는 바타안Bataan[125]으로, 주요 도시 역시 바타안이다. 일곱째는 타야바스Tayabas[126]로, 주요 도시 역시 타야바스이다. 여덟째는 팜팡가Pampanga[127]로, 주요 도시는 바콜로bacolor[128]이다. 아홉째는 삼발레스Zambales[129]로, 주요 도시는 마신록Masinloc[130]이다. 열 번째는 팡가시난[131]으로, 주요 도시는 링가옌Lingayen[132]이다. 열한 번째는 일로코스Ilocos[133]로, 주요 도시는 비간[134]이다. 열두 번째는 카가얀Cagayan[135]으로, 주요 도시는 일라간Ilagan[136]이다. 열세 번째는 누에바에시하Nueva Ecija[137]로, 주요 도시는 발레르Baler[138]이다. 열네 번째는 카마리네스Camarines[139]로, 주요 도시는 나가Naga[140]이다. 열다섯 번째는 알바이Albay[141]로, 주요 도시 역시 알바이이다.

자체 부족장을 두어 다스리는 곳은 동쪽 해역 및 제도 일대로, 모두 각각 그 부족장을 세워 관리했다. 사마르섬Samar Island[142]은 바깥쪽은 스페인의 지배를 받고, 내지는 부족장이 다스린다. 레이테섬Leyte Island[143]의 서쪽 해안은 스페인의 지배를 받고, 나머지는 모두 부족장이 관할한다. 세부섬Cebu Island[144]과 보홀섬Bohol Island[145]은 모두 스페인[146]의 지배를 함께 받았다. 네그로스섬Negros Island[147]은 그 해안만 스페인의 지배를 받고, 나머지는 모두 부족장이 관할한다. 파나이섬Panay Island[148]은 그 해안만 스페인의 지배를 받고 내지는 부족장이 관할한다. 칼라미안제도Calamian Group[149]는 스페인의 지배도 받는다. 민도로섬Mindoro island[150]은 스페인의 지배는 거의 안 받고 부족장이 대부분 관할한다.

민다나오섬은 일명 마긴다나오Maguindanao[151]라고도 하는데, 남북의 길이는 약 1천 리 남짓이고, 동서의 너비는 약 5백 리이며, 둘레는 약 2,800리이다. 땅은 분할되어 세 곳의 지배를 받는데, 한 곳은 스페인의 지배를 받고 있고, 다른 한 곳은 민다나오 왕의 지배를 받고 있으며, 마지막 한 곳은 부족장들이 직접 다스린다. 스페인이 다스리는 지역은 세 곳으로, [민다나오섬] 서남쪽에 위치한 주요 도시 삼보앙가Zamboanga,[152] 북쪽 해안에 위치한 미사미스Misamis,[153] 동쪽 해안에 위치한 카라가Caraga[154]가 그것이다. 민다나오 왕의 관할 지역은 토지가 광활하다. 주요 도시는 살랑간Salangan[155]으로, 풀랑기강Pulangui River[156] 해안에 건설되었는데, 바로 이 나라의 수도[157]이다. 부족장이 관할하는 지역은 [민다나오섬] 서쪽에 위치하며, 내지는 33명의 추장이 각각 한 지역씩을 다스리고 상호 간에 연맹을 맺었다.

술루군도는 작은 섬이 아주 많다. 그 가운데 술루섬,[158] 타위타위섬 Tawitawi Island,[159] 바실란섬Basilan Island[160] 등의 세 개의 큰 섬은 모두 술루 왕의 통치하에 있고, 주요 도시인 바우앙Bauang[161]이 그 나라의 수도이다. 토착민들은 대부분 노략질을 일삼았고, 특히 바다에서 소란을 떨었다.

팔라완섬은 파라구아Paragua[162]라고도 하며 남북으로는 약 950리이고 동서로는 120리 정도 된다. 내지의 토착민들은 자체적으로 다스렸고, 해안가 대부분은 술루 왕의 지배를 받았으며 동북쪽 해안은 스페인의 지배를 받았다.

『만국지리전도집』에 다음 기록이 있다.

남중국해의 각 섬은 북위 12도에서 남위 10도에 이르고, 동경 85도에서 135도에 이르며, 각 섬에서는 남방의 물산이 난다. 날씨는 무덥지만 해풍이 자주 불고, 장마가 때때로 퍼붓고 초목이 울창하며, 사시사철 풍광이 모두 아름답다.

또 다음 기록이 있다.

남중국해의 작은 섬들 가운데 소여송의 남쪽에 위치해 있는 섬으로는 사마르섬[163]·마린두케Marinduque[164]·팔라완섬[165]·네그로스섬[166]·마스바테Masbate[167]·세부섬[168]·보홀섬[169]·파나이섬[170]·민다나오섬[171]·민도로섬[172]·레이테섬[173]이 있다. 이곳의 날씨와 물산은 루손섬(여송)과 같고, 태반은 스페인의 관할하에 있으며, 인구는 모두 합쳐 224만 명이다.

또 다음 기록이 있다.

소여송의 서쪽에 있는 술루군도는 섬은 작지만 물산이 아주 풍부해, 진주·대모·소목·두구·앵무새·강진향·등나무가 난다. 이에 복건과 하문의 배들이 자주 술루군도에 가서 무역한다. 거류민들은 바다에서 도적질을 하며 사는데 내키는 대로 노략질을 하고 여송의 병선과 싸워 이길 때도 있다. 인구는 많지만 식량이 부족해 다른 곳에서 구매해 운반해 오곤 했다.

『외국사략外國史略』에 다음 기록이 있다.

소여송의 각 섬은 중국의 동남쪽에 위치해 있으며, 면적은 사방 4,700리이고, 인구는 6백만 명이다. 크고 작은 섬들이 아주 많고, 북위 5도에서

20도에 위치한다. 비가 많이 내리고 화산이 있으며 자주 지진이 난다. 반면 토지가 비옥해서 쌀·담배·설탕·커피·카카오나무가 많이 난다. 미곡이 남으면 모두 배에 싣고 가서 중국에다 판다. 돛대로 세울 만한 큰 나무가 난다. 또한 밀랍蜜蠟·설탕·좋은 말·들소 등이 난다. 토착민들은 체격이 왜소하고 언어와 풍속이 서로 다르다. 백성들은 연장자를 잘 따르고 윗사람을 존경하지만, 천성적으로 거짓말을 잘해 사람들을 팔아 노예로 삼는다. 지금은 대부분 천주교로 귀의해 예의를 굳게 지킨다. 이슬람교를 신봉하는 사람들은 해적질을 해서 먹고살았다. 산속에는 검은 얼굴의 미개인이 살고 있는데, 이들은 풀과 과일을 먹고 산다. 명나라 때 여송의 왕이 중국에 조공하러 들어왔다. 명나라 이후로 많은 복건과 천주 사람들이 매년 상선을 몰고 대대적으로 모여들었지만 대부분 난파되었다. 군도로는 민다나오섬[174]·사마르섬·레이테섬[175]·파나이섬[176]·세부섬[177]·민도로섬이 있는데, 그 가운데 가장 큰 섬은 루손섬뿐이며 스페인 병사들이 주둔하고 있다. 명나라 가정嘉靖 39년(1560)에 스페인 배가 처음 이섬에 왔다. 융경 2년(1568)에 군함을 그 땅으로 보내 점령했다. 원주민들이 대부분 굴복하지 않아 지금까지도 스페인의 통치를 받지 않는 곳이 있다. 스페인은 이미 중국·일본과는 통상의 길을 열었으며, 무역도 해마다 늘어 무역하러 오는 중국인이 수를 셀 수 없을 정도로 많았다. 이로부터 큰 분쟁이 일어나, 스페인의 유혹에 빠져 살해된 자도 몇만 명은 되었다. 이에 법률을 세워 상인에 준해서만 거주할 수 있게 해 주었으며 배가 돌아가면 상인도 돌아가야 했다. 천주교를 믿는 사람만이 비로소 임의로 거주하고 무역도 함께 관리할 수 있게 해 주었다. 금지조항이 매우 번거로웠지만, 천주에서 오는 배만은 늘 자유롭게 왕래했다. 건륭 26년(1761) 스페인과 영국 간의 전쟁이 벌어져 영국이 여송을 빼앗으려 할 즈음 배상금을 지불하기로 하자 철병하고 물러났다. 그러나 그 은은 지금도 다 갚지 못한 상태이다. 후에 미국과 통상하게 되었으며, 매년 두세 척의 큰 군함이 15만 섬의 화물을 싣고 들어오는데, 그 가치가 1,200만 원 정도 되었다. 미국에서 반출한 것은 대부분 은괴로 간혹 중도에 다른 나라와 교전하여 배를 빼앗기면 그 손해가 막심했다. 가경嘉慶[178] 연간에 미국의 식민지들은 스스로 나라를 세우고 스페인[179]의 통치를 받지 않은 채 널리 항구를 열었지만, 이익은 점점 줄어들었다. 이에 다시 총독을 파견해 대신 그 섬을 통치함으로써 토착민들과 함께 섬을 보호하고 지킬 수 있었다. 매년 국고로 거두어들이는 은은 150만 원이고, 반입 화물은 약 은 5,157,000여 원이며 반출 화물은 약 은 1,436,000원 정도 되었다. 토산물이 매년 늘어나면서 외국에 준해 임의로 왕래하게 하고 더 이상 금지하지 않으면서 통상이 더욱더 왕성하게 일어났다. 다만 국고가 오랫동안 비어 거두어들인 세금으로는 나라의 빚을 상환하기에도 부족했다.

그 수도는 루손섬에 있는데, 마닐라[180]라고 한다. 마닐라에는 예배당이 많고 신부도 많다.

대만과 루손섬의 중간에 섬이 몇 개 있는데, 스페인령의 경우는 거류민이 많지 않다. 쌀이 나서 다른 나라와 왕래하지 않고 다만 풍랑을 만난 선박이 이곳에 오면 그 난민들을 도와주었다.

『영환지략瀛環志略』에 다음 기록이 있다.

근년에 들어 광동성에 오는 이민족들은 대부분 마닐라[181]로 모여들었다. 미국과 스페인에서 총독을 보내 통상했는데, 그 배들이 모두 이곳에 모여들었다. 대개 이 땅은 칠주양의 동쪽 연안에 있는데, 키를 돌려 북쪽으로 가서 장사군도長沙群島[182]로 들어가면 광동성에 갈 수 있다. 이민족들은 묵고 있는 여관의 주인에게 부탁해 땔나무와 물, 양식을 모두 이곳에서 마련했다. 그 덕분에 근래에 들어 소여송은 남중국해 여러 섬 가운데 최고로 번성했다.

또 황의헌黃毅軒의 『여송기략』에 따르면,

건륭 연간에 북대서양에 위치한 영국(英圭黎)[183] 영길리英吉利이다. 이 갑자기 갑판선 10여 척을 보내[184] 곧장 여송까지 밀고 들어와 그 땅을 점령하려고 했다. 스페인 신부가 예물을 바치고 화해를 청하자 영국은 그대로 돌아갔다고 한다. 내가 생각해 보니 스페인 신부는 바로 천주교의 사제이다. 그래서 서양 사람들은 모두 천주교를 신봉하며 매번 신부를 통해 분쟁을 해결한다. 그런데 영국인들이 갑자기 철병한 것이 반드시 신부의 말을 믿어서 그런 것은 아니다. 스페인이 여송에 온 지는 이미 2백~3백 년이 되었는데, 이곳은 상업 유통만이 아니라 해외의 교두보로 삼아 국력을 키운곳으로, 엄연한 스페인의 동서 양쪽 지경에 해당한다. 영국에게 여송을 빼앗긴다면 스페인은 그 절반을 잃게 된다. 스페인이 이전보다 약해졌다고는 하지만, 그래도 서양의 대국이고, 또한 국가의 명운이 달려 있으니 장차 목숨을 걸고 싸울 것이다.[185] 영국이 비록 강해졌다고는 하나 그렇다고 어찌 갑자기 스페인을 일시에 멸망시킬 수 있겠는가?[186] [이는] 남쪽 변방[187]에서 땅을 빼앗고 집 안[188]으로 적을 끌어들이는 격이니 좋은 계책이 아니다. 그런 까닭에 영국 사람들도 여송을 빼앗을 수 없다는 것을 잘 알고 있다. 다만 영국이 강한 힘으로 스페인을 위협하고 그들이 애원하기를 기다렸다가 군대를 철수해 그들로 하여금 자국을 두려워하고 자국을 고맙게 생각해 자국의 앞길[189]을 막지 못하게 했다. 그런 연후에 자국의 상선이 동쪽으로 진출할 때 저들의 영토를 동도주東道主[190]로 삼아도 저들은 감히 원망하지 않을 것이다. 클라파Kelapa[191]가 [영국에게 일시] 점령되었다가 다시 [네덜란드에게] 반환된 것도 이와 같은 맥락이니, 모두 이런 사정을 잘 보여 주고 있다.

　루손군도의 서남쪽, 보르네오섬Pulau Borneo[192]의 동북쪽에 술루라는 작은 나라가 있는데, 세 개의 섬(술루섬, 타위타위섬, 바실란섬)이 연결되어 있으며, 그 섬들은 모두 아주 작지만, 인구는 제법 많다. 사람들은 원래 말레이계로 사납고 용감해서 싸움을 잘하며, 으레 해적이 된다. 스페인은 여송을 점령한 뒤에 술루마저 속국으로 만들려고 했지만, 술루가 복종하지 않았다. 이에 군대를 보내 이들을 공격했지만 도리어 패배했다. 그 바다에서는 진주·대모가 나고, 산에서는 소목·두구·강진향·등나무가 나고, 또 앵무새가 난다. 인구는 많고 땅은 척박해서 먹을 것이 부족해 다른 섬에서 사다 먹는다. 하문의 상선이 때때로 여송을 경유해 그곳에 가서 무역하는데, 하문에서 술루까지는 뱃길로 110경(220시간, 약 9일) 정도 걸린다.

『해국문견록』에서는 술루를 카리문자와제도Kepulauan Karimunjawa[193]·브루나이와 한 땅으로 보고 있는데, 이것은 잘못된 것이다. 이에 지금 바로 고친다.[194]

呂宋夷所屬島一

一

原名蠻里剌島, 明季改名小呂宋.

『明史』: 呂宋島, 居南海中, 去漳州甚近. 洪武五年正月, 使使偕瑣里諸國來貢. 永樂三年十月, 遣官齎詔, 撫諭其國. 八年, 與馮嘉施蘭入貢, 自後久不至. 萬曆四年, 官軍追海寇林道乾至其國, 國人助討有功, 復朝貢. 時佛郎機強, 與呂宋互市. 源案: 呂宋島, 本名蠻里喇, 明季爲西洋呂宋夷船所據. 中國人因呼曰小呂宋, 蓋對其本國而稱之, 猶爪哇島之稱, 改新荷蘭也. 『明史』誤以呂宋爲此島本名, 因妄謂呂宋島, 滅於佛郎機, 誤甚. 至今此島尙有呂宋鎭守之兵, 無佛郎機之兵.

久之, 見其國弱可取, 乃奉厚賄遺王, 乞地如牛皮大, 建屋以居. 王不虞其詐而許之. 其人乃裂牛皮, 聯屬至數千丈, 圍呂宋地, 乞如約. 案: 當云圍蠻里喇地, 乞如約.

王大駭, 然業已許諾, 無可奈何, 遂聽之, 而稍徵其稅如國法. 其人旣得地, 卽營室築城, 列火器, 設守禦具, 爲窺伺計. 已, 竟乘其無備, 襲殺其王, 逐其人民, 而據其國. 名仍呂宋, 實佛郎機也. 案: 當云改名呂宋. 其實呂宋國自在西洋也.

先是, 閩人以其地近且饒富, 商販者至數萬人, 往往久居不返, 至長子孫. 佛

郎機旣奪其國. 案: 以後佛郎機字均當作呂宋. 其王遣一酋來鎭, 盧華人爲變, 多
逐之歸, 留者悉被其侵奪. 萬曆二十一年八月, 酋郎雷敝裏係勝侵美洛居, 役華
人二百五十助戰. 有潘和五者爲其哨官. 蠻人日酣臥, 而令華人操舟. 稍怠, 輒
鞭打, 有至死者. 和五曰: "叛死·箠死, 等死耳. 否亦且戰死, 曷若刺殺此酋以救
死? 勝則揚帆歸, 不勝而見縛, 死未晚也." 衆然之, 乃夜刺殺其酋, 持酋首大呼.
諸蠻驚起, 不知所爲, 悉被刃, 或落水死. 和五等盡取其金寶·甲仗, 駕舟以歸.
失路之安南, 爲其國人所掠, 惟郭惟太等三十二人附他舟獲返. 時酋子郎雷猫
吝駐朔霧, 聞之, 率衆馳至, 遣僧陳父冤. 乞還其戰艦·金寶, 戮仇人以償父命.
巡撫許孚遠聞於朝, 檄兩廣督撫以禮遣僧, 置惟太於理, 和五竟留安南不敢返.

初, 酋之被戮也, 其部下居呂宋者, 盡逐華人於城外, 毁其廬. 及猫吝歸, 卽
令城外築室以居. 會有傳日本來寇者, 猫吝懼交通爲患, 復議驅逐. 而孚遠適遣
人招還. 蠻乃給行糧遣之. 然華商嗜利, 趨死不顧, 久之復成聚.

其時礦稅使者四出, 奸宄蜂起言利. 有閻應龍·張嶷者, 言呂宋機易山素産
金銀, 探之, 歲可得金十萬兩·銀三十萬兩. 萬曆三十年七月, 詣闕奏聞, 帝卽納
之. 命下, 擧朝駭異. 言官金忠士·曹於汴·朱吾弼等連章力爭, 皆不聽. 事下福
建守臣, 迫於朝命, 乃遣海丞王時和·百戶于一成偕嶷往勘. 呂宋人聞之大駭,
華人流寓者謂之曰: "天朝無他意, 特奸徒橫生事端, 今遣使者按驗. 俾奸徒自
窮, 便於還報耳." 其酋意稍解, 命諸僧散花道旁, 若敬朝使, 而盛陳兵衛迓之.
時和等入, 酋爲置宴, 問曰: "天朝欲遣人開山, 山各有主, 安得開? 譬中華有
山, 可容我國開耶? 且言'樹生金豆', 是何樹所生?" 時和不能對, 數視嶷, 嶷曰:
"此地皆金, 何必問豆所自?" 其上下皆大笑, 留嶷, 欲殺之. 諸華人共解, 乃獲
釋歸. 時和還任, 卽病悸死. 守臣以聞, 請治嶷妄言罪. 事已止矣, 而呂宋人終
自疑, 謂天朝將襲取其國, 諸流寓者爲內應, 潛謀殺之.

明年, 聲言發兵侵旁國, 厚價市鐵器. 華人貪利盡出而鬻之, 於是家無寸鐵.

酋乃下令錄華人姓名, 分三百人爲一院, 入卽殲之. 事稍露, 華人乃群走菜園. 酋發兵攻, 衆無兵仗, 死無算, 奔大崙山. 蠻人復來攻, 衆殊死鬪, 蠻兵少挫. 酋旋悔, 遣使議和, 衆疑其僞, 撲殺之. 酋大怒, 斂衆入城, 設伏城旁. 衆饑甚, 悉下山攻城. 伏發, 衆大敗, 先後死者二萬五千人. 酋尋出令, 諸所掠華人貲, 悉封識貯庫. 移書閩中守臣, 言華人將謀亂, 不得已先之, 請令死者家屬往取其孥與帑. 巡撫徐學聚等亟告變於朝, 帝驚悼, 下法司議奸徒罪. 三十二年十二月議上, 帝曰: "嶷等欺誑朝廷, 生釁海外, 致二萬商民盡膏鋒刃, 損威辱國, 死有餘辜, 卽梟首傳示海上." 竝移檄呂宋, 數以擅殺罪, 令送死者妻子歸, 竟不能討也. 其後, 華人復稍稍往, 而蠻人利中國互易, 亦不拒, 久之復成聚.

時佛郎機已竝滿剌加, 益以呂宋, 勢愈強, 橫行海外. 遂據廣東香山澳築城以居, 與民互市, 而患復中於粤矣.

『明史』: 沙瑤與呐嗶嘽連壤, 皆與呂宋近. 男女蓄髮椎結, 男子用履, 女子跣足. 以板爲城, 豎木覆茅爲室. 崇釋教, 多建禮拜寺. 男女之禁甚嚴. 盜不問大小, 輒論死. 孕婦將產, 以水灌之, 且以水滌其子, 置水中, 生而與水習矣. 物產甚薄, 華人商其地, 所攜僅磁器·鍋釜之類, 重者至布而止. 後佛郎機據呂宋, 多侵奪鄰境, 惟二國號令不能及.

『皇朝通考』「四裔門」: 呂宋居南海中, 在臺灣鳳山沙馬崎東南. 本朝崇聽中, 呂宋遣使進貢於明, 使臣留閩未還. 順治三年, 福建平, 守臣送其使入京師. 四年六月, 遣歸本國. 康熙五十六年, 以呂宋等國口岸多聚漢人, 禁止商船往南洋貿易. 雍正五年後通市如故. 十三年正月, 呂宋以麥收歉薄, 附洋船載穀二千石·銀二千兩·海參七百斤來廈門, 欲易麥二三千石. 時提臣王郡以例禁五穀出洋, 奏請, 得旨曰: "國家嚴禁五穀出洋者, 乃杜奸商匪類暗生事端. 若該國米糧缺少, 隨時奏聞, 朕尚酌量豐餘以濟之. 今載穀易麥, 更近情理, 著均平糶糶,以濟其用."

又曰: 干絲臘在西北海中, 與英吉利相近, 風俗與英吉利同. 其國王姓名·傳國世次無考. 每歲駕夾板船來廣東互市, 據呂宋·速巫等處爲貿易之處. 干絲臘國, 常分遣小王鎭守呂宋云. 考佛郞機在明時旣襲據呂宋, 今干絲臘亦分守呂宋. 蓋舊國已空, 島夷互踞, 難以實稽也. 源案: 干絲臘卽大呂宋之屬國, 明時佛郞機亦無襲取呂宋島之事. 此沿『明史』之誤.

漳州黃可垂『呂宋紀略』曰: 呂宋島爲干絲臘屬國. 干絲臘者, 西洋番國名也, 與和蘭·勃蘭西·紅毛相鼎峙, 俗呼爲宋仔, 又曰實斑牙, 一作是班牙. 閩廣中所用銀餠, 肖其國主之貌而鑄者也. 閩海之東南數千里外, 卽呂宋島焉. 東界萬蘭潤仔低大海, 西界閩廣大海, 南界蘇祿大海, 北界萬水朝東大海. 計其地三千里有奇, 南北東西相去各千餘里, 與海相距亦數千里. 形勢負東向西, 內·外·中三湖, 各廣三百餘里. 土番戶口, 不下數十萬餘. 金·珠·玳瑁·冰片·燕窩·海參·烏紅木·魚·鹽之利, 甲於海外. 前明時, 干絲臘據其國, 建龜豆城於外湖西海之濱, 鎭庚逸嶼於城之西左角, 以控制邋遢. 土風最重番僧, 設巴禮院, 行禮拜之敎. 巴禮者, 番僧也. 以濂水爲令, 將晝作夜. 院各擊鍾以定時, 子午爲中天初點, 未亥各十二點鍾. 重高畫, 不祀先祖, 所奉之神, 惟吥氏而已. 尤可怪者, 巴禮爲人改罪, 人俱以爲榮. 濂水者, 以巴禮王之屍煎爲膏脂, 有敎父掌之. 將奉敎之時, 令人自誓其身爲吥氏所出. 誓畢, 巴禮將屍水滴其頭, 故曰濂水. 有女尼院專司財賄, 以供國用. 其院封鎖極嚴, 男子絶跡, 威望甚尊.

干絲臘所造甲板船極大, 帆檣甚固, 槍砲畢備, 洋寇不得近. 往來呂宋間, 皆用量天尺·照水鏡. 淺石沈礁, 無不洞悉, 其法更妙於指南車. 華人之客呂宋者, 恒樂其舟楫之利, 而喜其製度之巧焉. 其甲板船來呂宋, 計程行三月. 迨其船回本國, 水性不同, 行須五月. 華人貿易往來相安數百年矣. 國朝乾隆年間, 西北海之紅毛英圭黎猝遣船十餘, 直逼呂宋, 欲踞其地. 化人巴禮願納幣請解, 英圭黎遂返. 餘因經商呂宋, 爰紀其略.

陳倫炯『海國聞見錄』曰: 東南諸洋, 自臺灣而南. 臺灣居辰巽方, 北自雞籠山至南沙馬崎, 延袤二千八百里. 與福·興·泉·漳對峙, 隔澎湖, 水程四更, 隔廈門, 水程十有一更. 西面一帶沃野, 東面俯臨大海. 崇禎間, 爲紅毛荷蘭人所據, 鄭成功奪之. 康熙二十二年, 鄭克塽歸順, 方入版圖, 惟呂宋島至今爲西洋人所據. 其島在鳳山沙馬崎之東南, 居巽方. 距廈門水程七十二更. 北面高山一帶, 遠視若踞齒, 俗名宰牛坑. 山有土番, 屬於呂宋與沙馬崎西北東南遠拱. 中有數島, 惟一島與臺灣稍近者名曰紅頭嶼. 有土番居住, 無舟楫往來, 語言不通. 食薯芋海族之類, 産沙金, 臺灣曾有舟到其處. 呂宋大山北從宰牛坑延繞東南, 昔爲大西洋干絲臘是班亞所據. 是班亞國亦名呂宋國, 故以名此島. 地宜粟米, 長者五六分. 漳泉人耕種營運者甚盛, 年輸丁票銀五六金, 方許居住. 經商惟守一隅, 四方分定不許越界. 地原係土番, 今爲呂宋據轄, 爲東南洋貿易最盛之地. 因大西洋干絲臘是班亞番舶所聚, 立教寺, 建城池, 聚夷族. 漢人娶番婦者, 必入其教, 禮天主堂. 晨鳴鍾爲日, 方許開市. 午鳴鍾爲夜, 闔市不敢往來. 昏鳴鍾爲日, 燈燭輝煌, 如晝營生. 夜半鳴鍾爲夜, 以閉市肆. 晝夜各以三時辰, 爲日爲夜. 傍午捉夜禁, 闔地皆鬼市.

謝淸高『海錄』: 小呂宋島本名蠻里喇, 在蘇祿尖筆蘭之北, 亦海中大島也. 周圍數千里. 今爲西洋呂宋國所轄, 故改名小呂宋. 地宜五穀, 土番爲英西鬼, 與西洋同俗, 性情強悍, 樂於戰鬪. 呂宋在此鎮守者有萬餘人. 中華亦多貿易於此者, 但各寓一方, 不能逾境. 欲通往來, 必請路票. 歲輸丁口銀甚重. 土産金及烏木·蘇木·海參. 所屬地有名伊祿古者, 小呂宋一大市鎭也, 米穀尤富. 其東北海中, 別峙一山, 名耶黎, 亦屬呂宋. 其人形似中國, 其地産海參. 千里石塘在是島西. 船由呂宋北行, 四五日可至臺灣. 若西北行, 五六日經東沙, 又日餘見擔干山, 又數十里, 卽入萬山, 到廣州矣. 東沙者, 海中浮沙也, 在萬山東, 故呼爲東沙. 往呂宋·蘇祿者所必經. 其沙有二, 一東一西, 中有小港可以通行. 西沙稍高, 然浮於水面者亦僅有丈許, 故海船至此遇風雨, 往往迷離至於破壞. 凡往潮閩·江·浙·天津各船, 亦往往被風至此, 泊入港內, 可以避風. 掘井西沙, 亦可得水. 沙之正南, 是爲石塘.

『萬國地理全圖集』曰: 小呂宋島在中國東南. 北極出地自十二度至十九度, 偏東自一百二十四度至一百二十八度. 長一千二百里, 闊三百四十五里, 居民六十萬丁. 其內地甚高, 樹林稠叢, 有火山, 往往地震. 出白糖·棉花·麻·加非·煙·柯柯子, 卽外國人等所用烹爲飮也. 泉州人年年駕船至呂宋港, 稱爲馬尼剌, 古時未屬是班牙國, 土蠻居之. 山內黑面之族鬈髮, 服樹皮, 棲茅屋. 土雖膏腴, 卻憚勞, 寧餓死不工作. 明永樂間, 國王遣臣進貢, 往往招漢人來居其國. 隆慶五年, 是班牙兵船取其地爲本國之藩屬, 開墾勤勞, 與澳門·英吉利·亞默利加各國通商. 馬尼剌城, 晨時鳴鍾爲日, 方許開市肆經營. 午亦鳴鍾, 夜時闔市. 其風俗與澳門西洋差不多. 父母已聘, 僧決婚姻, 世務亦是僧所料理. 人死貯以布囊. 富者納資較多寡, 埋堂上基內, 貧者埋牆外. 三年一淸, 棄骸骨於深澗. 其民大半奉天主敎, 餘尙固執己見, 不肯向化. 其僧理其內地如官憲, 且百姓拜之如菩薩然.

謝占壬 寧波海商. 道光六年, 江蘇海運出力, 保奏巡檢. 曰: 呂宋距闕最近, 其疏浚海口之法, 中國似可仿行. 蓋二十年前, 呂宋內河入海之雞峙口洋面, 計長

三百六十里, 闊二百餘里. 因内河流沙入海, 口門淤淺, 舟行阻滯. 而汪洋一望,
難從水底施工. 會英吉利番船至彼, 不能進口. 英吉利人固多巧技, 精於樞紐轉
旋之法, 遂置轉盤器具, 設法疏浚. 縱横數百里淺沙, 不半年悉皆通暢, 從此大
船揚帆直入, 均無阻礙.

其法皆借轉輪之力, 以代人工. 所用器具, 以長方式船若干隻, 自船腰以至
船頭, 分開兩叉如凹, 叉中横插車盤一, 如水車式. 車邊離水底數寸, 深淺仍可
伸縮. 船面横眠轉輪一道, 若干人踏之, 使車盤轉動. 再用大播箕一, 可裝土數
千斤. 箕底設車輪兩道, 箕口鑲鐵, 如耕田之犂. 再用兩鐵索長數丈, 一頭繫於
車盤, 一頭縛於箕口. 車輪轉動, 則播箕拉近船邊, 鐵犂耕過, 則沙土捲入箕内.
面上別設鴛架車起播箕, 將沙傾入小船, 剝往他處. 其船四面拋定錨纜不令移
動, 專在中洪逐節挑深, 使河溜奔激中洪, 自能逐漸深闊, 既省人力, 又易成功.
此某昔遊閩中與呂宋舵工交好, 覽其所記『海道鍼譜』内附此法, 惜未目睹一
切器具爲恨. 近在天津, 偶與海船舵工談及, 方知有鎮海王思高者, 昔爲呂宋舵
工, 今因年老退歸. 曾親見此項工程, 言之尤備.

近聞南河舊有混江龍・鐵篦箕, 用以疏刷河底, 迄今用之不效. 其故由於黄河
屢次決口, 分泄河流, 溜緩沙停, 以致海口河身一例平坦. 河面尚有溜勢, 河底
卻同平水, 雖用鐵篦箕挑刷, 無奈隨刷隨停. 非如昔年河身高下懸殊, 溜勢徹底
奔騰, 河底積沙稍爲挑動, 即能挾溜遠行也. 因憶昔年航海, 常遇泊船錨纜竝無
風浪忽然移動, 舟人亦不解其故. 今始悟及海口潮溜小, 則面溜底平, 大潮則徹
底奔流. 要知錨齒插入沙中, 則錨柄錨纜皆能布水下趨, 衝開海底泥沙, 無怪錨
齒露出, 因而移動, 勢使然也. 竊復進而思之, 方今河底溜勢平緩, 不能挾沙入
海. 可否卽仿布水衝沙之意, 用船千數隻, 舵尾皆掛一披水板, 兩邊再加鑲板,
闊數尺, 長數丈, 以外洋硬木爲之, 加以石墜, 使一頭沈入水中, 其式如削爪之
刨. 其板下置車輪一道, 使板離水一二尺, 輪在河底轉動, 水從板下布出, 注衝

河底. 再掛鐵篦箕於船腰, 且篦且衝, 自下而上, 逐節疏通. 船隻衆多, 乘風而上, 順流而下, 使河底沙水, 刻不停緩, 冀可挾沙入海, 或亦節省人工之一法歟! 布水衝沙之法, 如果試有成效, 可至浙江寧·台兩府, 雇募釣船一二千隻, 航海入淮. 其船尖頭闊尾, 河海竝行, 善於掉䠛. 但非頂頭逆風, 稍得傍風, 便能逆流而上, 乘春夏東南風最爲順利. 大小統計每船五人, 足以應用. 每日給與工食竝船價銀二兩之數, 所費尙屬有限. 事非經驗, 不敢自信. 惟値當事大人, 念切河漕, 不揣鄙陋, 謹述所聞, 參以臆見, 用備芻採. 源案: 此說疏浚海口法. '專在中洪逐節浚深, 使河流奔激中洪, 自能逐漸深闊', 蓋先仿河工混江龍鐵掃帚之法以引水歸槽, 繼卽用對壩逼溜之意以水力攻沙. 非全恃船輪, 人力卽能浚深數百里海口於半載之中也. 其船四面拋定錨纜, 不令移動, 亦非梭船來往梭織之謂.

『貿易通志』曰: 西班牙所據之新地爲呂宋島, 近閩·粤, 産米及白糖·椰油·珈啡·麻·煙等. 道光十二年, 甲板船百三十六隻, 入口·出口貨各百三四十萬員, 居民二百餘萬. 納稅甚重, 然商賈趨之如鶩也. 其餘南海各洲, 若蕪萊西, 若丁葛盧, 若彭亨, 各爲番君所自治者. 稅餉皆苛, 故貿易不盛.

『地理備考』曰: 呂宋島原名非里比納斯. 又名桑拉薩羅, 在南洋之西. 緯度自北五度起至二十度止, 經度自東一百十四度起至一百二十五度止. 統計千島, 大者名曰呂宋, 其明達撓·蘇錄·巴拉彎等則次之. 岡陵巍峨, 火山紛繁, 地震時作. 地氣炎熱, 飄風暴雨, 不時交作. 田土極腴, 穀果最豐. 叢林稠密, 木多上品. 土産金·鐵·鉛·麻·水銀·硫磺·朱砂·寶石·甘蔗·桂皮·加非·胡椒等物. 各種禽獸, 靡弗蕃衍. 島列四名: 一名非里比納斯, 一名明達撓, 一名蘇錄, 一名巴拉彎, 序列於左. 一非里比納斯, 內島紛繁, 呂宋乃其大者也. 長約一千四百里, 寬約四百里. 境土兩屬, 一屬大呂宋國兼攝, 一自設酋長管轄. 其屬大呂宋兼攝

者, 十有五部: 曰敦多部, 首郡名馬尼辣. 人煙稠密, 五方輻輳, 泊所穩闊, 帆檣
如林. 曰加維德, 首郡亦名加維德. 曰瓦棱加斯, 首郡亦名瓦棱加斯. 曰不拉干,
首郡亦名不拉干. 曰拉古納, 首郡名巴薩尼亞斯. 曰巴當阿, 首郡亦名巴當阿.
曰達亞巴, 首郡亦名達亞巴. 曰邦邦阿, 首郡波哥羅爾. 曰桑巴勒, 首郡名黎昆.
曰邦加西囊, 首郡名靈加言. 曰義羅各斯, 首郡名維安. 曰加加言, 首郡名義拉
安. 曰新厄西乍, 首郡名巴勒爾德. 曰加馬里內斯, 首郡名那加. 曰阿爾白, 首
郡亦名阿爾白.

其自設酋長管轄者, 東方海濱暨島中一帶地方, 皆各立酋長管理. 其桑馬爾
島, 外屬大呂宋國兼攝, 中屬酋長管轄. 其勒德島西方海濱屬大呂宋國兼攝, 餘
皆酋長管屬. 曰塞布, 曰波和, 皆屬大呂宋國兼攝. 曰內哥羅斯, 其海濱係大呂
宋國兼攝, 餘皆酋長管轄. 曰巴乃, 其海濱係大呂宋國兼攝, 內地爲酋長管轄.
曰加拉米亞那, 屬大呂宋國兼攝. 曰明多羅, 大呂宋國兼攝無幾, 酋長管轄居多.

一明達撓島, 又名馬仁達撓, 長約一千里, 寬約五百里, 回環約二千八百里.
地分三屬: 一屬大呂宋國兼攝, 一屬明達撓王統轄, 一係酋長自爲管屬. 其屬大
呂宋國者, 分爲三部: 首郡曰桑波昂安, 在西南方, 曰迷薩米斯, 在北海濱, 曰
加拉加, 在東海濱. 其屬明達撓王者, 境土廣闊. 首郡名塞蘭安, 建於北蘭曰河
濱, 乃本國京都也. 其酋長管屬者在西方, 內設三十三酋, 各霸一方, 互相結盟.

一蘇錄島, 小島紛繁. 大者有三, 曰蘇錄, 曰達維, 曰巴黎蘭, 皆屬蘇錄王統
攝, 首郡名北彎, 乃國都也. 土人多務劫掠, 海面尤爲滋擾.

一巴拉彎島, 又名巴拉瓜, 長約九百五十里, 寬約一百二十里. 內地土人自
理, 海濱大半爲蘇錄王兼攝, 東北海濱爲大呂宋國兼攝.

『萬國地理全圖集』曰: 南海各島出北極自十二度至南極十度, 偏東自
八十五度至一百三十五度, 各出南地物産. 天氣雖熱, 然海風常吹, 霖雨時沛,

草木暢茂, 四時之景, 各極其佳.

又曰: 南海各小島, 在小呂宋之南者, 有撒馬島·馬鄰得島·把剌灣島·泥鄂巴島·尼末巴地島·西武島·馬迳島·邦尼島·閔他那島·閔多羅島·來地島. 天氣物産與呂宋不異, 大半歸是班牙所轄, 居民共計二百二十四萬丁.

又曰: 小呂宋西蘇錄群島雖小, 而物産甚多, 出珍珠·玳瑁·蘇木·豆蔲·鸚鵡·降香·藤. 福建廈門船屢赴其島互市. 居民爲海賊, 肆行劫掠, 與呂宋兵船交戰獲勝. 人戶繁多, 五穀不足, 必買運別處.

『外國史略』曰: 小呂宋各島在中國之東南, 廣袤方圓四千七百里, 居民六百萬丁. 其島嶼洲甚多, 延自北極, 出五度及二十度. 多雨, 有火山, 常地震. 而土則豐盛, 出米·煙·糖·加非·蕈莓甚盛. 米穀有餘, 皆運售中國. 有大樹可爲桅. 又出蠟密·糖·好馬·野牛. 其土人體矮, 語音風俗各殊. 百姓順長敬尊, 然素性謊詐, 販賣人口爲奴. 今多歸天主敎, 固守禮儀. 其奉回回敎者, 以海盜爲業. 山內則皆黑面人, 未向化, 以草果爲食. 明朝時, 島君入貢中國. 自明以來, 多福建泉州人, 每年商船大集, 亦多遭壞. 其群島曰: 閔他那島·撒馬島·來地島·巴尼島·西布島·閔多羅島, 其最大者惟呂宋, 爲是班亞國兵所駐. 於明嘉靖三十九年, 是班亞船始到此島. 隆慶二年調師船往據其地. 其土人多不服, 及今日尙有島不屬所轄者. 是班亞旣與中國·日本開通商之路, 貿易歲倍, 唐人來不勝數. 釀成巨釁, 爲是班亞所誘戮者幾萬人. 乃立法律, 惟准商賈居住, 船回商亦回. 惟入天主敎, 始准任意居住焉, 更兼管束其貿易. 禁例煩擾, 惟泉州船恒時來往. 乾隆二十六年, 是班亞國與英人戰, 英人將奪其地, 許以重賂, 始退兵焉. 然其銀今日尙拖欠也. 後與亞默利加通商, 每年二三巨艦裝十五萬石, 價

值約千二百萬員. 由亞默利加所運出者多銀條, 或中途與他國交戰而失其船,
則所損重矣. 嘉慶年間, 亞默利加藩屬地自立爲國, 不受是班亞管轄, 廣開港
口, 所獲利漸微. 乃復調兵帥以代治其島, 會同土人護守之. 每年國帑所收銀
百五十萬員, 所運入之貨約銀五百十五萬七千餘員, 所運出者約銀百四十三萬
六千員. 其土産每年益增, 准外國任意往來, 不復禁止, 故通商愈興旺. 惟國幣
久空, 所收稅務未足償還本國欠項也.

其都在呂宋島, 曰馬尼臘. 內多禮拜堂, 教師甚盛.

台灣·呂宋之中間, 尙有數島, 屬是班亞國者, 其居民不多. 出糧食, 與他國
不往來. 惟有遭風船到彼, 尙蒙接濟其難民焉.

『瀛環志略』曰: 近年諸番來粵東者, 多聚於馬尼剌. 米利堅·佛郎西遣酋來
通市, 其船皆會集於此. 蓋其地爲七洲洋之東岸, 轉柁北行, 卽入長沙頭門, 而
抵粵東. 諸番倚爲東道之逆旅, 薪水糧糧, 皆取辦於此. 故近來小呂宋之繁盛,
爲南洋諸島之最.

又黃毅軒『呂宋紀略』云: 乾隆年間, 西北海之英圭黎, 卽英吉利. 猝遣甲板船
十餘直溯呂宋, 欲踞其地. 化人巴禮納幣請解, 英圭黎乃返. 余按: 化人巴禮, 卽
天主敎之師. 泰西人皆奉天主敎, 每用其人以解紛. 然英人之遽肯收兵, 亦非信
巴禮之說也. 西班牙之有呂宋已二三百年, 不特市舶流通, 資爲外府, 而國勢之
所托, 儼然東西兩境. 若爲英人所奪, 則干絲臘亡其半矣. 彼卽中衰, 究係西洋
大國, 命脈所關, 勢且背城借一. 英國雖強, 豈遽能滅此朝食? 割土於重譯之外,
延敵於門閫之間, 非計也. 故呂宋之不可奪, 英人亦明知之. 特脅之以威力, 待
其哀請而罷兵, 使之畏我德我, 不敢抗我顔行. 然後我之市舶東來, 卽以彼土爲
東道主, 而彼不敢靳. 噶羅巴之已奪而復還, 亦同此意, 皆形勢之顯然可見者.

呂宋群島之西南, 婆羅洲之東北, 有小國曰蘇祿, 接連三島, 島俱渺小, 而戶

口頗繁. 本巫来由番族, 悍勇善鬪, 民多習爲海盜. 西班牙旣據呂宋, 欲以蘇祿爲屬國, 蘇祿不從. 西人以兵攻之, 反爲所敗. 其海産明珠·玳瑁, 山産蘇木·豆蔲·降香·藤條, 又産鸚鵡. 戶口繁多, 地磽瘠, 食不足, 糴於別島. 廈門商船時由呂宋往貿易, 由廈至蘇祿, 水程一百一十更. 『海國聞見錄』謂蘇祿與吉里問·文萊共一土, 係屬錯誤. 今更正之.

주석

꽃

1 스페인Spain: 원문은 '여송이呂宋夷'이다.

2 마닐라섬Manila Island: 원문은 '만리랄蠻里剌'이다. 만리라蠻里喇, 소여송小呂
宋이라고도 하는데, 지금의 필리핀 수도이다.

3 장주漳州: 복건성福建省 관할의 항구도시로, 인근에 경제특구인 하문과
산두汕頭가 있다. 9세기 들어 복건성이 급속도로 발전하면서 송대에 장
주도 대도시로 급성장해서 남동 해안 지방의 으뜸가는 무역 중심지이
자 인도네시아 및 동남아시아와의 교역을 위한 무역항이 되었고, 명대
에는 필리핀과의 무역이 활발하게 진행되었다.

4 촐라Chola: 원문은 '쇄리瑣里'로, 루손섬 인근에 위치해 있다.

5 팡가시난Pangasinan: 원문은 '풍가시란馮嘉施蘭'으로, 지금의 필리핀 팡가시
난성을 말한다. 팡가시난은 현재 필리핀 루손섬 중서부에 위치하고 있
으며, 팡가시난은 '소금의 땅', '소금을 만드는 땅'이란 의미이다.

6 임도건林道乾: 임봉林鳳(?~1662)의 오기誤記이다. 임봉은 명대 사람으로 임
아봉林阿鳳이라고도 하며 요평현饒平縣에서 태어났다. 19세에 해적 임태
林泰에게 의탁해 해적이 되어 중국 해안을 어지럽히다 명나라군의 공격
을 받아 마닐라로 달아났다.

7 스페인: 원문은 '불랑기佛郞機'이다. 페르시아 말로 Franki이며 원래는 유
럽의 기독교 신자를 통칭해서 이르는 말이다. 『명사』에서는 '불랑기'를
스페인과 포르투갈로 혼용해서 사용하고 있지만, 여기서는 역사적 사
실에 근거하여 스페인으로 번역한다.

8 천: 원문은 '천千'이다. 광서 2년본에는 '백百'으로 되어 있으나 악록서사
본에 따라 고쳐 번역한다.

9 고메스 페레스 다스마리냐스Gómez Pérez Dasmariñas: 원문은 '낭뇌폐리계로
郞雷敝裏係勝'이다. 고메스 페레스 다스마리냐스(519~1593)는 1590년 5월(혹은

6월)부터 1593년 10월까지 필리핀 제7대 총독을 지낸 인물로, 재임 시 중국과의 교역에 힘썼으며 스페인 본국과도 우호적인 관계를 유지했다.

10 말루쿠Maluku: 원문은 '미락거美洛居'이다. 마로고馬路古, 목로각木路各이라고도 하는데, 지금의 인도네시아 말루쿠제도를 가리킨다.

11 반화오潘和五: 반화오(1567~1622)는 복건 진강晋江 사람으로 명나라 융경 연간(1567~1572)에 태어났다. 어려서 필리핀으로 건너가 생계를 도모했으며, 루손섬의 마닐라에서 살았다.

12 초관哨官: 명대의 군제軍制에서 '일초一哨', 즉 1백 명 정도의 군사를 다스리는 말단 지휘관을 말한다.

13 루이스 페레스 다스마리냐스Luis Pérez Dasmariñas: 원문은 '낭뢰묘린郎雷猫吝'으로, 고메스 페레스 다스마리냐스의 아들이다. 아버지의 뒤를 이어 1593년 12월부터 1596년 7월까지 필리핀 총독을 지냈다.

14 세부Cebu: 원문은 '삭무朔霧'로, 숙무淑務, 숙무宿霧, 속무速巫라고도 한다.

15 돌아가는 길에 필요한 양식: 원문은 '행량行糧'으로, 병사가 출정할 때 군영에 지급되는 양식을 말한다. 여기서는 중국인들의 귀국길에 필요한 양식을 의미한다.

16 광세사礦稅使: 명나라는 중기 이후 만성적인 재정 적자에 시달렸으며, 특히 만력 20년에 들어와 국내외에서 발생한 반란과 전쟁, 그리고 황실 화재 등으로 국가 재정에 어려움을 겪게 되었다. 이에 만력제는 만력 24년부터 만력 48년(1610)까지 24년 동안 전국 각지로 환관을 보내 광산 채굴과 상업세 추징을 통해 재정 수입의 증대를 도모했는데, 파견된 이들 환관을 일러 광세사라 한다.

17 카비테Cavite: 원문은 '기역산機易山'이다.

18 언관言官: 관리를 감찰하는 감관監官과 임금의 과실 등을 지적하는 간관諫官을 통칭해서 이르는 말이다.

19 김충사金忠士: 자는 원경元卿, 규지葵之이고 호는 여양麗陽이며 숙송현宿松縣 성관城關 사람이다. 김충사(1556~1618)는 1591년에 향시에 급제했으며 이듬해 진사에 급제하고 강서성江西城 악평현樂平縣의 현령이 되었다. 그

뒤로 귀주, 하남, 절강의 순안어사와 하남, 산동, 산서의 감찰어사監察御史를 역임했다.

20 조어변曹於汴: 자는 자량自梁, 정여貞予이고 해주解州 안읍安邑 사람이다. 명나라 만력 20년(1592)에 진사가 되었다.

21 주오필朱吾弼: 자는 해경諧卿이고 고안高安 사람이다. 만력 17년(1589)에 진사에 합격한 뒤 영국추관寧國推官에 임명되었고, 남경어사南京御史와 절강 우포정사浙江右布政使를 역임했다.

22 수신守臣: 천자天子에 대한 제후諸候의 자칭自稱이자 한 지방을 다스리는 지방 장관을 말한다.

23 해승海丞: 해세海稅(상세商稅의 일종)를 주관하는 관리이다. 광서 2년본에는 '해징海澄'으로 되어 있으나 악록서사본에 따라 고쳐 번역한다.

24 왕시화王時和: 자는 조원調元, 호는 욱곡旭谷으로 명대 대명부大名府 위현魏縣 사람이다. 왕시화(1585~1617)는 진사 출신으로 치천淄川 지현을 맡았다. 이재민을 구휼하고 관리들의 폐단을 잘 다스린 공으로 예부주사禮部主事로 승진했다가 다시 호부주사戶部主事가 되었다.

25 백호百戶: 세습 무관직으로 금金나라 때 처음 설치되었고, 원대에도 그대로 이어지면서 1백 명의 우두머리라는 의미에서 백호를 두었으며 천호千戶에 예속되어 있다. 명대 역시 세습 관직이었지만 제수를 받는 경우도 있다.

26 원院: 필리핀의 전통 마을인 바랑가이Barangay로 추정된다. 이 말은 원래 말레이족 정착민들이 보르네오섬에서 필리핀으로 타고 온 배의 이름인 바랑가이에서 유래했다. 바랑가이 각 마을에는 30~100가구가 살았으나 서로 고립된 상태로 존속했다. 바로 이 때문에 16세기에 스페인이 필리핀을 수월하게 정복할 수 있었는데, 이것은 원주민의 저항이 고립 분산적이어서 전혀 단결되지 않았기 때문이었다. 스페인은 바랑가이를 각 섬에서 지방 행정의 기초 단위로 삼았다.

27 퀴아포Quiapo: 원문은 '채원菜園'으로, 필리핀 파시그강Pasig River 북쪽 해안 퀴아포 등지를 가리킨다.

28 산파블로San Pablo: 원문은 '대륜산大崙山'으로, 지금의 필리핀 라구나주 Laguna에 위치한다.

29 재물: 원문은 '노賂'이다. 광서 2년본에는 '회賄'로 되어 있으나 악록서사 본에 따라 고쳐 번역한다.

30 황제: 원문은 '제帝'이다. 광서 2년본에는 '경사京師'로 되어 있으나 악록 서사본에 따라 고쳐 번역한다.

31 믈라카Melaka: 원문은 '만랄가滿剌加'이다. 고대에는 마랄갑麻剌甲, 만랄滿剌, 마륙갑麻六甲, 문로고文魯古, 돈손頓遜, 가라부사哥羅富沙, 마륙가馬六加, 맹랄 갑孟剌甲 등으로 불렸다. 말레이반도 서해안의 믈라카해협에 면해 있는 항구도시로, 지금은 말레이시아를 구성하는 13개 주州 중 하나이다.

32 마카오Macao: 원문은 '향산오香山澳'이다. 현재의 광동성 주해시珠海市 서 남쪽에 있는 해안 지역으로, 오문澳門이라고도 불렸다. 명나라 중엽 이 후 해상들이 몰려들었던 곳이다.

33 점거해: 원문은 '거據'이다. 광서 2년본에는 '취聚'로 되어 있으나 악록서 사본에 따라 고쳐 번역한다.

34 사야오Sayao: 원문은 '사요沙瑤'로, 옛 땅은 지금의 필리핀 민다나오섬 북 부의 사야오 일대에 있다.

35 다피탄Dapitan: 원문은 '눌필탄呐嗶嘽'이다. 광서 2년본에는 '눌탄필呐嘽嗶' 로 되어 있으나 악록서사본에 따라 고쳐 번역한다. 옛 땅은 지금의 필 리핀 민다나오섬 북부의 다피탄 일대를 말한다.

36 상투를 틀거나: 원문은 '추결椎結'이다. 옛날에 성인 남자의 머리털을 끌 어올려 정수리 위에 뾰쪽하게 틀어 감아 맨 것, 즉 상투를 이르던 말로, 상투의 모양이 추椎와 같다고 해서 추계라고 한다.

37 이슬람교를 숭상하며: 원문은 '숭석교崇釋敎'이다. 사야오와 다피탄 두 나라는 불교를 숭배하지 않고 이슬람교를 숭배했다.

38 모스크Mosque: 원문은 '예배사禮拜寺'이다. 이슬람교의 예배 및 집회 장소 로 사용되며 '청진사淸眞寺'라고도 한다. 모스크는 특유의 둥근 지붕과 건물을 둘러싼 미너렛이라 불리는 첨탑이 특징적이다.

39 사마기沙馬崎: 지금의 대만 남단에 있는 아란비鵝鑾鼻로, 사마기沙馬機라고
도 한다.

40 숭덕崇德: 청나라 제2대 황제인 태종太宗 애신각라황태극愛新覺羅皇太極(재
위 1636~1643)의 연호이다.

41 도성: 원문은 '경사京師'이다. 광서 2년본에는 '도都'로 되어 있으나 악록
서사본에 따라 고쳐 번역한다.

42 왕군王郡: 광서 2년본에는 '왕군王群'으로 되어 있으나 악록서사본에 따
라 고쳐 번역한다.

43 성지가 내려왔다: 원문은 '득지得旨'이다. 광서 2년본에는 '조왈詔曰'로 되
어 있으나 악록서사본에 따라 고쳐 번역한다.

44 해당: 원문은 '해該'이다. 광서 2년본에는 '각各'으로 되어 있으나 악록서
사본에 따라 고쳐 번역한다.

45 카스티야Castilla: 원문은 '간사랍干絲臘'이다. 광서 2년본에는 '천사랍干絲臘'
이라 되어 있으나 악록서사본에 따라 고쳐 번역한다. 카스티야는 중세
유럽 이베리아반도에 있었던 왕국으로 훗날 아라곤 왕국과 통합해 스
페인이 되었다.

46 북대서양: 원문은 '서북해西北海'이다.

47 세부: 원문은 '속무速巫'이다.

48 프랑스: 원문은 '발란서勃蘭西'이다.

49 영국: 원문은 '홍모紅毛'이다.

50 복건: 원문은 '민閩'이다. 광서 2년본에는 이 글자가 없으나 문맥상 악록
서사본에 따라 보충해서 번역한다.

51 필리핀해구Philippine Trench: 원문은 '만란간자저대해萬蘭澗仔低大海'이다. 지
금의 필리핀 민다나오섬 동쪽 해역과 지금의 인도네시아 트르나테섬
Pulau Ternate 북쪽 해면, 즉 필리핀해구 일대를 가리킨다.

52 술루해Sulu Sea: 원문은 '소록대해蘇祿大海'이다.

53 루손해협Luzon Strait: 원문은 '만수조동대해萬水朝東大海'로, 루손섬 북쪽 해
역, 즉 바부얀해협Babuyan Channel과 바시해협Bashi Channel 일대를 가리킨다.

54 바이호Laguna de Bay ··· 있으며: 원문은 '내·외·중 삼호內·外·中 三湖'로, 바이호·마닐라만·타알호를 가리킨다.

55 수십: 원문은 '수십數十'이다. 광서 2년본에는 '수數'로 되어 있으나 악록서사본에 따라 고쳐 번역한다.

56 카비테: 원문은 '귀두성龜豆城'이다.

57 상글레이 포인트Sangley Point: 원문은 '경일서庚逸嶼'이다.

58 천주교당: 원문은 '파례원巴禮院'이다.

59 파드레Padre: 원문은 '파례巴禮'이다. 스페인어 'Padre'의 음역으로 신부를 뜻한다.

60 예수(澧水): 1620년 스페인의 식민지였던 필리핀에서 *Arte de la Lengua Chio Chiu*(1620)가 출판되었는데, 이것은 『스페인어-장주어西班牙-漳州語』 사전에 해당한다. 이 책에 따르면 당시 민남의 장주어로 예수를 염수인澧水人, 혹은 염수라고 불렀다. 후에는 천주교에서 세례식을 할 때 그들은 대주교의 시신을 물에 넣어 한 번 끓이고 난 뒤에 다시 그 물을 신도들의 머리 위에 뿌렸다. 이 물을 포시수泡屍水, 염수殮水, 염수澧水라고 하는데 오늘날의 성수에 해당한다. 그래서 당시의 장주 사람들은 기독교인을 통틀어 '염수인'이라 불렀음을 알 수 있다.

61 미시未時: 사시巳時라 해야 맞다.

62 끝점이다: 원문은 '종鐘'이다. 광서 2년본에는 이 글자가 없으나 문맥상 악록서사본에 따라 보충해서 번역한다.

63 주 예수: 원문은 '吥氏'로 한글 발음이 명확하지 않다. 스페인어 Dios의 민남어로, 하느님에 해당한다.

64 수녀원: 원문은 '여니원女尼院'이다.

65 육분의六分儀: 원문은 '양천척量天尺'이다. 태양·달·별과 같은 천체와 지평선 사이의 각을 측정하는 기구이다.

66 건륭乾隆: 청나라 제6대 황제인 고종高宗 애신각라홍력愛新覺羅弘曆(재위 1735~1795)의 연호이다.

67 북대서양: 원문은 '서북해西北海'이다. 『직방외기』 권2, 「구라파총설」에

따르면 '서북해'는 유럽 서쪽 북대서양을 말한다.

68 영국: 원문은 '영규려英圭黎'이다. 영기려英機黎, 영길리唊咭唎라고도 한다.

69 선박 10여 척을 보내: 원문은 '견선십여遣船十餘'이다. 광서 2년본에는 '조 갑판십여造甲板十餘'로 되어 있으나 악록서사본에 따라 고쳐 번역한다.

70 스페인 출신의: 원문은 '화인化人'이다. 18세기 포르투갈이나 스페인 사 람들을 지칭한 말로 사용되었다.

71 숭정崇禎: 명明나라 사종思宗 주유검朱由檢(재위 1628~1644)의 연호이다.

72 정성공鄭成功이 탈환했다: 정성공(1624~1662)의 본명은 정삼鄭森이고, 이명 은 정복송鄭福松이며, 자는 명엄明儼이다. 복건 천주 남안南安 사람으로, 명말 청초의 군사이며 항청抗淸의 명장이자 민족 영웅이다. 정성공은 1645년 만주족에게 남경이 함락되자 아버지 정지룡鄭芝龍과 함께 복건 성으로 피신했다. 그는 명나라를 다시 일으키기 위해 군대를 모아 복건 성의 해안 지대에 강한 세력을 구축했다. 1659년 군대를 이끌고 북상하 여 청을 위협하기도 했지만, 곧 고립되었다. 1661년 4월 네덜란드가 점 거하고 있던 대만을 탈취하여 중국의 지배권을 확립했는데, 바로 이를 말한다.

73 아파리항Port of Aparri: 원문은 '재우갱宰牛坑'으로, 루손섬 북부에 위치한다.

74 홍두서紅頭嶼: 대만의 남동 해안에 위치해 있으며, 난서蘭嶼의 옛 명칭이 다. 서양인들은 토바고섬Botel Tobago, 일본인들은 엔소섬煙草島이라 불렀 다. 민국 36년(1947)에 섬에서 호접란이 많이 생산되면서 '난서'라고 이름 을 바꾸었다.

75 여송도: 원문은 '여송대산呂宋大山'이다.

76 스페인: 원문은 '간사랍干絲臘'이다. 광서 2년본에는 '천사랍千絲臘'이라 되 어 있어 악록서사본에 따라 고쳐 번역한다. 이하 마찬가지이다.

77 정표은丁票銀: 인두세로 내는 은이다.

78 날: 원문은 '일日'이다. 광서 2년본에는 '단旦'으로 되어 있으나 악록서사 본에 따라 고쳐 번역한다.

79 닫는다: 원문은 '폐閉'이다. 광서 2년본에는 '개開'로 되어 있으나 악록서

사본에 따라 고쳐 번역한다.

80 6시간: 원문은 '삼시진三時辰'이다. 1시진은 2시간으로, 모두 6시간이다.

81 익명으로 물건을 거래한다: 원문은 '귀시鬼市'이다. 『신당서新唐書』「서역
전西域傳·불름拂菻」에 "서해에 있는 시장은 무역을 할 때 서로 만나지 않
고 물건을 옆에다 두는데, 이를 귀시라고 한다(西海有市, 貿易不相見, 置直物
旁, 名鬼市)"라는 문장이 있는데, 교역자끼리 직접 접촉하지 않고 상품을
바꾸는 독특한 물물교환의 형태(silent trade)를 말한다.

82 술루해 슴빌란Sěmbilan: 원문은 '소록첨필란蘇祿尖筆闌'이다. 『도이지략島夷
志略』에는 '첨산尖山', 『해록』에는 '첨필란산尖筆闌山'으로 되어 있다.

83 정구은丁口銀: 정구수丁口數에 따라 결정된 세액을 은으로써 일괄 납부하
는 것을 말하는데, 성인 남자를 정丁, 성인 여자와 미성년 남자를 구口라
고 한다.

84 오목烏木: 흑단黑檀으로 몹시 단단하며, 젓가락, 담배설대, 문갑 따위를
만드는 재료로 쓰인다.

85 소목蘇木: 소방목蘇枋木·적목赤木·홍자紅紫라고도 한다. 열대 지방에서 자
라는 식물로 높이 5~9m 정도로 자라며 행혈行血·지혈·구어혈驅瘀血·진
통·소종消腫의 효능이 있어 약재로 사용된다.

86 비간Vigan: 원문은 '이록고伊祿古'로, 지금의 필리핀 일로코스(Ilokano, Ilokan
이라고도 쓰며 Iloko, Iloco라고도 함) 지방의 주요 도시이다. 비간은 과거 스페
인 점령 시절의 경관이 잘 보존되어 있는 곳으로, 헤리티지 빌리지라는
이름으로 1999년 유네스코 세계문화유산으로 지정되었다.

87 쿨레브라섬Culebra Island: 원문은 '야려耶黎'로, 지금의 필리핀 일로코스 동
북쪽에 있는 작은 섬을 말한다.

88 천리석당千里石塘: 지금의 파라셀제도Paracel Islands로, 남중국해에 떠 있는
수많은 산호섬들이다. 중국에서는 서사군도西沙群島라고 부른다.

89 동사군도東沙群島: 원문은 '동사東沙'로, 프라타스군도Pratas Islands를 말한
다. 남중국해 북부에 있는 군도로, 3개의 섬으로 이루어져 있다.

90 담간산擔干山: 광서 2년본에는 '담천산擔干山'으로 되어 있으나 악록서사

본에 따라 고쳐 번역한다.

91 만산군도萬山群島: 중국 주강珠江 해구의 정남쪽에 위치해 있으며 광주를 출입하는 선박들은 반드시 이곳을 경유해 들어갔다. 원래의 명칭은 '만산열도'이다.

92 서사군도西沙群島: 원문은 '서사西沙'로, 파라셀군도Paracel islands를 말한다.

93 천리석당: 여기에서는 서사군도와 천리석당을 다른 곳으로 보고 있는데, 오늘날 서사군도와 천리석당은 모두 파라셀제도라고 한다.

94 카카오 열매: 원문은 '가가자柯柯子'이다. 가려극呵黎勒·장청과藏靑果·가자呵子·양가자洋訶子·가리륵訶梨勒이라고도 하는데, 설사나 이질, 기침, 곽란 따위를 치료하는 데 효과가 있다.

95 영락永樂: 명나라 제3대 황제인 성조成祖 주체朱棣(재위 1402~1424)의 연호이다.

96 5년: 원문은 '오년五年'이다. 광서 2년본에는 '사년四年'으로 되어 있으나 악록서사본에 따라 고쳐 번역한다.

97 절해관浙海關: 원문은 '관關'으로, 절해관으로 추정된다. 아편 전쟁 후 청 정부는 핍박을 받아 광주·하문·복주·영파·상해上海의 5개 항에서 통상을 하게 되었다. 도광 22년(1842)에 영파에 절해관을 세웠다.

98 준설: 원문은 '소준疏浚'이다. 준설은 해안의 쌓인 흙이나 암석을 파내서 바닥을 깊게 하는 방법을 말한다.

99 코레히도르섬Corregidor Island: 원문은 '계치구鷄峙口'이다. 즉 지금의 마닐라만 입구에 있는 코레히도르섬 일대를 말한다. 코레히도르섬은 필리핀 루손섬 바탄군도 바로 남쪽의 마닐라만 입구에 있는 바위섬이다. 18세기 스페인 통치 시절부터 군사적·지리적 요충지로서, 마닐라로 들어오는 배를 엄격히 심사해 등록하게 한 데서 유래된 이름이다.

100 배허리: 원문은 '선요船腰'로, 배의 길이 방향으로 보아 한가운데, 즉 배의 중간 허리를 말한다.

101 진해鎭海: 절강성 영파시 동북쪽에 위치한 지역이다.

102 남하南河: 고대에는 지금의 동관潼關에서 서쪽을 거쳐 동쪽으로 흐르는 황하의 한 지류를 남하라 불렀다. 『서경』 「우공」에 다음 문장이 있다.

"장강과 타수와 잠수와 한수에 배를 띄우고 낙수를 건너가 남하에 이르렀다(浮于江沱潛漢, 逾于洛, 至于南河)."

103 혼강룡混江龍: 진흙이나 모래를 제거하는 공구로, 나무로 만들었으며 직경 1자 4치이고, 길이는 5~6자이다. 사면에 곱슬머리 같은 얇은 철판이 장착되어 있으며 중량은 대개 3백~4백 근으로, 물 밑까지 가라앉혀 진흙이나 모래를 제거했다.

104 철비기鐵篦箕: 『포양강사화浦陽江史話』에 따르면, 철비기도 혼강룡과 마찬가지로 모래를 하류로 흘려보내는 기구이다.

105 하신河身: 하천의 유로 중에서 흐름이 빠른 곳, 또는 깊은 곳의 중심을 잇는 선으로, 유심流心이라고도 한다.

106 피수판披水板: 범선이 바람에 밀리지 않도록 하는 장치를 말한다.

107 친다: 원문은 '주注'이다. 광서 2년본에는 '애涯'로 되어 있으나 악록서사본에 따라 고쳐 번역한다.

108 가장: 원문은 '최위最爲'로, 광서 2년본에는 이 두 글자가 없으나 문맥상 악록서사본에 따라 보충해서 번역한다.

109 선륜船輪: 하구로 닻을 내리는 기구로, 타륜舵輪이라고도 한다.

110 사선梭船: 마상이를 말한다. 통나무의 속을 파서 만든 아주 작은 배인데 베틀의 북처럼 생긴 데서 붙여진 명칭이다.

111 말레이시아Malaysia: 원문은 '무래유蕪萊酉'이다. 다음 문장에서 특별히 언급한 트렝가누, 파항 두 주州를 제외한 말레이시아 각 주를 통칭한다.

112 트렝가누Trenganu: 원문은 '정갈노丁葛盧'이다.

113 필리핀Philippines: 원문은 '비리비납사比里比納斯'이다. 필리핀은 루손섬의 원래 명칭이 아니며, 루손섬의 원래 명칭은 Luzon이다. 1543년 스페인 식민주의자들이 루손섬의 레이테섬 인근 일대를 필리핀이라 명명했다. 1571년에 스페인의 원정대가 루손섬을 공격해 점령하면서 필리핀이라는 명칭이 모든 군도의 이름으로 확대되는 동시에 국가 이름이 되었다.

114 라자루스Lazarus: 원문은 '상랍살라桑拉薩羅'이다. 1521년 마젤란이 여송도 남부에 도착했을 때 마침 성 라자루스의 축제일이어서 이 땅을 라자루

스라고 부르게 되었다고 한다.

115 민다나오섬Mindanao Island: 원문은 '명달요明達擾'이다.

116 술루군도Sulu Archipelago: 원문은 '소록蘇錄'이다.

117 팔라완섬Palawan Island: 원문은 '파랍만巴拉彎'이다.

118 톤도Tundo: 원문은 '돈다敦多'이다.

119 마닐라Manila: 원문은 '마니랄馬尼辣'이다.

120 카비테: 원문은 '가유덕加維德'이다.

121 바탕가스Batangas: 원문은 '와릉가사瓦棱加斯'이다.

122 불라칸Bulacan: 원문은 '불랍간不拉干'이다. 불라칸은 지금의 성회省會인
말롤로스Malolos 동남쪽에 있다.

123 라구나Laguna: 원문은 '랍고납拉古納'로, 내호성內湖省이라고도 한다.

124 곽상한Pagsanjan: 원문은 '파살니아사巴薩尼亞斯'이다.

125 바타안Bataan: 원문은 '파당아巴當阿'로, 주도는 발랑가Balanga이다.

126 타야바스Tayabas: 원문은 '달아파達亞巴'로, 탑아파사塔亞巴斯라고도 한다.
주도는 루에나Luoena이다.

127 팜팡가Pampanga: 원문은 '방방아邦邦阿'로, 방판아성邦板牙省이라고도 한다.

128 바콜로Bacolor: 원문은 '파가라이波哥羅爾'로, 파과락이巴科洛爾이라고도 한다.

129 삼발레스Zambales: 원문은 '상파륵桑巴勒'으로, 삼묘례사성三描禮士省이라고
도 한다.

130 마신록Masinloc: 원문은 '여곤黎昆'이다. 마신락극馬辛洛克이라고도 하며, 과
거에는 이은里銀이라고도 불렀다.

131 팡가시난: 원문은 '방가서낭邦加西囊'으로, 방아서남성邦阿西楠省, 혹은 반
서란성班西蘭省이라고도 한다.

132 링가옌Lingayen: 원문은 '령가언靈加言'으로, 인아인仁牙因이라고도 한다.

133 일로코스Ilocos: 원문은 '의라각사義羅各斯'이다.

134 비간: 원문은 '유안維安'이다.

135 카가얀Cagayan: 원문은 '가가언加加言'이다.

136 일라간Ilagan: 원문은 '의랍안義拉安'이다.

137 누에바에시하Nueva Ecija: 원문은 '신액서사新厄西乍'이다.

138 발레르Baler: 원문은 '파륵이덕巴勒爾德'이다.

139 카마리네스Camarines: 원문은 '가마리내사加馬里內斯'로, 감마린甘馬粦이라
    고도 한다.

140 나가Naga: 원문은 '나가那加'로, 나아那牙라고도 한다.

141 알바이Albay: 원문은 '아이백阿爾白'이다.

142 사마르섬Samar Island: 원문은 '상마이도桑馬爾島'로, 살마도薩馬島, 혹은 삼묘
    도三描島라고도 한다.

143 레이테섬Leyte Island: 원문은 '륵덕도勒德島'이다.

144 세부섬Cebu Island: 원문은 '새포塞布'이다.

145 보홀섬Bohol Island: 원문은 '파화波和'로, 보화도保和島라고도 한다.

146 스페인: 원문은 '대여송국大呂宋國'이다. 광서 2년본에는 '송宋' 자가 빠져
    있으나 악록서사본에 따라 고쳐 번역한다.

147 네그로스섬Negros Island: 원문은 '내가라사內哥羅斯'로, 내격라사도內格羅斯島
    라고도 한다.

148 파나이섬Panay Island: 원문은 '파내巴乃'로, 반내도班乃島라고도 한다.

149 칼라미안제도Calamian Group: 원문은 '가랍미아나加拉米亞那'로, 잡랍면군도
    卡拉棉群島라고도 한다.

150 민도로섬Mindoro Island: 원문은 '명다라明多羅'로, 만도락도民都洛島라고도
    한다.

151 마긴다나오Maguindanao: 원문은 '마인달요馬仁達擾'로, 마경달뇌성馬京達瑙省
    이라고도 한다.

152 삼보앙가Zamboanga: 원문은 '상파앙안桑波昂安'으로, 삼보안三寶安이라고도
    한다.

153 미사미스Misamis: 원문은 '미살미사迷薩米斯'로, 미살미사米薩米斯라고도 한다.

154 카라가Caraga: 원문은 '가랍加拉加'로, 소리고蘇里高라고도 한다.

155 살랑간Salangan: 원문은 '새란안塞蘭安'이다.

156 풀랑기강Pulangui River: 원문은 '북란일하北蘭日河'이다.

157 수도: 원문은 '경도京都'이다. 광서 2년본에는 '경京'이 빠져 있어 악록서 사본에 따라 고쳐 번역한다.

158 술루섬: 원문은 '소록蘇錄'이다. 여기서 '술루'는 술루군도 내의 술루섬을 지칭하며 지금은 홀로섬이라 부른다.

159 타위타위섬Tawitawi Island: 원문은 '달유達維'로, 탑위탑위도塔威塔威島라고 도 한다.

160 바실란섬Basilan Island: 원문은 '파려란巴黎蘭'으로, 파서란도巴西蘭島라고도 한다.

161 바우앙Bauang: 원문은 '북만北巒'이다.

162 파라구아Paragua: 원문은 '파랍과巴拉瓜'이다. 스페인 식민주의자들이 일 찍이 팔라완을 이렇게 불렀다.

163 사마르섬: 원문은 '살마도撒馬島'이다.

164 마린두케Marinduque: 원문은 '마린득도馬鄰得島'로, 마림두극도馬林杜克島라 고도 한다.

165 팔라완섬: 원문은 '파랄만도把剌灣島'이다.

166 네그로스섬: 원문은 '니악파도泥鄂巴島'이다.

167 마스바테Masbate: 원문은 '니말파지도尼末巴地島'이다.

168 세부섬: 원문은 '서무도西武島'이다.

169 보홀섬: 원문은 '마은도馬亞島'이다.

170 파나이섬: 원문은 '방니도邦尼島'이다. 광서 2년본에는 '방邦'으로 되어 있 으나 악록서사본에 따라 고쳐 번역한다.

171 민다나오섬: 원문은 '민타나도閩他那島'이다. 광서 2년본에는 '민도閩島'로 되어 있으나 악록서사본에 따라 고쳐 번역한다.

172 민도로섬: 원문은 '민다라도閩多羅島'이다. 광서 2년본에는 '다라多羅'로 되 어 있으나 악록서사본에 따라 고쳐 번역한다.

173 레이테섬: 원문은 '래지도來地島'이다.

174 민다나오섬: 원문은 '민타나도閩他那島'이다. 광서 2년본에는 '민타방도閩 他邦島'로 되어 있으나 악록서사본에 따라 고쳐 번역한다.

175 레이테섬: 원문은 '래지도來地島'이다. 광서 2년본에는 '미지도米地島'라 되어 있으나 악록서사본에 따라 고쳐 번역한다.

176 파나이섬: 원문은 '파니도巴尼島'이다.

177 세부섬: 원문은 '서포도西布島'이다.

178 가경嘉慶: 청나라 제7대 황제인 인종仁宗 애신각라옹염愛新覺羅顒琰(재위 1796~1820)의 연호이다.

179 스페인: 원문은 '시반아是班亞'이다. 광서 2년본에는 '아亞'가 빠져 있어 악록서사본에 따라 고쳐 번역한다.

180 마닐라: 원문은 '마니랍馬尼臘'이다.

181 마닐라: 원문은 '마니랄馬尼剌'이다.

182 장사군도長沙群島: 원문은 '장사두문長沙頭門'으로, 스프래틀리군도를 말한다. 중국은 명·청대 때부터 남해의 여러 섬을 통칭해서 장사長沙, 석당石塘, 남해南海라고 불렀다. 후에 장사는 동사東沙, 서사西沙, 중사中沙, 남사南沙로 나뉘었고, 그 가운데 남사군도를 장사군도라 불렀다.

183 영국(英圭黎): 광서 2년본에는 '규圭' 자가 빠져 있어 악록서사본에 따라 고쳐 번역한다. 이하 마찬가지이다.

184 보내: 원문은 '견遣'이다. 광서 2년본에는 '조遭'로 되어 있으나 악록서사본에 따라 고쳐 번역한다.

185 목숨을 걸고 싸울 것이다: 원문은 '배성차일背城借一'로, 이 말은 『춘추좌전』「성공成公 2년」에 나온다. 제齊나라 경공頃公이 진晉나라와 동맹을 맺고 있던 노魯나라와 위衛나라를 쳤다. 노나라와 위나라는 즉시 진나라에 구원을 요청했고, 진나라 경공景公은 극극郤克을 중군주장中軍主將으로 삼아 제나라 군대를 안鞍 땅에서 물리쳤다. 이에 제나라 경공은 빈미인賓媚人을 보내 극극과 강화하게 했는데, 극극이 임금의 어머니인 소동숙蕭同叔의 딸을 인질로 내줄 것을 요구하자, 빈미인이 그 불가함을 논하면서 "그대들이 불허한다면 남아 있는 병사들을 모아 성을 등지고 일전을 청하겠소(子又不許, 請收合餘燼, 背城借一)"라고 했다. 이로부터 '배성차일'은 성을 등지고 일전을 청한다는 의미로, 즉 목숨을 걸고 최후의 결

전을 벌인다는 뜻으로 사용되었다.

186 스페인을 일시에 멸망시킬 수 있겠는가: 원문은 '멸차조식滅此朝食'으로, 이 말은 『춘추좌전』「성공 2년」에 나온다. 춘추시대에 제나라 경공이 진나라와 동맹을 맺고 있던 노나라와 위나라를 쳤다. 노나라와 위나라는 즉시 진나라에 구원을 요청했고, 진나라 경공은 극극을 중군주장으로 삼아 제나라 군대를 막게 했다. 두 군대가 안 지역에서 싸울 때 제나라 경공은 장수 고고高固의 위용에 힘입어 "나는 잠깐 동안에 이 적들을 섬멸시키고 나서 아침밥을 먹겠다(余姑翦滅此而朝食)"라는 말로 군사들의 사기를 진작시켰다. 실제 이 싸움은 진나라의 승리로 끝났지만, 이 말은 후에 승리를 얻고자 하는 결연한 의지를 표현하는 의미로 많이 사용되었다.

187 남쪽 변방: 원문은 '중역重譯'이다.

188 집 안: 원문은 '문역지간門閾之間'으로, 대문과 문지방 사이, 즉 집 안을 의미한다.

189 앞길: 원문은 '안행顏行'이다. 안사고顏師古『한서주漢書注』에 따르면, 안행은 기러기의 행렬처럼 앞에서 끌고 나가는 것을 말하는데, 여기서는 앞길이라 번역한다.

190 동도주東道主: 이 말은『춘추좌전』「희공僖公 30년」에 나오는 말로, 지나가는 길손을 집에서 묵게 하고 대접하는 주인을 의미한다.

191 클라파Kelapa: 원문은 '갈라파噶羅吧'이다. 지금의 인도네시아 자카르타시를 지칭하며 자와 등의 섬을 널리 지칭하기도 한다.

192 보르네오섬Pulau Borneo: 원문은 '파라주婆羅洲'이다.

193 카리문자와제도Kepulauan Karimunjawa: 원문은 '길리문吉里問'이다.

194 『해국문견록』에서는 … 고친다: 이상은 서계여의 안이다.

海國圖志
卷十二

해국도지
권12

―

소양邵陽 위원魏源 편집

본권에서는 동남양에 속하는 네덜란드령 큰 섬인 보르네오섬·자와섬에 위치한 각 나라 연혁, 영국·네덜란드·포르투갈 3국의 분할 속지인 각 섬에 대해 전반적인 지리, 역사, 풍속, 외모, 언어, 문화적 특색 및 중국을 비롯한 서양 국가들과의 대외관계를 기술하고 있다. 특히 『만국지리전도집萬國地理全圖集』, 『해국문견록海國聞見錄』, 『해록海錄』, 『해도일지海島逸志』, 『지리비고地理備考』, 『매월통기전每月統紀傳』, 『외국사략外國史略』, 『영환지략瀛環志略』 및 각종 중국 역사서에 나타난 관련 기록을 인용, 소개하는 동시에 이들 기록에 대한 위원 자신의 독창적인 견해와 비평을 제시하고 있다.

원본에는 없으나, 지금 보충한다.

네덜란드Netherlands[1]령 큰 섬

―

보르네오섬Pulau Borneo[2]·브루나이Brunei[3]·자와섬Pulau Jawa[4] 및
인근에 위치한 티모르섬Pulau Timor[5]·암본섬Pulau Ambon[6]을 이곳에 덧붙여 기록한다.
원본에는 없으나, 지금 보충한다.

『만국지리전도집萬國地理全圖集』에 다음 기록이 있다.

보르네오섬은 북위 5도 30분에서 남위 4도 30분에 이르고, 동경 109도
에서 118도에 이르며, 면적은 사방 787,000리이다. 섬 안에는 넓은 호수
와 숲이 있으며, 사금沙金·주석·붉은 납[7]·금강석·야모과野木瓜[8]·후추·소목
蘇木이 난다. 바닷가에 거주하는 이들은 말레이족Malays[9]·부기족Bugis[10] 등
으로, 풀을 덮어 집을 지었다. 원주민은 인육을 먹었으며, 아내를 맞이
할 때는 미리 매복해 있다가 은밀히 이웃 마을 사람 등을 죽여 [죽은 사
람의] 머리를 신부에게 바치고 나서 첫날밤을 보냈다. 각 마을은 늘 서
로 원한을 품고 보복을 했지만, 그처럼 잔인한 성격에도 불구하고 외국
과 교류할 때는 온화하고 선량했다. 중국인들은 예로부터 이 섬과 교역
을 했고, 가응주嘉應州 사람이 [이 섬의] 산으로 들어가 광물을 채굴하고
산을 뚫어 길을 내서 직접 나라를 세웠다. [그리고] 그곳의 장로長老[11]를 뽑
아 공사公司로 칭하고 1~2년을 임기로 국정을 처리하게 했다. 매년 광주

廣州와 조주潮州의 선박 여러 척이 항구에 와서 교역을 시작했다. [섬의] 서쪽에서는 네덜란드 사람이 삼바스Sambas[12]·폰티아낙Pontianak[13]·반자르마신 Banjarmasin[14] 등에서 항구를 열었다. 그러나 섬 대부분이 광야인 데다 전답이 없고 해적들이 노략질하여 무역은 활발하지 않았다.

술라웨시섬Pulau Sulawesi[15]은 보르네오 동쪽에 위치하며, 연해와 강의 지류는 그 형세가 기괴하다. 북위 1도 40분에서 남위 5도 30분에 이르며, 동경 119도에서 125도에 이르고, 면적은 사방 225,000리에 달한다. 커피·소목·제비집·해삼·대모玳瑁 등의 물품이 난다. 이곳 거주민들은 열심히 베를 짰으며, 사방으로 배를 몰고 다녔다. [이들은] 부기족, 말레이족으로 불렸는데, 항상 단도를 휴대하고 다니면서 잔인하게 복수를 했다. 내지에서는 오직 경작에만 힘쓰고 밖으로 나가려 하지 않았다. 이곳의 왕은 스스로 되는 것이 아니라 거주민들이 모임을 열고 공식적으로 추천해서 왕을 세웠다. 네덜란드는 남북에 항구를 열었는데, 남쪽은 마카사르Makassar[16]이고 북쪽은 마나도Manado[17]로, 포대를 쌓아서 군대를 배치해 지켰다.

파푸아섬Papua Island[18]은 술라웨시섬[19] 동쪽에 위치하며, 내지의 원주민들과 교류할 방법이 없기 때문에 아직도 이 섬에 대해서는 알 수가 없다. 거주민들은 종족이 달랐는데, 검은 얼굴에 곱슬머리를 한 이도 있고 말레이 종족처럼 교활하고 괴팍하면서 남을 속이는 데 능한 이도 있었다. 나무가 크고 숲은 울창하나, 물산은 많지 않다. 땅은 비록 넓으나 그 형세에 대해서는 알 수 없다. 도광 13년(1833)에 네덜란드가 항구를 열어 군사를 배치해 이 지역을 차지한 이후로 상선의 왕래가 끊이지 않았다.

진륜형陳倫炯의 『해국문견록海國聞見錄』에 다음 기록이 있다.

루손섬[20]에서 정남향으로 바라보면 스리부사라투Seribu Saratu[21]라는 큰 산이 있다. 산 동쪽은 술루섬Sulu Island[22]이고, 서쪽에는 카리문자와제도 Kepulauan Karimunjawa[23]가 이웃해 있다. 또 서쪽으로 따라가면 브루나이[24]가 있는데, 바로 옛 보르네오 왕국[25]이다. 다시 서쪽으로 돌아가면 슈와네르산맥Pegunungan Schwaner[26]의 정남향에 반자르마신[27]이 있다. 슈와네르산맥의 너비와 높이는 측량할 수 없다. 그 산에는 사람의 발길이 닿지 않아 어떠한 야수가 살고 있는지 알 수 없다. 술루·카리문자와·브루나이 3국은 모두 루손섬 남쪽에 분산되어 있다. 수카다나Sukadana[28]는 반드시 광동 남쪽의 칠주양七洲洋[29]에서 꼰선섬Đảo Côn Sơn[30]·티오만섬Pulau Tioman[31]을 지나 동쪽으로 가야 도달하는데, 188경(376시간, 약 16일)이 걸린다. 반자르마신 역시 칠주양·티오만섬·클라파[32]에서 가면 뱃길로 340경(680시간, 약 28일)이 걸린다. 하문에서 루손섬을 경유해 술루섬에 도달하는 데는 뱃길로 불과 110경(220시간, 약 9일)이 걸린다. 모두 한 산의 남북에 걸쳐 있는데, 그 거리가 꽤 멀리 떨어져 있다. 또한 동해 일대를 사이에 두고 망카사라산맥Pegunungan Mangkassara[33]이 있다. 반자르마신에서 망카사라산맥까지 가는 데, 뱃길로 27경(54시간, 약 2일)이 걸린다. 다시 돌아 동쪽으로 가면 통가오이Tongaoi[34]이고, 동북쪽은 트르나테섬Pulau Ternate[35]이다. 술루·카리문자와·브루나이·수카다나의 [거주민은] 통칭하여 말레이계 자와족[36]이라고 한다. 천성적으로 구리와 징을 좋아해서 생활 용기는 모두 구리로 만들었다. 물가를 따라 얼룩조릿대로 집을 짓고 살았으며, 풍속은 상당히 미개했다. 몸에 항상 칼을 지녔으며, 표창을 [사용하는 데] 능숙했고, 피를 보면 곧 살인을 저질렀다. 고운 색깔의 베와 비단으로 옷을 만들어 입었다. 그 지역에서 장사할 때는 작은 배를 타고 오갔으며, 상인들은 날카로운 무기를 휴대하고 무리 지어 다녔다. [이곳에서는] 진주·빙편·대모·해삼·

제비집·오목·강향·해초·등나무 등이 난다. 반자르마신의 원주민들은 특히 교활했다. 네덜란드인이 일찍이 그 항구를 차지하여 그 지역을 점거하려고 하자, 원주민들은 화포를 두려워하여 산으로 피해 들어가서 독초를 상류에 담갔고, 네덜란드인은 [독초 물에] 중독되어 모두 달아났다. [이곳에서는] 금강석·후추·단향·강향·요등料藤·두구·빙편·납·주석·제비집·물총새 깃털·해삼 등이 난다. 금강석은 다섯 가지 빛깔로, 금색·검은색·붉은색의 가격이 비싸다. [금강석을] 심야에 밀실에 놓아두면 빛이 투과되며, 진흙탕의 더러운 물에 던져 넣고 위에 푸른 천을 씌워 놓으면 그 빛이 뚫고 나온다. 바둑돌만 한 크기이면 그 가치가 10만 냥 남짓하는데, 서양인들은 최고의 보물로 여겨서 구매했다. 루손섬에서 카리문자와까지는 39경(78시간, 약 3일)이 걸리며, 브루나이까지는 42경(84시간, 약 4일)이 걸리는데 모두 동남아시아의 번국이다. 수카다나·반자르마신은 모두 루손섬으로 가는 뱃길의 여정에 있지 않기 때문에 응당 남양의 각 나라로 들어가야 한다. 술루·브루나이가 남북으로 큰 산에 걸쳐 있는 것처럼 동남양에 모여 있기 때문에 보기만 해도 그 형세를 한눈에 알 수 있다.

사청고謝淸高의 『해록海錄』에 다음 기록이 있다.
고달국古達國[37]은 옛 기록에 언급된 자와가 아닌가 한다. 습빌란제도 Kepulauan Sĕmbilan[38] 동남해에 큰 산이 유달리 우뚝 솟아 있는데 동남쪽으로 길게 이어져 있고 길이가 수천 리에 이르며 10여 개의 나라들이 그것을 둘러싸고 자리를 잡았다. [이 산을] 스리부사라투라고도 하는데, 고달국은 그 서북쪽에 위치한 나라이다. 습빌란에서 동남쪽으로 가며 순풍을 만나면 2~3일 만에 도달할 수 있다. 왕은 항구에 거주하며, 네덜란드 오랑캐가 군대를 주둔시켜 지키고 있다. 항구에서 작은 배를 구입하여 서북해를 따라 순풍을 타고 하루 정도 가면 싱카왕Singkawang[39]에 도달하는데, [이곳은] 광동인이 교역과 경작을 하는 곳이다. 여기에서 육지에 올라 동남쪽으로 하루를 가면 산에 들어서는데, 그 산에서는 모두 금이 난다. 식방산息邦山[40]의 금이 최고이며, 모두 고달국이 다스리는 지역이다.

또한 다음 기록이 있다.

믐파와Mempawah[41]는 남파왜南巴哇라고도 하며, 고달국의 동남쪽에 위치한다. 해안을 따라가며 순풍을 만나면 대략 하루 남짓 만에 도달한다. 그 땅에서는 금이 나지 않아서, 이곳에 거주하는 중국인은 오직 농사를 지어 살아간다. 관할지로 칼리만탄바랏Kalimantan Barat[42]이라는 곳이 있는데, [이곳에서] 나는 야모과는 상당히 맛이 있다. 이곳 역시 네덜란드가 군대를 주둔시켜 지키고 있다.

또한 다음 기록이 있다.

폰티아낙Pontianak[43]은 믐파와의 동남쪽에 위치하며, 해안을 따라가며 순풍을 만나면 대략 하루 남짓 만에 도달한다. 해구는 네덜란드가 군대를 주둔시켜 지키고 있으며, 서양 선박은 모두 이곳에 정박해 있다. 여기에서 작은 배를 매입하여 내항으로 들어가 5리 정도 가면 물길이 남북으로 나뉘는데, 이 나라의 왕도가 그 안에 있다. 북쪽 물길을 따라서 동북쪽으로 가면, 약 하루 만에 믈라위Melawi[44] 항구에 도달하는데, 믈라위강[45]이 동남쪽에서 흘러와 그곳에 모인다. 다시 하루를 가면 동만력東萬力[46]에 도달하며, 그 동북쪽으로 수십 리를 가면 사라만沙喇蠻[47]이 나오는데, 모두 중국인이 사금을 채취하는 곳이다. 건륭 연간에 광동 사람 나방백羅芳伯이 이곳에서 교역했는데, 호방하고 의협심이 있었으며 격투 기술이 뛰어나 자못 많은 사람의 마음을 사로잡았다. 당시 원주민들의 약탈로 상인들이 불안해하자, 나방백은 누차 무리를 이끌고 가서 평정했다. 또 악어로 인해 해를 입자, 나방백이 바닷가에 단을 만들어 희생犧牲을 늘어놓고 한창려韓昌黎의 제문[48]을 대중 앞에서 낭독한 후 불태우니 악어가 달아났다. 중국인들은 그를 경외하여 객장客長으로 높이 받들었으며, 죽은 후에는 제사를 지냈는데 지금까지 제사 의식이 끊이지 않고 있다.[49]

또한 다음 기록이 있다.

블라위[50]는 폰티아낙 동쪽 산에 위치하며, 폰티아낙의 북쪽 물길을 따라서 블라위 항구에 들어가는데 배로 8~9일이면 도달할 수 있다. 산에서 금강석이 많이 나며, 마찬가지로 네덜란드가 군대를 주둔시켜 지키고 있다.

또한 다음 기록이 있다.

타얀Tajan[51]은 폰티아낙 동남쪽에 위치하며, 폰티아낙의 남쪽 물길을 따라서 동남쪽으로 거슬러 올라가면 약 7~8일쯤에 쌍문두雙文肚[52]에 도달하는데, 바로 타얀의 관할지이다. 다시 며칠을 가면 그 나라 수도에 이른다. 건륭 말년에 그 나라 왕이 폭정을 해서 백성들의 원성이 일자 광동 사람 오원성吳元盛이 왕을 죽였다. 그 나라 백성들은 [오원성을] 군주로 받들었으며, 중국인과 원주민 모두 그 결정을 받아들였다. 오원성이 죽자, 아들이 어려 그 처가 왕위를 계승하여 지금까지 이어져 오고 있다.

또한 다음 기록이 있다.

상가우Sanggau[53]는 타얀의 동남쪽에 위치하며, 타얀의 내수를 따라서 거슬러 올라가면 약 7~8일이면 도달한다.

또한 다음 기록이 있다.

　신탕Sintang[54]은 상가우 동남쪽에 위치하며, 상가우를 경유해서 이곳에 이를 수도 있고 또한 내수를 따라서 가면 5~6일 정도 걸린다. 듣기로는, 이곳을 경유해 더 올라가면 슈와네르산맥[55] 정상에 이르는데 [그곳에] 새 머리에 사람 몸을 한 야인들이 있다고 한다. 타양에서 산 정상에 이르면, 모두 금이 나는데 산이 높을수록 금 역시 더욱 [품질이] 뛰어나다. 유달리 길이 멀어 [그곳까지] 간 사람이 드물어서 해마다 금을 많이 얻지는 못했다. 고달국에서 믈라위까지 가는 데는 산이 쭉 이어져 있어 육로로 통행한다. 그곳에 거주하는 복건과 광동 사람으로 사금을 채취하고 금강석을 캐며 교역을 하고 농사짓는 이들이 항상 수만이나 되었다. 타양·상가우·신탕 각 나라 역시 수백 명이 자유로이 왕래하여 강역을 가리지 않았다. 오직 당해 연도에 어느 곳에 거주했는가를 살펴서 마땅히 인두세를 납부해야 하며, 해당 지역의 객장에게 납부하여 네덜란드에 보내면 되는 것이다. 외국 선박의 등두금凳頭金[56] 역시 네덜란드가 징수했고, 본국 왕은 네덜란드의 명령만을 따랐으며 감히 사사로이 객상에게 세금을 징수하지 못했다. 이곳에 거주하는 중국인은 대부분 아내를 얻어 자식을 낳아 여러 세대를 이어 왔다. 여인들은 염치를 몰랐는데, 오직 옷과 음식에 있어서는 어느 정도 중국을 배웠다고 한다. 원주민은 모두 말레이족으로, 이슬람교를 믿어 예배하고 경전을 외웠으며 여자를 엄격하게 구속했다. 남자[57]는 바다로 나가 교역을 했는데, 반드시 재물과 재산을 다 싣고서 떠났다. 집에 있는 처첩과 자식에게는 식량만 조금 남겨 놓을 따름이었다. 배가 돌아오면 사람을 시켜 집에 알렸고, 반드시 처첩이 배로 와서 맞이한 후에야 집으로 돌아갔다. 그렇지 않으면 처첩이 떠났다고 여겨서 다시 돛을 펼쳐 바다로 나가 평생 집으로 돌아가지 않았다. 사룽Sarung[58]

과 수만水幔[59]을 걸쳤는데, 가난한 자는 베로 만들었고 부유한 자는 중국 비단에 무늬를 넣어 만들었는데 [천이] 촘촘하고 얇은 것을 귀하게 여겼다. 왕녀는 신하와 서민 계층에게 시집가지 않았고, 오직 같은 종족끼리 혼인을 했다. 백성들은 이익을 중시해서 살인도 마다하지 않았기 때문에 설사 국왕이라 해도 일찍이 남당南塘[60]을 한 차례 벗어났을 뿐이다. 왕이 죽으면 베로 시신이 안치된 관을 묶고 땅을 골라서 원릉園陵[61]을 만들었는데, 물이 있으면 길하다고 여겼고 [관을 묻은 곳에] 봉분을 만들지도 나무를 심지도 않았다. 산속에서는 다약족Dayak[62]이 극성하여 각각 한 지역을 차지하고 감히 경계를 넘어가지 않았는데, 조금이라도 [위치를] 옮겨서 이동하면 늘 서로 죽여 없앴다. 비록 강성했지만, 말레이시아인과 네덜란드인 및 중국인을 보면 모두 무서워하여 감히 싸우지 못했고, [그들이] 대군을 일으키면 도망가 숨을 곳이 없을까 두려워했다. 중국인들은 처음 이곳에 왔을 때 모두 다약족 여인을 처첩으로 얻었다. 그 후 인구가 나날이 늘어나자, 비로소 중국인들끼리 결혼하여 다약족 여인을 아내로 얻는 일은 드물었다. 다약족은 상당히 흉폭하고 살인을 즐겨 하여 머리를 베면 [집으로] 돌아와서 모든 문에 걸어 놓았는데 머리가 많이 매달릴수록 능력이 있다고 여겼다. 각 나라에서는 모두 빙편·제비집·야모과·향목·후추·야자·등석藤席[63]이 난다.

또한 다음 기록이 있다.

반자르마신은 폰티아낙 남동쪽에 위치하는데, 폰티아낙에서 해안을 따라가며 순풍을 만나 동남쪽으로 약 2일 정도 가면 타얀의 경계를 지나며, 다시 2~3일 가면 이곳에 도달한다. 강역과 풍속은 앞의 나라들과 대체로 같다. 그 땅에서는 금강석·금·등석·향목·두구·빙편·해삼·가문석

佳紋席·오랑우탄이 나는데, 등석이 가장 훌륭하다. 금강석은 바로 금강사金剛沙로, 여기에서 나는 것은 대부분 흰색인데 아메리카America[64]에서 나는 것은 오색을 구비하고 있다. 큰 것은 어두운 밤에 밀실에 놓아두더라도 그 빛이 투과된다. 모든 번국에서는 그것을 보물로 여겼으며, 한 알의 가치가 백금 10여만 냥에 달하는 것도 있다. 서양인들은 꽤 큰 [금강석]을 얻으면 상당한 보물로 받들었기 때문에, 재산을 다 써서 구매해도 아까워하지 않았다. 작은 것으로는 송곳을 만들어, [그것으로] 옥석과 유리 세공에 사용했다. 단단해서 뚫리지 않는 것이 없었으나, 다만 영양의 뿔은 [다룰 때] 유독 조심했다고 한다. 산중에 이상한 짐승이 사는데, 그 이름은 알 수 없다. 생김새는 원숭이와 비슷한데, 사람을 만나면 스스로 얼굴을 가리거나 모래에 얼굴을 묻었다.

또한 다음 기록이 있다.

카리문자와제도(蔣里悶)[65] 여기서 민悶은 거성으로 읽는다. 는 반자르마신 동남[66]쪽에 위치하며, 해안을 따라 순풍을 타고 약 2일이면 도달할 수 있다. 강역은 약간 협소하며, 풍속과 토산물은 이웃 나라와 같다. 생각해 보건대, 이곳은 바로 길리문吉利門이다.

또한 다음 기록이 있다.

스마랑Semarang[67]은 카리문자와제도의 남동쪽에 위치하는데, 뱃길로 순풍을 타고 약 2~3일이면 도달할 수 있다. 강역이 매우 넓으며, 이곳에 온 복건·광동 사람 또한 많다. 이 땅에서는 침향·해삼·야모과·제비집·밀랍·빙편·향초가 난다.

이상 세 나라는 모두 말레이족으로, 네덜란드가 관할하며 바로 클라파

Kelapa[68] 동북쪽에 위치한다.

또한 다음 기록이 있다.

발리Bali[69]는 스마랑 동남쪽에 위치하며, 강역은 스마랑과 같다. 해안을 따라 순풍을 타고 약 4~5일이면 도달할 수 있다. 원주민은 고아족Goa[70]으로, 사람들은 대부분 가난하지만 상당히 부지런하고 검소하다. 풍속을 살펴보면 순박하고 인정이 많은 것이 말레이족과는 다르다. 남녀 모두 색깔 있는 옷을 입었는데, 단추가 없어 끈으로 묶었다. 하반신에는 바지를 입지 않고 폭넓은 베를 둘렀다. 남자는 윗부분이 평평한 모자를 썼고, 여자는 왼쪽으로 머리를 묶어서 틀어 올렸다. 각종 꽃을 즐겨 따서 실로 묶어 목에 걸었는데, 구슬 장식을 건 것 같았다. 죽으면 땅에 묻었는데, 관은 없었다. 매년 신맞이 행사[71]를 할 때는 온 나라가 광분한 듯했다. 종이공예로 의장儀仗을 만들어 물가에까지 가져가서 모두 버리고는 서둘러 흩어졌는데, 그 이유는 알 수 없다. 결혼할 때는 또한 민며느리를 들였으며, [여인은] 남편이 죽으면 재가하지 않았다. 나이 어린 여인이 남편상을 당하면 또한 길복吉服을 입었으며, 25세가 된 연후에는 머리를 깎고 생활했다. 25세 이후에 과부가 된 여인은 그 즉시 머리를 깎았다. 머리를 깎았기 때문에 외출할 때는 반드시 천으로 머리를 가렸고, 고운 빛깔의 옷을 입지 않았다. 간음한 자가 사실이 발각되면 사람들이 사당으로 데려가 경계해 타이르고 얼굴에 물을 뿌렸는데, 이는 죄를 씻는 것(洗罪)이라고 한다. 풍속은 벵골Bengal[72]과 거의 같다. 그 나라 왕은 산중에 거주한다. 이곳에서는 진주·해삼·제비집·상어 지느러미·야모과·후추·침향·빙편이 난다.

또한 다음 기록이 있다.

마카사르[73]는 발리 동남[74]쪽에 위치하며 해안을 따라가면 약 4~5일 만에 도착할 수 있다. [원주민은] 역시 고아족이며, 강역·풍속·토산품은 모두 발리와 거의 같다. 양국 모두 중국 돈을 사용하며, 역대로 주조된 돈이 다 존재한다.

또한 다음 기록이 있다.

슬라야르섬Pulau Selayar[75]은 마카사르 동남쪽에 위치하며, 바닷길로 약 2~3일 가면 도착할 수 있다. 연해의 원주민은 말레이족이고, 내지 산의 원주민은 고아족이다. 고아족 왕이 거주하는 산은 베스키산Gunung Besuki[76]이다. 풍속은 각기 [해당 종족의 풍속을] 따랐으며, 모두 네덜란드 관할하에 있다.

세 나라 또한 자와섬과 인접해 있는데, 물건을 대부분 자와섬으로 보내 판매했다. 고달국에서 이곳에 이르기까지, 모두 슈와네르산맥의 서남쪽 절반 부분에 자리 잡고 있어서 항구가 각기 나뉘어 있다. 그 항구는 모두[77] 서쪽을 향하고 있다.

또한 다음 기록이 있다.

브루나이[78]는 슬라야르섬 서북쪽에 위치하는데, 슬라야르섬 동남쪽에서 작은 항구로 들어가 서북쪽으로 가며 순풍을 타면 5~6일 만에 도달할 수 있다. 티모르섬에서 북쪽으로 순풍을 타고 가면 7~8일 만에 도달할 수 있다. 면적이 상당히 크고, 나라 안에는 여기저기 어지러이 솟은 산들이 많은데 [그 산에는] 전혀 사람이 살지 않는다. 기이한 날짐승과 들짐승이 있는데 그 이름과 생김새는 알 수 없다. 원주민은 역시 말레이족으로,

중국의 포백布帛을 좋아한다. 이 땅에서는 제비집·빙편·야모과·후추가
난다.

또한 다음 기록이 있다.

술루는 브루나이 북서쪽에 위치하는데, 배로 브루나이의 작은 항구에
서 동남풍을 타고 약 7~8일이면 도달할 수 있다. 풍속과 특산물은 브루
나이와 같으며, 물건을 대부분 폰티아낙과 반자르마신으로 운반해 가서
판매했다. 양국 모두 슈와네르산맥의 동북쪽 절반 부분에 자리 잡았는
데, 산중에는 절벽과 가파른 바위가 있고 가시덤불이 가득하다. 재차 야
번野番[79]들이 차지하여 길을 빌려주지 않아서 서남쪽 여러 나라와 육로로
는 왕래할 수 없었다. 배를 타고 광동에서 가는 경우, 만산군도를 나온
후 동남쪽으로 가다가 동사군도를 거쳐 루손섬을 지나 다시 남쪽으로 가
면 술루해구에 이른다. 고달국에서 가면, 반드시 동남쪽으로 가서 슬라
야르섬에 이르러 작은 항구로 들어가 서북쪽으로 돌아 산을 따라가며 브
루나이를 거친 후에야 그 나라에 도달할 수 있다. 서북쪽 대해에는 암초
가 많고 큰 파도가 거세게 일어서 비록 고달국과 이웃하나 배로는 왕래
할 수 없다.

『해도일지海島逸志』[80]에 다음 기록이 있다.

해상의 무지개는 멀리서는 그 절반만 보이는 것이 흔한 일이고, 가까
이서 [보면] 전체가 고리처럼 끝이 없다. 나는 처음에 바타비아인Batavian[81]
이 카리문자와의 번개가 붉지 않고 푸르다고 말하는 것을 듣고는 믿지
않았다. 반자르마신에 가다가 카리문자와를 지나가는데, 해 질 녘에 번
개가 쳤다. 과연 붉지 않고 짙은 푸른빛을 띠었으며, 그 빛이 흩어져서

일정하지 않았다. 소동파가 이르기를 "천하의 뛰어난 경관은 바다에서 극치를 이룬다"라고 했는데, 이 말은 진실로 믿을 만하구나! 살펴보건대, 반자르마신에 가면서 카리문자와(吉哩門)를 지난다는 것은 바로 『해록』에서 말하는 카리문자와(蔣里悶)로 반자르마신의 동남쪽에 있다. 『해국문견록』에서 술루와 카리문자와(吉利門) 등의 나라가 서로 이어져 있다고 했는데, 확실히 증명할 수 있다. 카리문자와는 보르네오섬에 위치하며, 원나라 군대가 자와에 가서 군대를 카리문자와에 주둔시켰는데, [여기서 말하는 카리문자와는] 분명 클라파[82]의 자와섬[83]이 아니다.

『지리비고』에 다음 기록이 있다.

보르네오섬은 브루나이[84]라고도 하며, 남중국해 서쪽에 위치한다. 북위 7도에서 남위 4도 20분에 이르고, 동경 106도 40분에서 116도 43분에 이른다. 남북의 길이는 약 2,900리에 동서의 너비는 약 2,500리이고, 면적은 사방 40만 리이다. 인구는 3백만여 명이다. 첩첩이 쌓인 구릉과 산마루가 줄줄이 이어져 있으며, 화산이 한두 개가 아니고 지진도 가끔 일어난다. 기후가 각기 다르며, 곡식과 과일이 풍성하고, 날짐승과 길짐승이 번식하고 있다. 이 땅에서는 금·구리·철·주석·납·소금·금강석·진주·단향·사탕수수·후추·생강·두구·정향·면화·장뇌·목재 등이 난다. 섬에는 외부인이 들어간 적이 드물어 지금까지 아직 자세히 알 수가 없다. 해변의 지세는 광활하며 인가가 많고 번화하다. 섬 전체는 세 지역으로 나뉘는데, 한 지역은 네덜란드의 지배를 받았고 또 한 지역은 술루왕의 지배를 받았으며 나머지 한 지역은 다른 나라의 지배를 받지 않았다. 네덜란드의 지배를 받는 곳은 크게 두 지역으로 나뉜다. 서부西部는 그 내륙에 삼바스,[85] 믐파와,[86] 폰티아낙,[87] 란닥Landak,[88] 상가우,[89] 신탕,[90] 마탄Matan,[91] 강달와안岡達瓦安이 있다. 동부東部는 그 내륙에 가마액哥麻厄,

방불안邦不安, 망달와忙達瓦, 대달아가大達亞哥, 소달아가小達亞哥, 방일이邦日爾, 달나로達那勞가 있다. 이 외의 내륙에는 또한 달타사達打斯, 마타푸라Martapura,[92] 가랑음당加郎音當, 도고가낭都古加囊, 도고제리都古齊利, 도손都遜이 있다. 동북쪽 일대 지역은 여전히 술루 왕이 지배한다. 무역이 활발한 지역으로는 마로도馬盧都, 파의단巴義丹, 아베이Abay,[93] 달랍반達拉般이 있다. 다른 나라의 지배를 받지 않는 나라가 있는데, 큰 나라로는 보르네오, 파시르Passir,[94] 가적哥的, 술루, 비아여比亞如가 있다.

섬 서쪽에는 작은 섬들이 늘어서 있다. 큰 섬으로는 나투나제도Kepulauan Natuna,[95] 아남바스제도Kepulauan Anambas,[96] 카리마타제도Kepulauan Karimata[97]가 [있으며] 모두 서쪽에 위치한다. 대솔롬보Gram Solombo,[98] 라웃섬Pulau laut[99]은 모두 남쪽에 위치한다. 마라투아섬Pulau Maratua[100]은 동쪽에 있다. 홀로섬Jolo Island[101]이라고도 하는 카가얀섬Cagayan Island[102]과 발람방간제도Kepulauan Balambangan[103]는 모두 북쪽에 있다.

『매월통기전每月統紀傳』에 다음 기록이 있다.

보르네오섬[104]은 여러 섬 중에서 가장 크다. 남북의 길이는 2,250리이고 동서의 너비는 1,860리이다. 산에는 큰 호수가 있고, 아울러 강과 도랑이 많다. 산림이 드넓으며, 그곳의 나무로는 배도 만들고 집도 지을 수 있다. 산물도 풍성하여 후추·단향·안식향·빙편·제비집·해삼·오목·등나무·사금·납·주석·와택(주석의 일종)·금강석이 난다. 산에 사는 원주민들은 인육을 먹고 사람 피를 마시며 오륜을 지키지 않는 반면, 해변에 사는 거주민인 부기스Bugis인[105]과 말레이인은 점차 개화되었다. 부기스인은 각 나라를 두루 다니며, 이익을 찾아 열심히 일했다. 말레이인의 경우는, 선량한 이들은 게을렀고 악한 이들은 해적이 되었다. 각 부족과 각 무리,

각 지역에는 수장이 있어서 그들은 각각 군주의 명을 따랐고, 때때로 전투를 벌여 구사일생으로 요행히 살아남았다. 네덜란드는 이미 오래전부터 새로운 미개지를 개척하기 시작하여 포대와 해자를 만들었는데, 남쪽에는 반자르마신이 서쪽에는 폰티아낙·삼바스성 등이 있다. 단지 해변만 관할했고, 산속까지 미치지는 못했다. 광동인 몇만 명이 이 섬[106]의 폰티아낙 지역으로 와서 금광을 캐고 사금을 채취했다. [그들은] 사나운 원주민들을 두려워하여 무리의 수장을 세웠고, [수장은] 원주민 족장처럼 사람들을 다스렸다. 매년 광동에서 한두 척의 선박이 그 섬에 가서 교역하여 돈을 벌었다. 중국인이 만약 이 큰 섬의 황무지를 개간하여 총괄해 다스리고자 했다면 그 이익은 상당했을 것이다. 대개 보르네오섬은 대만보다 더욱 가치가 높고, 백설탕과 쌀을 비롯한 온갖 곡식 등의 산물이 매우 풍족할 뿐 아니라 각종 보물이 갖추어져 있다. 이렇게 큰 섬에서는 굶주린 백성 몇백만을 먹여 살릴 수 있으며, 물품을 운송해 가면 그 이익이 나라로 돌아간다.

『매월통기전』에 다음 기록이 있다.

루손섬 가까이 위치한 술루섬에는 작지만 가파른 바위로 이루어진 산맥이 있다. 그 남단에는 시아시섬Siasi Island[107]·생보이섬Sangboy Island[108]·주지珠池가 있다. 이 땅에서는 진주·대모·필발蓽茇[109]·소목·두구·앵무·강향 등이 난다. 크고 작은 섬들로 둘러싸여 있고 바다에서 진주가 나기 때문에 상선이 이곳에 이르렀다. 원주민들은 진주를 채취해서 작은 것을 얻으면 아예 팔지 않았고, 큰 진주를 얻으면 돈을 열 배나 벌었다. 복건 사람은 대부분 이곳에 거주하며 장사를 했다. 원주민은 무슬림으로, 보르네오섬·마카사르 백성들과 가까이 지내며 해적이 되었다. 스페인 군함만이 그들을 단속할 수 있었다. 영락永樂 15년(1417)에 이 나라 왕이 처자를 이끌고 중국에 조공했다. 옹정雍正 6년(1728)에는 공사公使가 복건에 이르러 조공을 바쳤다. 스페인 군대가 그 섬을 두 차례 공격했으나 복속시킬 수 없었다. 이곳은 보르네오섬의 술루 땅과 더불어 모두 술루 왕이 관할하는데, 비록 같은 섬은 아니지만 두 나라도 아니다.

『매월통기전』에 다음 기록이 있다.

마카사르섬의 형세를 살펴보면 험하고 가파른 산으로 둘러싸여 있다. 섬 일대를 멀리서 바라보면 무수한 톱니처럼 보인다. 항구 내지의 산봉우리는 그 수를 셀 수 없을 정도이다. 그 산의 너비와 길이는 측정할 수 없다. 또한 화산, 금광, 유황산이 있다. 산물로는 대모·해삼·제비집·오목·소목·강향·해초·등나무류·정향·두구·면화·금 등이 난다. 산속에 오파엽烏杷葉이라는 나무가 있는데, 가지에 상당한 독성이 있어서 원주민들은 화살에 그 독을 발라서 적을 죽음으로 몰아넣었다. 날씨는 광동보다 훨씬 덥다. 원주민은 무슬림 왕이 다스렸고, 모두 이슬람교도이다. 다만, 산속에는 태양을 숭배하는 사람들이 있다. 남쪽에 보네Bone[110]가 있는데, 해변에 위치하며 원주민이 관할한다. 아울러 네덜란드가 지배하는 지역은 북쪽으로는 마나도[111]가, 남쪽으로는 마카사르[112]가 있고, 산물은 많지 않다.

『외국사략外國史略』에 다음 기록이 있다.

보르네오는 가장 넓은 섬이다. 북위 5도에서 남위 4도 30분에 이르며, 원래 명칭은 고만탄古謾坦으로 길이는 2,500리에 너비는 1,160리이다. 그 내지에 깊이 들어가 보지 못하여 내부 상황을 알 수는 없다. 단지 해변의 항구는 네덜란드인이 만든 것으로, 서쪽과 북쪽 양쪽 해안에 위치한다. 말레이인이 이 지역으로 옮겨 와서 막사를 지어 해적들을 숨겨 주었고, 동쪽에서는 부기스인[113]이 항구를 열어 교역했다. 이곳의 노예는 곱슬머리에 얼굴이 검으며, 모두 아직까지 개화되지 않은 종족이다. 예로부터 지금까지 중국인들이 이곳에 모여 살았다. 광동 가응주 사람들이 가장 많으며, [그들은] 점포를 열거나 사금을 캐거나 주석·등나무·후추·오목을 팔기도 했다. 어떤 종족은 오로지 어업으로 생활을 했다. 거주민들이 상당히 적어서 모두 합해 4백만 명에 불과하다. 내륙에는 높은 산이 많으며, 매년 사금을 캐는 사람들이 20만 명으로 캐낸 사금이 약 10만 냥 남짓이나 된다. 매달 한 사람당 한두 냥 남짓을 캐는 것이다. 그중에서 중국인들은 직접 수장을 세워서 다른 나라에 복종하지 않았다. 또한 부유하여 큰 집을 짓고 사는 이도 있고, 농업에 종사하는 이도 있다. 내수에서는 금강석과 다른 보물들이 나는데, 한 덩어리에 그 가치가 30만 냥이며 서양의 여러 나라에서는 그것을 귀하게 여겼다. 또한 이곳에서는 붉은 납·진주·해삼이 난다. 짐승으로는 코끼리·외뿔소·표범·멧돼지·소가 있으며, 거주민들은 물소·돼지 등의 가축을 기른다. 산에서는 빙편과 계피가 난다.

원주민 중 대부분의 말레이족은 대대로 농사를 지으며 그럭저럭 만족하며 살았다. 다만 성격이 과격하고 호랑이처럼 사나워 항상 사람을 죽여 머리를 취해 목에 걸어 상징으로 삼았는데, 그렇지 못할 경우 결혼을 할 수 없었다. 각 종족은 서로 원수처럼 지냈지만, 다약족만은 농사에 힘쓰고 소박했으며 남을 속이지 않았다. 말레이족 왕은 브루나이[114]라는 마을에 자리 잡았는데, 몇 년 전에 속지인 사라왁Sarawak[115]을 영국인에게 바치자 영국에서 그를 왕에 봉했다. [그는] 법률로 다스리고 총포로 해적을 막아 [그들에게 잡혀 있던] 다약족 노예를 석방시켰으니, 현명한 군주라 할 만하다. 그러나 뒤를 이은 왕이 무도無道하여 사사로이 훌륭한 신하를 죽이자, 영국인이 격노하여 공격했고 또한 온 힘을 다해 해적을 모조리 소탕했다.

네덜란드의 항구는 모두 세 곳으로, 남쪽에는 반자르마신,[116] 서쪽에는 삼바스[117]와 폰티아낙[118]이 있는데 교역이 그다지 활발하지는 않다. 예전에 영국인 역시 이곳에 와서 항구를 열었는데, 후에 이 항구를 잃게 되자 오래지 않아 또 서북쪽 라부안섬Pulau Labuan[119]에 다시 항구를 열었고 이곳에 중국 화륜선이 왕래하며 교역했다. 비록 석탄이 나지만, 그 섬은 여전히 황량하다. 보르네오섬 가까이 가장 유명한 곳으로는 술루섬이 있다. 이곳은 모두 60리로, 북위 6도에 동경 120도이며 동북쪽으로 보르네오가 있다. 중국과 교역했으며 또한 공물을 바쳤다. 그곳에 거주하는 중국인 대부분은 널리 개간을 했다. [땅에서는] 밀랍·대모·곡식·운모각雲母殼[120]·진주가 나는데, 매년 은 25,000냥의 가치에 달한다. 해초·계피·빙편·오목·후추·야모과·향료 등의 물품도 생산된다. 원주민들은 각기 달랐고, 말레이족과 더불어 모두 이슬람교를 신봉했으며 부근의 여러 섬과 교역했다. 이때 서양 갑판선과의 교역이 끊어졌다. 거주민은 모두 해적으로, 상선에 해를 끼쳤으며 특히 스페인[121]을 원수로 여겨 양국[122]이 군함을 파견해 토벌했다.

『외국사략』에 다음 기록이 있다.

술라웨시섬[123]은 굽이굽이 둘러싸인 형세이다. 북위 2도에서 남위 6도에 이르며, 동경 119도에서 125도에 이른다. 면적은 2550만 리에 달하며, 거주민은 3백만 명이다. 지항支港이 많으며, 내지에는 시내와 강이 사방으로 흘러서 배를 댈 곳이 많다. 쌀은 적지만 커피는 풍성하며, 사금도 있고 제비집·해삼·해초·대모·상어 지느러미 등이 나서 중국에 판매한다. 종족은 하나가 아니며, 언어·풍속·종교 역시 같지 않다. 가장 개화된 자들은 남쪽의 보네만Teluk Bone[124]에 거주하는데, 부기스인이라고 부른다. 이들은 배를 타고 동남아시아 각 나라로 들어가 시장을 열고 교역했으며, 동업조합[125]을 설립했다. 이 땅의 왕에게는 각각 [왕을] 보좌하여 나라를 다스리는 오작五爵이 있었으며, 왕비와 여자를 왕으로 삼기도 했다. 유럽과는 왕래하지 않고, 역시 다른 나라의 명령을 따르지 않았으며, 모두 이슬람교를 신봉하여 죽음을 두려워하지 않았다. 나라 안팎의 사람들은 망카사라Mangkassara[126]라고 불렀고, 대부분 기독교를 신봉했다. 네덜란드는 남쪽 맨 끝에 마카사르 항구를 열었는데, 면적이 375리에 달하고, 거주민이 약 54,000명이었다. 동북 지역에는 마나도[127]에 열었는데, 면적이 250리로 수출용 커피가 매년 대략 5만 섬에 달했다. 거주민은 장사에 능했지만, 감히 바다로 나가지는 않았다.

『영환지략瀛環志略』에 다음 기록이 있다.

루손섬에서 서남쪽으로 바라보면 정남 방향[128]에 위치한 큰 섬이 있는데, 보르네오섬이라고 한다. 발니淨泥라고도 하고, 반니아蟠尼阿라고도 한다. 이 섬의 둘레는 수천 리에 달하며, 스리부사라투[129]라는 큰 산이 그 사이를 가로질러 동북쪽에서 서남쪽으로 이어져 있다. 산의 서쪽 기슭에서 북쪽 맨 끝으로 브루나이 문래文來라고도 한다. 가, 남쪽 맨 끝으로는 카리문자와가 있다. 길리문吉里門, 길리지민吉里地悶, 장리민蔣里悶이라고도 한다. 산의 동쪽 기슭에서 남쪽 맨 끝으로는 반자르마신 마진馬辰이라고도 한다. 이 있으며, 카리문자와와 맞닿아 있다. 반자르마신의 북쪽은 신탕이고, 다시 북쪽으로는 상가우이고, 또 북쪽으로는 타양, 또 북쪽으로는 믈라위이다. 만란萬瀾, 만랑萬郞, 만로고萬老高[130]라고도 한다. 다시 북쪽으로는 폰티아낙이며, 다시 북쪽으로는 믐파와이고, 북쪽 맨 끝으로는 고달이고, 고달에서 산을 넘어 서북[131]쪽으로는 브루나이의 땅이다. 고달에서 신탕에 이르기까지 예전에는 모두 반자르마신의 속지였기 때문에 여러 책에서 반자르마신으로 통칭하고 있어 다른 부락의 이름은 알려져 있지 않다.

산 서쪽은 드넓고 황량하며, 바다에서는 거세게 파도가 치고 급류가 흐르고 암초가 많아서 배로 해안 가까이 갈 수 없다. 그래서 원주민들이 남쪽으로는 카리문자와까지만, 북쪽으로는 브루나이까지만 [가 보았기 때문에,] 그 나머지는 모두 사람의 발길이 닿지 않은 미개지이다. 두 나라는 또한 상당히 가난하여 [이곳 사람들은] 대부분 바다로 나가 노략질을 한다.

산 동쪽은 물산이 풍부하고 바닷길의 왕래가 편리하며, 또 이 땅에서는 황금과 전석銓石이 나서 광부들이 몰려들어 인구가 많이 증가했고 부락도 비교적 많은 편이다. 원주민들은 모두 말레이족으로,[132] 물가를 따라 얼룩조릿대로 집을 지어 산다. 몸에 항상 칼을 지니며, 표창에 능숙하고, 피를 보면 곧 살인을 저지른다. 천성적으로 구리 징을 좋아하며, 생활 용기는 모두 구리로 만든다. 상의는 사룽, 하의는 수만[133]이라고 한다. 가난한 자는 베를 입고, 부유한 자는 다양한 색상의 중국 비단을 재단해서 바느질하는데 문양이 화려하다. 그 풍속을 살펴보면 이슬람교를 믿어 7일째 되는 날 예배를 드리며 돼지고기를 먹지 않는다. 말레이인은 모두 이슬람교를 믿었고, 이슬람교는 소서양小西洋의 아라비아(亞剌伯)에서 시작되어 동남아시아에 전파되었다. 산속에는 또한 다약족이 있는데, 성품이 흉악하고 사나워서 살인을 즐겨 저지른다. 그러나 감히 산 밖으로 나가 제멋대로 소란을 피우지는 않는다. 모든 부락은 예전에는 대부분 클라파[134]의 속국으로, 네덜란드 선박이 처음 이 섬에 도착하여 반자르마신의 내항內港으로 들어가 그 지역을 차지하려고 했다. 원주민들은 포화를 두려워하여 깊은 산속으로 피신해서 독초를 상류에 담갔으며, 네덜란드인은 독으로 피해를 입고 낭패하여 철수했다. 이후 마침내 해변에 항구 네 곳을 세웠는데, 믐파와,[135] 파살巴薩이다. 폰티아낙,[136] 곤전昆甸이다. 믈라위,[137] 만라萬喇이다. 반자르마신[138] 마신馬神이다. 이다. [항구가] 번성하기는 했으나 클라파에는 아주 뒤처졌고, 또한 해적이 시시때때로 노략질하여 교역은 갈수록 줄어들었다. 스리부사라투산맥의 금광은 상당히 번성했고, 따로 전산鑽山이 있어서 전석을 생산했다. 전석은 바로 금광석으로, 흔히 금강찬金剛鑽이라고 부르며 다섯 가지 색깔이 있는데, 금색·검정색·붉은색이 비쌌다. 유럽인들은 최고의 보물로 여겼으며, 바둑알 정도의 크기는 수만금 가치에 달했고 잘게 부서진 것은 못이나 자석을 가공하는 데 사용했다.

　요 몇 해 사이, 광동의 가응주 사람이 산으로 들어가 광산을 개발하고 무리 지어 한곳에 오래 사는 날들이 길어지면서 마침내 이 땅에 정착하게 되었다. [그들은] 처음에는 다약족 여인을 아내로 맞이했는데, 말레이족 여인은 중국인에게 시집가지 않았다. 인구가 나날이 늘어나자 [후에는] 중국인들끼리 결혼했다. 근래에 이미 [인구가] 수만 명을 넘어서자, 장로를 뽑아 공사의 관리자로 삼았다. 그들을 객장이라 하며, 1년이나 2년에 한 번 교체했다. 인두세는 은으로 바쳤으며, 객장이 네덜란드로 보냈다. 서양 선박의 등두금 선박세이다. 역시 네덜란드가 징수했고, 원주민 수장들은 네덜란드의 명령만을 따랐으며 감히 사사로이 세금을 징수하지 못했다. 매년 광주와 조주의 선박 여러 척이 항구에 들어와 교역을 해서 상당한 이익을 얻었다. 여러 나라의 토산품은 금과 전석 외에 납·주석·빙편·두구·

후추·해삼·제비집·대모·물총새 깃털·오목·단향·등나무가 있다. 하문에서 브루나이로 갈 때는 루손섬을 경유하고, 카리문자와와 반자르마신에 갈 때는 칠주양을 경유하여 티오만섬[139]에서 방향을 바꾸어 동쪽으로 향한다.

　　살펴보건대, 보르네오섬은 동남아시아에서 첫 번째로 큰 섬이다. 서양인들은 반니아라고 했는데, 이는 발니의 음역이다. 당나라 고종高宗[140] 총장總章[141] 2년(669)에 조공을 바쳤고, 파라국婆羅國으로 불렀다. 송나라 태종太宗[142] 태평흥국太平興國[143] 연간에 조공을 바쳤으며, 발니국淳泥國으로 불렀다. 명나라 초에 조공을 바쳤을 때는 또한 길리지민·문래文萊·발니 등의 나라로 나뉘어 있었다. 대개 발니는 이 섬의 총칭이다. 송·명대에 발니라고 불린 곳은 바로 반자르마신으로, 강역이 비교적 크고 모든 부락을 능가할 정도로 강해서 전체 섬의 이름이 나라 이름이 된 것이니, 반다아체 Banda Aceh[144]를 수마트라로 부르는 것과 마찬가지이다. 진륜형[145]의 『해국문견록』[146]에서는 스리부사라투산맥이 [섬] 가운데 걸쳐져 있으며, 섬밖으로 카리문자와·브루나이·수카다나·반자르마신·술루 5개국이 섬을 에워싸고서 자리 잡고 있다고 언급했다. 지금 살펴보니, 술루는 반자르마신 동쪽에 위치하는 세 개의 작은 섬으로, 이 땅과는 연결되어 있지 않다.[147] 수카다나는 다른 책에서는 그 명칭이 보이지 않는다. 다만 왕유곡王柳谷의 『해도일지』에 따르면 "네덜란드가 추천한 카피탄Kapitan[148] 「갈라파설噶羅巴說」에 보인다. 은 레트난Letnan[149]·부델미스터Budelmister[150]·세크레타리스Sékretaris[151] 등 다양한 명칭이 있다"고 했는데, 진륜형이 『해국문견록』에서 언급한 것처럼 관직명을 국명으로 오인하고 있다.[152] 또한 진륜형의 『해국문견록』에서는 카리문자와가 브루나이 북쪽에 위치한다고 했는데,

이는 다른 책들의 내용과 부합하지 않으며, 이로부터 오류가 생겼다. 『해도일지』에서 클라파에서 반자르마신으로 가다가 카리문자와를 거쳐 가면서 흩어지는 푸른빛의 번개를 목도했다고 언급하고 있는데, 클라파는 반자르마신의 서남쪽에 위치한다. 반자르마신으로 가다가 카리문자와를 거쳐 간 것이니, [카리문자와가] 반자르마신 서쪽에 위치한다는 것을 알 수 있다. 사청고의 『해록』에서는 이 섬에 대해 상당히 상세하게 기록하고 있지만, 그저 여러 나라를 거치면서 모두 어느 나라가 어느 나라의 동남쪽에 위치한다[는 식으로] 언급하고 있다. 이것을 서양 지도와 비교해 보면 지형과 방향에서 또한 오류가 있다. 지금 지도에 근거하여 다소 오류를 바로잡는다. 네덜란드인이 동남아시아 각 나라에 두루 항구를 설치하자, 원주민들은 모두 삼가 조심해서 명을 받들고 있다. 반자르마신만이 독을 흘려보내 [네덜란드]군을 퇴각시켰으니, 특별히 뛰어나다고 할 수 있다. 그러나 결국에는 서양인에게 제압되었으니, 원주민들은 실로 원대한 계책이 없었던 것이다. 스리부사라투산맥은 오래전부터 금혈金穴로 불리었다. 요 몇 해 사이 광동인들이 이주해 가 마을과 도시를 이루었다. 만약 규염객虯髯客[153] 같은 이가 그곳에 처음 정착해서 개간했다면 그 또한 해외의 일대 기이한 일이 아니었겠는가![154]

또 생각하건대, 하문에서 바다로 나가면 먼저 루손섬이 나오고 다음은 류큐이며, 서쪽으로 가면 술루이고 또 남쪽으로는 브루나이와 반자르마신 등이 나온다. 다시 서남쪽으로는 보르네오섬이 있고, 또 서남쪽으로 가면 보르네오[155]·자와섬[156]이 나오고, 또 서남쪽으로 수마트라와 아체 등이 있다. 서양인이 [개척한] 싱가포르[157]의 서쪽을 돌아 나오면, 인도의 스리랑카[158]에 가까워진다.

만약 이 섬에 이주한 여러 중국인이 용감하고 뛰어난 이를 선출하여 성을 지키게 해서 신중하게 도모했다면 악한 오랑캐 무리를 섬멸할 수 있었을 것이다. 장주漳州·천주泉州·혜주惠州·조주·가주嘉州 사람을 유관流官으로 삼아서 [그들이] 이 땅에서 군림하며 낡은 관례를 없애고 간결하게 만들어 직접 관속을 다스렸다면, 거의 번진과 같았을 것이다. [보르네오섬은] 대체로 남쪽 정벌의 중요 거점이라 할 만하다!

荷蘭所屬大島

—

婆羅·浡泥·爪哇.
相近之地問島·唵門島附載此內.
原本無, 今補.

『萬國地理全圖集』曰: 婆羅島北極出地自五度半至南極四度半, 偏東自一百零九度至一百十八度, 廣袤方圓七十八萬七千方里. 內有廣湖林樹, 産金沙·錫·紅鉛·金鋼石·沙藤·胡椒·蘇木. 沿海居民乃蕪來由·蕪吉等族類, 搭草寮. 土蠻食人之肉, 若要娶女, 預先埋伏, 私殺鄰鄉人等, 將首獻新婦而後行房. 各鄉里常互相抱恨報仇, 雖此等狠心, 卻與外國交接溫良也. 漢人自古以來與此洲交易, 嘉應州人進山開礦, 穿山開道, 自立國家. 擇其長老者稱爲公司, 限一年二年辦國政. 每年廣州·潮州船數隻到港, 開行貿易. 其西邊, 則荷蘭國人開港口在三八·本田·萬執馬生等處. 但因島之大半曠野, 竝無田畝, 海賊劫掠, 生意微矣.

西里百島在婆羅東, 沿海港汊形勢古怪. 北極出地自一度四十分至南極五度三十分, 偏東自一百十九度至一百二十五度, 廣袤方圓二十二萬五千方里. 産珈琲·蘇木·燕窩·海參·玳瑁等貨. 其居民勤勞織布, 駛船四方. 其名稱曰蕪吉, 曰蕪來由, 常帶短刀, 猛心報仇. 內地惟務耕田, 不肯出外. 此地國君不自主, 待居民集會, 公擧爲王. 荷蘭國南北開港口, 南曰馬甲撒, 北稱馬拏多, 築砲臺, 調防兵.

巴布亞在西里百東, 因內地土蠻無交通之理, 尙未識此島. 居民異類不同, 尙有黑面之人, 帶有驪卷頭髮, 亦有如蕪來由之族, 狡戾巧詐. 樹高林叢, 物産不多. 其地雖廣, 未知其形勢. 道光十三年, 荷蘭開港而調兵守地, 自此以後, 商船來往不絶.

陳倫炯『海國聞見錄』曰: 由呂宋正南而視, 有一大山名息利大山. 山之東爲蘇祿, 西鄰吉里門. 又沿西文萊, 卽古婆羅國. 再繞西, 朱葛礁喇大山之正南, 爲馬神. 其山之廣大長短, 莫能度測. 山中人跡不到, 産野獸亦莫能名. 蘇祿·吉里門·文萊三國, 皆從呂宋之南分籌. 而朱葛礁喇, 必從粤南之七洲洋, 過崑崙·茶盤, 向東而至朱葛礁喇, 一百八十八更. 馬神亦從七洲洋·茶盤·葛剌巴而往, 水程三百四十更. 廈門由呂宋至蘇祿, 水程不過一百一十更. 共在一山南北, 遠近相去懸殊矣. 又隔東海一帶, 爲芒佳瑟大山. 由馬神至芒佳瑟, 水程二十七更. 復繞而之東, 卽係丁機宜, 東北係萬老高. 而蘇祿·吉里問·文萊·朱葛礁喇, 總名蕪來由繞阿番. 性喜銅鉦, 器皿皆銅. 沿溪箸屋爲居, 俗甚陋. 身不離刃, 精於標槍, 見血卽斃. 以采色布帛成幅衣身. 經商其地, 往來乘小舟, 夥衆持利器相隨. 産珍珠·冰片·玳瑁·海參·燕窩·烏木·降香·海菜·藤等類. 而馬神番尤狡獪. 紅毛人曾據其港口, 欲踞其地, 番畏火礮, 避入山, 用毒草浸上流, 紅毛被毒, 皆棄去. 産鋼鑽·胡椒·檀香·降香·料藤·豆蔲·冰片·鉛·錫·燕窩·翠羽·海參等類. 鑽有五色, 金·黑·紅者爲貴. 置之暮夜密室, 光能透徹, 投之爛泥汚中, 上幔靑布, 其光透出者. 每棋子大, 値價十萬餘兩, 西洋人購爲至寶. 呂宋至吉里問三十九更, 至文萊四十二更, 此皆東南洋番國. 而朱葛礁喇·馬神, 皆非呂宋水程, 應入南洋各國. 因同蘇祿·文萊南北大山, 是以附載東南洋, 俾覽者識其形勢焉.

　謝淸高『海錄』: 古達國, 疑卽古志所稱爪哇也. 在尖筆蘭山東南海中, 別起一大山, 迤邐東南, 長數千里, 十數國環據之. 或謂之息利大山, 此其西北一國也. 由尖筆蘭東南行, 順風約二三日可到. 王居埔頭, 有荷蘭番鎭守. 由埔頭買小舟, 沿西北海順風約一日到山狗灣, 爲粤人貿易耕種之所. 由此登陸, 東南行一日, 入山, 其山皆産金. 而息邦山金爲佳, 皆古達所轄地.

　又曰: 巴薩國, 一名南巴哇, 在古達東南. 沿海順風約日餘可到. 地不産金, 中國人居此者, 唯以耕種爲生. 所轄地有名松柏港者, 産沙藤極佳. 亦有荷蘭鎭守.

　又曰: 昆甸國在巴薩東南, 沿海順風約日餘可到. 海口有荷蘭番鎭守, 洋船俱灣泊於此. 由此買小舟入內港, 行五里許, 分爲南北二河, 國王都其中. 由北河東北行, 約一日至萬喇港口, 萬喇水自東南來會之. 又行一日至東萬力, 其東北數十里爲沙喇蠻, 皆華人淘金之所. 乾隆中, 有粤人羅芳伯者貿易於此, 豪俠善技擊, 頗得衆心. 時土番竊發, 商賈不安, 芳伯屢率衆平之. 又鱷魚爲害, 芳伯爲壇於海旁, 陳列犧牲, 取韓昌黎祭文宣讀而焚之, 鱷魚遁去. 華人敬畏, 尊爲客長, 死而祀之, 至今血食不衰.

　又曰: 萬喇國在昆甸東山中, 由昆甸北河入萬喇港口, 舟行八九日可至. 山多鑽石, 亦有荷蘭番鎭守.

　又曰: 戴燕國在昆甸東南, 由昆甸南河向東南溯洄而上, 約七八日至雙文肚, 卽戴燕所轄地. 又行數日至國都. 乾隆末, 國王暴亂, 粤人吳元盛因民怨而殺之. 國人奉以爲主, 華·夷皆取決焉. 元盛死, 子幼, 妻襲其位, 至今猶存.

又曰: 卸敖國在戴燕東南, 由戴燕內河逆流而上, 約七八日可至.

又曰: 新當國在卸敖東南, 由卸敖至此, 亦由內河行, 約五六日程. 聞由此再上, 將至息力山頂, 有野人, 皆鳥首人身云. 自戴燕至山頂, 皆産金, 山愈高, 金亦愈佳. 特道遠罕至, 故其金歲不多得. 自古達至萬喇, 連山相屬, 陸路通行. 閩·粵人流寓, 淘金沙·鑽石及貿易耕種者常有數萬. 戴燕·卸敖·新當各國亦有數百人, 皆任意往來, 不分疆域. 唯視本年所居何處, 則將應納丁口稅餉, 交該處客長, 轉輸荷蘭而已. 其洋船凳頭金, 亦荷蘭征收, 本國王祇聽荷蘭給發, 不敢私征客商也. 華人居此, 多娶妻生子, 傳至數世. 婦女不知廉恥, 唯衣服飲食稍學中國云. 土番皆無來由種類, 奉回敎, 禮拜誦經, 約束女子極嚴. 男子出海貿易, 必盡載資財而行. 妻妾子女在家, 止少留糧食而已. 船回則使人告知其家, 必其妻親到船接引然後回. 否則以爲妻妾棄之, 卽復張帆而去, 終身不歸矣. 所穿沙郎水幔, 貧者以布, 富者則用中國絲綢織爲文彩, 以精細單薄爲貴. 王女不下嫁臣庶, 唯同族相爲婚. 其民尙利好殺, 雖國王亦嘗南塘一出. 王薨則以布束屍棺, 擇地爲園陵, 以得水爲吉, 不封不樹. 山中獳子極盛, 唯各據一方, 不敢逾越, 稍有遷徙, 輒相殘滅. 故雖强盛, 而見無來由·荷蘭及中華人, 皆畏懼不敢與爭, 恐大兵動, 無所逃遁也. 中華人初到彼, 所娶妻妾皆獳子女. 其後生齒日繁, 始自相婚配, 鮮有妻獳女者矣. 獳性尤凶暴, 喜殺, 得首級, 則歸懸諸門, 以多爲能. 各國俱産冰片·燕窩·沙藤·香木·胡椒·椰子·藤席.

又曰: 馬神在昆甸南少東, 由昆甸沿海順風東南行約二日, 經戴燕國境, 又行二三日到此. 疆域風俗與上略同. 土産鑽石·金·藤席·香木·豆蔲·冰片·海參·

佳紋席·猩猩, 藤席極佳. 鑽石卽金剛沙, 産此山者色多白, 産亞咩里隔者, 色具
五朵. 大者雖黑夜置之密室, 光能透徹. 諸番皆寶之, 一顆有値白金十餘萬兩
者. 西洋人得極大者奉爲至寶, 雖竭資購之不惜也. 小者則以爲鑽, 用治玉石玻
璨. 堅無不破, 獨畏羚羊角云. 山中有異獸, 不知其名. 狀似猴, 見人則自掩其
面, 或以沙土自壅.

又曰: 蔣里悶, 讀去聲. 在馬神東南, 沿海順風約二日可到. 疆域稍狹, 風俗
土産與鄰國同. 案: 此卽吉利門也.

又曰: 三巴郎國在蔣里悶南少東, 海道順風約二三日可到. 疆域頗大, 閩·粵
人至此者亦多. 土産沈香·海參·沙藤·燕窩·蜜臘·冰片·菸.
以上三國皆無來由種類, 爲荷蘭所轄, 卽在葛喇巴東北.

又曰: 麻黎國, 在三巴郎東南, 疆域同三巴郎. 沿海順風約四五日可到. 土番
名耀亞, 人多貧窮, 而甚勤儉. 風俗淳厚, 異於無來由. 男女俱穿彩衣, 無鈕以
繩束之. 下體不穿褲, 圍以長幅布. 男戴帽平頂, 女人髻盤於左. 喜採各花, 以
綫穿繫於頸, 如掛珠狀. 死則葬於土, 無棺槨. 每歲迎神賽會, 擧國若狂. 剪紙
爲儀仗, 送至水邊盡棄之, 急趨而散, 不知其何爲也. 娶妻亦童養, 夫死不再嫁.
年少者居夫喪亦穿吉服, 至二十五歲然後鬐髮而居. 二十五歲而後寡者, 當時
卽鬐髮. 旣鬐髮, 出必以布蒙其頭, 衣不加彩. 有犯奸者, 事覺則衆人帶至廟中
戒飭之, 以水灑其面, 謂之洗罪. 與明呀里俗畧同. 國王居山中. 土産珍珠·海
參·燕窩·魚翅·沙藤·胡椒·沈香·冰片.

又曰: 茫加薩在麻黎東南, 沿海約四五日可到. 亦耀亞種類, 疆域·風俗·土

産, 均與麻黎畧同. 二國俱用中國錢, 歷代制錢俱有存者.

又曰: 細利窪在茫加薩東南, 由海道約行二三日可到. 沿海土番爲無來由種類, 內山土番, 爲耀亞種類. 耀亞王所居山名伯數奇. 風俗各從其類, 皆歸荷蘭管轄.

三國亦與噶喇巴鄰近, 其貨物多歸葛剌巴售賣. 自古達至此, 同據息力大出西南半面, 而各分港門. 其港口皆西向.

又曰: 文來國在細利窪西北, 由細利窪東南入小港, 向西北行, 順風約五六日可至. 由地問北行, 順風七八日可至. 幅員甚長, 中多亂山, 絶無人居. 奇禽野獸, 莫能名狀. 土番亦無來由種類, 喜中國布帛. 土産燕窩·冰片·沙藤·胡椒.

又曰: 蘇祿國在文來北少西, 舟由文來小港順東南風約七八日可至. 風俗土産與文來同, 貨物多運往昆甸馬神售賣. 二國同據息利大山東北半面, 山中絶巘崇巖, 荊榛充塞. 重以野番占據, 不容假道, 故與西南諸國陸路不通. 船由廣東往者, 出萬山後向東南行, 經東沙, 過小呂宋, 又南行卽至蘇祿海口. 由古達往則須向東南行, 至細利窪入小港, 轉西北沿山行, 經文來, 然後可至其國. 西北大海多亂石, 洪濤澎湃, 故雖與古達比鄰, 舟楫亦不通也.

『海島逸志』曰: 海上之虹, 遠者只見其半, 如常也, 近者竟如環, 無端矣. 余初聞之巴人云, 吉理門之電靑而不紅, 余未之信. 及往馬辰, 道經吉理門, 是晚有電. 果不紅而深靑, 其光散漫無條緒. 東坡云, 天下奇觀到海盡, 信哉是言也!

源案: 往馬辰道經吉理門, 卽『海錄』所謂蔣里悶, 在馬神東南也. 『海國聞見錄』言蘇祿·吉利門等國相連, 確鑿可證. 吉理門在婆羅島, 而元兵往爪哇, 師次吉里門者,必非葛留巴之小爪哇矣.

『地理備考』曰: 婆羅島, 又名文萊, 在南洋之西. 緯度自北七度起至南四度二十分止, 經度自東一百零六度四十分起至一百十六度四十三分止. 長約二千九百里, 寬約二千五百里, 地面積方四十萬里. 煙戶約三兆餘口. 重岡疊嶺, 迤邐延袤, 火山不一, 地震時作. 地氣各殊, 穀果豐登, 禽獸蕃衍. 土産金·銅·鐵·錫·鉛·鹽·鑽石·珍珠·檀香·甘蔗·胡椒·鮮薑·豆蔻·丁香·棉花·樟腦·木料等物. 島中外人罕到, 迄今尚未詳悉. 海濱地勢廣闊, 人煙紛繁. 通島分而爲三, 一屬賀蘭國兼攝, 一歸蘇錄王兼攝, 一不受別國管轄. 其屬賀蘭國兼攝者, 分爲二大部. 一名西部, 內地曰三巴斯, 曰蒙巴瓦, 曰崩的亞那, 曰蘭達, 曰桑古, 曰星邦, 曰馬丹, 曰岡達瓦安. 一名東部, 內地曰哥麻厄, 曰邦不安, 曰忙達瓦, 曰大達亞哥, 曰小達亞哥, 曰邦日爾, 曰達那勞. 此外內地尙有數名, 曰達打斯, 曰馬爾達不拉, 曰加郞音當, 曰都古加囊, 曰都古齊利, 曰都遜. 至東北一帶地方, 仍歸蘇錄王兼攝. 其通商衝繁之地曰馬盧都, 曰巴義丹, 曰阿白, 曰達拉般. 其不受別國管轄者數國, 大者曰婆羅, 曰巴昔爾, 曰哥的, 曰蘇錄, 曰比亞如.

島之四面, 小島臚列. 大者曰那都納, 曰阿難巴, 曰加里馬達, 皆在西方. 曰索倫波, 曰不魯勞, 皆在南方. 曰馬拉都拉, 在東方. 曰加加言, 又名若羅, 曰巴郞般, 皆在北方.

『每月統紀傳』曰: 波羅爲諸島之至大. 長二千二百五十里, 闊一千八百六十里. 其山內有大湖, 竝多江溝渠. 沉茫山林, 其木可造船建屋. 産物又繁盛, 胡椒·檀香·安息香·冰片·燕窩·海參·烏木·藤·金沙·鉛·錫·窩宅·金剛寶石. 除山內之土蠻食人肉, 飲人血, 不守五倫, 其海濱居民是武吉兼馬萊酉, 則漸知教化矣. 武吉者遍往各國, 覓利勤勞. 其馬萊酉, 良者懶惰, 惡者爲海賊. 各族·各黨·

各州有其頭目, 頭目各遵土君之命, 時相鬪戰, 九死一生. 荷蘭已久開新蕃地, 建砲臺城池, 南方是馬神, 西方是阿內·三瓦城等. 但只管海邊, 不及山內. 廣東幾萬人往此洲之阿妳地方, 開金山, 探金沙. 因恐土番之狠, 設族黨頭目, 如土酋管治其民. 每年有廣東一二船隻, 往其洲貿易發財. 唐人若肯開此大洲之荒地而總統之, 其利益甚大. 蓋波羅洲比臺灣山十分更貴, 不但出白糖, 米穀等貨甚足, 且具各等寶貝. 如許大地方, 可養幾百萬飢民, 運出貨物, 利及國家.

『每月統紀傳』曰: 近呂宋之蘇錄嶼, 小有巉巖之嶺. 其極南爲石崎山·犀角嶼·珠池. 其土産爲珍珠·玳瑁·蓽茇·蘇木·豆蔻·鸚鵡·降香類. 因島嶼繞環, 海內有珍珠, 商船至彼. 其土番探珠, 獲小者不計外, 獲巨珠則賤十倍. 福建人多住生理. 土番爲回回, 與婆羅洲·芒佳瑟民結友爲海賊. 除非呂宋兵船, 無人管束之. 永樂十五年間, 其國王率妻子朝貢中國. 雍正六年間, 公使至閩貢獻. 呂宋兵帥攻伐其嶼二次, 不能服之. 此與婆羅洲中之蘇祿地, 皆蘇祿國王所轄, 雖不同島, 而非二國也.

『每月統紀傳』曰: 芒佳瑟洲之形勢, 嶇嶔嶻嶮, 環去繞來. 一帶遠視若鋸齒無數. 海港內地之山嶺, 不勝數也. 其山之廣大長短, 莫能測度. 亦有火山, 亦有金山, 亦有硫磺山. 其産物玳瑁·海參·燕窩·烏木·蘇木·降香·海菜·藤類·丁香·荳蔻·緜花·金等貨. 山內有樹, 名烏杷葉, 枝包甚毒, 故土番浸矢, 致害死敵. 天氣比廣東更熱. 其土番有回王管之, 皆回回之敎. 惟在山內有拜太陽之人. 南方有五坭國, 在海濱, 是土番所管. 竝荷蘭屬轄之地方, 向北名馬那土, 向南名馬甲颯, 無甚土産.

『外國史略』曰: 婆羅島, 最廣之島也. 北極出地五度及南極四度半, 原名曰古曼坦, 長二千五百里, 闊千有百六十里. 其內地未及深入, 故未能知其底里. 惟海濱之埠, 荷蘭人所開者, 在西北兩海邊. 蕪萊由民遷此地搭棚, 藏匿海盜者, 在東邊於布吉開埠貿易. 其奴卷髮黑面, 皆未向化之族類也. 古今唐人萃焉. 廣東嘉應州人最多, 或開肆, 或采金沙, 或販錫·藤·胡椒·烏木. 別有一族專以漁爲業. 居民甚罕, 共計不過四百萬而已. 內地多高山, 每年掘金沙者二十萬人, 所掘金沙約十萬兩有餘. 每月一人出金一兩有餘. 其中漢人自立長領, 不服他國. 亦有大富建廣屋者, 亦有務農者. 內河產金剛鑽石及他寶玉, 一塊價值三十萬兩, 爲列西國所貴. 亦產紅鉛·珍珠·海參. 獸則有象·兕·豹·野豬·牛, 其居民養水牛·豬等畜. 山中有冰片·桂皮.

土蠻之中, 多蕪萊由族代之耕作, 頗安分. 但激其性, 則猛如虎, 常殺人取首, 掛之頸上以爲號, 否則無與婚焉. 各族互爲仇敵, 惟他押族力於耕, 樸實不詐. 蕪萊由土君駐邑曰埔尼, 前數年以其所屬地撒拉兒給英人, 英國封之爲君. 教設律例, 彈遏海盜, 釋放他押奴, 可謂賢君矣. 後嗣無道, 私殺其善臣, 英人怒討之, 且盡力殄滅海盜.

荷蘭國之埠共三所, 南曰班熱馬星, 西曰三巴, 日本地亞納, 貿易皆不甚大. 昔時英國人亦於此間開埠, 後復失之, 旋復開埠於西北邊拉布安島, 與中國火輪船往來貿易. 雖產石炭, 其嶼尙荒蕪. 近婆羅島, 最著名者曰蘇祿洲. 共六十里, 北極出六度, 偏東百二十度, 以婆羅爲東北向. 與中國通商, 亦入貢. 所居多漢人, 廣開懇. 出蠟·玳瑁·穀·雲母殼·珍珠, 每年值銀二萬五千兩. 海菜·桂皮·冰片·烏木·胡椒·沙藤·香料等貨. 其土民各異, 與蕪萊由悉崇回回教, 與附近各島通商. 此時絶西洋甲板船之貿易. 居民悉海盜, 爲商船害, 尤與呂宋是班牙國爲仇, 二國調兵船以討之.

『外國史略』曰: 西里白島形勢千曲萬環. 北極出自二度及南極出六度, 偏東自百一十九度及百二十五度. 廣袤方圓二千五百五十萬里, 居民三百萬口. 多支港, 內地溪河四流, 多灣泊處. 米穀罕而珈琲豐盛, 有金沙, 亦產燕窩·海參·海菜·玳瑁·魚翅等貨, 賣於中國. 族類不一, 言語·風俗·敎門亦俱不同. 最向化者居南方破尼海隅, 名曰布吉. 航駛南洋, 開市貿易, 設公會. 其土君各有五爵襄治, 亦有以妃及女爲君者. 與歐羅巴不通往來, 亦不遵他國之命, 皆崇回回敎, 不畏死. 內外之民稱曰馬加撒, 多奉耶蘇之敎. 荷蘭國在極南開馬加撒埠, 廣袤方圓三百七十五里, 居民約五萬四千口. 在東北地開默那多口, 二百五十里, 運出珈琲, 每年約數五萬石. 居民善經營, 但不敢航海.

『瀛環志略』曰: 由呂宋西南視之有大島, 居於午位, 曰婆羅洲. 一作淳泥, 又作蟠尼阿. 其島周廻數千里, 大山亘其中, 曰息力, 由東北而西南. 山之西畔, 極北曰文萊, 一作文來. 極南曰吉里問. 一作吉里門, 又作吉里地悶, 又作蔣里悶. 山之東畔, 極南曰馬神, 一作馬辰. 與吉里問接壤. 馬神之北曰新當, 再北曰卸敖, 再北曰戴燕, 再北曰萬喇. 一作萬瀾, 又作萬郞, 又稱萬老高. 再北曰昆甸, 再北曰巴薩, 極北曰古達, 由古達逾山而西北, 卽文萊界矣. 自古達至新當, 舊皆馬神所屬, 故諸書統稱馬神, 而諸部之名不著.

山之西廣莫荒涼, 其海濤瀧壯猛, 多礁石, 舟楫不能近岸. 故土番南惟吉里問, 北惟文萊, 餘皆人迹不到之穢墟. 卽兩國亦甚貧, 多駛船海中爲盜.

山之東物產墳盈, 海道通利, 又產黃金·銓石, 攻礦之工所萃, 故丁戶殷盛, 部落較多. 諸番皆巫來由種類, 沿溪箸屋爲居. 身不離刃, 精於標槍, 見血卽斃. 性喜銅鉦, 器皿皆用銅. 上衣曰沙郞, 下衣曰水幔. 貧者以布, 富者用中國雜色絲綢裂條縫集, 爲文采. 俗從回敎, 七日禮拜, 不食豬肉. 巫來由皆從回敎, 回敎興於小西洋之亞剌伯, 故傳染於南洋. 山中別有獠人, 性凶頑, 喜殺. 然不敢出山肆擾. 諸部舊多噶羅巴屬國, 荷蘭船初到此洲, 入馬神內港, 欲據其地. 番畏砲火, 避入深山, 以毒草漬水上流, 荷蘭受毒, 狼狽去. 後卒於海濱立埠頭四, 曰三八, 卽巴薩. 日本田, 卽昆甸. 曰萬郎, 卽萬喇. 曰馬牛. 卽馬神. 繁盛遠遜噶羅巴, 又海盜時時鈔掠, 貿易益微. 息力大山金礦極旺, 別有銓山, 産銓石. 銓石卽金剛石, 俗名金剛鑽, 有五色, 金·黑·紅者爲貴. 歐羅巴人以爲至寶, 大如棋子者值數萬金, 細碎者釘磁之工用之.

近年粤之嘉應州人, 入內山開礦, 屯聚日多, 遂成土著. 初娶獠女爲婦, <small>巫來由女不嫁唐人.</small> 生齒漸繁, 乃自相婚配. 近已逾數萬人, 擇長老爲公司理事. 謂之客長, 或一年或二年更易. 丁口稅銀, 由客長輸荷蘭. 洋船凳頭金, <small>船稅也.</small> 亦荷蘭徵收, 番酋聽荷蘭給發, 不敢私徵. 每歲廣·潮二府有數船入港貿易, 獲利甚厚. 諸國土産金與銓石之外, 鉛·錫·冰片·豆蔲·胡椒·海參·燕窩·玳瑁·翠羽·烏木·檀香·藤條. 由廈門往文萊, 取道呂宋, 往吉里問·馬神者, 取道七洲洋, 由茶盤轉而東向.

余按: 婆羅洲爲南洋第一大島. 西洋人稱爲蟠尼阿, 卽淳泥之轉音. 唐高宗總章二年入貢, 謂之婆羅國. 宋太宗太平興國年間入貢, 謂之淳泥國. 明初入貢, 又分吉里地悶·文萊·淳泥等國. 蓋淳泥爲此島總名. 宋·明之稱淳泥者乃馬神, 疆域較大, 力能駕諸部之上, 故以全島之名爲國名, 猶大亞齊之獨稱蘇門答臘耳. 陳資齋『海國聞見錄』謂息力大山踞其中, 外吉里問·文萊·朱葛焦喇·馬神·蘇祿五國環而居之. 今考蘇祿在馬神東方, 乃海中三小島, 與此土不連. 朱葛焦喇, 別書不見其名. 惟王柳谷『海島逸志』云荷蘭所推甲必丹, 見『噶羅巴說』. 有大雷珍蘭·武直迷·朱葛焦諸稱呼, 似陳『錄』所云, 誤以官名爲國名矣. 又陳『錄』謂吉里問在文萊之北, 與諸書皆不合, 自是舛誤.『海島逸志』云, 由噶羅巴往馬神, 道經吉里門, 目睹電光靑而不成條, 噶羅巴在馬神之西南. 往馬神而路經吉里門, 其在馬神之西可知. 謝淸高『海錄』紀此洲最詳, 惟歷數諸國, 俱云某國在某國東南. 揆之西洋圖, 地形方向尙有舛誤. 今據圖稍更正之. 荷蘭人於南洋各島遍設埠頭, 諸番皆奉命惟謹. 馬神獨能毒流退師, 可云錚佼. 然卒爲西人所制, 番族固無遠謀也. 息力大山夙稱金穴. 近年粤東流寓, 幾於成邑成都. 倘有虯髯其人者, 創定而墾拓之, 亦海外之一奇歟.

又按: 由廈門放海, 首小呂宋, 次琉球, 西則蘇祿, 又南文萊·馬辰等. 又西南則婆羅大洲, 又西南則大·小爪哇, 又西南則蘇門答臘·亞齊等. 已繞出西人新嘉坡之西, 而近印度之錫蘭山矣. 倘因諸華人流寓島上者, 擧其雄桀, 任以干城, 沈思密謀, 取醜夷聚而殲旃. 因以漳·泉·惠·潮·嘉人爲流官, 雄長其土, 破除陳例, 歸於簡要, 自辟僚屬, 略等藩鎭. 庶足爲南服鎖鑰與!

주석

1 네덜란드Netherlands: 원문은 '하란荷蘭'이다.

2 보르네오섬Pulau Borneo: 원문은 '파라婆羅'이다. 인도네시아에 속한 보르
네오섬의 남쪽 부분인 칼리만탄Kalimantan을 '파라'라고도 하는데, 여기에
서는 보르네오섬 전체를 가리킨다.

3 브루나이Brunei: 원문은 '발니渤泥'이다. 보르네오섬 북부에 위치한다.

4 자와섬Pulau Jawa: 원문은 '조왜爪哇'이다. 광서 2년본에 '과왜瓜哇'로 되어
있는데, '조왜'의 오기이다. 이하 동일하다.

5 티모르섬Pulau Timor: 원문은 '지문도地問島'이다. 지금의 말레이제도 남부
소순다열도에 속하는 섬이다.

6 암본섬Pulau Ambon: 원문은 '암문도唵門島'이다. 암민국唵悶國이라고도 하
며, 지금의 인도네시아 말루쿠제도에 위치한다.

7 붉은 납: 원문은 '홍연紅鉛'이다.

8 야모과野木瓜: 원문은 '사등沙藤'이다.

9 말레이족Malays: 원문은 '무래유蕪來由'이다.

10 부기족Bugis: 원문은 '무길蕪吉'이다.

11 장로長老: 나이가 많고 덕이 높은 이에 대한 존칭이다.

12 삼바스Sambas: 원문은 '삼팔三八'이다. 광서 2년본에는 '삼입三入'으로 되어
있으나, 악록서사본에 따라 고쳐 번역한다. 삼파사三巴斯·삼파三巴·삼와
三瓦라고도 한다.

13 폰티아낙Pontianak: 원문은 '본전本田'이다. 붕적아나崩的亞那·본지아납本地
亞納·비전毗甸·아납阿妠이라고도 한다.

14 반자르마신Banjarmasin: 원문은 '만집마생萬執馬生'이다. 마신馬神·반열마성
班熱馬星이라고도 한다.

15 술라웨시섬Pulau Sulawesi: 원문은 '서리백도西里百島'이다.

16 마카사르Makassar: 원문은 '마갑살馬甲撒'이다. 망가슬芒佳瑟·마가살馬加撒·
   망가살芒加撒·마갑삽馬甲颯·망가석望加錫이라고도 한다. 마카사르는 인도
   네시아 술라웨시섬에 살던 망카사라 부족의 이름에서 유래되었으며,
   지금의 인도네시아 술라웨시섬의 우중판당Ujung Pandang이다.

17 마나도Manado: 원문은 '마나다馬拏多'이다. 묵나다黙那多·마나토馬那土라고
   도 한다.

18 파푸아섬Papua Island: 원문은 '파포아巴布亞'이다. 바로 이리안섬Irian Island
   으로, 뉴기니섬New Guinea이라고도 한다.

19 술라웨시섬: 원문은 '서리백西里百'으로, 광서 2년본에는 '서西'로 되어 있
   으나, 악록서사본에 따라 고쳐 번역한다.

20 루손섬: 원문은 '여송呂宋'이다.

21 스리부사라투Seribu Saratu: 원문은 '식리대산息利大山'으로 식력대산息力大山
   이라고도 한다. 일반적으로 이란Iran·카푸아스Kapuas·뮐러Muller·슈와네
   르Schwaner 등의 산맥(칼리만탄 소재)을 가리킨다.

22 술루섬Sulu Island: 원문은 '소록蘇祿'이다. 필리핀 남서부에 위치한 민다나
   오섬과 보르네오섬 사이에 위치한 술루군도 내에 위치한다.

23 카리문자와제도Kepulauan Karimunjawa: 원문은 '길리문吉里門'이다.

24 브루나이: 원문은 '문래文萊'이다.

25 옛 보르네오 왕국: 원문은 '고파라국古婆羅國'이다.

26 슈와네르산맥Pegunungan Schwaner: 원문은 '주갈초라대산朱葛礁喇大山'이다.

27 반자르마신: 원문은 '마신馬神'이다.

28 수카다나Sukadana: 원문은 '주갈초라朱葛礁喇'이다. 칼리만탄 서남쪽에 위
   치한다.

29 칠주양七洲洋: 칠주는 해남도 동북 해안에 속한 9개의 섬을 가리키며, 멀
   리서 바라보면 2개는 보이지 않고 7개 섬만 산처럼 보여 칠주산이라고
   도 한다. 칠주산 앞바다를 칠주양이라고 하는데, 칠주산에서 파라셀제
   도에 이르는 대양을 칠주양이라고도 한다.

30 꼰선섬Đào Côn Sơn: 원문은 '곤륜崑崙'이다. 베트남 남부에 위치한다.

31 티오만섬Pulau Tioman: 원문은 '다반茶盤'이다. 말레이반도 동쪽에 위치한다.

32 클라파: 원문은 '갈랄파葛剌巴'이다.

33 망카사라산맥Pegunungan Mangkassara: 원문은 '망가슬대산芒佳瑟大山'이다. 술라웨시섬의 몰렌그라프산맥Pegunungan Molengraaff을 가리킨다.

34 통가오이Tongaoi: 원문은 '정기의丁機宜'이다. 말루쿠제도 북부의 티도레 섬Pulau Tidore에 위치한다.

35 트르나테섬Pulau Ternate: 원문은 '만로고萬老高'이다. 말루쿠제도 북부에 위치한다.

36 말레이계 자와족: 원문은 '무래유요아번蕪來由繞阿番'으로, 요아번繞阿番은 'Jawa'의 음역이다.

37 고달국古達國: 지금의 칼리만탄 서쪽 연안의 싱카왕과 믐파와 사이에 위치한 것으로 추정된다.

38 슴빌란제도Kepulauan Sěmbilan: 원문은 '첨필란산尖筆蘭山'이다.

39 싱카왕Singkawang: 원문은 '산구만山狗灣'이다.

40 식방산息邦山: 광서 2년본에는 '방邦'이 '리利'로 되어 있으나, 악록서사본에 따라 고친다. 지금의 보르네오섬 서부 니웃산Gunung Niut 일대로 추정된다.

41 믐파와Mempawah: 원문은 '파살국巴薩國'이다. 남파왜南巴哇라고도 한다.

42 칼리만탄바랏Kalimantan Barat: 원문은 '송백항松柏港'이다.

43 폰티아낙Pontianak: 원문은 '곤전국昆甸國'으로 지금의 인도네시아 칼리만탄바랏주의 주도이다.

44 믈라위Melawi: 원문은 '만라萬喇'로, 지금의 인도네시아 칼리만탄바랏주에 위치한다.

45 믈라위강: 원문은 '만라수萬喇水'이다. 바로 카푸아스강Kapuas River의 지류이다.

46 동만력東萬力: 지금의 칼리만탄바랏주에 위치한 것으로 추정되나 상세하지는 않다.

47 사라만沙喇蠻: 지금의 칼리만탄바랏주에 위치한 것으로 추정되나 상세

하지는 않다.

48 한창려韓昌黎의 제문: 당나라 때의 문장가이자 정치가로 이름을 날렸던 한유韓愈(768~824)의 「악어문鰐魚文」을 가리킨다.

49 제사 의식이 끊이지 않고 있다: 원문은 '혈식불쇠血食不衰'이다. '혈식'은 피 묻은 산짐승을 잡아 제사를 지낸다는 의미로, 나라의 의식儀式으로 제사를 지내는 것을 뜻한다.

50 플라위: 원문은 '만라국萬喇國'이다.

51 타얀Tajan: 원문은 '대연국戴燕國'이다. 타얀은 지금의 칼리만탄섬 카푸아스강 북쪽 연안에 위치한다.

52 쌍문두雙文肚: 타얀의 서남쪽에 위치하는데, 지금의 명칭은 상세하지 않다.

53 상가우Sanggau: 원문은 '사오국卸敖國'이다. 지금의 칼리만탄바랏주에 위치한다.

54 신탕Sintang: 원문은 '신당국新當國'이다. 지금의 칼리만탄바랏주에 위치한다.

55 슈와네르산맥: 원문은 '식력산息力山'이다.

56 등두금艤頭金: 선박에 부과하는 선세船稅를 가리킨다.

57 남자: 원문은 '남자男子'로, 광서 2년본에는 없으나, 문맥상 악록서사본에 따라 보충해서 번역한다.

58 사룽Sarung: 원문은 '사랑沙郎'이다. 동남아시아 국가에서 상반신에 걸치는 상의의 일종이다. 광서 2년본에는 '사즉沙卽'으로 되어 있으나, 악록서사본에 따라 고쳐 번역한다.

59 수만水幔: 동남아시아 국가에서 하반신에 두르는 천을 가리킨다.

60 남당南塘: 『세설신어』 「임탄편任誕篇」에 따르면, 남당은 부유한 이들의 거주지이다.

61 원릉園陵: 왕이나 왕비의 무덤인 능陵과 왕족의 무덤인 원園을 통틀어 이르는 말이다.

62 다약족Dayak: 원문은 '여자獠子'이다. 타압족他押族이라고도 한다.

63 등석藤席: 등나무 줄기를 엮어서 만든 자리이다.

64 아메리카America: 원문은 '아미리격亞咩里隔'이다.

65 카리문자와제도(蔣里悶): 길리문吉利門, 혹은 길리문吉理門이라고도 한다.

66 동남: 실제로는 서남쪽에 위치한다.

67 스마랑Semarang: 원문은 '삼파랑국三巴郞國'이다. 자와섬 위에 위치한다.

68 클라파Kelapa: 원문은 '갈라파葛喇巴'이다. 순다클라파Sunda Kelapa를 말하며, 클라파는 야자椰子라는 뜻이다. 이에 중국인들은 습관적으로 갈류파, 즉 야자 도시(椰城)라고 불렀다. 1527년 드막국Demak이 이 땅을 점령하고 자야카르타Jaya Karta로 명칭을 바꿨다. 1618년에는 네덜란드 식민군에게 점령당한 뒤 바타비아로 명칭을 바꿨다. 인도네시아가 독립한 후 16세기 초의 옛 명칭을 회복하고 자카르타Jakarta로 명칭을 정했는데, 지금의 인도네시아 수도 자카르타를 가리킨다.

69 발리Bali: 원문은 '마려국麻黎國'이다.

70 고아족Goa: 원문은 '요아燿亞'이다.

71 신맞이 행사: 원문은 '영신새회迎賽會'로, 의장을 갖추고 음악을 연주하며 신상神像을 모시고 나와 마을을 돌던 행사이다.

72 벵골Bengal: 원문은 '명하리明呀里'이다. 지금의 방글라데시Bangladesh와 인도 서벵골주West Bengal 등의 지역이다.

73 마카사르: 원문은 '망가살茫加薩'이다.

74 동남: 실제로는 동북쪽에 위치한다.

75 슬라야르섬Pulau Selayar: 원문은 '세리와細利窪'이다.

76 베스키산Gunung Besuki: 원문은 '백수기伯數奇'이다.

77 그 항구는 모두: 원문은 '구개口皆'이다. 광서 2년본에는 '개구皆口'로 되어 있으나, 악록서사본에 따라 고쳐 번역한다.

78 브루나이: 원문은 '문래국文來國'이다.

79 야번野畨: '생번生畨'이라고도 한다. 중국에서는 개토귀류에 따라 교화된 종족을 숙번, 교화되지 않은 종족을 생번이라고 했다.

80 『해도일지海島逸志』: 청나라의 왕유곡이 1791년에 편찬한 것으로, 자와섬과 말레이반도 관련 여행기이다.

81 바타비아인Batavian: 원문은 '파인巴人'이다. '파巴', 즉 바타비아(巴達維亞)는

지금의 자카르타이다. 『해도일지』에 보이는 '파성巴城'은 당시의 바타비아를 가리킨다.

82 클라파: 원문은 '갈류파葛留巴'이다.

83 자와섬: 원문은 '소조왜小爪哇'이다. 소신하란小新荷蘭, 혹은 하왜呀哇라고도 한다.

84 브루나이: 원문은 '문래文萊'이다.

85 삼바스: 원문은 '삼파사三巴斯'이다.

86 믐파와: 원문은 '몽파와蒙巴瓦'이다.

87 폰티아낙: 원문은 '붕적아나崩的亞那'이다.

88 란닥Landak: 원문은 '난달蘭達'이다.

89 상가우: 원문은 '상고桑占'이다. 광서 2년본에는 '첩고疊占'로 되어 있으나, 악록서사본에 따라 고쳐 번역한다.

90 신탕: 원문은 '성방星邦'이다.

91 마탄Matan: 원문은 '마단馬丹'이다.

92 마타푸라Martapura: 원문은 '마이달불랍馬爾達不拉'이다.

93 아베이Abay: 원문은 '아백阿白'이다. 지금 말레이시아 사바주의 코타키나발루Kota Kinabalu이다.

94 파시르Passir: 원문은 '파석이巴昔爾'이다.

95 나투나제도Kepulauan Natuna: 원문은 '나도납那都納'이다.

96 아남바스제도Kepulauan Anambas: 원문은 '아난파阿難巴'이다.

97 카리마타제도Kepulauan Karimata: 원문은 '가리마달加里馬達'이다.

98 대솔롬보Gram Solombo: 원문은 '색륜파索倫波'이다.

99 라웃섬Pulau laut: 원문은 '불로로不魯勞'이다.

100 마라투아섬Pulau Maratua: 원문은 '마랍도랍馬拉都拉'이다.

101 홀로섬Jolo Island: 원문은 '약라若羅'이다.

102 카가얀섬Cagayan Island: 원문은 '가가언加哿言'이다. 원문에서는 카가얀섬과 홀로섬을 동일한 섬으로 보고 있으나 실제로는 별개의 섬으로 카가얀섬은 홀로섬 서북쪽에 위치한다.

103 발람방간제도Kepulauan Balambangan: 원문은 '파랑반巴郎般'이다.

104 보르네오섬: 원문은 '파라波羅'이다. 반니하潘尼河라고도 하는데, 바로 칼리만탄섬을 가리킨다. 파라주婆羅洲라고도 한다.

105 부기스Bugis인: 원문은 '무길武吉'이다.

106 섬: 원문은 '주州'인데, 광서 2년본에는 '호湖'로 되어 있으나, 문맥상 악록서사본에 따라 고쳐 번역한다.

107 시아시섬Siasi Island: 원문은 '석기산石崎山'이다. 홀로섬 서남쪽에 위치한다.

108 생보이섬Sangboy Island: 원문은 '서각서犀角嶼'이다. 바실란섬Basilan Island 서쪽에 위치한다.

109 필발蓽茇: 후추과에 딸린 풀로, 약초로 사용된다. 높이 1m 정도에 봄철에 흰 꽃이 피며 늦은 여름에 열매가 익는다. 열매는 흑갈색으로, 후추냄새와 비슷하고 맛은 쓰며 따뜻하고 독성이 있다. 주로 속을 따뜻하게 하고 흥분을 가라앉히는 데 사용된다.

110 보네Bone: 원문은 '오니국五坭國'이다.

111 마나도: 원문은 '마나토馬那土'이다.

112 마카사르: 원문은 '마갑삽馬甲颯'이다.

113 부기스인: 원문은 '포길布吉'이다.

114 브루나이: 원문은 '포니埔尼'이다. 지금의 브루나이 반다르스리브가완항Bandar Seri Begawan으로, 원래 명칭은 브루나이이다.

115 사라왁Sarawak: 원문은 '살랍알撒拉㘉'이다.

116 반자르마신: 원문은 '반열마성班熱馬星'이다.

117 삼바스: 원문은 '삼파三巴'이다.

118 폰티아낙: 원문은 '본지아납本地亞納'이다.

119 라부안섬Pulau Labuan: 원문은 '랍포안도拉布安島'이다. 말레이시아 사바주 서남쪽에 위치한 섬이다.

120 운모각雲母殻: 광물의 일종으로, 약재로도 사용된다. 근육을 단단하게 하고 열을 내리며, 신장과 폐를 튼튼하게 하고, 심기心氣를 안정시키고 지혈 작용을 한다.

121 스페인: 원문은 '여송시반아국呂宋是班牙國'이다.

122 양국: 원문은 '이국二國'이다. 문맥상 영국과 스페인을 가리키는 것으로 추정된다.

123 술라웨시섬: 원문은 '서리백도西里白島'이다.

124 보네만Teluk Bone: 원문은 '파니해우破尼海隅'이다.

125 동업 조합: 원문은 '공회公會'이다.

126 망카사라Mangkassara: 원문은 '마가살馬加撒'로, 지금의 인도네시아 술라웨시섬에 살던 부족명이다.

127 마나도: 원문은 '묵나다默那多'이다. 광서 2년본에는 '나那'가 '방邦'으로 되어 있으나, 악록서사본에 따라 고쳐 번역한다.

128 정남 방향: 원문은 '오위午位'이다.

129 스리부사라투: 원문은 '식력息力'이다.

130 만란萬瀾 … 만로고萬老高: 만란과 만로고는 모두 플라위가 아니다. 만란은 지금의 인도네시아 반다제도Kepulauan Banda이고, 만로고는 지금의 인도네시아 말루쿠제도Kepulauan Maluku를 가리킨다.

131 서북: 실제로는 동북쪽에 위치한다.

132 원주민들은 모두 말레이족으로: 원문은 '제번개무래유종류諸番皆巫來由種類'이다. 광서 2년본에는 '개皆'가 '종류種類' 앞에 위치하는데, 문맥상 악록서사본에 따라 고쳐 번역한다.

133 수만: 동남아시아 국가에서 하반신에 두르는 천을 말한다.

134 클라파: 원문은 '갈라파噶羅巴'이다.

135 믐파와: 원문은 '삼팔三八'이다. 광서 2년본에는 '팔삼八三'으로 되어 있으나, 악록서사본에 따라 고쳐 번역한다.

136 폰티아낙: 원문은 '본전本田'이다.

137 플라위: 원문은 '만랑萬郎'이다.

138 반자르마신: 원문은 '마우馬牛'이다.

139 티오만섬: 원문은 '다반茶盤'이다.

140 고종高宗: 당나라 제3대 황제로, 당 태종 이세민의 9남이며 이름은 이치

李治(재위 649~683)다.

141 총장總章: 당나라 고종의 6번째 연호(668~670)이다.

142 태종太宗: 송나라 제2대 황제 조경趙炅(재위 976~997)이다.

143 태평홍국太平興國: 송나라 태종의 첫 번째 연호(976~984)이다.

144 반다아체Banda Aceh: 원문은 '대아제大亞齊'이다.

145 진륜형: 원문은 '진자재陳資齋'로, 자재資齋는 진륜형의 호이다.

146 『해국문견록』: 광서 2년본에는 '해국견문록海國見聞錄'으로 되어 있으나, 서명이 잘못 표기되어 고쳐 번역한다.

147 지금 살펴보니 … 연결되어 있지 않다: 서계여는 술루국 서쪽의 왕이 다스리던 지역이 칼리만탄섬 동북쪽에 위치했다는 것을 확실히 알지 못했다.

148 카피탄Kapitan: 원문은 '갑필단甲必丹'으로, 영어 'Captain'의 음역이다. '지도자, 우두머리'를 의미하는데, 네덜란드 식민지 내에서 화교를 관리로 삼아 그들을 '카피탄'으로 칭하고 정치 참여권은 주지 않고 소송·조세 등의 화교 관련 업무만을 담당하게 하여 식민 정부 활동에 협조하도록 했다.

149 레트난Letnan: 원문은 '대뢰진란大雷珍蘭'으로 지금의 인도네시아어로 비서관을 의미한다.

150 부델미스터Budelmister: 원문은 '무직미武直迷'로, 지금의 인도네시아어로 법관을 의미한다.

151 세크레타리스Sékretaris: 원문은 '주갈초朱葛礁'로, 지금의 인도네시아어로 서기관을 의미한다.

152 진륜형이 … 오인하고 있다: 악록서사본에 따르면, 서계여는 지명인 수카다나를 관직명인 'Sekretaries'로 오인하면서 도리어 진륜형의 『해국문견록』이 관직명을 국명으로 여긴 것에 대해 비난했다고 한다.

153 규염객虯髯客: 당나라 전기傳奇 소설 『규염객전虯髯客傳』에 나오는 영웅호걸이다. 『규염객전』에 따르면, 규염객은 이세민이 왕이 될 인물임을 알고 자신의 모든 재산을 이위공李衛公(이정李靖)에게 주어 이세민이 당 건국

을 도와주게 한 뒤 자신은 부여국扶餘國으로 가서 그 임금을 죽이고 스스로 왕이 되었다고 한다.

154 루손섬에서 … 아니었겠는가: 이상에서 보이는 안은 모두 서계여의 안이다.

155 보르네오: 원문은 '대조왜大爪哇'이다.

156 자와섬: 원문은 '소조왜小爪哇'이다.

157 싱가포르: 원문은 '신가파新嘉坡'이다. 앞부분에 '서양인'이 언급된 것은 1819년 영국의 동인도 회사가 현 싱가포르 남부에 개발한 항구가 싱가포르의 시초였기 때문으로 보여진다.

158 스리랑카: 원문은 '석란산錫蘭山'이다.

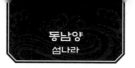
보르네오섬·자와섬 각 나라 연혁고

—

【보르네오(婆羅國)】

『신당서新唐書』에 다음 기록이 있다.

적토국 서남쪽에서 바다로 들어가면 보르네오에 갈 수 있다. [당 고종] 총장總章 2년(669)에 그 [나라] 왕이 사신을 보내 환왕국環王國[1]의 사신과 함께 입조했다.

『명사明史』에 다음 기록이 있다.

보르네오는 문래라고도 한다. 동양의 끝이며, 남양이 시작되는 곳이다. 당나라 때 보르네오가 있었는데, 고종 때 항상 조공을 바쳤다. 영락 3년 (1405)에 사신을 파견하여 옥쇄와 조서, 비단과 예물을 가지고 가서 그 나라 왕을 안무하고 효유했다. [영락] 4년(1406) 12월에 그 나라의 동왕東王과 서왕西王이 모두 조공을 바쳐 왔다. 그 지역은 산을 등지고 바다를 앞에 두고 있었다.[2] 불교를 숭상하여 살생을 싫어하며 보시하기를 좋아했고,

돼지고기 먹는 것을 금했다. 왕은 삭발하고 금으로 수놓은 두건을 둘렀으며 쌍검을 찼다. 출입할 때는 걸어 다녔으며, 수행원은 2백여 명이었다. 예불을 올리는 사원이 있었고, 제사 때마다 희생물을 바쳤다. 그들의 조공품으로는 대모·마노·거거車渠³·진주·백초포白焦布⁴·화초포花焦布⁵·강진향·황랍黃蠟⁶·흑소시黑小廝⁷ 등이 있다. 만력 연간(1573~1619)에, [이 나라] 왕이 된 자는 복건 사람이었다. 혹자가 말하기를, 정화가 보르네오에 사신으로 갔을 때 그를 따라간 복건 사람이 있었는데 그곳에 남아서 살다가 그 후예들이 마침내 그 나라⁸를 차지하여 왕이 되었다고 한다. 왕궁 옆에는 중국어로 된 비석이 있다. 왕은 전서체가 새겨진 금인 하나를 가지고 있었는데, [도장] 위쪽은 동물 형상이며 영락 연간(1403~1424)에 하사한 것으로 전해진다. 민간에서 혼인할 때는 반드시 이 도장을 등에 찍어 주기를 청했으며, 이를 영광으로 여겼다. 이후 포르투갈⁹이 횡행하더니 군대를 보내 공격했다. 왕은 백성들을 이끌고 산속으로 들어가 물에 약을 타서 흘려보내 셀 수 없을 정도의 [포르투갈] 사람들을 독살시켰고, 왕은 나라를 되찾을 수 있었다. 이에 포르투갈은 마침내 루손섬을 침범했다.¹⁰

【브루나이(浡泥國)】

『송사』에 다음 기록이 있다.

브루나이는 서남 대해에 위치하며, 사파에서 45일 걸리고, 스리비자야¹¹에서는 40일, 참파¹²에서는 30일이 걸린다. [이 나라는] 14개 주州를 다스린다. 이전 시대에는 중국과 교류하지 않았지만, 송나라 태평흥국 연간에 비로소 사신을 파견하여 조공을 바쳤다. 이 나라는 판목으로 성을 지었으며, 왕이 거주하는 건물은 패다라잎으로 [지붕을] 덮고, 백성들의 집은 풀로 [지붕을] 덮었다. 왕은 끈으로 엮은 의자에 앉았으며, 외출할 때는 커다란 천을 씌운 뒤 그 위에 앉으면, 무리가 그것을 들었는데, 이를 완낭阮囊이라 한다. 전투를 하는 자들은 칼을 들고 갑옷을 입었는데, 갑옷은 동으로 주조한 것으로 모양이 마치 커다란 대통처럼 생겼다. 이것을 몸에 걸치면 배와 등을 보호할 수 있다. 이 나라는 저문국底門國[13]과 이웃하는데, [저문국에는] 약나무(藥樹)가 있어서 그 뿌리를 달여 약으로 만들어 복용하거나 몸에 바르면 무기에 상처를 입어도 죽지 않는다. 상장喪葬 의례는 역시 시체를 관에 넣어서 대나무로 상여를 만들어 [관을] 실어 산속에 갖다 버렸다. 2월에 농사를 시작할 때 제사 지내고, 7년이 지나면 더 이상 제사를 지내지 않았다. 혼인 예물로는 먼저 야자 술을 다음으로 빈랑을 또 그다음으로는 반지를 보내고, 그런 연후에 길패포吉貝布나 금은金銀을 잔뜩 보내서 혼례를 치렀다. 이 나라 사람들은 12월 7일이 설이다. 무릇 잔치를 할 때는 북 치고 피리 불며, 판목을 두드리면서 노래와 춤을 즐겼다. 그릇은 없었고, 대나무로 패다라잎을 엮어 그릇을 만들어서 음식을 담았는데, 먹고 난 뒤에는 그것을 버렸다.

『명사』에 다음 기록이 있다.

브루나이는 그 옛일에 대해서는 고증할 수 없고, 송나라 태종 때 중국과 교류하기 시작했다. 태조 홍무洪武 3년(1370)에 사신을 파견하여 천주에서 항해하여 반년이 걸려 사파국闍婆國[14]에 이르고, 또 한 달이 지나 그 나라에 도착했다. [그 나라] 왕이 오만하여 예를 행하지 않아 꾸짖으니 비로소 자리에서 내려와 절을 하고 조서를 받았다. 당시 그 나라는 술루[15]의 침략을 받아 매우 쇠락하고 궁핍했으며, 또 본래 사파국에 복속되어 있었는데 사파인이 이간질하자 왕의 마음이 도중에 변했다. 사신이 이를 꾸짖으며 "사파국은 오래도록 신하를 칭하며 [천조天朝에] 공물을 바치고 있는데, 그대는 사파국은 두려워하면서 오히려 천조는 두려워하지 않는가?"라고 했다. 이에 [그 나라 왕은] 사신을 보내어 표전表箋을 올리고, 학정鶴頂[16]·생대모生玳瑁[17]·공작·매화대편용뇌梅花大片龍腦[18]·미용뇌米龍腦[19]·서양포西洋布·강진降眞 등 여러 향료를 바쳤다.

홍무 8년(1375)에 복건의 산천에 제사 지낸 다음에 이어 그 나라 산천에 제사를 지내도록 명했다. 영락 3년(1405) 겨울에 [그 나라 왕이] 사신을 보내 조공을 바치자, 이에[20] 관리를 보내 국왕에 책봉하고, 인고印誥[21]와 칙부敕符[22]를 하사했다. 왕은 크게 기뻐하여 왕비와 동생들, 자녀, 가신들을 이끌고 바다를 건너 입조했다. [영락] 6년(1408)[23] 10월에 왕이 관館에서 죽었다. 황제는 애도하며 3일 동안 조회를 중단했고, 관리를 보내 제사를 올리도록 했으며, 부조했다. 황태자와 친왕 모두 참배를 보냈고, 담당 관리가 관곽棺槨과 명기冥器[24]를 갖추어[25] 안덕문安德門[26] 밖 석자강石子岡에 안장했으며, 비碑를 세우고 사당을 지었다. 담당 관리는 봄가을에 소뢰少牢[27]를 갖추어 제사 지냈으며, 시호를 공순恭順이라고 했다. 그의 아들이 뒤를 잇게 하여 국왕에 봉하니, 아뢰기를 "신은 해마다 자와에 편뇌 40근을 바치고 있는데, 바라옵건대 자와에 칙서를 내려 조공을 그만두게 해 주시고 해마다 천조에 조공하게 해 주십시오. 신은 이제 귀국하고자 하오니 관리에게 명하여 호송해 주시고, [그들이] 1년 동안 머물면서 백성들의 바람을 살펴 주시길 바랍니다"라고 했다. 아울러 조공 시기와 시종의 수를 정해 줄 것을 청했다. 황제는 이를 모두 허락하고, 3년에 한 번 조공하도록 했다. 또한 봉국封國의 뒤쪽에 있는 섬을 하나의 방진方鎭으로 삼아 주기를 청하니, 이에 장령진국長寧鎭國의 산[28]으로 봉하고 어필을 새긴 비석을 그 [산] 위에 세웠다. 홍희洪熙[29] 연간(1425) 이후로부터 조공 사절이 점차 줄어들었다. 정덕正德 연간(1506~1521)

에 포르투갈이 난입하여 노략질하는 바람에 원주민들이 조공을 바치겠다고 알렸으나 대개 물리쳐 거절했다. 가정嘉靖 9년(1530)에 급사중給事中 왕희문王希文이 아뢰기를, "아유타야·참파·류큐·자와·브루나이 다섯 나라가 와서 공물을 바쳤는데, 모두 동관현東莞縣30을 거쳐 왔습니다. 후에는 사적으로 상인들을 데리고 왔기 때문에 대부분 이들의 조공을 거절했습니다"라고 했다. 만력 연간(1573~1619)에 그 나라 왕이 죽었는데, 후사가 없어 왕족들의 다툼이 발생했다. 나라 안에서 살육이 몇 차례 일어난 뒤에, 그 [죽은 왕의] 딸을 왕으로 세웠고, 14주를 다스렸다. 팔렘방31의 서쪽에 위치하며, 참파에서 [출발하여] 40일이면 도달할 수 있다. 처음에는 자와에 속했지만, 후에는 아유타야 왕국에 예속되어 빠따니32로 이름을 바꾸었다. 중국인이 대부분 그 지역에 이주했다. 당시 네덜란드33가 이 나라 안에서 제멋대로 장사를 하며, 토코Toko34를 짓고 거주했다. 팽호彭湖에 들어와 교역하는 자들은 빠따니 [문자로 쓴] 문서를 휴대했다. 살펴보건대, 이 기록에서는 사파를 파라婆羅로 간주하는데, 아유타야 왕국에 속한 빠따니와는 관련이 없다.

【자와】

『원사』에 다음 기록이 있다.

자와는 해외에 있는데, 참파보다 더욱 멀다. 천주 남쪽에서 배를 타고 항행하는 자들은 먼저 참파국에 도달한 연후에 이 나라에 이르렀다. 그 풍속과 토산물에 대해서는 알 수 없지만, 대체로 해외 번국들과 마찬가지로 진기한 보화가 많이 산출되어 중국에서 중시되었다. 이곳 사람들은 볼품없게 생겼으며, 성정性情과 언어도 중국과 통하는 것이 없었다. 세조가 사방의 오랑캐들을 위무하기 위해 해외 제 번諸蕃에 군사를 파견했을 때, 오직 자와 원정 [규모가 가장 컸다.

지원至元 29년(1292)에 자와에서 칙사 우승右丞 맹기孟琪의 얼굴에 문신을 새긴 일로, 그 죄상을 선포하여 토벌하기에 이르렀다. 복건행성福建行省에 조서를 내려 사필史弼[35]·역흑미실亦黑迷失[36]·고흥高興[37]을 평장정사平章政事에 임명하고 복건·강서江西·호광湖廣 세 행성의 병력 2만 명을 모아서, 전함 1천[38] 척을 동원하고, 1년 치 양식을 제공했다. 11월에 복건·강서·호광 3성의 군대가 모두 천주에 집결했다. 12월에는 후저後渚에서 출발했다. [지원] 30년(1293) 정월에 글람섬Pulau Gelam[39]에 도착하여 계책을 논의했다. 2월에는 역흑미실과 손참정孫參政이 우선 본성本省의 막관幕官 5백여 인과 전함 10척을 이끌고 먼저 가서 그들을 초유招諭했다. 대군은 계속해서 카리문자와로 진격했다. 사필과 고흥은 자와의 투반Tuban[40]까지 진군했는데, 역흑미실 등과 상의해서 병력을 나누어 해안에 내린 뒤에 수륙 양방향으로 진격하기로 했다. 수군은 투반에서 장갈라Janggala[41] 항구를 경유하여 팔절간八節澗[42]에 도착했다. 기병과 보병은 투반에서 육로로 행군했는데, 만호萬戶 신원申元을 선봉 삼아 부원수副元帥 등을 파견하여 찬봉선鑽鋒船에 승선하게 하고, 장갈라를 출발하여 마자파힛Majapahit[43]에서 부량浮梁으로 전진해 팔절간에 가서 예정대로 회합했다.

초유조왜선무사招諭爪哇宣撫司의 관원이 보고했다.

"자와 왕[44]의 사위 라덴위자야Raden Wijaya[45]가 나라를 바치겠다며 투항했는데, 라덴위자야는 군대를 떠날 수 없기 때문에, 우선 이 나라의 재상 석랄난답타야昔剌難答吒耶 등 50여 명을 데리고 와서 영접하게 했습니다. 3월 1일, 군대가 팔절간에 집결했습니다. 팔절간은 위쪽으로는 투마펠Tumapel[46] 왕부와 접해 있고, 아래쪽으로는 마두라해협Madura Strait[47]으로 통하여, 자와에서는 반드시 쟁취해야 할 목구멍 같은 요지입니다. 또한 모신모臣 희녕관希寧官이 강을 따라 배를 정박시키며[48] 승패를 관망했는데, 여러 차례 초유했지만 항복하지 않았습니다. 행성行省에서 팔절간 가장자리에 언월영偃月營을 설치하고, 만호 왕천상王天祥을 남겨 강나루를 지키게 했으며, 수군과 기병·보병으로 하여금 수륙 양방향으로 진격하게 했습니다. 희녕관이 두려운 나머지 밤사이 배를 버리고 도망쳐서 귀신 머리를 장식한 큰 배 1백여 척을 얻었습니다. [그리하여] 도원수都元帥 나해那海 등에게 명하여 팔절간의 해구를 지키게 했습니다."

대군이 진격하자, 라덴위자야가 사신을 보내 알리기를, 칼랑Kalang[49] 왕이 마자파힛까지 쫓아와 죽이려 하니 관군을 보내 구해 달라고 청했다. 역흑미실과 장참정張參政이 먼저 가서 라덴위자야를 안위해 주고, 정진국鄭鎭國이 군대를 이끌고 창키르Chang Kir[50]로 가서 원조했다. [3월] 7일, 칼랑의 군대가 세 길로 나누어 라덴위자야를 공격했다. [3월] 8일 여명 무렵, 고흥[51]과 탈환脫歡의 군대가 동남로에서 적과[52] 전투를 벌여, 수백 명을 죽였는데, 나머지는 산[53]의 계곡 쪽으로 흩어져 달아났다. 해가 중천에 떴을 때, 서남로에서 적병이 또 몰려와 고흥이 해 질 무렵까지 싸워 다시 격퇴했다. 15일에는 군대를 세 길로 나누어 칼랑을 정벌했는데, 19일에 다하Daha[54]에서 회합하기로 약속하고, 포성을 들으며 접전을 치렀다. 수군은 물길을 거슬러 올라갔으며, 역흑미실 등은 서도西道로, 고흥 등은 동도로 진격했고, 라덴위자야의 군사는 그들의 후미를 따랐다. 19일에 다하에 도착했다. 칼랑국의 왕이 10여만 명의 병력으로 교전했다. 묘시卯時에서 미시未時까지 연이어 세 차례 교전했다. 적병들은 대패하여 흩어져 달아났는데, 밀려서 강에 빠져 죽은 자도 수만 명[55]에 달했고, 5천여 명이 죽임을 당했다. 국왕은 내성內城으로 들어가 항거하며 수비했는데, 관군이 포위하고 투항하도록 타일렀다. 그날 밤, 국왕 케르타네가라

Kertanegara[56]가 나와서 투항하자 안무하여 타이른 뒤 돌려보냈다. 4월 2일, 라덴위자야에게 그 땅을 돌려주고 입조해서 예물을 바치게 하면서 병사 2백 명을 보내 호송했다. 19일에 라덴위자야가 배반하고 도망쳐서 [그곳에 남아 있던] 군대가 [적을] 막아 싸웠다. 24일에 우리(원나라) 군대가 귀환했는데, 케르타네가라의 처자와 관속官屬 1백여 명 및 지도와 호적, 헌상한 금자표金字表 등을 가지고 돌아왔다.

『원사』「사필전史弼傳」에 다음 기록이 있다.

세조는 자와를 정벌하기 위해 사필을 상서성좌승尙書省左丞과 행절동선위사行浙東宣慰使에 제수하고, 얼마 지나지 않아 복건성 등의 중서성평장정사中書省平章政事에 제수하여 자와를 정벌하러 파견했는데, 역흑미실과 고흥에게 보좌하도록 했다. 12월에 사필은 5천 명에 달하는 전군으로 천주에서 출발했는데, 바람이 거세어 파도가 용솟음쳐서 배가 솟구쳐 오르고 위아래로 흔들려 병사들이 모두 여러 날 음식을 먹을 수 없었다. 칠주양·만리석당을 지나 교지交趾·참파 땅을 지났다. 다음 해 정월, 혼하이섬 Đào Hòn Hải[57]·대캣위크섬Catwick Island[58]에 이르러 소캣위크섬[59]을 경유해 꼰선섬 일대의 해역[60]과 감람서橄欖嶼[61]로 들어가 카리마타섬Karimata Island·글람섬 등의 산에서 주둔하며 벌목을 하여 작은 배를 만들어서 나아갔다. 당시 자와와 인접국인 칼랑은 원수 사이로, 자와 왕이 이미 칼랑 왕에게 죽임을 당해 그 사위 라덴위자야가 칼랑을 공격했으나 승리하지 못하고 퇴각하여 마자파힛을 지키고 있었다. 사필 등이 온다는 말을 듣고 사신을 파견하여 그 나라 산천·호구 및 칼랑의 지도를 가지고 투항을 청하며 구원을 요청했다. 사필과 여러 장군이 칼랑의 군대를 공격하여 크게 물리치자, 칼랑의 수장은 [그들의] 나라로 달아났다. 고흥이 말했다.

"자와가 비록 항복했지만, 별안간 도중에 [마음이] 변해 칼랑과 연합한다면 [우리] 군대는 절체절명의 위기에 처해 앞날을 예측할 수 없게 된다."

사필은 마침내 군대를 세 길로 나누어 고흥 및 역흑미실과 각각 한 길의 군대를 거느리고 칼랑을 공격했다. 다하성에 이르러 칼랑의 병사 10여만 명과 아침부터 낮까지 교전을 벌였다. 칼랑의 군대는 패하자 성으로 들어가 [굳게] 지켰으며, [사필 등은] 마침내 성을 포위했다. 칼랑의 수장이 나와 항복했으며, 그 처자와 관속을 데리고 귀순했다. 라덴위자야가 돌아가서 다시 항복 문서 및 소장하고 있는 진귀한 보물을 가지고 입조할 것을 청하자, 사필과 역흑미실은 이를 허락하고 만호 2인을 파견하여 병사 2백 명으로 그를 호송해 귀국하도록 했다. 라덴위자야는 길에서 [만호] 2인을 죽이고 배반한 후 군대가 돌아가는 틈을 타서 협로를 차단했다. 사필은 길이 끊어지자 싸우다 행군하다 하면서 3백 리를 걸어가 배를 타고 밤낮으로 68일을 가서 천주에 도착했는데, 죽은 병사가 3천여 명이었다. 담당 관리가 포로와 획득한 금은보화·향과 포 등을 조사해 보니 50여만이나 되었으며, 또한 라무리국Lamuri[62]이 바친 금자표와 금·은·무소·코끼리 등의 물품을 진상했다. 조정에서는 잃은 것이 많아서 장 17[63]대를 때리고 가산의 3분의 1을 몰수했다. 원정元貞[64] 원년(1295)에 다시 동지추밀원사同知樞密院事 월아로月兒魯[65]가 상주하여 아뢰었다.

"사필 등이 5천 병사로 2십여만 리에 달하는 바다를 건너 요즘 가 보지 못했던 나라에 들어가 그 왕을 포로로 삼고 가까이 있는 작은 나라들이 항복하도록 타일렀으니 마땅히 긍휼히 여겨야 합니다."

마침내 조서를 내려 몰수한 것을 돌려주고, 영록대부榮祿大夫와 강서 등지의 행중서성우승行中書省右丞에 제수했다.

『명사』에 다음 기록이 있다.

자와국은 참파 서남쪽에 위치한다. 홍무 2년(1369)에 사신을 파견하여 즉위 조서로 그 나라를 효유했다. 그 [나라의] 사신이 이전 원조元朝에 공물을 바치고 돌아가다가 복건에 이르렀을 때, 원나라가 망하자 경사로 들어가 살았다. 그해 2월에 태조가 다시 사신을 보내어 그를 돌려보내면서 『대통력』을 하사했다. 홍무 3년(1370) 6월에 사막을 평정하고 조서를 반포했다. 홍무 10년(1377)에 [자와국] 왕과 동·서의 두 왕이 각각 사신을 보내 입조하여 공물을 바쳤다. 홍무 13년(1380)에 사신을 보내어 스리비자야 국왕에게 인장과 인수를 하사했다. 자와에서는 속국인 스리비자야가 자신들에게 대항한 것에 분노해 중국 사신을 유인하여 살해했다. 천자(즉 홍무제)는 노하여 [자와의] 사신을 억류해 장차 죄를 물으려 했다. 얼마 후 [사신을] 돌려보내며 칙서를 내려 책망했다. 홍무 14년(1381)에 [자와국 왕이] 사신을 파견하여 흑노黑奴 3백 명과 방물을 바쳤다. 이듬해(1382) 다시 남녀 흑노 1백 명·큰 진주 8알·후추 75,000근을 바쳤다. 영락 원년(1403)에 [자와국의] 동·서 두 왕이 함께 공물을 바쳤다. 영락 3년(1405)에 환관 정화鄭和를 그 나라에 사신으로 파견했다. 영락 4년(1406)에 서왕과 동왕이 전쟁을 벌였는데, 동왕이 패전하여 나라가 멸망했다. 마침 명나라 사신이 동왕의 땅을 지나가다가 병사들이 저자에 들어가자, 서왕국 사람들이 그들을 죽였는데 [그 수가] 모두 170명이었다. 서왕은 두려워하며 사신을 보내 사죄했다. 영락제는 칙서를 내려 몹시 책망하고, 황금 6만 냥을 보내어 속죄贖罪토록 했다. 영락 6년(1408)에 다시 정화를 그 나라에 사신으로 보냈다. 서왕이 황금 1만 냥을 바치자, 예관禮官은 보낸 액수가 부족하다는 이유로 그 사신을 옥에 가둘 것을 청했다. 영락제가 "짐이 원국遠國 사람을 대함에 있어서 그들이 죄를 두려워하도록 할 뿐이지, 어찌 그들의 황금을 탐하겠는가?'라 하면서 모두 탕감해 주었다. 이로부터 매년 공물을 바쳤는데, 간혹 2년에 한 번 공물을 바치기도 하고, 1년에 여러 번 공물을 바치기도 했다. 환관 오빈吳賓[66]·정화가 앞뒤로 그 나라에 사신으로 갔다. 당시 팔렘방Palembang[67] 지역은 자와가 침략해 차지하고 있었는데, 믈라카Melaka[68] 국왕이 조정의 명을 사칭하여 그 땅을 요구했다. 영락제는 이에 칙서를 내려 믈라카의 말을 믿지 말라고 했다. 영락 16년(1418)에 조정의 사신을 송환했는데, 풍랑을 만나 모두 죽었다. 이로부터 [자와국의] 조공 사신이 해마다 한 번씩 이르렀다. 정통正統 원년(1436) 윤6월에 캘리컷Calicut[69]·수마트라[70]·실론Ceylon[71]·코친Cochin[72]·메카Mecca[73]·카일Cail[74]·아덴Aden[75]·호르무즈Hormuz[76]·도파르Dhofar[77]·코임바토르Coimbatore[78]·첸라의 사신에게 자와의 사신 곽신郭信 등과 함께 [돌아]가도록 했으며, 자와 [국왕]에게 칙서를 내려서 그들을 호송하게 했다.

그 나라는 참파 가까이에 있으며, 밤낮으로 20일이면 갈 수 있다. 원나라 [세조] 때 군사를 파견하여 서쪽 정벌에 나섰는데, 지원 29년(1292) 12월에 천주를 출발했다. 다음 해 정월에 그 나라에 도달했는데, 한 달 남짓 거리이다. [명나라] 선덕 7년(1432)에 입조하여 공물을 바칠 때 표문에 '1376년'[79]이라고 썼는데, 대개 한漢나라 선제宣帝 원강元康 원년(기원전 65)이 곧 그 나라가 건국된 해이다. 땅은 넓고 인구는 많다. 성품이 사나워서 남자들은 나이의 많고 적음과 신분의 귀천을 막론하고 모두 칼을 찼으며, 조금이라도 거슬리는 일이 생기면 곧 서로 해쳤기 때문에 그 나라의 군대는 여러 번국蕃國 가운데 최강이다. 글자는 촐라Chola[80]와 비슷했고, 종이와 붓이 없어서 교장엽茭蕈葉에 새겨 넣었다. 기후는 항상 여름 같고, 벼는 1년에 두 번 수확한다. 탁자와 걸상, 숟가락과 젓가락이 없다. 인종은 세 종류이다. 중국인 이주민은 의복과 음식이 훌륭하다. 외

국 상인으로서 오래 거주한 자들 역시 우아함과 청결함을 숭상한다. 본
국인이 가장 지저분한데, 피부는 검고 머리는 원숭이처럼 생겼으며 맨발
로 다녔다. [그들은] 귀신을 믿는다. 살인을 저지른 자는 3일 동안 피하면
곧 면죄된다. 부모가 죽으면 들판으로 들고 가서 개를 풀어 [시신을] 먹게
하며, 다 먹지 않으면 크게 슬퍼한 뒤 나머지 시신을 불에 태운다. 처첩
들은 대부분 불태워서 순장한다. 그 나라는 일명 프칼롱안Pekalongan[81]이
라 하는데, 반탄Bantan[82]이라고도 하고 순다Sunda[83]라고도 한다. 만력 연간
(1573~1619), 네덜란드[84]가 대간大澗의 동쪽에 토코를 지었고, 포르투갈[85]은
대간의 서쪽에 지어서 해마다 서로 교역했다. 중국의 상인도 끊임없이
왕래했다. 그 나라에서 그레식Gresik[86]이라는 곳이 가장 부유한 곳으로 일
컬어진다. 중국 및 여러 번국番國의 상선들이 그 지방에 몰려들어 보화가
차고도 넘쳤다. 그 수장은 바로 광동인으로, 영락 9년(1411)에 직접 사신
을 파견하여 표문을 올리고 방물을 바쳤다. 생각하건대, 여기에 기록된 반탄·순
다·프칼롱안은 모두 이곳 자와와는 관련이 없다.[87]

페르비스트의 『곤여도설』에 다음 기록이 있다.

자와는 대자와와 소자와 두 곳이며, 모두 수마트라 동남쪽 섬으로 각
각 [그곳을 다스리는] 왕이 있다. 코끼리가 많으며 노새는 없다. 향료·소
목·상아가 난다. 돈은 사용하지 않으며, 후추와 천을 화폐로 사용한다.
사람들은 간사하고 흉악하며 성격이 급하고 [사람을] 현혹시키는 요술을
즐겨 부린다. 여러 나라는 매번 전쟁을 할 때 흰 코끼리 쟁탈전을 벌이는
데, 이 흰 코끼리를 차지하는 나라가 맹주가 된다.

위원이 말한다.

중국 동남쪽 해양의 여러 섬 중에서 이 섬이 가장 크다. 그 강역은 일본의 2배, 대만·필리핀의 4배, 류큐의 10배나 된다. 헤아려 보면 스리부사라투[88]를 에워싸고 있는 [나라가] 10여 국이다. 어떤 [한] 나라가 가장 강하면, 곧 여러 작은 나라들은 모두 [그 나라에] 복속된다. 그러므로 당나라 때 파라라 하고, 송나라 때 발니라 하고, 원나라 때 조왜爪哇라 하고, 명나라 때 소록蘇祿[89]이라고 부른 [나라들은] 모두 섬 중에서 오래도록 강성했으며 차례차례 흥기한 나라이기 때문에, 이 섬에는 일정한 총칭이 없다. 살펴보건대, 스리부사라투를 섬의 중심으로 삼았으니 마땅히 '스리부사라투섬'으로 불려야 하지만, 각 나라가 엉켜 있고 각기 연혁을 가지고 있다. 역사적 기록에서는 이 기준을 몰랐기 때문에 여기저기서 견강부회가 발생하고 오류에 오류가 거듭 더해져서 [일일이] 따져 물을 수도 없다. 브루나이를 빠따니로 여겨 섬을 해안으로 옮겨 놓기도 하고, 보르네오를 야와로 여겨 섬 전체를 반탄으로 옮겨 놓았으며, 보르네오[90]를 자와섬[91]으로 여겨 이 섬을 클라파에 옮겨 놓기도 했다. 그 잘못은 명나라 장섭張燮[92]과 왕기王圻의 책[93]에서부터 비롯되어, 『명사』가 답습하고 여러 기록과 사서에서 또 그것을 답습했다. [이는] 여러 사람이 저잣거리에 호랑이가 있다고[94] 말하는 격으로 거짓이 쌓여 진실을 이긴 것인데 유독 두 자와에 대해 오류가 특히 심하다. 무릇 『원사』의 [기록에 따르면] 자와 정벌을 보낸 군대가 먼저 카리문자와에 도착했는데 [카리문자와는] 바로 이 섬 동쪽 연안의 요충지이며,[95] 인접국인 칼랑국이 방어를 했는데 [칼랑국은] 바로 이 섬에 있는 수카다나국Sukadana[96]이다.[97] 원세조는 해외에 군대를 파견했는데, 유독 일본과 자와 원정대가 가장 [규모가] 컸다. 만약 협소한 작은 섬이었다면 어찌 멀리까지 기세등등하게 전함을 끌고 갔겠는가? 명 태조가 스리비자야 왕을 국왕에 봉하자, 자와에서는 속국인 스리비자야가 자신들에게 대항한 것에 분노해 중국 사신을 죽여 책봉을 저지했다. 브루나이 역시 해마다 자와에 편뇌를 바쳤다고 상주했다. 만약 클라파가 또한 브루나이·스리비자야만큼 크지 않았다면 어찌 두 나라를 위협하고 위로는 천조에 항거할 수 있었겠는가? 지금 이 섬의 각 나라는 이미 모두 서양에 복속되어서 '신하란주新荷蘭洲'로 불리며, 클라파는 '소신하란小新荷蘭'이 되었으니, 이로써 대자와와 소자와는 또 일변했다.

婆羅爪哇大島各國沿革考

―

【婆羅國】

『新唐書』: 赤土西南入海得婆羅. 總章二年, 其王遣使者與環王使來朝.

『明史』: 婆羅又名文萊. 東洋盡處, 南洋所自起也. 唐時有婆羅國, 高宗時常入貢. 永樂三年, 遣使者齎璽書彩幣, 撫諭其王. 四年, 其國東西二王入貢. 其地負山面海. 崇釋敎, 惡殺喜施, 禁食豕肉. 王薙髮, 裹金繡巾, 佩雙劍. 出入徒步, 從者二百餘人. 有禮拜寺, 每祭用犧. 厥貢玳瑁·瑪瑙·車渠·珠·白焦布·花焦布·降眞香·黃蠟·黑小廝. 萬曆時, 爲王者閩人也. 或言鄭和使婆羅, 有閩人從之, 因留居其地, 其後人竟據其國而王之. 邸旁有中國碑. 王有金印一, 篆交, 上作獸形, 言永樂朝所賜. 民間嫁娶, 必請此印印背上, 以爲榮. 後佛郞機橫, 舉兵來擊. 王率國人走入山谷中, 放藥水流出, 毒殺其人無算, 王得返國. 佛郞機遂犯呂宋.

【浡泥國】

『宋史』: 浡泥在西南大海中, 去闍婆四十五日程, 去三佛齊四十日程, 去占城三十日程. 所統十四州. 前代不通中國, 宋太平興國中, 始遣使入貢. 其國以板爲城, 王所居屋覆以貝多葉, 民舍覆以草. 王坐繩床, 出卽大布單坐其上, 衆異之, 名曰阮囊. 戰鬪者則持刀披甲, 甲以銅鑄, 狀若大筒. 穿之於身, 護其腹背. 其國鄰底門國, 有藥樹, 取其根煎爲膏, 服之及塗其體, 兵刃所傷, 皆不死. 喪葬亦有棺斂, 以竹爲輿車, 載棄山中. 二月始耕, 則祀之, 逾七年, 則不復祀. 婚聘之禮, 先以椰子酒, 檳榔次之, 指環又次之, 然後以吉貝布, 或量出金銀, 成其禮. 國人以十二月七日爲歲節. 凡宴會, 鳴鼓吹笛, 擊板歌舞爲樂. 無器皿, 以竹編貝多葉爲器盛食, 食訖棄之.

『明史』: 浡泥於古無所考, 宋太宗時始通中國. 太祖洪武三年, 遣使自泉州航海, 閱半年抵闍婆, 又逾月至其國. 王傲慢不爲禮, 責之始下坐拜受詔. 時其國爲蘇祿所侵, 頗衰耗, 又素屬闍婆, 闍婆人間之, 王意中阻. 使者折之曰: "闍婆久稱臣奉貢, 爾畏闍婆, 反不畏天朝耶?" 乃遣使奉表箋, 貢鶴頂·生玳瑁·孔雀·梅花大片龍腦·米龍腦·西洋布·降眞諸香.

洪武八年, 命其國山川附祀福建山川之次. 永樂三年冬, 使使入貢, 乃遣官封爲國王, 賜印誥·勅符. 王大悅, 率妃及弟妹子女陪臣泛海來朝. 六年十月, 王卒於館. 帝哀悼, 輟朝三日, 遣官致祭, 賻. 東宮親王皆遣祭, 有司官具棺槨·冥器, 葬之安德門外石子岡, 樹碑建祠. 有司春秋祀以少牢, 諡曰恭順. 其子襲封國王, 上言: "臣國歲貢爪哇片腦四十斤, 乞敕爪哇罷供, 歲進天朝. 臣今歸國, 乞命官護送, 就留鎭一年, 慰國人之望." 竝乞定朝貢期及兼從人數. 帝悉從之, 命三年一貢. 又乞封國之後山爲一方鎭, 乃封爲長寧鎭國之山, 御製碑文勒其上. 洪熙後, 貢使漸稀. 正德間, 佛郎機闌入爲寇, 諸番通貢, 槪行屏絶. 嘉靖九年, 給事中王希文言: "暹羅·占城·琉球·爪哇·浡泥五國來貢, 竝道東莞. 後因私攜賈客, 多絕其貢." 萬曆中, 其王卒, 無嗣, 族人爭立. 國中殺戮幾盡, 乃立其女爲王, 統十四洲. 在舊港之西, 自占城四十日可至. 初屬爪哇, 後屬暹羅, 改名大泥. 華人多流寓其地. 時紅毛番強商其境, 築土庫以居. 其入彭湖互市者, 所攜乃大泥國文也. 案: 此傳中闍婆當作婆羅, 又與暹羅所屬之大泥無涉.

【爪哇國】

『元史』: 爪哇在海外, 視占城益遠. 自泉南登舟海行者, 先至占城, 而後至其國. 其風俗土産不可考, 大率海外諸番國多出奇寶, 取貴於中國. 而其人則醜怪, 情性語言與中國不能相通. 世祖撫有四夷, 其出師海外諸蕃者, 惟爪哇之役爲大.

至元二十九年, 以爪哇刺敕使孟右丞之面, 聲罪致討. 詔福建行省除史弼·亦黑彌失·高興平章政事, 會福建·江西·湖廣三行省兵共二萬, 發舟千艘, 給糧一年. 十一月, 福建·江西·湖廣三省軍會泉州. 十二月, 自後渚啓行. 三十年正月, 至勾欄山, 議方略. 二月, 亦黑彌失·孫參政先領本省幕官五百餘人, 船十艘, 先往招諭之. 大軍繼進於吉利門. 弼·興進至爪哇之杜竝足, 與亦黑彌失等議分軍下岸, 水陸竝進. 水軍自杜竝足田戎牙路港口至八節澗. 馬步軍自杜竝足陸行, 以萬戶申元爲前鋒, 遣副元帥等乘鑽鋒船, 由戎牙路於麻喏巴歇浮梁前進, 赴八節澗期會.

招諭爪哇宣撫司官言: "爪哇王婿土罕必闍耶舉國納降, 土罕必闍耶不能離軍, 先令其宰相昔刺難答吒耶等五十餘人來迎. 三月一日, 會軍八節澗. 澗上接杜馬班王府, 下通莆奔大海, 乃爪哇咽喉必爭之地. 又其謀臣希寧官沿河泊舟觀望成敗, 再三招諭不降. 行省於澗邊設偃月營, 留萬戶王天祥守河津, 令水軍馬步軍水陸竝進. 希寧官懼, 棄船宵遁, 獲鬼頭大船百餘艘. 令都元帥那海等鎭八節澗海口."

大軍方進, 土罕必闍邪遣使來告, 葛郎王追殺至麻喏巴歇, 請官軍救之. 亦黑彌失·張參政先往安慰土罕必闍邪, 鄭鎮國引軍赴章孤接援. 七日, 葛郎兵三路攻土罕必闍邪. 八日, 黎明, 興與脫歡軍由東南路與賊戰, 殺數百人, 餘奔潰山谷. 日中, 西南路賊又至, 興再戰至晡, 又敗之. 十五日, 分軍爲三道伐葛郎, 期十九日會答哈, 聽砲聲接戰. 水軍溯流而上, 亦黑迷失等由西道, 興等由東道進, 土罕必闍邪軍繼其後. 十九日, 至答哈. 葛郎國王以兵十餘萬交戰. 自卯至未, 連三戰. 賊敗奔潰, 擁入河死者數萬人, 殺五千餘人. 國主入內城拒守, 官軍圍之, 且招其降. 是夕, 國主哈只葛當出降, 撫諭令還. 四月二日, 遣土罕必闍邪還其地, 具入貢禮, 以兵二百護送. 十九日, 土罕必闍邪背叛逃去, 留軍拒戰. 二十四日, 我軍引還, 得哈只葛當妻子官屬百餘人及地圖戶籍·所上金字表以還.

『元史』「史弼傳」: 世祖欲征爪哇, 授弼尙書省左丞, 行浙東宣慰使, 旋拜福建等處行中書省平章政事, 往征爪哇, 以亦黑彌失·高興副之. 十二月, 弼以五千人合諸軍發泉州, 風急濤湧, 舟掀簸, 士卒皆數日不能食. 過七洲洋·萬里石塘, 歷交趾·占城界. 明年正月, 至東董·西董·由牛崎嶼入混沌大洋橄欖嶼, 假里馬答·勾欄等山, 駐兵伐木, 造小舟以入. 時爪哇與鄰國葛郎構怨, 爪哇主已爲葛郎主所殺, 其婿土罕必闍邪攻葛郎不勝, 退保麻喏巴歇. 聞弼等至, 遣使以其國山川·戶口及葛郎國地圖迎降求救. 弼與諸將進擊葛郎兵, 大破之, 葛郎酋走歸國. 高興言: "爪哇雖降, 倘中變, 與葛郎合, 則孤軍懸絶, 事不可測."

弼遂分兵三道, 與興及亦黑彌失各將一道, 攻葛郎. 至答哈城, 葛郎兵十餘萬迎敵, 自旦至午. 葛郎兵敗, 入城自守, 遂圍之. 葛酋出降, 竝取其妻子官屬以歸. 土罕必闍邪乞歸, 易降表及所藏珍寶入朝, 弼與亦黑彌失許之, 遣萬戶二人以兵二百護之·還國. 土罕必闍邪於道殺二人以叛, 乘軍還, 夾路壤奪. 弼自斷後, 且戰且行, 行三百里, 得登舟, 行六十八日夜, 達泉州, 士卒死者三千餘人. 有司數其俘獲金寶香布等, 直五十餘萬, 又以沒理國所上金字表及金銀犀象等物進. 於是朝廷以其亡失多, 杖十七, 沒家資三之一. 元貞元年, 起同知樞密院事, 月兒魯奏: "弼等以五千人渡海二十數萬里, 入近代未嘗至之國, 俘其王及諭降傍近小國, 宜加矜憐." 遂詔以所籍還之, 拜榮祿大夫, 江西等處行中書省右丞.

『明史』: 爪哇國在占城西南. 洪武二年, 遣使以卽位詔諭其國. 其使臣先奉貢於元, 還至福建而元亡, 因入居京師. 是年二月, 太祖復遣使送之還, 且賜以『大統曆』. 三年六月, 以平定沙漠頒詔. 洪武十年, 其國王及東西二王各遣使朝貢. 洪武十三年, 遣使賜三佛齊王印綬. 爪哇怒其以屬國抗己, 誘而殺之. 天子怒, 留其使, 將加罪. 已, 遣還, 賜敕責之. 洪武十四年, 遣使貢黑奴三百人及方物. 明年, 又貢黑奴男女百人·大珠八顆·胡椒七萬五千斤. 永樂元年, 東西二王竝貢. 三年, 遣中官鄭和使其國. 永樂四年, 西王與東王搆兵, 東王戰敗, 國被滅. 適朝使經東王地, 部卒入市, 西王國人殺之, 凡百七十人. 西王懼, 遣使謝罪. 帝賜敕切責之, 命輸黃金六萬兩以贖. 永樂六年, 再遣鄭和使其國. 西王獻黃金萬兩, 禮官以輸數不足, 請下其使於獄. 帝曰: "朕於遠人, 欲其畏罪而已, 寗利其金耶." 悉捐之. 自後, 比年入貢, 或間歲一貢, 或一歲數貢. 中官吳賓·鄭和復先後使其國. 時舊港地有爲爪哇侵據者, 滿剌加國王矯詔命索之. 帝乃賜敕, 令毋信滿剌加之言. 永樂十六年, 送還朝使, 遭風諸卒. 自是貢使歲一至. 正統元年閏六月, 遣古里·蘇門答剌·錫蘭山·柯枝·天方·加異勒·阿丹·忽魯謨斯·祖法兒·甘巴里·眞臘使臣偕爪哇使臣郭信等同往, 賜爪哇敕, 令其護送.

其國近占城, 二十晝夜可至. 元時遣帥西征, 以至元二十九年十二月發泉州. 明年正月卽抵其國, 相去止月餘. 宣德七年入貢, 表書"一千三百七十六年", 蓋漢宣帝元康元年, 乃其建國之始也. 地廣人稠. 性凶悍, 男子無少長貴賤皆佩刀, 稍忤輒相賊殺, 其甲兵爲諸番最. 字類瑣里, 無紙筆, 刻於茭草葉. 氣候常似夏, 稻歲二稔. 無几榻匕箸. 人有三種. 華人流寓者, 服食鮮華. 他國賈人居久者, 亦尚雅潔. 其本國人最污穢, 狀黑黝, 猱頭赤腳. 崇信鬼道. 殺人者避之三日卽免罪. 父母死, 舁至野, 縱犬食之, 不盡, 則大戚, 燔其餘. 妻妾多燔以殉. 其國一名蒲家龍, 又曰下港, 曰順塔. 萬曆時, 紅毛番築土庫於大澗東, 佛郎機築於大澗西, 歲歲互市. 中國商旅亦往來不絶. 其國有新村, 最號饒富. 中華及諸番商舶, 輻輳其地, 寶貨塡溢. 其村主卽廣東人, 永樂九年自遣使表貢方物. 案:此傳下港·順塔·莆家龍皆與此爪哇無涉.

南懷仁『坤輿圖說』: 爪哇大小有二, 俱在蘇門答剌東南海島, 各有主. 多象, 無馬驟. 産香料·蘇木·象牙. 不用錢, 以胡椒及布爲貨幣. 人奸宄凶急, 好作魘魅妖術. 諸國每治兵爭白象, 白象所在, 卽爲盟主.

魏源曰: 中國東南海洋諸洲, 以是洲爲最大. 其疆域再倍日本, 四倍臺灣·呂宋, 十倍琉球. 計環息利大山十餘國. 何國最强, 則諸小國皆役屬之. 故唐曰婆羅, 宋曰淳泥, 元曰爪哇, 明曰蘇祿, 皆洲中雄長迭興之國, 而是洲反無一定之總名. 考息利大山爲一洲之主, 則宜名'息利島', 而各國環錯, 聽其自爲沿革. 自史傳不知此法, 傳會蜂起, 重絑貤繆, 不可究詰. 或以淳泥爲大泥, 則移海島於海岸, 或以婆羅爲闍婆, 則移全洲於下港, 或以大爪哇爲小爪哇, 則移是洲於葛留巴. 誤始明張燮·王圻之書, 而『明史』襲之, 諸志乘又襲之. 三人市虎, 積非勝是, 惟兩爪哇之誤尤甚. 夫『元史』征爪哇之軍, 先至吉利門, 正此洲東岸衝要, 而葛郎鄰國來拒, 卽此洲之朱葛焦喇國也. 元世祖用兵海夷, 惟日本與爪哇之役最巨. 苟彈丸小嶼, 曷足遠怒戈船? 明太祖封三佛齊爲國王, 爪哇怒其以屬國抗己, 殺使阻封.

而渤泥亦有歲供爪哇片腦之奏. 若葛留巴, 尚不及浡泥·三佛齊之大, 安能脅臣二國, 上抗天朝? 今此洲各國已皆服於西洋, 號新荷蘭洲, 而以葛留巴爲小新荷蘭, 是大小爪哇之又一變.

주석

1 환왕국環王國: 럼업Lâm Ấp을 가리킨다. 중국 역사서에서는 처음에는 임
  읍林邑으로 부르다가 당나라 지덕至德(758) 연간 이후로 환왕으로 바꾸어
  불렀고, 9세기 후반에는 점성占城이라고 칭했다.

2 바다를 앞에 두고 있었다: 원문은 '면해面海'이다. 광서 2년본에는 '해海'
  로 되어 있으나, 문맥상 악록서사본에 따라 고쳐 번역한다.

3 거거車渠: 거거과에 속하는 바닷조개로, 길이가 1m가량에 무게가 3백
  kg에 이르는 것도 있어서 조개 가운데서 가장 크며 인도양과 태평양에
  광범위하게 분포한다. 껍데기는 부채를 펼쳐 놓은 모양이며, 겉은 회백
  색이고 속은 광택 있는 젖빛을 띤다. 여러 가지 장식품으로 쓰이며, 예
  부터 칠보七寶 중 하나였다.

4 백초포白焦布: 광서 2년본에는 '백초화포白焦花布'로 되어 있으나, 악록서
  사본에 따라 고쳐 번역한다.

5 화초포花焦布: 광서 2년본에는 '초포焦布'로 되어 있으나, 악록서사본에
  따라 고쳐 번역한다.

6 황랍黃蠟: 황랍석이라고도 하며, 안산암安山巖이나 사암砂巖에 속하는데
  주성분은 석영石英이다. 돌의 표면과 내부가 백랍 모양으로 생겨서 붙
  여진 이름이다.

7 흑소시黑小厮: 흑인 노예를 말하며, 귀노鬼奴·흑시黑厮·오귀烏鬼·흑번黑番
  이라고도 한다. 이러한 흑인 노예는 명 중엽 이후 외국인들과의 교역이
  증가함에 따라, 중국에 팔려 온 아프리카인들로 추정된다.

8 그 나라: 원문은 '기국其國'이다. 광서 2년본에는 '기지其地'로 되어 있으
  나, 문맥상 악록서사본에 따라 고쳐 번역한다.

9 포르투갈: 원문은 '불랑기佛郎機'이다. 이곳에서는 스페인의 잘못된 표기
  로 보인다.

10 포르투갈은 … 침범했다: 스페인이 루손섬을 침범한 것은 융경 연간 (1567~1572)이지 만력 이후가 아니다. 명나라 융경 5년(1571)에 스페인이 동쪽으로 와서 루손섬을 침범하고, 이곳을 발판 삼아 중국에 그들의 세력을 확장했다. 명나라 사람들은 포르투갈과 스페인을 특별히 구별하지 않았기 때문에 루손섬에 있는 스페인 사람을 포르투갈 사람으로 칭했다.

11 스리비자야: 원문은 '삼불제三佛齊'이다.

12 참파: 원문은 '점성占城'이다.

13 저문국底門國: 티오만섬Pulau Tioman으로, 말레이반도 동쪽 연안 밖에 위치한다.

14 사파국闍婆國: 야와로, 사파社婆라고도 하며 일반적으로 송대宋代 및 송대 이후에는 자와섬만을 가리켰다.

15 술루: 원문은 '소록蘇祿'이다.

16 학정鶴頂: 학鶴, 또는 학정조鶴頂鳥의 머리털로, 붉은색을 띠는데, 가공하여 장식물로 사용했다.

17 생대모生玳瑁: 살아 있는 대모를 가리킨다.

18 매화대편용뇌梅花大片龍腦: 용뇌향의 일종이다. 광서 2년본에는 '해삼수편용뇌海參水片龍腦'로 되어 있으나, 악록서사본에 따라 고쳐 번역한다.

19 미용뇌米龍腦: 광서 2년본에는 없으나, 문맥상 악록서사본에 따라 보충해서 번역한다.

20 이에: 원문은 '내乃'이다. 광서 2년본에는 없으나, 문맥상 악록서사본에 따라 보충해서 번역한다.

21 인고印誥: 인장과 책봉의 조서를 가리킨다.

22 칙부敕符: 옛날 조정에서 명령을 전달하거나 군대를 파견하고 장수를 파견할 때 사용하던 증빙이다.

23 6년(1408): 원문은 '육년六年'이다. 광서 2년본에는 없으나, 악록서사본에 따라 고쳐 번역한다.

24 명기冥器: 죽은 이의 명복을 빌기 위해 제물을 담아 태우는 종이 그릇이다.

25 갖추어: 원문은 '구具'이다. 광서 2년본에는 없으나, 문맥상 악록서사본
에 따라 보충해서 번역한다.

26 안덕문安德門: 남경성南京城 외성에 18개의 성문이 있는데, 안덕문은 남
쪽 성벽에 있던 8개의 문 가운데 하나이다.

27 소뢰少牢: 제사 지낼 때 양·돼지 등의 희생물로 만든 음식을 가리킨다.

28 장령진국長寧鎭國의 산: 장령진국은 지금의 브루나이로 명나라 성조 영
락제 시기 이곳의 뒷산, 즉 지금의 칼리만탄섬 이란산맥Pegunungan Iran을
장령진국의 산으로 봉했다.

29 홍희洪熙: 명나라 인종仁宗 주고치朱高熾의 연호(1425)이다.

30 동관현東莞縣: 동관은 광주부廣州府에 속하며, 지금의 광동성 동관현東莞縣
이다.

31 팔렘방: 원문은 '구항舊港'이다.

32 빠따니: 원문은 '대니大泥'이다.

33 네덜란드: 원문은 '홍모번紅毛番'이다. 서양인 중 네덜란드인의 머리카락
이 붉은색이 많아서 명대에는 이들을 홍모紅毛·홍모이紅毛夷·홍모번으
로 불렀다. 청대에는 영국도 홍모번으로 불렀다.

34 토코Toko: 원문은 '토고土庫'이다. 명대에는 네덜란드나 영국 등이 식민
지에 설치한 무역 기점을 토고라고 했다. 인도네시아와 말레이시아에
서는 상점을 토코라고 하는데, 이는 토고의 음역이다.

35 사필史弼: 사필(1233~1318)은 원대 장군이자 정치가로, 자는 군좌君佐, 호는
자미노인紫微老人이다.

36 역흑미실亦黑迷失: 원대 위구르족 출신의 정치가이자 항해가이다. 1265년
에 쿠빌라이의 시종관으로 정치 활동을 시작했으며, 1272년과 1275년
두 차례에 걸쳐 쿠빌라이의 명을 받들어 인도 서해안 일대를 방문한 적
이 있다. 이후 안남과 자와 원정에 참여하기도 했다.

37 고흥高興: 원대 장군이자 정치가로, 채주蔡州 출신이다.

38 천: 원문은 '천千'이다. 광서 2년본에는 '십十'으로 되어 있으나, 문맥상
악록서사본에 따라 고쳐 번역한다.

39 글람섬Pulau Gelam: 원문은 '구란산勾欄山'으로, 지금의 보르네오섬 서남쪽에 위치한다.

40 투반Tuban: 원문은 '두병족杜竝足'이다. 지금의 자와 동북 연안의 투반이다.

41 장갈라Janggala: 원문은 '융아로戎牙路'이다. 12~15세기 자와섬에 있었던 장갈라 왕국의 음역으로, 지금 자와섬 동부 수라바야Surabaya 일대이다.

42 팔절간八節澗: 악록서사본에 따르면, 수라바야 부근에 위치하며 브란타스강Brantas River 지류인 칼리마스강Kalimas River 오른쪽 연안 근해 부근 'Pachekan'의 음역이거나 수라바야 남쪽 'Bakachak'의 음역이라고도 한다.

43 마자파힛Majapahit: 원문은 '마야파헐麻喏巴歇'이다. 13세기 말에서 16세기 초에 이르기까지 자와섬에 있었던 마자파힛 왕국의 수도로, 옛터는 지금 수라바야 서남쪽에 위치한다. 광서 2년본에는 '헐歇'이 '사社'로 되어 있으나, 악록서사본에 따라 고쳐 번역한다. 이하 동일하다.

44 자와 왕: 싱가사리Singhasari 왕국의 마지막 왕 케르타네가라(재위 1268~1292)를 가리킨다.

45 라덴위자야Raden Wijaya: 원문은 '토한필사야土罕必闍耶'이다. 마자파힛 왕국의 초대 왕(재위 1293~1309)이다.

46 투마펠Tumapel: 원문은 '두마반杜馬班'이다. 13세기 자와섬에 존재했던 싱오사리Singosari 왕국의 수도로, 옛터는 지금의 말랑Malang 지역이다.

47 마두라해협Madura Strait: 원문은 '보분대해菁奔大海'이다.

48 배를 정박시키며: 원문은 '박주泊舟'이다. 광서 2년본에는 '박변泊邊'으로 되어 있으나, 악록서사본에 따라 고쳐 번역한다.

49 칼랑Kalang: 원문은 '갈랑葛郞'이다. '칼랑'의 음역으로 보이며, 옛터는 지금의 자와섬 케디리Kediri에 위치한다.

50 창키르Chang Kir: 원문은 '장고章孤'이다. '창키르'의 음역으로, 옛터는 지금 수라바야와 모조케르토 사이에 위치한다.

51 흥: 원문은 '흥興'이다. 광서 2년본에는 없으나, 문맥상 악록서사본에 따라 보충해서 번역한다.

52 적과: 원문은 '여적與賊'이다. 광서 2년본에는 '우적遇賊'으로 되어 있으나, 악록서사본에 따라 고쳐 번역한다.

53 산: 원문은 '산山'이다. 광서 2년본에는 '출出'로 되어 있으나, 악록서사본에 따라 고쳐 번역한다.

54 다하Daha: 원문은 '답합答哈'이다. '다하'의 음역으로 보이며, 지금의 자와섬 케디리 북쪽에 위치한다.

55 명: 원문은 '인人'이다. 광서 2년본에는 없으나, 문맥상 악록서사본에 따라 보충해서 번역한다.

56 케르타네가라Kertanegara: 원문은 '합지갈당哈只葛當'이다. 합지哈只는 하지의 음역으로, 하지란 이슬람에서 메카를 순례한 사람에게 주는 칭호이다. 이하 동일하다.

57 혼하이섬Đào Hòn Hải: 원문은 '동동東董'이다.

58 대캣위크섬Catwick Island: 원문은 '서동西董'이다.

59 소캣위크섬: 원문은 '우기서牛崎嶼'이다.

60 꼰선섬 일대의 해역: 원문은 '혼돈대양混沌大洋'이다. 지금 베트남 남부 꼰선섬 일대 해역이다.

61 감람서橄欖嶼: 지금의 인도네시아 나투나제도 일대로 추정된다.

62 라무리국Lamuri: 원문은 '몰리국沒理國'이다. 옛 국명으로, 옛터는 지금 인도네시아 수마트라섬 북부 반다아체 일대에 위치한다.

63 17: 원문은 '십칠十七'이다. 광서 2년본에는 '칠십七十'으로 되어 있으나, 악록서사본에 따라 고쳐 번역한다.

64 원정元貞: 원나라 제2대 황제 성종成宗 테무르Temür(재위 1294~1307)의 연호이다.

65 월아로月兒魯: 옥석첩목아玉昔帖木兒(1242~1295)로 원 세조 쿠빌라이 시기의 대신이다. 광서 2년본에는 '월두로月兜魯'로 되어 있으나, 악록서사본에 따라 고쳐 번역한다.

66 오빈吳賓: 광서 2년본에는 '오빈吳濱'으로 되어 있으나, 『명사』에 따라 고쳐 번역한다. 오빈은 영락 10년 7월에 출사했고, 정화는 그해 11월에 출

사했다.

67 팔렘방Palembang: 원문은 '구항舊港'으로, 지금의 인도네시아 수마트라섬 동남부에 위치한 팔렘방이다.

68 믈라카Melaka: 원문은 '만랄가滿剌加'이다.

69 캘리컷Calicut: 원문은 '고리古里'이다. 인도 케랄라Kerala 북쪽 연안에 위치한다. 지금의 코지코드Kozhikode이다.

70 수마트라: 원문은 '소문답랄蘇門答剌'이다.

71 실론Ceylon: 원문은 '석란산錫蘭山'이다.

72 코친Cochin: 원문은 '가지柯枝'이다.

73 메카Mecca: 원문은 '천방天方'이다.

74 카일Cail: 원문은 '가이륵加異勒'이다. 지금의 인도 남부에 위치한다.

75 아덴Aden: 원문은 '아단阿丹'이다.

76 호르무즈Hormuz: 원문은 '홀로모사忽魯謨斯'이다.

77 도파르Dhofar: 원문은 '조법아祖法兒'이다. 지금의 아라비아반도 오만Oman 서부 연안에 위치한다.

78 코임바토르Coimbatore: 원문은 '감파리甘巴里'이다. 지금의 인도 남부 타밀나두주Tamil Nadu 서부에 위치한다.

79 1376년: 광서 2년본에는 '1276년'으로 되어 있으나, 악록서사본에 따라 고쳐 번역한다.

80 촐라Chola: 원문은 '쇄리瑣里'이다.

81 프칼롱안Pekalongan: 원문은 '포가룡莆家龍'으로, 지금의 인도네시아 자와섬 중부에 위치한다.

82 반탄Bantan: 원문은 '하항下港'이다. 지금의 인도네시아 자와섬 서북 해안에 위치하는데, 자와섬 서북 해안 일대를 두루 가리키기도 한다.

83 순다Sunda: 원문은 '순탑順塔'이다. 하항, 즉 반탄이라고도 한다. 『명사』에서는 이상 세 지역을 동일한 곳으로 보고 있지만, 지금의 위치는 다르다.

84 네덜란드: 원문은 '홍모번紅毛番'이다.

85 포르투갈: 원문은 '불랑기佛郞機'이다.

86 그레식Gresik: 원문은 '신촌新村'으로 지금의 인도네시아 자와섬에 위치한다.

87 생각하건대 … 관련이 없다: 이 안어按語는 잘못되었다. 악록서사본에 따르면, 사실 반탄과 프칼롱안 등은 모두 『명사』에서 언급했듯이 자와섬에 위치하는데 위원이 '자와'를 보르네오섬으로 잘못 알고서 도리어 『명사』에 오류가 있음을 언급한 것이라고 한다.

88 스리부사라투: 원문은 '식력대산息力大山'이다.

89 원나라 때 … 소록蘇祿: 악록서사본에 따르면, 『원사』에서 말하는 조왜는 지금의 자와섬으로 보르네오섬(칼리만탄)이 아니며, 명대에는 술루의 서쪽 왕이 다스리던 지역이 다만 보르네오섬 동북부에 위치했기에 명대의 술루 역시 보르네오섬이 아니라고 한다.

90 보르네오: 원문은 '대조왜大爪哇'이다. 대신하란大新荷蘭, 혹은 파라라고도 불렀다.

91 자와섬: 원문은 '소조왜小爪哇'이다. 소신하란 혹은 하왜라고도 한다.

92 장섭張燮: 광서 2년본에는 '장혁張奕'으로 잘못되어 있어, 고쳐 번역한다.

93 장섭張燮과 왕기王圻의 책: 장섭의 『동서양고東西洋考』와 왕기의 『속통고續通考』를 가리킨다.

94 여러 사람이 … 있다고: 원문은 '삼인시호三人市虎'이다. 여러 사람이 유언비어를 말한다는 의미로, 아무리 근거 없는 말도 여러 사람이 말하면 진실이라고 믿게 되는 것을 비유하는 말이다. 출전은 『한비자』「내저설內儲說」 상, 『전국책』「위책魏策」이다.

95 먼저 카리문자와에 … 요충지이며: 실제, 카리문자와제도는 자와 동쪽에 위치한다.

96 수카다나국Sukadana: 원문은 '주갈초라국朱葛礁喇國'이다.

97 바로 이 섬에 있는 수카다나국Sukadana이다: 실제, 수카다나는 자와가 아닌 보르네오에 위치한다.

원본에는 없으나, 지금 보충한다.

영국·네덜란드·포르투갈 3국령 티모르 등의 섬

—

『해록』에 다음 기록이 있다.

술라웨시섬[1]에서 동남쪽으로 가면 바다에 여기저기 어지러이 솟은 섬들이 많다. 그 둘레는 수백 리이거나 수십 리에 달하며 각각 원주민[2]이 차지하고 있는데 대부분 말레이족과 고아족 두 종족이다. 따로 부기스[3]라는 종족도 있다. [이 종족의] 부유한 자들은 식솔을 이끌고 장사를 다니는데, 이르는 곳마다 편안히 지내며 고향을 그리워하지도 않고 또한 일정한 주거지도 없다. 가난한 자들은 대부분 도둑질과 약탈로 살아간다. 이 나라 이름은 다 셀 수가 없다.

또한 다음 기록이 있다.

암본섬[4]은 곧 술라웨시섬 동남쪽 바다에 있는 어지러이 솟은 섬 중 하나이다. 반탄[5] 남쪽의 크라카타우화산Gunung Krakatau[6]이 이 나라 서북쪽에 위치한다. 또한 말레이족이 거주하며, 성품은 다소 선량하다. 땅에서는 정향·두구가 나며, 네덜란드가 주둔하여 지킨다.

또한 다음 기록이 있다.

암문국唵門國[7] 역시 어지러이 솟은 섬 중 하나이다. 풍속과 땅의 이름은 암본섬과 같다. 원래 네덜란드 관할지였으나, 근래에 영국이 차지했다.

또한 다음 기록이 있다.

티모르섬은 지분地盆이라고도 하고, 다반茶盤이라고도 한다. 암문국의 동남쪽 바다에 위치하며, 따로[8] 솟아오른 큰 섬으로 그 둘레는 수천 리에 달한다. 섬의 서남[9]쪽은 동티모르East Timor[10]이며, 포르투갈 관할에 속한다. 섬의 동북[11]쪽은 쿠팡Kupang[12]으로, 네덜란드 관할에 속한다. 섬에는 따로 여섯 나라가 있는데, 그 이름은 알 수 없다. 기후가 상당히 더워서 남녀 모두 옷을 입지 않고 수만을 두른다. 그 풍속은 순박하고 인정이 많다. 벼와 기장을 심지 않으며, 대부분 옥수수를 먹는다. 복건인과 광동인이 또한 이곳에 와서 교역한다. 땅에서는 단향·밀랍·벌꿀이 나며, 물품을 클라파로 운반해 가서 판매한다. 이 세 섬은 모두 스리부사라투와 연결되어 있지 않다. 게다가 한 섬은 영국이 차지하고 있고, 한 섬은 포르투갈이 나누어 차지하고 있으니, 역시 스리부사라투가 전적으로 네덜란드에 속한다는 [기록]과는 차이가 있다. 아마도 스리부사라투 가까이 있는 속국이어서 이곳에 덧붙여 기록한 것 같다.

『지리비고』에 다음 기록이 있다.

숨바와섬Pulau Sumbawa[13]은 남중국해의 서쪽, 롬복섬Pulau Lombok[14]의 동쪽에 위치한다. 남위 8도 10분에서 9도 7분에 이르며, 동경 114도 22분에서 116도 50분에 이른다. 길이는 약 7백 리, 너비는 약 150리에 달한다.

땅이 비옥해서 곡식과 과일이 풍성하게 난다. 땅에서는 사금·제비집·진주·유목油木 등의 물품이 난다. 섬 안에 탐보라산Gunung Tambora[15]이라는 화산이 있는데, 화염이 거세어 밤낮으로 불길이 꺼지지 않는다. 섬 전체는 10여 개의 소국으로 나뉘어 있는데, 대체로 큰 나라로는 비마Bima,[16] 돔푸Dompu,[17] 숨바와, 탐보라, 파페캇Papekat,[18] 상가이桑加爾의 여섯 나라가 있다. 각각 부족장이 다스리며, 가장 세력이 강한 비마를 우두머리로 삼는다.

플로레스섬Pulau Flores[19]은 남중국해 서쪽, 숨바와섬 동쪽에 위치한다. 위도는 남위 7도 53분에서 9도 3분에 이르며, 동경 117도 37분에서 120도 45분에 이른다. 길이는 약 7백 리, 너비는 약 2백 리에 달한다. 화산이 아주 많은데, 나와적각羅瓦的各[20]이라는 큰 화산은 밤낮으로 화염을 토해 내며 불길이 꺼지지 않는다. 이 땅에서는 곡식·과일·계피·단향·면화·홍목 등의 물품이 난다. 섬의 서쪽 지역은 비마의 부족장이 함께 다스리며, 나머지는 각 부족장이 나누어 다스리면서 서로 간섭하지 않는다.

술라섬Pulau Sula[21]은 남중국해 서쪽, 플로레스섬 동쪽에 위치하며 보르네오섬의 술루가 아니다. 길이는 약 1백 리, 너비는 약 50리에 달한다. 땅이 비옥해서 곡식과 과일이 풍성하다. 토산품은 플로레스섬과 같다. 각 부족장이 나누어 다스리며, 모두 포르투갈의 지배를 받는다.

사발라나섬Pulau Sabalana[22]은 남중국해 서쪽, 술라섬 북쪽에 위치한다. 길이는 약 140리, 너비는 약 60리에 달한다. 토산품 역시 술라섬과 같다.

숨바섬Pulau Sumba[23]은 상파桑巴라고도 한다. 남중국해 서쪽, 플로레스섬 남쪽에 위치한다. 길이는 약 340리, 너비는 약 1백 리에 달한다. 땅이 비옥해서 곡식과 과일이 풍부하다. 섬에서 나는 토산품으로 단향이 최고이며, 그 외 백랍·제비집·면화 등의 물품이 있다. 각 부족장이 나누어 다스리며, 서로 간섭하지 않는다.

티모르섬은 남중국해 서쪽, 사발라나섬 동쪽에 위치한다. 위도는 남위 8도 30분에서 10도 30분에 이르며, 동경 121도에서 155도에 이른다. 길이는 약 8백 리, 너비는 약 150리에 달한다. 산과 언덕이 끊임없이 이어져 있고, 하천이 많다. 땅이 비옥하여 산물이 풍요롭고, 숲이 빽빽하며 나무가 대부분 상품이다. 기후가 안정적이지 않아서 거주하는 데 지장이 있다. 이 땅에서는 금·은·단향·목재 등의 물품이 난다. 전체 섬은 모두 63인의 부족장이 나누어 다스리며, 동쪽은 포르투갈의 통치를 함께 받고 있고 남쪽은 네덜란드의 통치를 함께 받고 있다. 티모르섬 인근에는 작은 섬들이 많다. 세몬섬Pulau Semon,[24] 로티섬Pulau Roti,[25] 다오섬Pulau Dao,[26] 사우섬Pulau Sawu[27]이 있으며 각 부족장이 총괄하여 다스린다.

살펴보건대, 토착민이 중국과 왕래한 것은 한나라 때부터이고, 영남嶺南에서 번番의 세금을 징수한 것은 당나라 때부터이다. 이전에는 [번에서] 진기한 것만을 구했으나, 당나라 이후로는 물품에 대한 세금을 징수하여 국고가 넉넉해졌다. 그러나 명나라 중엽에 이르러 복건과 광동에서는 오히려 남중국해와 인도양[28]의 여러 나라에 가지 않았으며, 유럽도 없었고 또한 이른바 아편이라는 것도 없었다. 남송 시대에 이미 화폐가 유출되는 것을 우려했고, 명나라 때도 간사한 백성들이 화폐를 위조하는 일이 있었는데, 이는 사정상 반드시 일어날 일이고, 이치상으로도 당연한 일이다. 성인이 먼 지방의 물건을 귀하게 여기지 않은[29] 뜻이 실로 깊도다!

『해록』에 또한 다음 기록이 있다.

대서양에서 배를 타고 중국에 올 때, 모두 남쪽으로 희망봉Cape of Good

Hope[30]을 지나 동남쪽으로 [방향을] 돌려 티모르·클라파를 경유하는데, 이곳에서 여러 가지 물건들을 구입한다. 북쪽으로 가스퍼해협Gasper Strait[31]으로 들어가 다반, 즉 티오만섬을 지나서 중사군도[32]를 경유해 온다. 만약 클라파에 정박하지 않으면, 티모르에서 북쪽으로 반자르마신·곤전을 지나 서쪽으로 다반에 이르러 북쪽으로 중사군도를 거쳐 온다. 9월 이후에는 북풍이 거세져 티모르에서 바람을 타고 브루나이·술루·루손섬·동사군도를 향해 온다.

인도양으로 교역을 떠나는 경우에는 클라파[33] 서북쪽으로 가다가 사삭Sasak[34]의 서쪽을 지나 니아스섬Pulau Nias[35] 동쪽에서 다시 서북쪽으로 니코바르제도Nicobar Islands[36]를 거쳐서 간다. 인도양에서 다시 중국으로 올 때는 동남쪽으로 가다가 아체Aceh 동북쪽을 지나 믈라카 서남쪽에서 싱가포르해협Singapore Strait[37]으로 들어가 티오만섬을 돌아서 온다. 북풍을 만나면 싱가포르해협에서 동남쪽으로 가다가 술라웨시섬에 이르러 소항小港에 들어가며, 술루·루손섬·동사군도를 거쳐서 온다. 내항에 선박이 드나들려면 반드시 남북풍을 타야 한다. 술루와 루손섬의 바닷길은 지금까지 바람을 이용해 갈 수 있었던 경우는 없었다.

英荷布路三夷分屬地問等島

一

『海錄』曰: 由細利窪東南行, 海中多亂山. 周圍或數百里, 或數十里, 各有山番占據, 多無來由·耀亞二種. 別有一種名舞吉子. 富者攜眷經商, 所至卽安, 無故土之思, 亦無一定之寓. 貧者則多爲盜劫. 其國名未能悉數也.

又曰: 唵悶國卽細利窪, 東南海中亂山之一也. 萬丹南火燄山, 在國之西北. 亦無來由種類, 而性稍善良. 土産丁香·豆蔲, 有荷蘭番鎭守.

又曰: 唵門國亦亂山之一. 風俗土名與唵悶同. 原歸荷蘭管轄, 近爲英吉利所奪.

又曰: 地問島, 一作地盆, 亦名茶盤. 在唵門東南海中, 別起一大島, 周圍數千里. 島之西南爲地問, 歸布路亞管轄. 島之東北爲故邦, 歸荷蘭管轄. 山中別分六國, 不知其名. 天氣炎熱, 男女俱裸體, 圍水幔. 而風俗淳厚. 不種稻粱, 多食包穀. 閩·粵人亦有於此貿易者. 土産檀香·蠟·蜂蜜, 貨物亦運往葛刺巴售賣.

案: 此三島皆不與息利大洲相連. 且一爲英夷奪據, 一爲布路亞分據, 亦與大洲專屬

荷蘭者有別. 蓋逼近大洲之附庸, 故附載於此.

『地理備考』: 松巴瓦島在南洋之西, 隆波克島之東. 緯度自南八度十分起

至九度七分止, 經度自東一百十四度二十二分起至一百十六度五十分止. 長約

七百里, 寬約一百五十里. 田土肥饒, 穀果豐登. 土産金砂·燕窩·珍珠·油木等

物. 島中火山名當波羅, 火焰猛烈, 晝夜不熄. 通島分爲十數小國, 其略大者六,

曰比麻, 曰當波, 曰松巴瓦, 曰當波羅, 曰卑加, 曰桑加爾. 各有酋長統攝, 其雄

強者推比麻爲首.

佛羅利斯島在南洋之西, 松巴瓦島之東. 緯度自南七度五十三分起至九度

三分止, 經度自東一百十七度三十七分起至一百二十度四十五分止. 長約七百

里, 寬約二百里. 火山眾多, 大者名曰羅瓦的各, 晝夜吐火不熄. 土産穀·果·桂

皮·檀香·縣花·紅木等物. 島之西境屬比麻酋長兼攝, 餘俱各酋分攝, 不相統屬.

蘇錄島在南洋之西, 佛羅利斯島之東, 非婆羅洲之蘇錄也. 長約一百里, 寬

約五十里. 田土膴腴, 穀果豐茂. 土産與佛羅利斯島相同. 各酋分理, 俱屬布路

亞國兼攝.

薩波勞島在南洋之西, 蘇錄島之北. 長約一百四十里, 寬約六十里. 田土産

亦與前島相等.

松巴島又名桑巴. 在南洋州之西, 佛羅利斯島之南. 長約三百四十里, 寬約

一百里. 田土肥饒, 穀果豐稔. 島中土産, 檀香爲最, 餘乃白蠟·燕窩·縣花等物.

各酋分攝, 不相統屬.

地門島在南洋之西, 薩波勞島之東. 緯度自南八度三十分起至十度三十分

止, 經度自東一百二十一度起至一百五十五度止. 長約八百里, 寬約一百五十

里. 山陵綿亘, 川河紛繁. 土膏産饒, 叢林稠密, 木多上品. 地氣不馴, 有礙居棲. 土産金·銀·檀香·木料等物. 闔島共六十三酋分理, 東偏屬布路亞國兼攝, 南偏屬賀蘭國兼攝. 鄰近地門, 小島不一. 曰西毛, 曰羅的, 曰道, 曰薩烏, 各有酋長統攝.

余按: 諸番通中國自漢始, 嶺南榷番稅自唐始. 其前求珍異, 唐後則榷貨稅, 益國用. 然明中葉閩·廣猶不過南洋·小西洋諸國, 無歐羅巴, 亦無所謂鴉片也. 南宋已憂錢幣漏泄, 明時亦有奸民假冒之幣, 勢有必至, 理有固然. 聖人不寶遠物之意深矣.

『海錄』又曰: 大西洋海舶來中國, 皆南行過峽, 轉東南, 經地問·葛剌巴置買雜貨. 北入葛剌巴峽, 過茶盤, 卽地盆, 經紅毛淺而來. 若不泊葛剌巴, 則由地問北經馬神·昆甸, 西至茶盤, 北經紅毛淺而來. 九月以後北風急, 則由地問借風向文來·蘇錄·小呂宋·東沙而來.

其往小西洋貿易者, 則由葛剌巴西北行, 經蘇蘇之西, 尼是之東, 又西北經尼古巴臟而往. 由小西洋復來中國, 則東南行經亞齊東北, 麻六甲西南, 入白石口, 轉茶盤而來. 遇北風則由白石口東南行, 至細利窪入小港, 經蘇祿·小呂宋·東沙而來. 內港船來往則必乘南北風. 其蘇錄·呂宋一道, 從未有能借風而行者.

주석

1 술라웨시섬: 원문은 '세리와細利窪'이다. 옛 지명은 셀레베스이다.

2 원주민: 원문은 '산번山番'이다.

3 부기스: 원문은 '무길자舞吉子'이다.

4 암본섬: 원문은 '암민국唵悶國'이다.

5 반탄: 원문은 '만단萬丹'이다.

6 크라카타우화산Gunung Krakatau: 원문은 '화염산火燄山'으로, 자와섬과 수
   마트라섬 중앙의 순다해협에 위치한다.

7 암문국唵門國: 지금의 암본섬 행정 소재지 암본시Ambon를 가리킨다.

8 따로: 원문은 '별別'이다. 광서 2년본에는 '즉則'으로 되어 있으나, 문맥상
   악록서사본에 따라 고쳐 번역한다.

9 서남: 원문은 '서남西南'인데, '동북東北'이라고 해야 맞다.

10 동티모르East Timor: 원문은 '지문地悶'이다. 티모르섬 동부에 위치한다.

11 동북: 원문은 '동북東北'인데, '서남西南'이라고 해야 맞다.

12 쿠팡Kupang: 원문은 '고방故邦'이다. 티모르섬 서부에 위치한다.

13 숨바와섬Pulau Sumbawa: 원문은 '송파와도松巴瓦島'이다.

14 롬복섬Pulau Lombok: 원문은 '륭파극도隆波克島'이다.

15 탐보라산Gunung Tambora: 원문은 '당파라當波羅'이다.

16 비마Bima: 원문은 '비마比麻'이다.

17 돔푸Dompu: 원문은 '당파當波'이다.

18 파페캇Papekat: 원문은 '비가卑加'이다.

19 플로레스섬Pulau Flores: 원문은 '불라리사도佛羅利斯島'이다.

20 나와적각羅瓦的各: 클리무트산Gunung Kelimutu으로 추정된다.

21 술라섬Pulau Sula: 원문은 '소록도蘇錄島'이다.

22 사발라나섬Pulau Sabalana: 원문은 '살파로도薩波勞島'이다.

23 숨바섬Pulau Sumba: 원문은 '송파도松巴島'이다.

24 세몬섬Pulau Semon: 원문은 '서모西毛'이다.

25 로티섬Pulau Roti: 원문은 '라적羅的'이다.

26 다오섬Pulau Dao: 원문은 '도道'이다.

27 사우섬Pulau Sawu: 원문은 '살오薩烏'이다.

28 인도양: 원문은 '소서양小西洋'이다. 여기서는 인도양을 가리키는데, 위원이 말하는 '소서양'과는 차이가 있다.

29 먼 지방의 물건을 귀하게 여기지 않은: 원문은 '불보원물不寶遠物'로, 『상서尚書』 「주서周書·여오旅獒」에 나온다. "먼 지방의 물건을 보배로 여기지 않으면 멀리 있는 사람들이 올 것이요, 오직 현자를 보배로 여기면 가까운 사람이 편안할 것입니다(不寶遠物則遠人格, 所寶惟賢則邇人安)."

30 희망봉Cape of Good Hope: 원문은 '과협過峽'이다. 희망봉은 인도양 아프리카의 남단 협곡으로, 대서양으로 돌아가는 모든 선박은 이곳을 지나기 때문에 과협이라고 한다. 희망봉은 울하협兀賀峽, 대랑봉大浪峰, 호망각好望角, 호망해각好望海角, 급박岌朴, 협산峽山으로도 불린다.

31 가스퍼해협Gasper Strait: 원문은 '갈랄파협葛剌巴峽'이다.

32 중사군도: 원문은 '홍모천紅毛淺'이다.

33 클라파: 원문은 '갈랄파葛剌巴'로, 광서 2년본에는 '갈파葛巴'로 되어 있으나, 악록서사본에 따라 고쳐 번역한다.

34 사삭Sasak: 원문은 '소소蘇蘇'이다. 광서 2년본에는 '소록蘇祿'으로 되어 있으나, 악록서사본에 따라 고쳐 번역한다. 수마트라섬 서쪽 연안 파당Padang 북쪽에 위치한다.

35 니아스섬Pulau Nias: 원문은 '니시尼昰'로, 수마트라섬 서쪽에 위치한다.

36 니코바르제도Nicobar Islands: 원문은 '니고파랍尼古巴臘'으로, 인도양 동북부에 위치한다.

37 싱가포르해협Singapore Strait: 원문은 '백석구白石口'이다.

海國圖志
卷十三

해국도지
권13

—

소양邵陽 위원魏源 편집

본권에서는 동남아시아 가운데 순다열도 소속 섬들의 지리, 역사, 풍속, 외모, 언어, 문화적 특색 및 중국을 비롯한 서양 국가들과의 대외관계를 기술하고 있다. 특히 지금의 순다열도에 속하는 클라파와 관련된 문헌 『동서양고東西洋考』, 『황청통고皇淸通考』 「사예문四裔門」, 『해국문견록海國聞見錄』, 『해록海錄』, 『매월통기전每月統紀傳』, 『도이지략島夷志略』, 『만국지리전도집萬國地理全圖集』, 『해도일지海島逸志』 등을 인용하여 네덜란드, 영국과의 관계를 자세히 서술하고 있다.

영국·네덜란드령 순다열도

—

두 섬이 서로 접해 있는데,
한 섬은 하항下港으로 옛 사파국闍婆國이며 또한 가릉訶陵이라고도 한다.
또 한 섬은 클라파Kelapa로 소조왜小爪哇[1]이며
교류파交留巴, 가류파加留巴라고도 한다.[2]

　　명대 장섭張燮[3]의 『동서양고東西洋考』에 다음 기록이 있다.

　　하항은 순탑順塔이라고도 하며 당대唐代에는 사파闍婆라고 불렸고 남중
국해에 있다. 또 다른 이름은 가릉이고 사파社婆라고도 하며 원대元代에
는 조왜爪哇로 불렸다. 『일통지一統志』에서는 포가룽蒲家龍이라고도 한다. 군대는 여
러 번국番國 중 최고이다. 클라파[4]는 하항의 속국으로 반나절이면 도착할
수 있고 풍토는 서로 비슷하다. 중국 선박이 도착할 때는 먼저 귤 한 소
쿠리와 작은 우산 두 개를 번목番目[5]에게 보내면 번목이 국왕에게 보고했
다. 항구에 도착하면 과일과 비단을 왕에게 바쳤다. 재정을 맡은 중국인
은 4명, 재정을 맡은 원주민은 2명이었다. 그곳의 말과 글을 하는 중국인
을 통역관으로 삼아 배에 각각 1명씩 두었다. 무역할 때는 왕이 두 계곡
을 지정하고 성 밖에는 포사鋪舍[6]를 지었다. 새벽에 각각 계곡에서 무역
하고는 정오가 되면 파장했고 왕은 날마다 그 세금을 걷었다. 또한 네덜
란드 사람이 하항에 오면 큰 계곡의 동쪽에 자신들의 토코Toko[7]를 지었고

프랑스[8]의 경우는 큰 계곡의 서쪽에 자신들의 토코를 지었다. 네덜란드와 프랑스에서는 모두 협판선夾板船을 타고 와서 해마다 무역했다. 그곳 사람들은 납전(鉛錢)을 사용했는데, 납전 열 개가 은화 한 닢에 해당했다. 하항은 사통팔달한 곳으로 여러 섬 중에 중국 선박과 서양 선박이 무역하는 가장 번성한 곳이었다.

『황청통고皇淸通考』「사예문四裔門」에 다음 기록이 있다.

클라파[9]는 본래 자와의 옛 땅으로 말레이족이 살며 후에 네덜란드에 귀속됐다. 남중국해에 있으며 복건福建·하문廈門과는 뱃길로 280경(약 23일) 걸리는데, 계산해 보면 16,800리 떨어져 있다. 복건과 광동 사람 중 무역하는 사람들은 클라파의 토산품 때문에 돈을 벌어 그곳에 머물면서 돌아오지 않았다. 강희康熙 56년(1717)에 클라파의 해안에 중국인들이 많이 모여 살자 해적이 늘어날 것을 걱정해 남중국해에서의 왕래를 금지했다. 그 이전에 바다로 나간 사람들은 3년의 기한을 두고 돌아오게 했지만, 또한 여전히 남아 있는 자들이 있었다. 옹정雍正 5년(1727)에 해금령이 느슨해진 후로 교역이 끊이지 않았다. 처음에 클라파는 명나라 말부터 네덜란드가 점거하여 이목夷目에게 통치를 맡겼고 그곳에 사는 중국인은 수만 명이었다. 그 땅에서 성장한 사람을 토생자土生仔[10]라고 했다. 중국인 중 교역을 관리하는 사람은 카피탄Kapitan[11]이라고 했다. 죄를 지은 사람은 실론Ceylon[12]으로 유배 보냈다. 실론은 인도양[13]에 위치해 클라파와는 아주 멀며, 옛 네덜란드의 식민지였다. 옹정 6년(1728) 윤6월에 번인들이 난리를 일으켰는데 네덜란드가 힘을 다했지만 이기지 못하자 유배 보낸 죄인들을 불러들여 그들을 막게 하면서 공을 세우면 클라파로 돌려보내 주겠다고 약속했다. 죄인들은 용감하게 힘껏 싸워 전쟁에서 계속 승리했고 번인들은 패해 도망갔다. 네덜란드는 공을 세우면 죄를 면해 준다는 명령을 이미 내리긴 했지만, 또한 죄인들이 석방되어 돌아가면 실론이 고립되고 약해질 것을 걱정해 다시 클라파의 무고한 중국인들을 파견해 대신하게 했다. 연부連富[14]가 카피탄으로 있을 때 중국인들이 이곳에서 장사하면서 오직 표票를 받고 은銀을 납부할 때만은 세금 부과의 규율도 없고 명령도 듣지 않았기 때문에 번목이 그들을 구속했다. [실론으로] 유배 간 사람이 앞뒤로 셀 수 없을 정도로 많아지자 중국인들은 크게 두려워하며 징을 울리고 상점을 닫아 버렸다. 번목이 노하여 횃불을 들고 대포를 발사하며 공격하니 사상자들이 매우 많았다. 복건총독福建總督 책릉策楞[15]과 제독提督 왕군王郡[16]이 소식을 듣고는 책릉이 상주했다.

"피해를 입은 중국인은 오랫동안 그 땅에 살았고 여러 차례 중국으로 불러들였지만 스스로 황제의 은덕을 저버렸습니다. 지금 그들이 살해당한 것은 자초한 것입니다. 다만 클라파 지역은 넓은 바다를 사이에 두고 있어, 거리가 아득히 먼 것만을 믿고 거리낌 없이 사람들을 잔혹하게 죽이고 있습니다. 사후에 상선에게 해가 미칠까 우려되오니 청컨대 남중국해에서의 교역을 금지하여 무서움을 알게 하옵소서. 마음을 바꾸고 죄를 뉘우칠 때까지 기다렸다가 다시 은혜를 베풀어 주시길 바라옵니다."

광동도감찰어사廣東道監察御史 이청방李淸芳[17]이 상주했다.

"상인 중 동양東洋으로 가려는 자는 열에 한 명이나 남양南洋으로 가려고 하는 자는 열에 아홉입니다. 일단 금지하면 강소江蘇·절강浙江·복건·광동의 해관세는 틀림없이 줄어들 것이니 매년 수십만 정도의 손실이 있을 것입니다. 게다가 민간의 무역은 모두 시기보다 먼저 샀다가 시기가 되면 파는 것으로 [물건을] 미리 적재해 놓고 유통되길 기다리고 있습니다. 만약 하루아침에 금지한다면 상인들은 반드시 크게 곤란해질 것이니 클라파 한 나라의 무역만 금지하시길 청하옵니다. 그 외의 남양 지역을 모두 금지하는 것은 옳지 않습니다."

얼마 뒤에 의정왕대신議政王大臣들이 병부에 회동하여 상주를 올렸다.

"지금 클라파는 이미 이목의 책임을 물어 쫓아냈고, 우리의 상선이 돌아올 때 그들을 위로하고 호송하면서 다시 [클라파로] 돌아가도록 특별히 마음을 쓰며 아울러 상인들의 걱정거리를 없애 주었다고 하니 마땅히 통상을 허락해야 합니다."

이에 허락했다.

진륜형陳倫炯[18]의 『해국문견록海國聞見錄』에 다음 기록이 있다.

믈라카Melaka 남쪽으로 바다를 사이에 두고 대치한 큰 섬은 아체섬Pulau Aceh[19]으로 서양인[20]들이 나누어 주둔하고 있다. 무릇 서양의 갑판선이 인도양[21] 등지를 다니며 무역할 때는 반드시 아체섬을 경유하여 물과 쌀을 비축한다. 아체섬을 둘러 동남쪽으로 가면 븡쿨루Bengkulu[22]인데, 끝자락은 클라파와 바다를 사이에 두고 마주 보고 있다. 서양인들이 대서양으로 돌아갈 때는 반드시 이 바다를 따라 나온 후에 서남쪽으로 희망봉Cape of Good Hope[23]을 지나 서쪽으로 돌아가면 대서양에 도착한다. 중국에서 클라파로 가려면 하문에서 뱃길로 대략 280경(약 23일)이 걸린다. 원래는 말레이족이 사는 곳이었으나 서양의 네덜란드가 점거하면서 카피탄이라는 담당 관리를 두었다. 밖으로는 하항[24]·반탄Bantan·티모르Timor 세 곳[25]과 통한다. 하항은 후추가 생산되고 반탄은 별도의 항구였으며 티모르는 후추와 단향이 생산되는데, 클라파가 여러 섬 중에 가장 번성해 서양 선박들이 구름처럼 모여들었다. 중국·대서양·인도양·백두白頭[26]·아프리카[27]·말레이 각 나라의 진귀한 보석과 물품이 없는 것이 없었다. 네덜란드에서 도시를 만들고 항구를 구획하자 중국인 중 이곳에서 장사하고 농사 짓는 사람이 매우 많았고, 해마다 정표은丁票銀 5~6금을 납부하면 거주가 허락되었다. 중국 인구가 대단히 많았으니 이곳에서 사는 사람이 어찌 10여만에 그쳤겠는가! 최근에 네덜란드에서도 새로운 중국인 마을을 만드는 것을 금지하고 거주를 허락하지 않으면서 배를 타고 [중국으로] 돌아가게 했다. 티오만섬Pulau Tioman[28]은 꼰선섬의 남쪽에 위치하고 븡쿨루의 동쪽과 인접해 있는데, 모두 남중국해 전체 노선에서 뱃길이 나뉘는 곳이다. 섬의 원주민들은 해산물을 잡아 생활하며, 가문초佳文草가 나는데 윗대가 가늘고 긴 것은 매년 돗자리 두 개만을 만들 수 있다. 왕부王府로 들어가는 것은 해충을 막아 주어 값이 40~50금이나 나가고, 그다음 것은 20~30금이고 가장 싼 것은 1~2금이다.

사청고謝淸高의 『해록海錄』에 다음 기록이 있다.

클라파는 남중국해에 위치하며 네덜란드의 관할지이다. 선박이 광동에서 갈 때는 내구內溝를 지나 노만산을 나온 후에 서남쪽으로 가서 경주瓊州·안남安南을 거쳐 꼰선섬에 이르고 또 남쪽으로 3~4일을 가면 티오만섬[29]에 이르는데 만리장사萬里長沙[30]가 그 동쪽에 있다. 외구外溝로 갈 때는 노만산을 나온 후에 남쪽에서 약간 서쪽으로 대략 4~5일을 가면 중사군도中沙群島[31]를 지난다. 물속에 암초가 있는데, 너비가 1백여 리이고 가장 얕은 곳은 깊이가 4길 5자밖에 안 된다. 중사군도를 지나 또 3~4일 가면 사파타섬Sapata Island[32]에 이르고 또 4~5일을 가면 티오만섬에 도착하며 여기서 내구와 합쳐지는데, 만리장사는 그 서쪽에 있다. 내구와 외구는 모래톱으로 구분한다. 만리장사는 바닷속에 있는 모래톱으로, 길이는 수천 리이고 안남국의 바깥 병풍이 된다. 만리장사의 머리는 능수현陵水縣

의 경계이고 만리장사의 꼬리가 바로 사파타섬이다. 배가 그 안으로 잘 못 들어가면 반드시 모래톱에 걸려 더 이상 나아가지 못하고 대부분 파손된다. 이런 경우 반드시 목판을 모래 위에 띄우고 사람은 그 위에 눕는데 며칠 안에 만약 선박이 지나가다 작은 삼판선을 띄워 구해 주면 살아서 돌아올 수 있다. 만약 모래 속에 잠깐이라도 서 있게 된다면 바로 모래 속으로 파묻히게 된다. 칠주양七洲洋의 정남쪽은 천리석당千里石塘[33]으로 많은 바위가 수풀처럼 솟아 있는데 큰 파도가 성난 듯이 쳐서 배가 길을 잘못 들어서면 즉시 난파된다. 이에 내구와 외구로 갈 때도 반드시 서남쪽으로 가고 아예 정남쪽으로는 가지 않았다. 티오만섬에서 또 남쪽으로 가면 대략 하루 만에 방카Bangka[34]에 도착한다. 가스퍼해협Gasper Strait[35]을 거쳐 해협 입구로 나와서 또 남쪽으로 삼주양三洲洋[36]을 지나 대략 3일이면 사우전드 아일랜드Thousand Island[37]에 도착하는데 이곳이 바로 클라파의 변경 지역이다. 섬에는 중국인이 토지신에게 제사 드리는 사당이 있다. 또 20여 리를 가면 디동베사르섬 Pulau Didongbesar[38]에 도착한다. 몇 개의 섬이 있는데, 하나는 중국의 목공木工들이 사는 곳이고 하나는 전염병에 걸린 사람들이 사는 곳이며 하나는 죄인들을 교수형 시키는 곳이고 그 나머지는 모두 화물을 쌓아 두는 곳이다. 디동베사르섬[39]을 지나면 클라파에 도착하는데, 섬은 사방 1천 리이고 성곽과 포대가 있으며 남중국해에서는 큰 도시이다. 본래 네덜란드가 점령했으나 후에 영국 군대가 침략해 빼앗았으며 네덜란드가 화친을 청하자 [네덜란드에게] 관리하도록 하면서 매해 그 세금을 나누어 가졌다. 이곳을 지키는 네덜란드인은 3천~4천 명이었고 또한 흑인 병사 수천 명이 있었다. 무릇 네덜란드에서 다스리는 남중국해와 인도양의 각 나라들은 모두 클라파 부족장의 지시를 따랐다. 원주민은 또한 말레이족으로 풍속은 사치스러움을 숭상하여 궁전·의복·기물이 모두 지극히 화려했다. 출입할 때는 모두 마차를 탔는데, 이는 벵골Bengal[40]·피낭Pinang[41]·슬랏Selat[42] 각 곳과 같으나 클라파가 가장 성대했다. 이곳에서 무역하는 중국인은 수만 명이 넘으며 10여 대에 걸쳐 살았다. 각 종족은 각각의 풍습이 있어 서로 섞이지 않았다. 민정民情이 흉포해서 법을 엄격히 적용했다. 중국인이 네덜란드인을 때리면 법대로 손을 잘랐고 부녀자를 희롱하면 교수형에 처했다. 흑인 병사들은 모두 천주교를 믿어 죽으면 성당에서 장사 지냈다. 네덜란드인은 죽으면 공원묘지에 장사 지냈다. 원주민의 풍속은 빠따니Pattani[43]나 클란탄Kelantan[44] 각 나라와 같았다. 토산품으로는 땅콩·설탕·정향·커피[45]·사탕수수·제비집·조개[46]·빙편冰片·사향·침향이 있다. 또 다음 기록이 있다. 반탄국은 클라파 남쪽에 위치하고 국토가 매우 작으며 클라파와 마찬가지로 섬이다. 토산품으로는 진주·가문석이 가장 좋다. 반탄국의 남쪽은 바다와 접해 있고 바다에는 섬이 있는데 겹겹이 겹쳐져 있고 우뚝 솟아 험준하다. 때때로 화염을 내뿜는데 바람이 불어 회오리가 치며 여름이면 더욱 심해져 사람들은 화염산火焰山[47]이라고 부른다. 대개 남방 이화離火[48]의 정기가 쌓여 폭발한 것이다. 한 서양 선박이 여기에 왔다가 산에 올라 탐방하는데 위험한 곳도 마다하지 않고 올랐다. 동굴에 사는 원주민이 멀리서 그들을 보고 무리 지어 소리치며 쫓아왔다. 달아나다 조금이라도 뒤처지는 자는 잡아먹혔다. 이때부터 감히 다시 오려는 자가 없었다.

『매월통기전每月統紀傳』에 다음 기록이 있다.

3개의 큰 섬 중에 가장 번성한 곳은 자와,[49] 즉 클라파이다. 생산된 쌀은 클라파에서 사용하기에 충분하다. 후추·제비집·물총새 깃털·설탕·면화·커피·소목蘇木·목재 등의 물품과[50] 바나나·야자·빈랑·석류·유자·파인애플·잭푸르트Jack fruit[51]·망고·오렌지·귤 등의 각종 과일이 생산된다.[52] 안타깝게도 물에 악어가 많고 또 비단뱀도 있다. 또한 화산이 있어 지진이 빈번하게 일어나며 화염이 터져 나와 나무와 집을 태워 버린다. 원주민은 하와呀瓦로 이슬람족이다. 생각건대, 하와는 자와 두 글자의 음역이다. 사람들은 매우 순박하고 성실하며 근면하게 일하고 농사지으며 성품은 온화하여 싸움을 멀리한다. 다만 남이 해코지를 하면 반드시 원한을 갚고 나서야 그친다. 또한 도박을 좋아해 토지와 집을 잃고, 자식과 아내를 팔아 노비로 만든다. 도둑질과 사기는 그 해악이 이루 말할 수 없어 자와섬의 가장 나쁜 풍속이다. 예배 볼 때는 호랑이와 무소의 싸움터를 만들고 둘 중 하나가 죽어야만 그친다. 산에는 호랑이가 많아 원주민들이 사냥한다. 이전부터 몇 명의 원주민 부족장이 이 섬을 나누어 다스렸고 인도[53] 불교를 신봉했다. 명나라 천순天順 연간에 이슬람 군대가 이곳을 정복했다. 그 후로 거주민들은 무함마드Muhammad의 이슬람교[54]를 신봉했다. 만력萬曆 연간에 네덜란드는 자와 해구海口에 클라파성을 건설해 항구를 두어 점차 그 토산품을 징수하고 원주민을 정복하면서 공물을 바치게 했다. 또한 별도로 치르본Cirebon[55]과 수라바야Surabaya,[56] 스마랑Semarang[57]에 각각 항구를 열고, 네덜란드 동인도 회사가 무역을 주관하자 창고가 가득 채워져 궁핍하지 않았다. 다만 파견된 관리들은 지극히 사치스러웠고 가난한 사람들을 돌보지 않았다. 옹정 이후부터 여전히 큰 불화는 없었지만, 간간이 원주민이 난리를 일으켜 때때로 정복하기 번거로웠다. 강희·건륭乾隆 연간에는 네덜란드 공사가 북경에 조공했다. 가경嘉慶 연간에는 프랑스 왕이 네덜란드 가문에 승리했고 결국 클라파 총관總管을 파견했다. 당시에 영국은 프랑스와 여러 해 동안 전쟁을 하고 있었기 때문에 영국 총관은 네덜란드가 자와섬을 공격하는 것을 도와 승리를 거뒀고 자와섬은 계속 네덜란드 차지가 되었다. 도광道光 연간에는 원주민 부족장과 도적들이 네덜란드 동인도 회사를 폐지하려고 도모하자 네덜란드

왕은 전함을 거느린 장군을 보내고 막대한 비용을 들인 후에야 정복할
수 있었다. 중국인이 자와섬에서 항구를 연 것은 명나라 때부터 시작되
었다고 한다. 순치順治 연간에 이르러서는 복건성 동안同安 사람들이 대
부분 고향을 떠나 클라파로 와 교역을 하거나 농사를 지었는데, 매해 정
표는 5~6금을 납부했다. 그 후로 중국은 매번 하문에서 큰 배에 1만여 섬
의 물건을 싣고 클라파와 스마랑의 항구로 왔다. 그러나 뱃길이 너무 멀
고 모래톱과 암초가 셀 수 없이 많아 반드시 서양인 선장을 두어 혼천의
渾天儀와 육분의六分儀[58]를 사용해 일출 시간을 비교해서 해수면과의 거리
를 재고, 나침판과 모래시계를 이용해 바람의 세기와 순풍과 역풍으로
경수更數를 계산하고서야 비로소 어느 곳에 있는지 알았다. 최근에 중국
인이 엄청 늘었으니 이곳에 사는 자가 어찌 10여만 뿐이겠는가! 그래서
네덜란드 총관은 새로운 중국인 마을을 만드는 것을 금지하고 배를 타고
[중국으로] 돌아가게 했다. 그러나 중국인들은 머물며 살았고 부자도 매
우 많았다. 네덜란드는 아울러 중국인을 등용하여 카피탄으로 삼아 국정
을 다스리고 재정을 관리하게 했다. 이 외에 자와 근처 섬들은 대부분 말
레이족(馬來西)이 살았고 해적도 셀 수 없이 많았다. 티모르섬Pulau Timor[59]
과 동티모르East Timor[60]는 모두 네덜란드와 포르투갈이 성을 건설해 다스
렸다. 단목檀木·밀랍蜜蠟 등의 물건이 난다. 마래유馬來西는 무래유無來由라고도
한다.

『도이지략島夷志略』에 다음 기록이 있다.

자와는 땅이 평평하고 토양이 기름져 오곡이 풍성하여 수확이 다른 나
라의 갑절이다. 사람들은 도둑질을 하지 않고 길에 [물건이 떨어져도] 줍
지 않는다. 속담에서 이른바 '태평한 사파국(太平闍婆)'이란 바로 이를 두고

한 말이다.

『만국지리전도집萬國地理全圖集』에 다음 기록이 있다.

자와섬은 남위 6도에서 9도, 서경 100도에서 109도에 위치해 있다. 순다해협Selat Sunda[61]을 사이에 두고 있어 수마트라섬[62]과는 연결되지 않는다. 넓이는 사방 137,000리이고 인구는 6백만 명이다. 섬 안에는 한 줄기 산맥이 가로로 놓여 있으며 가장 높은 봉우리는 1,200길이다. 원래 화산과 지진이 잦다. 과일이 굉장히 많고 커피·쌀·설탕·바나나·야자·빈랑·석류·유자·잭푸르트[63]·망고가 저절로 자란다. 많은 지역 중에 오직 자와만이 낙원이다. 원주민은 매우 성실하고 온화하지만 남이 해코지를 하면 원한을 품고 반드시 보복하며 성난 호랑이처럼 매서워 좋고 나쁨을 따지지 않고 거슬린즉 찔러 죽인다. 도박을 가장 좋아해서 예배를 볼 때에 호랑이와 무소 싸움터를 만들어 놓으면 많은 사람이 구름처럼 몰려든다. 토산물은 비록 풍요롭지만, 농부는 매우 가난하다. 명대부터 중국인이 이미 자와에 와서 장사하며 이익을 얻었고 매년 1명당 정표는 5~6원을 납부했다. 지금에 이르러 중국인이 대단히 많아졌으니 이곳에 사는 사람들이 어찌 10여만 명에 그치겠는가! 네덜란드인들은 2백여 년 동안 이곳을 점거했다. 오직 동쪽에만 여전히 원주민 군주가 존재했지만 아무런 권력도 없었다. 네덜란드는 각종 산물을 직접 가져다 팔아 매년 은 5백만 원을 국고로 보냈다. 내지인들은 종종 기분 나빠 하며 반란을 일으켜 전쟁을 벌였다. 바다 곳곳에서도 해적들이 약탈을 일삼자 네덜란드에서는 순찰선을 파견해 해적을 잡아들였다. 수도는 클라파로 교역이 매우 번성했다. 별도로 북쪽 해변의 치르본과 수라바야, 스마랑[64]에 항구를 두고 모두 커피·설탕·쌀을 싣고 갔다.

『해도일지海島逸志』에 다음 기록이 있다.

클라파는 남중국해의 큰 섬나라 중 하나이다. 하문에서 배를 타고 칠주양을 지나고 안남의 항구에서 팔렘방과 믈라카를 거쳐 삼립양三立洋[65]을 지나면 스리부제도Kepulauan Seribu[66]에 들어가 그 중심에 이를 수 있는데 뱃길로는 280경(560시간, 즉 23일)이 걸리고 매 경이 50리이기 때문에 천주泉州에서는 대략 14,000리를 가야 그 나라에 도착할 수 있다. 북쪽을 향하고 남쪽을 등지고 있으며 뒤에는 게데산Gunung Gede[67]으로 둘러싸여 있고, 산 밖은 남중국해이다. 왼쪽에는 반탄이, 오른쪽에는 치르본이 있으며 앞에는 스리부제도가 줄줄이 있어 문호가 견고하고 성곽이 단단하다. 지역은 광활하고 거리는 넓고 반듯하며 물산은 풍부하여 온갖 외국인이 모여드는 곳으로 정말로 큰 도시이다. 다만 그 지세가 낮고 날씨가 푹푹 쪄 사계절이 모두 여름 같으며 뜨거운 바람이 매섭게 불어 바람이 닿기만 해도 병이 생긴다. 강물은 달고 차가워 목욕하면 병이 없어진다. 봄에는 비가 많이 내리고 가을에는 건조해 1년에 단 한 번 수확한다. 토지는 비옥하고 곡식은 잘 익어 쌀값은 싸고 사람들은 부유하다. 물품은 모두 각 나라에서 몰려들어 와서 교역하는 것으로 이 섬에서 산출된 것은 아니다. 클라파에서 관할하는 곳은 프칼롱안Pekalongan[68]·스마랑·그레식Gresik[69]·수라바야[70]·반자르마신·마카사르·암본Ambon[71]·반다제도Kepulauan Banda[72]·트르나테Ternate[73]·반탄·믈라카 등으로 섬이 수십 개를 넘는다. 복건과 광동 사람들이 배를 타고 여기에 온 것은 명나라 초부터 지금까지 4백여 년인데 거주하는 자손이 어찌 10만 명에 그치겠는가. 클라파는 본래 자와국[74]인데 네덜란드가 계략을 세워서 세금을 징수하고 명령을 시행하고 법도를 만들어 해구에 자리를 잡았다. 세금을 징수하고 문서를 발급하며 출입을 통제하고 도적을 엄중히 다스리며 여러 외국인을 관리했다. 네덜란드인은 높은 코에 머리가 붉고, 생각이 깊으며 신중한 까닭에 모든 외국인의 윗자리를 차지할 수 있었다. 관직은 모두 본국 군주의 명령을 받았고 클라파 군주는 감히 마음대로 할 수 없었다. 군주는 대왕大王·이왕二王·라트 반 인디Raad van Indie[75]·구브르누르Gouvernur[76]·헤자헤버르Gerzaghebber[77]·피스칼Fiscaal[78] 내외·테멩공Temenggung[79]·펫토Petor[80]·베켈Bekel[81]의 여러 관직을 두어 각 지역을 나누어 다스렸는데 지역의 크기에 따라 관직의 존비가 있었다. 자와의 옛 군주는 산속에 거주하며 군주가 거주하는 지역을 '남내覽內',[82] 군주는 수난Sunan[83]이라 불렸는데, 한대의 선우單于, 당대의 칸(可汗)과 같았다. 그 나머지 지역은 군주를 술탄(史丹)이라 불렀고 남내 지역의 경우 존칭해서 수난이라 불렀다. 관직으로는 아디파티Adipatis[84]와 테멩공, 파티Patih[85]로 각각 부장副長을 두었으며, 그들은 중군中軍처럼 업무를 대신 처리했다. 관직의 승진과 강등은 모두 네덜란드의 명령을 따랐다. 중국인은 명나라 영락永樂 연간에 삼보태감三寶太監 정화鄭和 등이 서양으로 나가 보물을 사들인 이후로 지금까지 통상무역이 끊이지 않았다. 동지 이후에는 하문에서 배를 타고 20여 일 만에 바타비아Batavia[86]에 도착할 수 있는데, 거리마다 장사판을 벌여 놓고 외국과 교역하며 귀중한 물품에서 저렴한 물품까지 모두 거래하니 이른바 이윤은 남중국해에서 다 난다고 할 수 있었다. 부자 상인과 대상인이 얻는 이익은 무궁무진하기에 네덜란드에 뇌물을 바쳤다. 천거된 자들은 카피탄·레트난Letnan[87]·부델미스터Budelmister[88]·세크레타리스Sékretaris[89] 등 여러 이름으로 불렸지만, 모두 카피탄으로 칭했다. 중국인이 말다툼을 하거나 싸움이 나면 모두 카피탄에게 끌려오는데 무릎을 꿇지 않고 길게 읍하며 스스로 만생晚生[90]이라고 칭했다. 시비곡직是非曲直을 즉각 판결하여 구속하기도 하고 매를 치기도 해서 심사숙고하지 않았다. 큰 죄를 짓거나 혼인과 생사 여부는 모두 네덜란드에 보고했다. 바다와 육지를 왕래할 때는 모두 문서를 내야 하고 함부로 출입할 수 없었다. 그 법령의 적용이 엄격하고 세금 제도가 주도면밀하다는 것을 대략 볼 수 있다. 다만 사람 목숨에 관한 일은 이웃에게 묻지 않고 증거를 중시했다. 증거가 있으면 반드시 심문하고 닭을 죽여 맹세한 후에 비로소 서명하고 최종 결정을 내렸다. 그래서 살인한 뒤 길에 버리거나 도랑에 흘려 버려 그대로 두고 불문에 부친 경우는 감히 증거를 찾으려 하지 않았다. 네덜란드의 풍속은 명성만 그럴듯하고 실속은 없어 오상五常을 신경 쓰지만 대부분 맞지 않았다. 윗사람은 아랫사람을 해치고 제멋대로 탐욕을 부리니 인仁이 아니다. 부부가 반목해서 개가하더라도 그냥 두고, 죽은 지 한 달도 못 돼 다른 곳으로 시집가니 의義가 아니다. 장유무서長幼無序하고 남녀무별男女無別 하니 예禮가 아니다. 사치와 욕심이 죽을 때까지 끝이 없어 자손을 생각해서 남기는 계책이 없으니 지智가 아니다. 오직 무역할 때만은 반드시 약속한 것을 지키니 무슨 기대를 하겠는가! 각 섬의 원주민은 괴이하게 생겼고 나무나 동굴에 살며 봉두난발에 몸에는 문신을 하고 발가벗은 채로 혈식血食을 하니 언급할 필요가 없다. 바타비아의 지세는 평탄하고 사람들은 밀집해 살고 있다. 화려한 도시를 나오면 모두 정원이다. 네덜란드 원림과 서로 접해 있어 연결하면 수십 리에 이른다. 누각·정자·교량·누대는 기교가 훌륭하다. 7일마다 한 번 예배를 드리며 사시巳時에는 예배당에 들어가 경전을 읽고 기도를 한다. 두 손을 맞잡고 들던 사람들은 모두 고개를 숙이고 눈물을 흘리는데, 마치 사람의 마음을 감동시키는 것과 같았다. 잠깐 떠들다가 각자 흩어져서 원림으로 들어가 연회를 열며 하루의 기쁨을 만끽했다. 일을 하지 않고 함께 놀고 즐겼으며 수레와 말의 혼적과 여인들의 향기가 길에 가득했는데, 이 또한 멋진 광경이었다. 나는 남중국해 땅이 사랑스럽기도 하고 애석하기도 하다고 생각한다. 날씨가 춥지 않아 매년 여름 같고 온갖 꽃이 무성하여 사계절 모두 피었다. 겨울과 봄에는 밤에 비가 내리고, 아침이면 개어 이때의 눈부신 햇살은 사랑스럽다. 중국의 이주민도 많아 풍속이 고아함을 중시하며 접대를 즐기고 칭찬도 잘하며 곤궁하면 서로 도와주어 의형제를 맺거나 친척이 되어도 모두 이상한 눈으로 보지 않았다. 아이가 손님을 보면 공손하게 인사하는 것을 예로 여겼고 노복이 주인을 보면 무릎을 꿇어 존경했으니 인정이 후덕하여 사랑스럽다. 토지가 비옥하고 일용품이 싸서 쌀 한 말에 20~30전이고 닭과 오리는 채소보다 쌌으며 한 꾸러미 돈이면 하녀를 들일 수 있었으니 물가가 싼 것이 사랑스럽다. 그러나 나라와 고향을 떠나와 보는 것마다 다른 풍속이고 뒤적거릴 중국 서적도 없고 마음을 풀 지기知己나 좋은 친구도 없으며 맘껏 노닐 그윽한 바위나 오래된 사찰도 없으니 이것이 애석할 뿐이구나. 나는 바타비아에 머무른 지 1년이 못 되어 스마랑으로 갔다가 다시 프칼롱안으로 갔다. 클라파의 풍속은 다 알 수가 없다. 이에 대강을 서술하여, 참고가 되길 바라면서 아울러 나그네의 적적한 심정을 기탁해 볼 뿐이다.

스마랑은 클라파에 속한 지세가 뛰어난 지역이다. 땅은 광활하고 물산이 많아 상선들이 모여들어 동남쪽의 여러 섬 중에 으뜸이다. 프칼롱안과 라슴Lasem[91]은 좌우 양쪽 날개이다. 라망안Lamangan[92]은 그 창고이다. 쿠두스Kudus[93]와 즈파라Jepara[94]는 그 문호이다. 관할지는 위아래로 수천 리이며 토지는 비옥하고 사람들은 부유하여 여러 나라의 으뜸이다. 날씨는 청량하여 바타비아보다 낫다. 사람들은 질병이 적고 식량은 다른 곳보다 저렴하다. 민간에는 배고픈 사람이 없고 풍속은 질박하여 길에 떨어진 물건도 줍지 않는다. 법도는 엄격하여 밤에도 문을 닫지 않는다. 이곳을 다스리는 네덜란드 총관은 거버너gubernur[95]라고 하며 펫토·대사大寫·재부財副·신요주련新蟯州連 등이 분담해서 처리해 각각 그 일을 담당하기에 일이 서로 뒤섞이지 않는다. 중국인을 추천하여 카피탄으로 삼을 때는 반드시 네덜란드 본국에 상세히 보고하고 카피탄은 길일을 택해 친척, 친구들과 마을의 마음 맞는 자 수십 명을 불러들인다. 그날이 되면 네덜란드인 1명이 문서를 들고 오는데 카피탄과 사람들은 문을 나가 맞이한다. 네덜란드인이 문으로 들어와 정원에 멈춰 서서 문서를 개봉하고 받들어 읽고는 위로는 하늘을 가리키고 아래로는 땅을 가리키며 이 사람이 준수하고 총명하며 사리에 통달하여 카피탄으로 추천하는데, 너희 마을의 원로들은 어떠냐고 묻는다. 사람들이 일제히 대답한다. "매우 훌륭합니다, 훌륭합니다." 네덜란드인은 사람들과 모두 악수를 하고 예를 마친다. 사람들이 물러나면 네덜란드인은 카피탄과 손을 잡고 계단을 올라 대청에 이르면 정을 나누며 손님과 주인의 예를 행한다. 네덜란드가 사람을 다루는 방식이 모두 이와 같았다. 클라파의 카피탄은 권력도 나누고 이윤도 독차지하지 않지만 스마랑의 카피탄은 권력과 이윤을 독차지한다. 바닷물을 끓여 소금을 만들고 밭을 일궈 나오는 세금은 모두 카피탄 소유이다. 카피탄 관직을 받은 사람은 재산이 1백만이 넘는다. 중국인끼리 서로 혼인하며 클라파 출신을 경시한다. 좋은 사위를 얻는 경우라도 촛불 한 쌍으로 맞이할 수 있다. 사위가 된 이후에는 매우 사치스럽게 봉양하며 하녀와 노복 110명이 각각 하나의 일을 맡아 돌본다. 주인과 노복은 엄격히 구분되고 [노복은 주인]을 보면 반드시 무릎을 꿇어야 한다. 사람들은 대부분 아내를 무서워하는데, [아내는] 집안일을 반드시 주재하고 비첩을 반드시 단속하며 일을 관리하고 통제하여 그 위세를 범할 수 없다. 부부는 손을 잡고 다니며 어깨를 나란히 하고 앉고 심지어는 팔로 끌어안을 때도 좌우에 있는 사람을 물리지 않는다. 비첩은 양산을 들고 해를 가리며 깃털 부채로 부채질을 하고 수건과 대야를 들고 앞뒤에서 섬기는데, 풍속이 자연스러워 이상하지 않다. 나라에서는 오직 먹고 자는 것을 중시해서 비록 급한 일이 있어도 즉시 통보하지 않고 반드시 식사를 마친 후나 자고 일어날 때까지 기다렸다가 그제야 알린다. 예배당은 매우 높아서 종소리가 사방에 들렸으며 낮과 밤에 종을 쳤다. 자시子時와 오시午時를 1시로 삼았고 12시가 되어서야 그쳤다. 오후 2시가 되면 집마다 문을 닫고 자서 길에는 지나가는 사람이 없었는데, 이는 하루가 이틀과 같고 30년이 60년 같았다. 나는 서남양을 극락의 땅이라고 여겼는데, 아마도 중국은 예의를 차려 스스로를 절제하고 감히 마음대로 하고자 하는 바를 하지 않는 반면, 서양인들은 예의와 염치가 어떤 것인지 모르고 단지 사치와 욕심만 부리면서 자신의 몸과 마음을 즐겁게 하기 때문인 것 같다. 왕대해王大海는 일찍이 스마랑 카피탄의 사위가 되었다가 부모님이 연로하다는 핑계를 대고 돌아왔다. 여기에서 한 말은 바로 직접 한 말이다. 남양은 원본에 모두 서양西洋으로 되어 있는데, 지금 모두 고친다.

프칼롱안은 클라파의 동남쪽에 있는 지역으로 스마랑에 버금간다. [지세는] 산을 바라보고 바다를 등지고 있고 50~60가구가 줄지어 늘어서 있다. 남북은 목책으로 막혀 있고 중국인이 그 안에 살며 속칭 입지란入芝蘭이라고 한다. 입지란은 거리를 말한다. 집들이 이어져 있고 누각이 높게 솟아 있다. 서쪽을 향해 있는 집은 카피탄의 저택이다. 오른쪽에는 정원 한 곳이 있는데, 3~4무 정도이며 수풀이 무성하고 정자의 이름은 '한운閒雲'으로 카피탄이 여가 시간에 쉬는 장소이다. 정자의 동쪽에는 온갖 화초가 다 있어 사시사철 꽃을 피워 마치 신선 세계 같다. 남쪽에는 연못과 감귤 밭이 있고 서쪽에는 나도후추밭(絲里園)이 있다. 사리絲里는 나도후추이다. 두

밭은 서로 접해 있고 담장을 경계로 하며 문으로 서로 통한다. 밭 뒤에는
야자나무 수십 그루가 우뚝 자라 있으며 나무의 둘레는 한 아름이나 된
다. 그 잎은 빈랑나무잎 부채처럼 생겼으나 길고 바람이 불면 솔솔 소리
가 난다. 입지란 북쪽에는 사당이 있는데, 택해진인사澤海眞人祠이다. 목
책 문밖은 박면泊面 박면은 세금을 걷는 곳이다. 으로 통행세를 징수한다. 강
변을 따라 북쪽으로 반 리쯤 가면 외박면外泊面이 있는데, [외박면을 설치
한 이유는] 세금이 빠져나가는 것을 살피기 위해서이다. 또 4~5리를 가
면 해구에 도착하는데, 그곳에 있는 성인의 무덤은 매우 영험하여 배를
타고 왕래할 때면 반드시 향과 종이를 준비하여 절하고 기도한다. 입지
란 남쪽으로 30리쯤 가면 묘동苗峒에 이르는데, 묘동에는 설탕공장[96] 2곳
이 있다. 설탕공장은 옛날에 동서東西로 나뉘었으나 지금은 합쳐져 하나
가 되었다. 30리를 가면 노민魯閩에 이르는데, 그 땅에는 목편木片과 바자
대가 생산된다. 또 50리를 가면 바다 언덕에 이르는데, 단지 망망대해와
끝없이 펼쳐진 흰 구름만이 보이고 하늘은 길고 길은 멀어 갑자기 고향
생각이 난다. 언덕이 끝나는 곳에서 숲으로 들어가면 요무만관凹務灣館[97]
에 이른다. 그곳은 첩첩산중에 있어 아주 적막하고 낮이면 원숭이와 호
랑이가 울부짖고 꿩과 학이 울어 나그네가 왕래할 때는 반드시 짝을 이
루고 창을 들고서야 감히 출입할 수 있다. 그 사이 숲을 40~50리쯤 가서
등나무 다리를 지나면 일답관日踏館에 도착한다. 이상은 모두 프칼롱안[98]
에서 관할한다. 그 아래로 켄달Kendal[99]과 칼리운구Kaliwungu[100]를 거쳐 스
마랑까지는 1백 리에 불과하다. 입지란을 나와 산 서쪽으로 강을 건너는
데, 대나무 뗏목으로 건너면 시다유Sidayu[101] 마을[102]에 도착하며, 테멩공 원
주민 관리. 이 사는 곳이다. 또 20리를 가면 라망안[103]이 나오는데, 토지가
비옥하고 사람들이 모여 사는 곳으로, 스마랑의 창고이다. 여기에서 프

마랑Pemalang[104]을 거쳐 치르본[105]에 이르는 길은 6백 리 정도이다. 치르본
에서 바타비아까지에 있는 여러 마을(禮些) 예사는 마을(鄕鎭)이다. 은 모두 클
라파의 관할지이다. 육로로는 10일이면 바타비아에 도착할 수 있지만
모두 길이 험해 가기 어렵다. 단지 오발마烏拔馬만은 왕래가 끊이지 않는
다. 프칼롱안을 진수하는 관리는 펫토이고 형벌을 처리하는 관리는 대사
이며 돈과 곡식을 관리하는 관리는 칙부則副이고 성이 있는 곳을 반班이
라고 하고 군사가 있는 곳을 야하喏呀라고 한다. 성과 입지란은 강 하나
를 사이에 두고 있다. 성의 남쪽은 원림이 깊고 그윽하며 우뚝 솟아 있는
큰 누각에는 펫토가 산다. 바타비아에서 중국인과 원주민이 모여 사는
구역은 길이 넓고 궁궐이 화려하다. 프칼롱안의 산골은 꾸미지 않아서
자연적으로 높은 산과 긴 강이 흐르는 천연의 자연을 간직하고 있다. 산
에서 석양이 질 때면 어부는 노를 저어 돌아오고 노래를 부르면 서로 답
하며 어기여차 소리[106]가 들리는데, 초강楚江의 노래와도 같다. 강은 깊지
도 얕지도 않고 마름이 그 속에 어지럽게 널려 있어 마치 소주蘇州와 항
주杭州의 경치와 같다.

반탄은 클라파의 서쪽 경계에 위치하며 옛 명칭은 사파국으로 자와인
이 살던 곳이다. 땅이 넓고 비옥하며 물품도 많고 사람도 풍요롭다. 생산
되는 경문유석經紋幼蓆은 서양에서 최고이다. 네덜란드가 조세를 내고 해
구를 차지하면서 모여든 여러 외국인이 왕래하며 교역한다. 자와 원주민
은 사방에 모여 산다. 비록 국왕이 있지만, 오직 네덜란드만을 두려워해
삼가며 따른다. 술탄 자와의 왕이다. 은 산속에 사는데, 그가 사는 왕부王府
는 매우 웅장하고 화려하다. 왕부 외에 작은 성 하나가 있다. 네덜란드인
12명과 외국 병사 1백 명이 작은 성에 사는데, 명목상으로는 호위한다고
하나 실질적으로는 술탄을 통제하기 위해서이다. 술탄이 죽으면 자식들

은 네덜란드의 명이 아니면 즉위할 수 없다. 자와인은 성격이 우둔하여 모두 저들이 우리를 두려워해 우리에게 토지세를 내고 저들이 우리를 존경해 성을 세우고 직접 호위한다고 말한다. 자와인의 수를 세어 보면 동쪽은 바타비아·치르본[107]·프칼롱안·스마랑·라슴·그레식·수라바야·바뉴왕기Banyuwangi,[108] 서쪽은 조호르·팔렘방·잠비Jambi[109]·람풍Lampung[110] 등 수십 지역으로 모두 자와족인데 무리가 어찌 1백만에 그치겠는가? 네덜란드인은 수천으로 그 100분의 1도 안 되어 서로 차이가 이렇게 큰데도 자와인을 위협하고 자와인을 이익으로 유혹하여 자와인의 마음을 복종시켜서 자와인을 농락할 수 있었다. 옛날 사람들은 지혜를 숭상하고 힘을 숭상하지 않았다더니 참으로 그렇구나!

클라파는 옛 자와국이다. 네덜란드인이 사는 연해 지역은 10분의 1도 안 된다. 자와인이 네덜란드인보다 수백 배 많으나 풍속은 질박하고 사람은 아둔하며 성격은 유순하면서 겁이 많아 모두 네덜란드를 두려워하면서 그 이름만 들어도 합장한다. 원주민은 산골짜기에 흩어져 살며 농사는 한 해에 한 번 수확한다. 봄비가 온 후에 논에 물이 가득하면 씨를 뿌리는데 저절로 자라나니 김맬 필요가 없고 피가 생기지도 않으며 이삭 하나에 쌀알이 수백 개 열리기 때문에 남중국해의 쌀값은 비교적 싸다. 산비탈의 비스듬한 곳에서도 농사를 지을 수 있다. 송곳으로 땅을 파서 곡식 몇 알을 넣어 두면 때가 되어 절로 잘 자란다. 그 곡식은 갈아 빻을 필요가 없고 긴 나무통에다 [넣고] 몇 사람이 곧은 공이로 찧으면 껍질이 벗겨져 나오는데, 이것을 다시 빻는다. 쌀알은 길고 연하여 중국 내지의 쌀이 미치지 못한다. 집안 살림과 생활은 모두 부녀자가 주관한다. 딸을 낳으면 귀하게 여기고 집으로 사위를 들이지만 아들을 낳으면 남의 집에 사위로 보낸다. 그 집은 정자처럼 사방의 문을 열어 놓으며 의자나 탁자가 없어 땅바닥에 자리를 깔고 앉는다. 방바닥에도 모두 자리가 깔려 있고 휘장이 설치되어 있다. 침대도 높지 않고 앉는 자리도 부드러우며 베개는 탑처럼 쌓여 있어 크고 작은 베개가 6~7개는 된다. 앉을 때는 양반다리를 하고 앉는다. 손님을 만나면 악수로 예를 표하고 빈랑으로 존경을 표하는데, 부자는 금은 그릇에 빈랑을 담고 보통 사람은 꽃병만 한 크기의 구리로 만든 타호唾壺에 빈랑즙을 가득 담아 따라 준다. 남녀가 같이 앉는 것을 삼가지 않는다. 식사할 때는 젓가락을 사용하지 않고 손으로 쥐고 먹는다. 소는 삶아 먹고 개와 돼지는 먹지 않는다. 여자는 발에 전족을 하지 않고 얼굴에 화장을 하지 않으며 머리에 잠화簪花를 꽂지 않고 옷에 옷깃을 달지 않으며 긴 옷을 입고 바지를 입지 않는다. 남자는 옷에 옷깃이 있고 머리에 잠화를 꽂고 바지를 입으니 서로 바뀌었다고 할 수 있다. 온갖 꽃은 사계절 시들지 않고 쉬지 않고 핀다. 온갖 과일이 계속 열리고 맛은 모두 복건과 광동보다 훌륭하다. 그러나 토양이 달라지자 성질도 변했다. 배와 오이 종류는 원래 성질이 습하고 더워 몸을 청량하게 해 주는 약재로 쓰였는데, 무릇 더위나 바람 때문에 아픈 사람이 이것을 복용하면 오히려 병을 물리칠 수 있었다. 채소는 닭과 오리보다 갑절이 비쌌고 쌀은 오히려 쌌기 때문에 사람들은 모두 힘을 다해 벼농사를 지으려 하지 않았다. 클라파는 바람을 귀신으로 여기고 물을 약으로 여겨서 무릇 감기나 풍열병風熱病이 생길 경우 강에서 목욕하면 나았다. 임산부나 어린아이가 천연두가 생겨도 모두 강에서 목욕했고 또한 침으로 천연두를 터뜨려 고름을 짜내면 결국 아무런 해도 입지 않았으니 또한 기이하지 않은가! 매우 더울 때도 벌거벗은 채 부채질을 하지 않았다. 반드시 밀실에 눕고 휘장을 치며 조금이라도 바람을 맞으면 바로 병에 걸렸다. 그래서 층집에는 모두 유리로 창문을 만들어 바람이 통하지 않게 하고 안팎을 밝게 했다. 야사野史의 내용을 살펴보니 모두 신선들이 사는 섬으로, 사시사철 꽃이 피고 유리로 문을 만들며 대모玳瑁로 들보를 만들었다고 되어 있었다. 남중국해의 곳곳이 모두 그러하니 이상할 것도 없다.

중국인은 네덜란드인을 부를 때 '단段'으로 통칭하고 네덜란드인들은 중국인을 부를 때 진秦이라고 하면서 '계稽'라고 통칭한다. 네덜란드인은 서북쪽 해안에 살며 생김새는 코가 높고, 붉은 머리칼에 얼굴은 하얗고 눈은 녹색이며, 수염을 기르지 않고 의복은 정갈하며, 몸에 작고 소매가 좁은 옷을 입고 걸음걸이가 경박하다. 네덜란드는 영국ᵐ·프랑스와 서로 대치했는데, 영국의 경우 나라는 가난해도 강성하고 또 중요한 길목의 땅을 차지하고 있었기에 네덜란드는 매번 영국에게 기만당했다. 네덜란드는 클라파를 2백여 년 동안 차지했는데, 처음에는 태풍을 피해 클라파로 들어왔으나 그 토지가 광활한 것을 보고 도시를 건설할 수 있다고 여겨 태풍을 피한다는 빌미로 반탄에 들어가 술탄 자와의 우두머리로 반탄을 다스렸다. 에게 겸손한 말과 후한 선물로 잠시 해변의 땅을 빌려 배를 고치겠다고 요청했다. 얼마 지나지 않아 또 목책을 세워 안팎을 가리겠다고 청하고 해마다 주던 선물을 늘렸다. 자와인은 우직하고 지혜가 없었으며 또 그 이익을 탐하여 결국 네덜란드에 반탄을 정복당하고 클라파까지 병합됐다. 반탄은 클라파의 문호로 반드시 쟁취해야 하는 땅이다. 이에 수난 자와의 국왕으로, '남내'에 산다. 과 맹약을 맺어 매년 토지세를 납부하기로 하니 연해의 땅은 모두 네덜란드 관할이 되었고 [네덜란드는] 성을 건설하고 그 부근을 잠식했다. 지금까지 전해 오는 말에 따르면 군사 방비를 엄격하게 해서 각 성문에 포당鋪塘 자와어로는 야하라고 한다. 을 두고 군사를 포진해 수비하면서 밤낮으로 게을리하지 않고 갑옷을 벗어

본 적이 없었기에[112] 한 해 동안 도적이 들었다는 소문을 듣지 못했다. 위스케이머Weeskamer[113] 속칭 병조病曹라고 한다. 를 세워 가난하고 병든 홀아비나 과부를 거두어 돌보았다. 무릇 사람이 위급할 때 가까운 친척이 없는 경우에는 양초梁礁 네덜란드인 대필가이다. 를 불러 환자의 뜻대로 수정할 수 없는 문서를 써서 미스킨Miskin[114] 네덜란드 관청이다. 에 보관하고 친척이 와서 가져갈 때까지 기다리는데, 해마다 이자도 있었다. 또는 저택이나 노복을 서로 교류하다 부족한 금액이 있는 경우 모두 차용증을 써 주었고 푼돈도 함부로 하지 않았다. 조금이라도 약속을 어기면 즉시 감옥에 가두었고 코미사리komisaris[115] 네덜란드 관직이다. 가 전적으로 관리했다. 산 위의 각 지역은 샤반다르Syahbandar[116]가 전적으로 관리했다. 해양 관문과 관련된 일은 내외의 테멩공이 나누어 처리했다. 성 내외의 중국인과 각각의 원주민들은 모두 카피탄을 두어 그에게 스스로 단속하게 했고 오직 큰 죄나 살인 사건의 경우에는 모두 네덜란드로 보내 처리하게 했다. 법도를 세울 때는 신중하고 공정했기 때문에 오래갈 수 있었다. 네덜란드인이 말하길 네덜란드는 매우 추워 9월이면 서리와 눈이 내리고 초목이시들며 사람들은 대부분 백 세까지 산다고 했다. 클라파에 와 보니 땅이습하고 더워 초목이 시들지 않지만 일 년 내내 목욕해야 해서 원기가 새어 나가 사람들이 대부분 장수하지 못하고 50~60세도 많은 나이라고 했다. 클라파에서 태어난 [네덜란드] 아이는 머리카락이 붉지 않고 눈동자도 검은데, 토양이 그렇게 만든 것이다.

　영국[117]을 중국인은 홍모紅毛라고 부르는데 그들은 북대서양 끝에 살며 네덜란드와 서로 이웃한다. 영국인은 네덜란드인과 비슷하고 의복이나 제도도 네덜란드와 차이가 없으며 오직 언어와 문자만 각기 다르다. 솜씨가 정교하여 칼, 총, 그릇은 북대서양 여러 나라 중 으뜸이다. 클라파에서 무역할 경우 모두 토코 큰 건물이다. 에 살았다. 영국인은 서로 교류할 때도 클라파의 약속을 준수했고 네덜란드보다 더욱 후대하면서 감히 실수하려 하지 않았다. 최근에 새로 개간한 땅이 블라카의 서쪽, 크다 Kedah[118]의 남쪽에 위치해 빠따니와 서로 이웃했는데, 지명은 피낭[119]이다. 다만 영국은 법도가 가혹하고 박정해서 이곳에 살던 중국인들이 모두 다른 곳으로 옮겨 갔으니 이곳에서는 견딜 수 없었기 때문이다.

스페인[120]을 중국인은 송자宋仔라고도 하고 대여송大呂宋이라고도 불렀는데 북대서양 끝에 있었고 국명은 카스티야Castilla[121]이다. 매번 출항해 고사국高奢國으로 갈 때 서양포西洋布를 사 가서 클라파에 팔았고 막대한 자본을 가지고 있어 중국이나 외국 모두 스페인에 빚을 졌다. 고사국 고사국은 페르시아로 고사高奢는 포사包社 두 글자의 음역이다. 은 클라파의 서쪽에 위치하고 대략 뱃길로 2백여 경(4백여 시간, 즉 17일)이 걸리며 중국인들은 사일些逸이라고 칭했다. 페르시아인은 키가 크고 수염이 많으며 기골이 장대하고 꽃무늬 비단 윗옷에 흰 비단 치마를 입고 흰 천으로 머리를 감쌌으며 손에는 염주를 쥐고 있었다. 나라는 매우 부유하고 토산품으로는 교지絞只라고도 하고 모리毛里라고도 하는 서양유포西洋幼布가 있는데, 최상품은 1필에 1백여 금이나 했다. 가사袈裟가 있는데 매미 날개만큼 얇고 중간에 무늬가 있으며 매우 정교했다.

명나라 말에 네덜란드는 대만臺灣을 점거하고 가까이에 있는 녹이문鹿耳門[122]에 작은 성을 지어 살았는데, 속칭 홍모성紅毛城이라 불렸지만 사실 네덜란드였다. 해적 정씨鄭氏[123]가 해상에서 주름잡다가 남경南京에서 패하고 돌아올 때 결국 대만을 공격해 요새로 삼았다. 네덜란드의 대포와 총이 비록 정교했지만, 고립무원의 상황이라 패하여 클라파로 돌아갔다. 본국 국왕이 노하여 패하고 돌아온 네덜란드인들을 클라파의 성루에서 처형했다. 지금까지 클라파에 있는 네덜란드에 대해서는 하나하나 자세히 설명할 수 있다.

아아! 천도天道는 돌고 돌아, 반드시 가서 다시 돌아오는구나. 원래 네덜란드 무리가 클라파의 땅을 차지한 것은 후한 선물과 달콤한 말로 자와 원주민에게 잠시 소가죽만 한 토지에 세금을 내고 무역하겠다고 속여 얻은 것이다. 여기에서 수백 년 동안 성을 견고하게 하고 법령을 가혹하게 하여 원근遠近의 섬에 사는 원주민들이 감히 맞서지 못하고 모두 그 세금을 납부했으니 부강한 나라라고 말할 수 있다. 자와는 아둔하여 그 이익을 받고 점차 농락당했다. 네덜란드는 또 아편의 검은 마수로 원주민을 유혹하여 그들에게 앞다투어 아편을 먹게 해서 스스로 병약해지고 후사가 끊기는 지경에 이르러 복수하고 땅을 수복하려는 뜻도 꺾어 버렸다. 우리 중국인도 그들에게 속아 아편을 먹고는 결국 고향까지 잊어버리고 부모와 처자식을 생각하지 않게 되었으니 끼친 해악이 이루 다 말할 수 없는 정도다. 대저 아편은 방중약房中藥으로 거두어 당기는 성질을 가져 먹은 사람은 그 화력火力을 빌려 잠깐의 쾌락을 누리나 양기陽氣가 소멸되어 나중에 해가 됨을 알지 못한다. 대개 인간 몸의 양기와 음기陰氣는 해와 달의 빛과 같아서 만물이 건강하게 성장할 수 있게 한다. 아편은 들불이 산을 태워 버리는 것과 같아 초목에 닿으면 까맣게 말라 버린다. 그래서 아편에 중독된 사람은 반드시 여위고 쇠약해져 떨쳐 일어날 의지가 없고 얼굴색이 푸르고 어두워지며 성장하지 못한다. 설사 살아남더라도 곧 병사하게 된다. 아편을 먹은 지 오래되면 끊고 싶어도 끊을 수 없고 가산을 탕진하며 벌레가 생기고 골수가 말라 갖가지 괴이한 병이 생겨서 의약으로도 고칠 수 없다. 네덜란드는 오히려 네덜란드인에게는 금지해서 몰래 먹지 못하게 하고 어긴 사람은 즉시 중형에 처했다. 어찌 우리만 깨닫지 못하고 자와처럼 그 술수에 기꺼이 빠졌단 말인가? 네덜란드는 이곳을 점거하고 1만 년 동안 흔들리지 않을 기반을 얻었다고 할 수 있다. 이에 편안하게 위태로움을 생각하지 않고 점점 착취만 일삼았다. 우리 중국인은 여기에 멀리 장사하러 와서 이제까지는 모두 물건을 팔아 얻은 은으로 어떤 사람은 물건을 사기도 하고 어떤 사람은 은을 가지고 고향으로 돌아가기도 하며 각자 편할 대로 했다. 지금은 금지되어 은을 가지고 나갈 수 없으니 반드시 은으로 물건을 사야만 배를 띄울 수 있다. 게다가 그 물건 또한 모두 다른 곳에서 생산되어 아직 클라파에 도착하지 않아서 중국 선박들은 오래 기다려야 했다. 또한 바람이 심하게 불면 일 년 내내 하문에 도착할 수 없었고 심지어 여름과 가을 태풍을 만나면 사람과 배가 모두 가라앉기도 했다. [이런 일들이] 수십 년 동안 계속되니 상인들은 탄식을 금할 수 없었고 국세 또한 감액된다 해도 납부는 해야 하니 어찌해야 할지를 몰랐다. 어찌 영국 홍모인이 그 이익을 엿보아 이미 오랫동안 노려 왔을 줄 생각이나 했겠는가? 가경 14년(1809) 가을에 영국은 결국 갑판선 수십 척을 몰아가서 공격했지만 이기지 못하고 영국으로 후퇴해 돌아갔다. 다음 해 여름에서 가을 사이에 수군을 준비하고 다시 와서는 대포로 포위해 공격해서 이겼다. 네덜란드는 감히 대적하지 못하고 본국으로 도망쳐 돌아갔다. 지금의 클라파는 모두 영국이 총괄하면서 네덜란드의 가혹한 법을 없애고 이전처럼 상인을 불러들이니 사람들이 모두 기쁜 마음으로 복종했다. 원근의 상인들도 교류했다. 영국의 이 같은 행동은 또한 해양의 쾌거이다. 생각건대, 홍모인이 클라파를 침략해 빼앗은 일을 어떤 사람은 영국이 했다고도 하고 어떤 사람은 프랑스가 했다고도 하지만 이것은 모두 가경 초년의 일이고, 그 뒤에 네덜란드가 얼마 지나지 않아 이 섬을 다시 빼앗았다. 이 일은 앞의 『매월통기전』에 보인다. 『해도

일지』는 가경 초년에 간행되어 [이러한 일이 있는지] 알지 못했다.

클라파의 풍토를 기술하다

『해도일지』에 다음 기록이 있다.

클라파는 서남쪽에 위치하며 기후가 아주 특이하다. 밤낮[124]의 길이와 조수 간만이 모두 중국의 내지와 상반된다. 봄에는 비가 많이 내리고 여름에는 가문 것이 매년 그러하다. 바람은 아침에는 남풍이, 밤에는 북풍이 불어 왕래할 때 그 바람을 타고 다닌다. 밤이면 북두칠성 이하 모든 별이 사라져 보이지 않지만, 남쪽의 별자리는 두 배로 밝다. 음력 초하루와 보름은 윤달을 두지 않기 때문에 일정하지 않다. 사시四時와 팔절八節[125]은 모두 중국과 같다. 동지 후 10일째 되는 날이 새해의 첫날인데 천백 년 동안 한결같다.

나는 12월에 하문에서 배를 타고 출발하여 다음 해 정월 초순에 클라파에 도착했는데, 도처에 원림이 보였고 부용화·국화·접시꽃·재스민·봉선화·다란 등 초목과 꽃들이 모두 피어 있었다. 내가 보고는 깜짝 놀라 클라파인에게 물어보았더니 모두 매년 계속 피어 끊이지 않는다고 말했다. 그러나 온갖 꽃들의 향기가 모두 진하고 탁해 중국의 맑은 향기만 못했다. 또한 온갖 화초는 대부분 중국에서 전해진 것으로 어찌 여기에 이르러 붉은 것이 하얗게 변하고 흰 것이 붉게 변했는가? 아마도 토질이 변하고 사계절이 뒤바뀐 이유 때문이리라.

섬 가운데는 건너갈 수 있는 곳이 있는데, 배는 사용하지 않고 모두 바릿대 수십 편을 엮은 뗏목을 만들어 건넌다. 상앗대를 사용하지 않고 단지 길이가 수십 길이나 되는 큰 등나무 한 가지를 동서 양쪽 해안에 걸쳐 놓는다. 어떤 때에는 나무를 세워 장대로 삼아 묶어 놓기도 하고 어떤 때에는 큰 나무 몸통에 묶기도 한다. 또한 작은 등나무 몇 가닥을 뗏목에 연결해 큰 등나무에 둥글게 묶어 둔다. 건너려고 할 때는 몇 사람이 손으로 큰 등나무를 잡아당기며 등나무를 따라 건너간다.

두 산이 마주 보고 있고 중간에 계곡이 있는데 물이 깊고 물살이 빠르기 때문에 다리를 놓을 수 없다. 두 기슭에는 하늘을 찌를 듯이 큰 나무가 있고 나무의 끝에는 가지가 엉겨 있는데 대나무 뗏목을 단단히 얽어 이어 너비가 7~8자, 길이가 10여 길이 되게 한다. 뗏목의 양쪽을 등나무 줄기로 나무 끝에 걸어 놓으면 모습은 초승달 모양의 다리 같고 공중에서 흔들거려 얼핏 보면 사람을 놀라게 한다. 원주민들은 평지를 가듯이 건너갔다. 나는 스마랑에서 프칼롱안으로 갈 때 반드시 거쳐야 하는 길이라 어쩔 수 없이 수레에서 내렸는데, 함께 갈 수 없다는 노복을 타일렀던 것은 흔들거리는 다리가 무서웠기 때문이다. 나는 천천히 걸으며 가볍게 건너가다가, 다리 중간에 이르러 높은 곳이라 아래를 내려다볼 수 없어서 두려워하며 발을 옮겼더니 흔들림이 더욱 심해져 이에 쭈그려 앉았다. 원주민 노복이 겨드랑이를 붙들고 걸어가려 했지만 나는 더욱 무서워 급히 멈춰 세웠다. 잠시 쉬면서 흔들림이 멈추자 천천히 일어나 벌벌 떨며 내려갔다. 아! 이역에서 길이 무서운 건 이곳에서만 보았구나.

크라카타우화산Gunung Krakatau[126]은 클라파에서 서남쪽으로 6백여 리에 있다. 그 산은 매우 높으며 인적이 드물고 정상은 부뚜막에서 불이 타오르는 것처럼 밤낮으로 쉬지 않는다. 맑은 날에는 연기가 조금 줄어들었다가 비바람이 치는 어두운 날에는 연기가 더욱 거세진다. 간혹 어떤 때에 거대한 대포 소리가 들리면 하늘에서 화산재가 내리고 유황 냄새가 난다. 생각건대 남중국해의 가장 남쪽이라 땅의 기운이 발산하는 것이리

라. 박물학자들이 채록하도록 기록해 둔다.

수라바야해협Selat Surabaya[127]은 렘방Rembang[128]의 동쪽에 위치한다. 산 계곡과 해안에 모두 자석이 있다. 자석의 성질이 쇠를 끌어당길 수 있어서 그곳의 배는 모두 대나무 못을 사용하여 만들고 쇠못은 감히 사용하지 않는다. 왕래하는 선박은 모두 느리게 운행하면서 해협 가까이 가서는 안 된다. 어떤 때에는 광풍이 불어 가까이 가는 경우도 있는데 끌어당기는 힘 때문에 벗어날 수가 없다.

해안 절벽에는 돌이 뾰족뾰족하고 동굴이 많다. 바다제비 천백 마리가 무리를 이루어 동굴 안에 집을 짓는다. 반탄·클라파·스마랑·그레식·렘방·반자르마신[129]·발리[130]·파시르Passir[131]에서 제비집을 생산하는 곳은 수십 곳 이상이고 모두 네덜란드의 권력자가 장악하고 있다. 매년 세금이 늘어나서 큰 것은 수천 금에서 작은 것은 수백 금에 달하지만, 부자 상인들은 부과된 세금을 납부하면서라도 채취한다. 제비집은 바로 제비 둥지이다. 제비는 해초를 먹고 토해 집을 만든다. 해마다 겨울과 여름 두 번 채취하며 감히 많이 채취하지는 않았다. 예를 들어 벌집의 꿀을 채취할 때 자주 채취하면 벌집이 망가지는 것과 같다. 매번 채취할 때는 그곳에 오두막을 짓고 길일을 택해 제사 지내며 롱겡Ronggeng[132]을 공연한 뒤 원주민 110명이 대나무 사다리 수십 개를 이용해 천 주머니를 대나무 장대 끝에 묶어 채취한다. 질이 좋은 것을 만나면 이익이 셀 수 없이 많지만 나쁜 것을 만나면 손해 본다.

해마海馬는 마카사르섬Pulau Makassar[133]에서 생산된다. 자주 해마가 해안에 올라 암말을 쫓기 때문에 사람들에게 잡힌다. 털은 까만색에 부드럽고 윤기가 나며 꼬리가 길어 땅을 쓸고 다닌다. 육지에서 달릴 때는 보통 말과 다르지 않다. 잘 길들이면 하루에 천 리를 갈 수 있다. 다만 강에서 씻기지 말아야 하니 물을 보면 본성이 다시 살아나 수영하고 잠수하는데, 그 힘이 매우 세서 다시 제어할 수 없기 때문이다.

네덜란드는 박물博物을 다 보려고 해서 매번 기이한 생물이 있단 소문을 들으면 많은 돈을 아끼지 않고 반드시 기이한 생물을 모아 화주火酒를 이용해 유리 용기에 넣어 보관한다. 주방에는 괴이한 짐승과 독사, 악어 등 없는 것이 없다.

클라파의 풍속을 기술하다

『해도일지』에 다음 기록이 있다.

섬에서 바퀴가 4개인 수레는 말 두 마리가 끌고 바퀴가 2개인 수레는 말 한 마리가 끈다. 바퀴가 4개인 수레는 앞바퀴가 작고 뒷바퀴는 크며 나무로 만들고 바깥쪽을 쇠로 두르며 작은 정자 모양이다. 큰 수레는 3~4명이 앉을 수 있고 작은 수레는 1~2명이 앉을 수 있다. 수레에는 무늬를 조각하고 채색을 하는데 수레 한 대당 수백 금에 달한다. 왕이 앉는 수레는 금으로 두르고 관직이 있거나 카피탄의 경우는 모두 채색 무늬 수레에 앉으며 평민은 옻칠한 수레에 앉는다. 그 방석은 모두 융단으로 만들어 화려하고 사치스럽다.

나라에서는 도박장을 개설해 카피탄이 관리한다. 해마다 네덜란드에 세금을 납부하며 이익의 10분의 1을 낸다. 날마다 공연한다. 카피탄과 부자들은 노비를 사들이며 장주漳州와 천주의 악공을 초빙해 그들을 가르쳐 돈줄[134]로 삼는다. 관음官音의 난탄亂彈과 천강泉腔으로 하는 하남下南[135] 두 극이 있는데, 그 복식과 악기는 모두 중국 내지에서 가져왔고 연말에는 쉬지 않고 공연하기 때문에 도박꾼들이 구름처럼 모여들며 등롱

燈籠에는 '국과國課'라는 두 글자를 크게 써 놓는다. 도박장의 휘장에는 모두 '천하의 최고 즐거움은 도박이다(天下最樂, 不如賭博)'라거나 '즐거움이 그 안에 있다(樂在其中)'라고 쓴다. 도박장을 순찰하는 사람 수십 명이 왔다 갔다 하며 빠져나가는 사람이 있는지 감시한다. 비록 부자나 형제 관계라 해도 도박장에서는 서로 단속할 수 없다. 만약 단속하려고 하면 순찰을 돌던 사람이 이를 듣고 즉시 아버지나 형을 붙잡아 카피탄에게 데려가면 카피탄이 꾸짖었다.

"자식이나 동생을 가르치는 것은 집 안에서나 할 일이다. 이곳은 국가의 세금과 관련된 곳인데 어찌 근거 없는 말로 사람들을 미혹하고 인심을 어지럽히느냐! 만약 국가의 세금을 징수하지 못하면 그 죄를 어찌 용서할 수 있겠느냐?"

그리고는 즉시 감옥에 가두었다. 대개 변방 나라의 사리에 어긋남이 이와 같았다.

공연은 롱겡[136]이라 한다. 여자 중 자못 미색인 자가 땋아 올린 머리를 하고 비단 만幔을 감고 금꽃을 꽂고 종이부채를 흔들면서 나의裸衣[137]를 입고 맨발로 민속 노래를 부르고 민속춤을 춘다. 머리를 흔들고 눈을 번뜩이며 학처럼 서고 해오라기처럼 걸으며 잡극雜劇을 공연하며 온갖 추태를 다 보인다. 간혹 두 여자가 마주 보고 춤추거나 3~4명의 여자가 함께 춤추기도 하고 구경꾼도 참여해 마주 보고 춤추기도 하는데, 이를 일러 롱겡을 한다고 한다. 공연을 마치면 사례금을 준다. 매번 맑은 밤이면 멀리서 소리가 들리는데 그 소리가 처량하고 애달프다. 소위 타향의 음악은 사람을 슬프게 한다. 부락에서는 밤낮으로 공연하는 것을 가장 좋아한다. 중국인 주거지에는 들어오는 것이 금지되었다. 또한 와양Wayang[138]이라는 공연이 있는데, 그림자극과 비슷하며 속칭 피후皮猴라고도 한다.

공연하는 내용은 모두 자와의 옛이야기로 완전한 인간의 모습이 아니라 날기도 하고 둔갑하기도 해서 패관稗官에 실린 내용처럼 모두 황당무게한 일이다. 관악기와 목관악기를 어지럽게 늘어놓고 공연하며 비루하고 속되어 주목할 만하지 않다.

네덜란드 사람들은 연회를 열 때면 반드시 수십 명이 앉을 수 있는 긴 좌석을 설치하는데, 이 연회를 페스타pésta[139]라고 부른다. 현악기와 관악기를 어지럽게 늘어놓고 남녀가 마주 보고 춤추는데, 이를 단육丹六이라 부른다. 그 풍속에는 여자가 혼인할 때 상대방을 직접 고르는데 이를 사갑思甲이라 한다. 만약 두 사람이 서로 사랑한다면 마주 보고 춤추면서 짝을 정한다. 악기 중 슬瑟처럼 긴 것은 소리가 청량하고 사람처럼 큰 악기는 서서 연주하는데 소리가 웅장하다. 금琴처럼 생긴 악기는 소리가 낭랑하여 들을 만하니 자못 대아大雅의 기풍이 있다. 그 악기는 또한 정묘하고 공교하며 특이하다. 최고의 악기는 하나당 천금이나 한다.

감공酣贛은 종교 이름이다. 백련교白蓮敎나 우계교尤溪敎와 비슷한 것으로, 나라 이름이 아니다. 자와족·말레이족·바자우족Bajau[140] 모두 이를 믿는다. 그 종교는 경전을 가지고 법어法語를 외며 시간에 상관없이 마음을 다해 수련하면 구리 몸에 쇠 뼈를 만들 수 있어 칼과 창도 상처를 낼 수 없다고 한다. 다만 돼지와 개를 꺼려 돼지기름이나 개 피를 칼이나 창에 바르고 죽이면 칼날이 몸에 들어갈 수 있다.

북대서양 네덜란드 무리는 모두 양말과 신발을 신고 모직 삿갓을 쓰는데, 이를 삼각모三角帽라고 부른다. 동남양의 자와 무리는 모두 모자도 쓰지 않고 신발도 신지 않기 때문에 적각번赤脚番이라 부른다. 적각번은 모두 독약을 제조할 수 있는데 아무도 살지 않는 깊은 산속에서 독사나 맹수의 기름으로 독약을 만들어 칼과 창 위에 바르며 제조한 지 오래될수록 독도 더욱 강렬해진다. 사람이나 짐승에 상처를 입히면 피가 나오자 마자 즉시 죽으며 곧바로 살이 문드러져 단지 가죽과 뼈만 남는다.

바바르섬Pulau Babar[141]은 토지가 자못 크고 산물이 많다. 그곳에는 감히 교역하려는 상선이 없는데, 풍속이 교활하고 사람들이 귀신이나 물여우처럼 음험하며, 그곳에서 나는 연기를 두려워해서이다. 어떻게 제조된 독약인지 알 수 없으나 바람을 타고 높은 곳에서 태우면 그 연기를 맡은 배 안의 사람들이 모두 즉시 죽는다. 산물이 보잘것없어 왕래하는 배도 드물어서, 반드시 직접 운반해 나와야 한다.

등에 종기가 나서 썩어 문드러져 목숨이 위험한 사람도 간혹 네덜란드 의사를 추천하면 환자는 그가 칼로 째는 것을 두려워해 한사코 물리친다. 후에 통증을 감당할 수 없을 정도가 되면, 외과는 모두 속수무책이었다. 어쩔 수 없이 네덜란드 의사를 초빙해 문으로 들였다. 의사가 한 번 보더니 말했다.

"종기가 심한데 어찌 일찍 알리지 않았소? 스스로 화를 만들었군요."

그리고는 급히 돼지 한 마리를 찾더니 바로 노복을 불러 수레 안에서 작은 상자를 가져오게 하고 상자에서 약주 한 병을 꺼내 잔에 부으면서, "마시면 몸이 마비되어 고통을 모를 것이오"라고 했다. 그리고는 은장도를 꺼내 썩어 문드러진 종기를 쨌는데 크기가 쟁반만 했다. 뜰에 묶어 놓은 돼지의 몸에서 역시 쟁반만 한 크기의 생살을 잘라 내더니 약을 바르고 그것을 붙였다. 얼마간의 시간이 흘러 돼지 살을 떼어 내어 버리는데, 참기 힘들 정도의 악취가 나고 검게 변해 있는 것이 그 독이 모두 빠졌다. 이렇게 세 번을 하고는 괜찮아졌다고 말하며 고약을 붙여 주었다. 의사는 "방사房事는 삼가고 한 달 동안 절주와 절식을 해야 합니다"라고 주의를 줬다. 3일이 지나자 회복되었다. 우리 중국 외과에는 이런 기술이 없으니 비록 화타華陀나 편작扁鵲이라 해도 어찌 능가할 수 있겠는가?

클라파 거주 중국인을 서술하다

『해도일지』에 다음 기록이 있다.

진표경陳豹卿은 이름이 역曆으로 장주 석미石美 사람이다. 성격이 영민하고 눈치가 빨라 사람을 잘 알아봤다. 그의 사촌 형인 진영陳映은 스마랑의 카피탄이었다. 진표경은 그를 방문할 때마다 일을 도와 처리했다. 진영이 죽자 결국 그 직위를 물려받았다. 상선 수십 척을 보내 주부州府에 [물건을] 팔아 가는 곳마다 몇 배의 이익을 올렸다. 몇 년이 안 돼 그곳 최고의 부자가 되었다. 가동歌童과 무녀舞女도 있었고 사방 열 자나 되는 상에 음식을 차려 놓고 먹었으며 시첩侍妾은 수백 명에 달했다. 내가 처음 스마랑에 갔을 때 그곳의 관리인 테멩공이 진표경을 방문하는 것을 보았다. 테멩공은 수백 명의 부대와 말을 거느리고 엄숙하게 왔는데 울타리 문밖에 이르자 말에서 내려 문으로 들어가서는 무릎으로 걸으며 나아갔다. 진표경은 단정히 앉아 그가 오기를 기다렸다가 몸을 약간 구부려 인사했다. 아! 타향의 부귀한 이들은 이런 수준에까지 이르렀으니 진실로 중국인의 자랑이구나. 클라파에는 큰 건물이 하나 있으며 스마랑토코라고 부른다. 중국 배가 처음 도착했을 때 스마랑에 가려고 한 사람이 있어 토코로 들어가니 배가 그를 스마랑까지 호송했다. 의형제를 맺거나 친척이거나 추천하거나 도망가는 것도 모두 다 기록했다. 재주에 따라 임무를 맡겼기 때문에 각각 마땅함을 얻었다. 중국인이나 원주민 모두 각자의 자본을 굴렸고 상인들도 셀 수 없이 많았다. 스마랑은 상선이 몰려들고 화물이 가득 넘쳐 남중국해에서 으뜸이었다. 해가 질 때가 되면 상선은 정박하고 활동도 잠시 멈춰 스마랑은 이 때문에 적막해졌다. 이에 "사람이 걸출하고 땅이 영험함은 진실로 다 까닭이 있구나"라는 말이 있었다.

허방량許芳良은 장주 사람으로 바타비아의 카피탄이다. 성격이 개방적이고 아량이 있었다. 채석광蔡錫光은 당시 그의 문하객으로 매번 그의 기량은 일반 사람이 미칠 수 없다고 칭찬했다. 복건의 과일 중에 종리棕梨가 있는데 장주의 최고 과일이어서 또한 많이 얻을 수는 없었다. 중국 선박이 간혹 1~2개를 가지고 섬에 이르면 큰 것은 1백 금, 작은 것은 수십 금을 받았다. 허방량이 두 개를 사서 채석광에게 주며 클라파 왕에게 바치길 부탁했으나 채석광은 보통 과일로 잘못 여겨 잘라서 나누었다. 허방량이 태연하게 "이것은 정말로 고향의 진귀한 과일입니다"라고 하면서 손님과 가족을 불러 모두 맛보게 했다. 암본에는 정향유丁香油가 있어 유리병에 담았는데, 큰 것은 한 병당 1백 금이었다. 채석광이 책상을 청소하다 잘못 깨뜨렸는데 향기가 원근에 퍼져 숨길 수 없자 결국 허방량에게 이실직고했다. 그러자 허방량은 "[사람이] 살면서 실수를 여러 번 하는데 구태여 나무랄 필요가 뭐 있겠습니까?"라고 했다. 클라파에는 귀한 손님을 맞아 연회를 열게 되면 유리그릇을 사용했다. 잔, 접시, 찻잔이 모두 유리여서 한 벌당 가격이 1백~2백 금에 달했다. 어느 날 연회에서 하녀가 실수로 모두 깨뜨리고는 꿇어앉아 죽기를 청했다. 허방량이 말했다. "안에 고할 필요는 없다. 내가 실수로 깨뜨렸다고 하면 된다." 대개 클라파의 법도는 하녀나 노복을 부리는 게 매우 엄해서 노복의 경우 직접 단속했고 하녀는 안주인이 주관했으니 허방량이 이렇게 하지 않았으면 하녀는 위태로웠을 것이다. 허씨許氏 성을 가진 어떤 사람이 곤궁하여 품팔이가 됐다. 당시 클리파의 여러 허씨가 모두 부유해서 허방량은 매번 이를 자랑스러워했다. 어떤 사람이 허씨 성을 가진 품팔이가 있다고 하자 허방량이 즉시 그를 불러 말했다. "계보를 따져 보니 조카인데 클라파에 왔으면 당장 나를 찾아와야지 어찌 사서 고생하고 있느냐?" 그리고는 등용했다. 몇 년이 안 돼 [허씨 성을 가진 자는] 결국 엄청난 부자가 되었다. 그의 아량이 이와 같으니 다 거론하지 않겠다.

황정공黃井公은 장주 장포漳浦 사람이다. 성격이 순박하고 시원스러워 마음에 담아 두지 않았다. 처음에 스마랑의 카피탄이 되었을 때 시 짓고 술 마시며 호방해서 법도에 얽매이지 않아 결국 폄적당했다. 또 세금 문제가 명확하지 않아 결국 감옥에 갔혔다. 어떤 사람이 황정공을 위해 도모하여 자신이 책임을 지겠다고 상부에 알리면서 자신이 배상하게 해 달라고 했다. 황정공이 말했다. "나 한 사람 때문에 여러 사람에게 누를 끼친다면 나는 죽을지언정 하지 않겠네." 사람들은 모두 그의 의로움을 존경하며 그곳에 남아 주길 바라면서 각자 금을 모아 그를 감옥에서 나오게 했다. 큰아들인 황면광黃綿光이 클라파에서 열심히 장사하여 자못 먹고살 만해지자 황정공을 모시고 클라파로 돌아와 봉양했다. 황정공은 맑은 물결 넘실대는 연못에 정원을 만들고 날마다 2~3명의 친구들과 시를 읊으며 유유자적했다. 사람들은 모두 후덕함의 보답이라고 여겼다.

불빈佛賓은 스마랑 관음정觀音亭의 주지승으로 장주 장포 사람이다. 서예에 능하고 그림을 잘 그리며 유머 있게 말을 했고 공공연히 아내를 얻어 아들과 딸 각각 1명을 키웠으며 하녀와 노복도 두었다. 손님이 오자 하녀에게 차를 끓이게 했으니 정말로 웃기는 일이다. 대개 서양의 성직자는 아내와 첩이 있어도 기이하게 여기지 않는다. 내가 불빈에게 절구絶句 하나를 장난삼아서 지어 주었다. "부처가 여기에 있다고 들었는데, 선가에는 모든 일이 한가로운가 보네. 규방에서는 가사에 수를 놓고 하녀를 불러 손님을 접대하며 차 끓이네."

　장주성 동문 밖의 심청사深靑社에 소蘇 아무개가 살았다. 그는 남중국해에서 장사하며 아무개씨 부인을 얻었는데, 몇 년 후 이익을 얻지 못하고 고향으로 돌아가 결국 집에서 죽었다. 남중국해의 부인이 부고를 듣고, 그의 집이 가난하고 부모는 늙고 자식은 어리다는 것을 알고는 혈혈단신으로 바다를 건너 복건에 와서 시어머니를 모시고 자식을 키우며 종신토록 살았다. 그녀의 절의는 중국의 부녀자라 할지라도 여전히 보기드문 일인데 하물며 변방 외진 땅에서랴! 아쉽게도 그녀의 성씨를 알지 못해 매우 유감이구나!

英荷二夷所屬葛留巴島

—

有二洲相接. 一下港, 卽古闍婆, 亦曰訶陵.
一曰葛留巴, 卽小爪哇也, 一作交留巴, 一作加留巴.

明張燮『東西洋考』: 下港一名順塔, 唐稱闍婆, 在南海中者也. 一名訶陵, 亦
曰社婆, 元稱爪哇.『一統志』又名蒲家龍. 甲兵爲諸番之雄. 加留巴者, 下港屬
國也, 半日程可到, 風土相類. 華船將到, 先以橘一籠·小雨傘二柄送番目, 番
目報國王. 比到港, 以果幣進王. 有華人爲財副者四人, 番財副二人. 華人諳夷
語夷書爲通事, 船各一人. 其貿易, 王置二澗, 城外設立鋪舍. 凌晨各上澗貿易,
至午而罷, 王日徵其稅. 又有紅毛荷蘭番來下港者, 起土庫在大澗東, 佛郎機起
土庫在大澗西. 二夷俱夾板船, 年年往來貿易. 其本地夷則用鉛錢, 鉛錢十當西
洋一. 下港爲四通八達之衢, 華船與番船貿易盛甲諸島.

『皇淸通考』「四裔門」: 葛剌巴本爪哇故地, 巫來由種也, 後屬荷蘭國. 在南
海中, 距福建廈門水程二百八十更, 計萬六千八百里. 閩·廣間人浮海爲業者,
利其土産, 率流寓不返. 康熙五十六年, 以葛剌巴口岸多聚漢人, 恐浸長海盜,
禁止南洋往來. 其從前出洋之人, 限三年回籍, 然亦尚有留者. 雍正五年, 弛洋

禁, 嗣後通市不絶. 初, 葛剌巴自明季爲荷蘭人所據, 委夷目鎭守, 漢人居之者以數萬計. 生長其地, 曰土生仔. 司漢人貿易者, 曰甲必丹. 人有罪則流戍西㙍. 西㙍在西洋中, 距葛剌巴甚遠, 荷蘭舊國所屬地也. 六年閏六月, 爲群番所擾, 荷蘭力不勝, 遣流人禦之, 許立功後令還葛剌巴. 諸流人奮勇效力, 戰屢捷, 群番敗走. 荷蘭旣有立功贖罪之令, 又慮釋還流人, 則西㙍孤弱, 一再令葛剌巴調無辜漢人往代. 時有甲必丹連富者, 以漢人在此貿易, 惟領票輪銀, 無調取之例, 不受命, 番目拘之. 被徙者先後不勝計, 於是漢人大恐, 鳴金罷市. 番目怒, 擧火鳴砲相攻, 殺傷頗多. 署福建總督策楞·提督王郡以聞, 策楞又奏言: "被害漢人, 久居番地, 屢奉招徠, 而自棄王化. 今被其戕殺, 擊由自作. 但葛剌巴以地隔重洋, 恃其荒遠, 殘害罔忌. 恐嗣後擾及商船, 請禁止南洋商販, 俾知畏懼. 俟革心悔罪, 再請恩施." 廣東道監察御史李淸芳奏言: "商人往東洋者十之一, 往南洋者十之九. 一加禁遏, 則江·浙·閩·廣海關稅額必缺, 每年不下數十萬. 且民間貿易, 皆先時而買, 及時而賣, 預爲蓄積, 以俟流通. 若一旦禁止, 商旅必至大困, 應請止停葛剌巴一國貿易. 此外南洋不宜盡禁." 旣而王大臣會同兵部奏言: "今聞葛剌巴已將夷目黜責, 於我船返棹時加意撫慰護送, 囑令再往, 竝無擾及商客之意, 宜仍準其通商." 從之.

陳倫烱『海國聞見錄』: 麻剌甲南隔海對峙大山爲亞齊, 係紅毛人分駐. 凡紅毛甲板往小西洋等處貿易, 必由亞齊經過, 添備水米. 自亞齊大山繞過東南, 爲萬古屢, 盡處與葛剌巴隔洋對峙. 紅毛回大西洋者, 必從此洋出, 然後向西南過烏鬼甲, 繞西至大西洋. 就中國往葛剌巴, 廈門計水程二百八十更. 原係無來由地方, 爲紅毛荷蘭所據, 分官屬名曰甲必丹, 外統下港·萬丹·地問三處. 下港産胡椒, 萬丹另埠頭, 地問産胡椒·檀香, 而葛剌巴盛甲諸島, 洋舶雲集. 中國·大小西洋·白頭·烏鬼·無來由各番, 珍寶物食, 無所不有. 荷蘭建城池, 分埠頭, 中

國人在彼經商耕種者甚多, 年給丁票銀五六金, 方許居住. 中國人口浩盛, 住此
地何啻十餘萬! 近荷蘭亦以新唐禁革, 不許居住, 令隨船回. 茶盤一島居崑崙之
南, 毗於萬古屢山之東, 皆南洋總路水程分途處. 島番捕海為生, 産佳文草, 頂
細而長者, 年僅足二蓆之用. 入王家, 辟蟲蟻, 值價四五十金, 次者二三十金,
最賤有一二金者.

謝清高『海錄』: 葛剌巴在南海中, 為荷蘭所轄地. 海舶由廣東往者, 走內溝,
則出萬山後向西南行, 經瓊州·安南至崑崙, 又南行三四日到地盆山, 萬里長沙
在其東. 走外溝, 則出萬山後向南行少西, 約四五日過紅毛淺. 有沙坦在水中,
寬百餘里, 其極淺處止深四丈五尺. 過淺又行三四日到草鞋石, 又四五日到地
盆山, 與內溝道合, 萬里長沙在其西. 溝之內外, 以沙分也. 萬里長沙者, 海中
浮沙, 長數千里, 為安南外屏. 沙頭在陵水境, 沙尾卽草鞋石. 船誤入其中, 必
為沙所壅, 不能復行, 多破壞者. 遇此須取木板浮於沙面, 人臥其上, 數日內若有
海舶經過, 放三板小舟拯救, 可望生還. 若直立沙中數刻, 卽為沙所掩沒矣. 七洲洋
正南, 則為千里石塘, 萬石林立, 洪濤怒激, 船若誤經, 立見破碎. 故內溝外溝
亦必沿西南, 從無向正南行者. 由地盆山又南行約一日到網甲. 經葛剌巴峽, 出
峽口, 又南行過三洲洋, 約三日到頭次山, 卽葛剌巴邊境也. 上有中華人所祀
土地祠. 又行二十餘里, 到海次山. 有數島, 一以居中華之為木工者, 一居瘋疾,
一為罪人絞死之所, 其餘皆以囤積貨物. 過海次山則至葛剌巴山, 山縱橫千里,
有城郭砲臺, 南海中一大都會也. 本荷蘭所轄地, 後英吉利師侵而奪之, 荷蘭行
成, 仍命管理, 而歲分其貢稅焉. 荷蘭番鎭守此地者三四千人, 又有烏番兵數
千. 凡荷蘭分守南洋及小西洋各國者, 俱聽葛剌巴酋帥調遣. 土番亦無來由種
類, 俗尙奢靡, 宮室衣服器用俱極華麗. 出入俱駕馬車, 與明呀喇·新埠·息辣各
處相同, 而葛剌巴為尤盛. 中華人在此貿易者不下數萬人, 有傳至十餘世者. 然

各類自爲風氣, 不相混也. 民情凶暴, 用法嚴峻. 中華人有毆荷蘭番者, 法斬手, 戲其婦女者, 法絞. 烏番兵俱奉天主教, 死則葬於廟. 荷蘭番死則葬於墳園. 土番風俗與大泥·吉蘭丹各國同. 土産落花生·白糖·丁香·咖達子·蔗·燕窩·帶子·冰片·麝香·沈香. 又曰: 萬丹國在葛剌巴南, 疆域甚小, 與葛剌巴同一海島. 土産珍珠·佳紋蓆極佳. 國南臨大海, 海中有山, 層巒疊巘, 崒兀峻嶒. 時有火燄, 引風飄忽, 入夏尤盛, 俗呼爲火燄山. 蓋南方離火之精, 蒸鬱發露. 西洋番船有至者, 上山探望, 攀危躡險. 有山番穴處, 遙見之, 群噪而相逐. 逃稍後者, 輒爲所殺食. 自此無敢復至者.

『每月統紀傳』曰: 三大島之至盛爲呀瓦, 卽葛剌巴也. 産米足敷本島之用. 出胡椒·燕窩·翠羽·白糖·綿花·咖啡·蘇木·木頭等貨及各樣果實蕉子·椰子·檳榔·柘榴·柚子·波蘿·菠蘿子·芒菓·橙·桔等果. 可恨水多鱷魚, 亦有鱗蛇. 又有火山, 頻數地震, 火出燒樹屋. 土番名呀瓦, 回回種也. 案: 呀瓦卽爪哇二字之音轉. 人甚樸實, 勤勞耕田, 性溫和, 戒爭鬪. 惟人觸犯之, 則必雪怨乃已. 又好賭博, 輸田屋, 子婦賣身爲奴. 偸盜誆騙, 莫勝其害, 於呀瓦洲爲惡俗. 禮拜之時, 設虎與水牛相鬪場, 或死其一乃息. 山內多虎, 土番射獵. 向來數土酋分治此洲, 奉天竺國佛教. 明天順間, 回回兵征服之. 自後居民改奉穆罕默德教. 萬曆間, 荷蘭于其海口建葛剌巴城以爲市埠, 漸乃征其土産, 服其民人, 迫令輸貢. 又別開砥利文·蘇拉圭呀·鈒馬廊各埠頭, 竝荷蘭公班衙主管貿易, 倉箱充實, 不知荒歉. 惟其分官窮極奢侈, 不顧貧竇. 自雍正以後, 尙無大釁隙, 間有土番倍叛, 時煩征服. 康熙·乾隆間, 荷蘭公使朝京都. 嘉慶間, 佛蘭西王勝服荷蘭祖家, 遂派人爲葛剌巴總管. 是時英國方與佛蘭西連年征戰, 故英國總管助荷蘭攻呀瓦洲獲勝, 其地仍歸荷蘭. 道光間, 土酋土匪謀廢荷蘭之公班衙, 荷蘭王遣將統領兵船, 大費財力, 始征服之. 唐人之到呀瓦大洲立埠頭者, 自明朝始. 及至順治年,福建同安人多離本地往葛剌巴貿易耕種, 歲輸丁票銀五六金. 此後每有廈門巨艖船載萬餘石赴葛剌巴及鈒馬廊埔頭. 但因水程甚遠, 沙礁無數, 必有西洋夥長, 用渾天儀·量天尺, 較日出時刻, 離水分度, 用羅經刻漏沙, 以風大小·順逆較更數, 始知爲某處. 近日中國人口浩盛, 住此地何啻十餘萬? 故荷蘭總管禁革新唐, 令隨船回. 然漢人流寓, 富貴者甚多. 荷蘭兼用漢人爲甲必丹, 理國政, 掌財賦. 此外毗於呀瓦之島, 多是馬萊西土番所居, 兼海賊無數. 若地汶島及池門嶼, 皆有荷蘭與葡萄亞建城鎭守. 産檀木·蜜蠟等貨. 馬來西一作無來由.

『島夷志』: 爪哇地平衍, 田膏腴, 五穀富饒, 倍於他國. 民不爲盜, 道不拾遺. 諺所謂'太平闍婆'者是也.

『萬國地理全圖集』曰: 呀瓦島南極出自六度至九度, 偏西自一百度至一百九度. 異他海峽隔之, 故與蘇島不接. 廣袤方圓一十三萬七千方里, 民居六百萬丁. 內橫一帶山峰, 最高者一千二百丈. 原有火山·地震. 果實繁多, 珈琲·米穀·白糖·蕉子·椰子·檳榔·柘榴·柚子·波羅蜜·芒菓, 自然生茂. 衆地之中, 惟呀瓦乃樂土. 其土人甚老實溫和, 但人觸犯之, 埋恨必報, 猛如怒虎, 不論好惡, 觸輒刺殺. 最好賭博, 禮拜之時, 設虎與水牛相鬪之場, 衆民雲集. 土雖盛, 而農夫甚貧. 明朝年間, 漢人已到呀瓦地經商獲利, 給丁票銀每年一名五六員. 至今中國人口浩盛, 住此地何啻十餘萬! 荷蘭人歷二百有餘年, 據住其地. 惟東方尙存土君, 毫無權勢. 荷蘭自取各物産而賣之, 每年將銀五百萬員歸國帑. 但內地民往往不悅, 肇釁交戰. 內海各處, 海賊肆掠, 而荷派巡船擒治之. 其都曰葛剌巴, 經商甚盛. 另有北濱砥利文·蘇拉圭呀·鈒馬廊埔頭, 皆運出珈琲·白糖·米穀.

『海島逸志』曰: 葛剌巴, 南洋一大島國也. 廈門揚帆過七洲, 從安南港口歷巨港·麻六甲, 經三笠而入嶼城, 至其澳, 計水程二百八十更, 每更五十里, 距泉州約一萬四千里, 可到其國. 面北背南, 後屏火煙山, 其外則南海也. 左萬丹, 右井裡汶, 前則嶼城羅列, 門戶堅固, 城池嚴峻. 地域雄闊, 街衢方廣, 貨物充盈, 百夷聚集之區, 誠一大都會也. 但其地勢卑下, 天氣炎熱, 四季皆如夏候, 炎風暴厲, 觸之生疾. 河水甘凉, 浴之卻病. 春雨秋旱, 歲只一收. 而田土肥沃, 耕種易熟, 米價平賤, 人民富庶. 貨物則皆各國輻輳以赴貿易, 非本島所產也. 其所統轄有北膠浪·三寶壟·竭力石·泗里猫·馬辰·望加錫·安汶·萬瀾·潤仔低·萬丹·麻六甲等處, 不下數十島. 閩·廣之人揚帆而往者, 自明初迄今四百餘載, 留寓長子孫, 奚止十萬之衆. 巴地本爪亞國也, 荷蘭設計籠絡, 納其租稅, 施號令, 設法度, 盤踞海口. 征課餉, 給文憑, 愼出入, 嚴盜匪, 管束諸夷. 其人隆準赤髮, 沈潛善慮, 故能冠諸夷之上. 其官職皆稟命於祖家之國主, 巴酋不敢自專也. 酋有大王·二王·雙柄·伽頭·山海·美色葛·內外淡扳公·杯突·公勃壟諸名目, 其分鎭各處者, 以地之大小授職之尊卑. 爪亞舊酋處於山中, 地名'覽內', 稱巡欄, 如漢之稱單于, 唐之稱可汗. 其餘各處竝稱史丹, 俱尊'覽內'爲巡欄. 其官職有二把智·淡扳公·把低, 各有副, 如中軍以代行其事. 其升降黜陟, 皆聽命於和蘭. 華人自明永樂時, 三寶太監鄭和等下西洋採買寶物, 至今通商來往不絶. 於冬至後, 廈島開棹廿餘日可達巴城, 連衢設肆, 夷民互市, 貴賤交易, 所謂利盡南海者也. 富商大賈, 獲利無窮, 因而納賄和蘭. 其推擧有甲必丹·大雷珍蘭·武直迷·朱葛礁諸名目, 俱通稱甲必丹. 華人或口角, 或毆鬪, 皆質之甲必丹, 長揖不跪, 自稱晚生. 其是非曲直, 無不立斷, 或拘或撻, 無容三思. 至犯法大罪, 竝嫁娶生死, 俱當申報和蘭. 水旱來往, 皆給與文憑, 不得濫相出入. 其用法之森嚴, 設稅之周密, 大約可見矣. 惟人命則不問隣右, 而重見證. 見證必審訊, 斬雞發誓, 方敢畫押定案. 所以殺人或棄之道路, 或流之溝洫, 皆實而不問者, 無敢作

見證也. 至於和蘭風俗, 虛名鮮實, 揆之五常, 多無合者. 上賊其下, 肆行貪酷,

非仁也. 夫妻反目, 聽其改醮, 死未周月, 由其他適, 非義也. 長幼無序, 男女無

別, 非禮也. 窮奢極欲, 以終其身, 不爲燕翼貽謀之計, 非智也. 惟貿易一事, 然

諾必信, 其庶幾乎! 至各島生番, 怪形異狀, 木處穴居, 虯髮文身, 露體血食, 無

足齒及. 巴城地勢平坦, 人居稠密. 出鑒光城市以外, 皆爲園地. 而和蘭園林相

接, 聯絡數十里. 樓閣亭臺, 橋梁花樹, 窮工極巧. 每七日一禮拜, 於巳刻入禮

拜寺, 講經念咒. 其拱聽者, 皆低首垂淚, 似能感發人心也者. 喧半時許, 各自

散去, 入園林優宴, 盡一日之歡. 不理事以供遊玩, 車塵馬跡, 衣香鬢影, 相望

於道, 亦一勝事也. 余謂南洋之地, 有可愛, 亦有可惜. 天氣不寒, 頻年如夏, 百

花暢茂, 四季俱開. 冬春之際, 夜雨朝晴, 此時景之艷陽可愛也. 中華流寓既多,

俗重風雅, 喜逢迎, 善襃獎, 窮困相投, 或通譜, 或爪葛, 皆無異視. 童子見客,

揖讓爲禮, 婢僕見主, 屈膝爲敬, 此人情之古厚可愛也. 地土肥沃, 日用平易,

斗米二三十錢, 雞鶩賤於蔬菜, 緡錢便可納婢, 此土産之便易可愛也. 然去國離

鄉, 擧目異俗, 無中華書籍以資流覽, 無知己良朋以抒情懷, 無幽巖古刹以肆遊

玩, 是爲可惜耳. 余居巴城未及周歲, 輒遷於三寶壟, 復之北膠浪. 巴中風土人

情, 未能盡悉. 爰述大槪, 以資考鑒, 且寄客中之岑寂云爾.

　三寶壟, 巴國所屬形勝之區也. 地方寥闊, 物産繁多, 賈帆湊集, 甲於東南諸

洲. 北膠浪·脅森, 其左右翼也. 勞冉年, 其倉廩也. 隄峙·二胞綏, 其門戶也. 所

轄上下數千里, 田土肥沃, 人民殷富, 爲諸邦之冠. 天氣清涼, 勝於巴城. 人少

疾病, 糧食廉於各處. 世無饑苦, 風俗質樸, 道不拾遺. 法度嚴峻, 夜戶不閉. 其

所鎮之和蘭酋, 職名鵶蠻律, 又有杯突·大寫·財副·新蟯州連等處以分管, 各司

其事, 不相混雜. 凡推華人爲甲必丹者, 必申詳其祖家, 甲必丹擇吉招集親友門

客及鄉里之投契者數十人. 至期和蘭一人捧書而來, 甲必丹及諸人出門迎接.

和蘭之人入門, 止於庭中, 露立開書捧讀, 上指天, 下指地, 云此人俊秀聰明,

事理通曉, 推爲甲必丹, 汝等鄉耆以爲何如? 諸人齊應曰: "甚美甚善." 和蘭俱與諸人握手爲禮畢. 諸人退, 方與甲必丹攜手升階, 至堂中繾綣, 敍賓主禮. 其籠絡人皆此類. 巴中甲必丹之權分而利不專, 三寶壟甲必丹之權專而利攸歸. 煮海爲鹽, 丈田爲租, 皆甲必丹所有. 得膺其職者, 則富逾百萬矣. 華人自相婚姻, 不屑巴産. 果得佳婿, 蠟燭壹雙卽可爲聘. 入贅以後, 奉養極侈, 婢僕百十人, 各執一事. 主僕分嚴, 見必屈膝. 人多懼內, 家事必由主裁, 婢妾必由管束, 防閑謹密, 其鋒不可犯. 夫婦攜手而行, 竝肩而坐, 甚至攬臂狎抱, 不避左右. 婢妾持傘障日, 羽幌扇風, 執帨捧盒而服事於前後者, 風俗恬然, 無足怪也. 國中惟重食與眠, 雖有急事不卽通報, 必俟其食畢眠起, 方敢以聞. 禮拜寺樓極高, 鐘聲四聞, 日夜撞擊. 子·午爲一點鐘, 至十二點而止. 午後爲二點鐘, 則家家閉戶而臥, 路無行人, 是一日如兩日, 一世如兩世矣. 余謂西南洋爲極樂之地, 蓋中華有禮義以自節制, 不敢恣其所欲, 洋夷則不知禮義廉恥爲何物, 惟窮奢極欲以自快其身心而已矣. 王大海曾贅於三寶壟之甲必丹爲貴婿, 以親老辭歸. 此所言乃自道也. 南洋原本皆作西洋, 今俱改正.

北膠浪爲巴國東南之區, 亞於三寶壟. 面山背海, 列屋而居, 可五六十家. 南北限以柵, 華人息居其中, 俗呼爲入芝蘭. 謂街衢也. 廈屋連綿, 危樓高聳. 西向者, 爲甲必丹第. 右有園一所, 可三四畝, 樹林陰翳, 亭名'閒雲', 甲必丹公餘遊息之所. 亭東百卉俱備, 四時長放, 殆同仙景. 南有魚池柑園, 西有絲里園. 絲里者, 苧葉也. 兩園相接, 界以牆, 而門通焉. 園後椰樹數十株, 亭亭淨直, 圍可合抱. 其葉類葵扇而長, 迎風瑟瑟. 由入芝蘭以北有廟, 爲澤海眞人祠. 柵門外爲泊面, 餉館. 以征來往之賦稅. 隨河而北, 可半里, 爲外泊面, 所以稽察遺漏. 又四五里達於海口, 其地有聖墓極靈, 舟楫來往, 必具香楮拜禱. 由入芝蘭南至苗多, 可三十里, 苗多有蔗部二處. 舊分東西, 今合爲一. 至魯閩三十里, 其地産木片·籬竹. 又五十里至海坡, 但見碧海漫漫, 白雲無際, 天長路遠, 頓起故鄉

之思. 坡盡入林, 至凹務灣館. 其地當萬山深翠之中, 寥寂異常, 晝則猿吟虎嘯,

鼯鳴鶴唳, 行旅往來, 必結伴操戈, 方敢出入. 其間林可四五十里, 經藤橋至日

踏館. 以上皆浪中統轄. 其下由岸呾·葛里嶺峨至三寶壟, 不過百里. 出入芝蘭

山西過河. 濟竹筏之渡, 卽磁頭禮些, 有淡扳公 番官. 居此處. 又二十里, 至羅

冉年, 地沃土肥, 夷民星聚, 三寶壟之倉廩也. 自此由八馬壟至井裡汝, 計程

六百里. 自汝至巴城各處禮些, 鄉鎮. 皆屬巴中統轄. 陸路十日可達巴城, 但皆

險阻難行. 惟烏拔馬來往不絶. 浪中所鎮者爲杯突, 理刑者名曰大寫, 理錢穀者

曰則副, 有城曰班, 有兵丁曰喏呀. 城與入芝蘭, 只隔一河. 城之南, 園林深邃,

傑閣巍峨者, 杯突居焉. 巴城華夷聚會之區, 街衢方廣, 宮室華麗. 浪中山僻之

地, 不假修飾, 自有山高水長, 天然景色. 至於夕陽在山, 漁人返棹, 行歌互答,

欸乃相聞, 有似楚江音節. 河水不深不淺, 菱茨縱橫其中, 仿彿蘇·杭景象.

　萬丹在葛剌巴之西境, 古稱闍婆國, 爪亞所居也. 地廣土沃, 貨繁人富. 所産

經紋幼蓆爲西洋最. 和蘭輸其租稅, 據海口以聚集諸夷來往交易. 爪亞之番, 四

處星聚. 雖有國主, 惟畏和蘭, 遵循維謹. 其史丹 爪亞之主. 處於山中, 所居王

府, 極其壯麗. 王府之外, 築一小城. 和蘭十二人·夷兵百人居小城中, 名曰護

衛, 實所以挾制史丹也. 其史丹沒, 諸子非和蘭之命不得立. 爪亞性愚蠢, 皆曰

彼畏我, 所以輸我土地之稅, 彼敬我, 所以設城親自護衛. 計爪亞之人, 東自巴

城·井裡紋·北膠浪·三寶壟·脅森·竭力石·四里貓·外南旺, 西自柔佛·巨港·占卑·

覽房等數十區, 皆其種類, 衆奚止百萬? 和蘭人數千, 不及其百一, 大相懸絶,

而能以威脅之, 以利誘之, 足以儡服其心, 就我籠絡. 古人尙智不尙力, 信夫!

　葛剌巴, 古爪亞之國. 和蘭所居沿海邊地, 未及十分之一. 爪亞人數百倍於

和蘭, 俗質實, 人愚蠢, 性柔怯, 皆懼荷蘭, 聞其名則合掌. 居民雜處山谷間, 種

田歲只一收. 於春雨後田水平滿, 散粟於田, 則自發生, 竝無耘鋤, 稂莠不生,

一穗數百粒, 故南洋米價平賤. 山陂斜處, 亦可種粟. 以錐鑿地, 置粟數粒, 及

時則自蕃茂. 其粟不用磨礱, 以長木槽, 數人用直杵舂之, 脫粟簸出, 乃再舂.
米粒長而㶁, 內地不及也. 家計生產, 皆婦人主之. 生女爲貴, 贅人於室, 生男
則出贅於人. 其室如亭, 四面開窗, 無椅榻, 席地而坐. 房中地皆鋪席, 施帷幄.
床亦不高, 坐褥茵軟, 枕疊如塔, 大小六七級. 坐則盤膝趺坐. 見客以握手爲
禮, 以檳榔爲敬, 富者用金銀器盛之, 常人用銅唾壺, 大如花瓶, 用以盛吐檳榔
之汁. 男女渾坐, 無禁忌也. 食不設箸, 以手掬之. 以牛爲烹, 不食犬豕. 女子腳
不纏, 面不脂粉, 首不簪花, 衣不帶領, 裙而不褲. 男子則衣有領, 鬢簪花, 有
褲, 可謂顚倒矣. 百花四季不凋, 開放無歇. 百果花實相續, 味皆美於閩·廣. 然
壤地旣異, 物性亦遷. 黃梨·黃瓜之類, 性本濕熱, 乃竟以爲淸涼之藥, 凡感觸暑
氣及風邪者, 服之反能卻病. 蔬菜倍貴於雞鶩, 緣米糧反賤, 人皆不肯竭力灌種
也. 巴國以風爲鬼, 以水爲藥, 凡有感冒風熱病作者, 浴於河則愈. 產婦及小兒
出痘, 皆浴於河, 且以針挑破痘珠, 揉出濃漿, 竟無害者, 不亦奇乎! 雖甚暑, 不
敢露體扇風. 臥必密室, 施帷幄, 少冒風, 則病立作. 故樓房屋宇, 皆用玻璃爲
窗戶, 取其不透風而內外明亮也. 歷覽野史所載, 皆豔仙家島嶼, 有四時不絶之
花, 玻璃爲戶, 玟瑉爲梁. 南洋處處皆然, 無足怪者.

　華人呼和蘭, 通稱曰段, 和蘭呼華人爲秦, 通稱曰稽. 和蘭居於西北海, 其人
隆準赤髮, 面粉眼綠, 不蓄髭鬚, 衣服精潔, 短身狹袖, 步履佻達. 與紅毛·佛蘭
西三國鼎峙, 紅毛國貧而強, 又居咽喉之地, 每被其欺凌. 和蘭占巴國二百餘
年, 始因避風入巴地, 見其土地雄闊, 可建城池, 故假守風入萬丹, 卑辭厚幣求
於史丹, 爪亞渠魁, 鎭於萬丹. 以暫借海濱之地修理舟楫爲名. 未幾又以設立木
棚蔽內外爲請, 增其歲幣. 爪亞愚直無謀, 又貪其利, 遂被其襲破萬丹, 竝巴地.
萬丹者, 巴國門戶, 必爭之地也. 乃與巡欄 爪亞之國主處'覽內'. 盟約, 每年輪納
地租, 而沿海之地盡歸和蘭統轄, 建立城池, 蠶食附近. 相傳至今, 武備嚴謹,
各城門鋪塘, 番語曰喏呀. 營卒羅守, 晝夜匪懈, 衣甲未嘗去身, 竟歲不聞盜賊.

創立美色近厝 俗名病厝. 以收養貧病鰥寡之徒. 凡人臨危無至親者, 則喚梁礁和蘭代書. 作字, 一如病人之意, 鐵案不移, 付美色甘 和蘭衙門. 收貯, 俟其親人來領, 竝有逐年利息. 或有園宅婢僕, 以及交關欠賬, 俱付作字, 分文不苟. 稍有違約, 立致囹圄, 有公勃些里 和蘭官. 專管. 山上各地, 有沈萬達專管. 海洋關口事例, 有內外淡扳公分治. 城內外華人竝各種番人, 皆設以甲必丹, 使其自申約束, 惟大罪及命案, 皆送付和蘭究治. 其創立法度, 謹慎嚴明, 所以能久遠也. 和蘭言其本國嚴寒, 九月則見霜雪, 草木凋零, 人多百歲. 及至巴國, 地氣蒸熱, 草木不凋, 頻年沐浴, 元氣發洩, 人多不壽, 五六十歲爲上壽矣. 其巴産者, 髮不紅而瞳亦黑, 地土使然也.

英圭黎, 華人呼爲紅毛, 居於西北海之隅, 與和蘭相隣近. 其人類和蘭, 衣服制度與和蘭無異, 惟音語字跡各別. 制作精巧, 其刀銃器皿爲西北諸國之冠. 在巴貿易者, 皆處以土庫. 巨第也. 其交關亦遵巴國約束, 而和蘭待之甚厚, 無敢有失. 近有新墾之地, 在麻六甲之西, 吉礁之南, 與大年相隣, 地名檳榔嶼. 但其立法苛刻寡恩, 華人有在其地者, 皆遷徙他處, 不能堪焉.

實班牙, 華人呼爲宋仔, 亦曰大呂宋, 居於西北海之隅, 國名干絲臘. 每發船往高奢國, 探買西洋布以販巴國, 資本極大, 華夷均負其債. 高奢國 此白帽回國也, 高奢卽包社二字轉音. 在巴國之西, 約水程二百餘更, 華人稱爲些逸. 其人高大多鬚, 狀甚魁梧, 衣花錦襖, 白練裙, 以白布纏首, 手持念珠. 國甚富, 土産西洋幼布名絞只, 次名毛里, 上者每疋百餘金. 有袈裟, 薄如蟬翼, 中有紋彩, 極其精緻.

明末和蘭據臺灣, 近鹿耳門築小城以居, 俗呼曰紅毛城, 實卽和蘭也. 海寇鄭氏遊颺海上, 自南京敗還, 遂攻臺灣, 爲負嵎之所. 和蘭砲銃雖精, 然孤城無援, 敗歸巴國. 其祖家國主怒, 卽將敗歸之和蘭致死於巴國城樓上. 至今巴國之和蘭, 歷歷能道其詳.

嗚呼! 天道循環, 無往不復. 原夫和蘭夷衆之據有巴地也, 以厚幣甘言與爪亞土番, 暫稅其牛皮大之曠地, 以爲貿易, 詭計而得之. 數百年於玆, 堅固其城池, 嚴酷其法令, 遠近島嶼之番, 莫敢抗衡, 悉歸其賦, 可謂富強之邦矣. 爪亞愚蠢, 旣餌其利, 漸受籠絡. 和蘭又設阿片黑煙以誑誘之, 使其衆爭服食, 自致疲弱, 至於絶嗣, 且使無志報仇復土. 我中華人亦受其欺, 一服此物, 遂忘故鄉之苦, 不以父母妻子爲念, 遺害不可勝言. 夫阿片煙乃房中之藥, 其性斂攝, 服者藉其火力, 取快一時, 不知元陽潛消, 貽害後日. 蓋人身之元陽元陰, 猶日月之有光明, 萬物藉以健運生長. 阿片煙則如野火之燒山, 草木當之, 莫不焦枯. 故服之深者, 必瘦削軟弱, 振作無志, 容色青暗, 不能生育. 縱有生者, 旋致病死. 服之旣久, 則欲罷不能, 破家蕩產, 蟲生髓枯, 怪病種種, 醫藥無功. 和蘭卻自禁其衆不得竊服, 犯者立置重刑. 何吾人之不悟, 同於爪亞, 甘墮其術中耶? 和蘭據此, 將謂萬年不拔之基. 乃安不思危, 漸事剝削. 我華人遠販於此, 向來皆就所售貨之銀, 或置貨, 或攜銀回鄉, 各從其便. 今則嚴禁, 不許攜銀出口, 必令將銀轉置貨物, 方許揚帆. 而其貨物又皆產於他處, 未到巴地, 以致唐船久候. 風汎過時, 年年不能抵廈, 甚遭夏秋風颶, 人船俱沒. 數十年如是, 商賈莫不嗟歎, 國課亦因減額, 惟付之莫可如何. 豈意英圭黎紅毛久伺其利, 覬覦已久? 及嘉慶十四年秋, 遂興其甲板舟師數十, 往攻不克, 退回其國. 越年夏秋間, 仍備舟師再往, 以大砲環攻而克之. 和蘭不敢與敵, 逃回祖家. 今之巴地, 悉屬紅毛統轄, 除去和蘭酷法, 招商如故, 人皆悅服. 遠近商賈, 莫不交通. 紅毛此舉, 亦海洋之一快也. 案: 紅毛侵奪葛留巴之事, 或以爲英吉利, 或以爲佛蘭西, 要皆嘉慶初年之事, 其後荷蘭旋卽奪回此島. 見前『每月統紀傳』. 此志刊於嘉慶初年, 尚未知也.

葛留巴風土述

『海島逸志』曰: 巴國地在西南, 氣候迥異. 晝夜之短長, 潮汐之早晚, 皆與內地相反. 春雨夏旱, 歲以爲常. 風則朝南暮北, 來往乘之. 夜則北斗以下, 諸星沈沒不見, 而南方星宿倍明. 朔望不常, 緣不置閏月也. 其四時八節, 悉皆符同. 以冬至後十日爲歲首, 千百載如一.

余於十二月廈島揚帆, 次年正月初間到巴國, 悉見諸處園林, 芙渠·菊花·蜀葵·茉莉·鳳仙·珠蘭, 草木諸花竝開. 乍見駭異, 詢之巴人, 皆云頻年長放, 相續不絶. 然百卉之香皆濃濁, 不及中華之清馥. 又百卉之種多傳自中華, 何至於此而紅者或化爲白, 白者或化成紅? 蓋地土變幻, 四時背戾使之然也.

島中有過渡之處, 不用舟楫, 皆用籬竹數十片編爲竹筏. 不用篙槳, 只用大藤一條, 長數十丈, 橫亘東西兩岸. 或立木爲竿以繫之, 或繫於大樹之身. 又以小藤數條結於筏, 環繫大藤之上. 欲渡時, 數人手挽大藤, 循藤而過焉.

兩山相向, 中夾一溪, 而水深流急, 不能造橋. 兩岸大樹參天而樹杪交柯者, 用竹筏連綿糾結, 闊七八尺, 長十餘丈. 筏之兩邊, 以藤懸掛樹杪, 形如月橋, 浮空搖曳, 乍見駭人. 番衆過之, 如履平地. 余自壟至浪必由之徑, 無可奈何, 乃下輿, 戒僕人不得同過, 懼其搖曳也. 徐步輕涉而進, 至其半, 高處, 目不敢下視, 懼而躕足, 則其搖愈甚, 乃伏而坐. 番僕欲走進扶腋, 余愈懼, 急止之. 小停則其搖息, 乃徐起, 戰戰而下. 嘻! 異域畏途, 於茲僅見也.

火煙山, 在巴城西南六百餘里. 其山極高, 人跡罕到, 峰頂如竈上之突, 日夜不息. 晴明則其煙少減, 風雨晦暝, 則其煙愈熾. 或有時如鳴巨砲, 則天雨灰, 氣味如硫磺. 意者, 南海之極南, 乃地氣所發舒也. 錄之以備博物者採取.

磁石洋, 在南旺之東. 山谷間及崖岸, 皆有磁石. 磁石性能引鐵, 故其處之船, 皆用竹釘爲之, 不敢用鐵釘也. 來往船楫, 悉當颺開, 不得相近. 或有被狂風驅近者, 則被其牽引不能解脫矣.

海濱崖岸, 石齒嵯峨, 多洞壑. 海燕千百爲群, 巢於洞中. 自萬丹·巴城·三寶壟·竭力石·南旺·馬辰·猫釐·把實, 産燕窩者, 不下數十處, 皆和蘭之有力者掌握焉. 逐年稅息, 大者數千金, 小者數百金, 而富商大賈, 納其賦稅, 以採取焉. 燕窩者, 燕巢也. 燕食海菜, 吐而成窩. 歲冬夏兩收, 不敢多取. 譬如取蜂之蜜, 數斯敗矣. 每採取, 則結廬其處, 擇吉刑牲, 演唱弄迎, 番人百十, 用竹梯數十, 以布囊繫於竹竿之末而取焉. 逢其盛者, 利無數也, 遇其衰者, 則虧折矣.

海馬産於望加錫島. 常登海岸逐牝馬, 故爲人所牢. 毛純黑而柔膩, 尾長掃地. 其陸行與凡馬無異. 甚馴, 日可行千里. 但不敢浴於河, 見水則舊性復起, 遊泳沈潛, 其力甚大, 不可復制矣.

和蘭欲窮覽博物, 每聞有奇形異狀之事, 不惜重費, 必羅致以壯奇觀, 用火酒實以玻璃器而藏之. 廚中怪禽異獸, 毒蛇惡魚, 無所不有焉.

葛留巴風俗述

『海島逸志』曰: 島中車四輪者駕兩馬, 兩輪者駕一馬. 四輪者前輪小而後輪大, 用木爲之, 外鑲以鐵, 式如小亭. 大者可坐三四人, 小者可坐一二人. 雕花綵繪, 每輛數百金. 王坐鑲金者, 有官職及甲必丹皆坐綵繪者, 平人坐漆顔色者. 其座褥, 悉氈絨爲之, 華麗奢僭.

國中設賭柵, 甲必丹主之. 歲納和蘭稅餉, 徵其什一之利. 日日演戲. 甲必丹及富人蓄買番婢, 聘漳·泉樂工敎之, 以作錢樹子. 有官音亂彈·泉腔下南二部, 其服色樂器, 悉內地運至, 歲臘無停, 所以雲集諸賭博之徒, 燈籠大書'國課'二字. 其賭之場, 帷幄皆書'天下最樂, 不如賭博', 或寫'樂在其中'. 有巡賭者數十人來往稽察遺漏. 雖父子兄弟, 到其處不得相管束也. 倘欲管束, 有巡賭者聞之, 立拘其父兄見甲必丹, 責云: "敎訓子弟當在家中, 此處國課所關, 何得浮言惑衆, 以亂人心! 使國課無徵, 罪何可恕?" 卽有立致囹圄之禍. 蓋荒服之國, 其背謬類此.

番戲名曰濃迎. 番婦之頗有色者, 帶虯髮, 纏錦幘, 插金花, 搖紙篰, 裸衣跣足, 歌番歌, 舞番舞. 搖頭閃目, 鶴立鷺行, 演唱雜劇, 備諸醜態. 或兩婦對舞, 或三四婦共跳舞, 閒人亦可入其中與之對舞, 名曰弄濃迎. 弄畢則酬以金. 每於淸夜, 遠遠聽之, 其音凄切悲楚. 所謂異鄉之樂, 只令人悲耳. 番社中, 最喜日夜演唱. 華人住居之地, 嚴拒不許入境焉. 又有花英者, 類影戲, 俗呼皮猴. 所演唱皆其爪亞土古故事, 未全人形, 或飛或遁, 如稗官所載, 諸詭誕不經之事. 竹木雜陳, 俚鄙不堪注目.

和蘭每宴會, 必設長席, 可坐數十人, 名曰鏡實踏. 絲竹雜陳, 男女對舞, 名曰丹六. 其俗女子字人, 聽其自擇, 名曰思甲. 若兩相愛悅, 則對舞以定匹偶. 其樂有長如瑟者, 其音淸朗, 有高如人者, 立而彈之, 其聲高曠. 有形如琴者, 其音鏗鏘可聽, 頗有大雅之風. 其樂且精妙工巧異常. 其最者, 每副價值千金.

醰贛, 敎名. 如白蓮·尤溪之類, 非國名也. 爪亞·無來由·里猫柔皆習之. 其敎持經咒法語, 不論年月, 揣摩就, 則成爲銅身鐵骨, 刀鎗不能傷. 惟忌豬犬, 以豬油犬血塗刀鎗殺之, 則能飮刃也.

西北和蘭之屬, 皆著襪履, 戴氈笠, 名曰三角帽. 東南爪亞之類, 皆不冠不履, 名曰赤腳番. 赤腳番皆能製藥, 於山僻無人之處, 用毒蛇惡獸脂膏合藥, 以塗刀鎗之上, 製愈久則其毒愈烈. 傷人及禽獸, 見血立斃, 登時潰爛, 只存皮骨耳.

暴暴島, 地土頗大, 物産繁多. 商船無敢交易其處者, 風俗狡獪, 如鬼如蜮, 懼其煙也. 不知何藥所製, 於上風高處焚之, 聞其煙則擧船之人皆立斃. 所以物産卑賤, 少有通往之船, 必自運出耳.

有疽發於背腐潰欲絶者, 或薦和蘭醫, 而病人畏其用刀宰割, 固卻之. 後, 痛楚不堪, 外科皆束手. 不得已, 乃聘和蘭醫入門. 一見, 則曰: "瘡劇矣, 何不早告? 自作之孽也." 急覓一豕, 乃喚其僕於車中攜小箱出藥酒一瓶, 斟以盞, 曰: "飲之則身麻, 不知痛癢也." 出銀刀割去瘡之腐潰者, 大如盤. 縛豕於庭, 生割其肉, 亦大如盤, 操藥敷之. 時許, 棄其豕肉, 臭黑不堪, 其毒悉爲拔出矣. 如是者三, 曰可矣, 乃敷以膏藥. 戒曰: "當愼房事, 節食酒匝月耳." 三日而平復. 我華人外科無其技也, 雖華陀·扁鵲何以過焉?

葛留巴流寓華人述

『海島逸志』曰: 陳豹卿, 名曬, 漳之石美人. 性機警, 能知人. 其堂兄映, 爲三寶壟甲必丹. 豹卿往訪, 輒能佐理其事. 映卒, 遂襲其職. 賈帆數十發, 販州府, 所到則其利數倍. 不數年, 富甲一方. 歌童舞女, 食前方丈, 侍妾數百. 余始至壟, 見番官淡扳公往候豹卿. 隊馬數百, 整肅而來, 至柵門外, 則下騎, 入門則膝行而前. 豹卿危坐, 俟其至, 乃少欠身. 噫, 異鄉貴顯, 一至於是, 眞爲華人生色也. 巴中有大第一區, 名三寶壟土庫. 唐帆初到, 客有欲到三寶壟者, 則進其土庫, 竝有船護送至壟. 或通譜, 或爪葛, 或薦擧, 或投奔, 悉皆收錄. 因才委任, 各得其宜. 華夷均領其資本, 經商者不計其數. 壟地賈帆輻輳, 貨物充盈, 甲於南洋. 迨沒之日, 賈帆停泊, 生涯頓歇, 壟中爲之寂寞. 語云: '人傑地靈, 良有以也.'

許芳良, 漳郡人也, 爲巴城甲必丹. 性開擴, 有雅量. 蔡錫光時爲門下客, 每稱其氣量, 人所不可及. 閩果有棕梨者, 漳之佳果也, 亦不可多得. 唐帆或有攜一二枚至島, 大者百金, 小者數十金. 芳良市兩枚付錫光, 將以進之巴王, 而錫光惧以爲常果, 剖而供之. 芳良徐曰: "此誠故鄉中珍果也." 悉呼其客及家人共嘗之. 安汶有丁香油, 用玻璃瓶實之, 大者每瓶價百金. 錫光拂几惧碎之, 香聞遠近, 不可隱, 遂告之. 芳良曰: "生毀有數, 何必較也?" 巴中宴貴客, 則用玻璃器. 杯盤茗碗, 俱係玻璃, 每副價值一二百金. 一日宴客, 婢失手盡碎之, 長跪請死. 芳良曰: "無須進內. 但云我惶碎可矣." 蓋巴中法度, 馭婢僕甚嚴, 僕則自行管束, 婢則細君主之, 不如是, 則婢殆矣. 有許姓者, 落魄爲傭. 時巴中諸許皆貴顯, 芳良每以自炫. 有云傭者姓許, 芳良卽招之曰: "旣係子佺, 行到巴, 當卽見我, 何自苦爲也." 錄用之. 不數年, 竟成巨富. 其雅量類如此, 不能畢擧焉.

黃井公, 漳之漳浦人也. 性樸訥, 胸無宿物. 初爲三寶壟甲必丹, 以詩酒自豪, 不受約束, 遂遭遣謫. 又以課項未明, 竟至囹圄. 或爲井公謀, 以其所負於己者告之上臺, 使償己責. 井公曰: "緣我一人而累及衆人, 吾寧死不爲也." 衆共仰其義, 願爲之地, 各歛金而出之. 長子綿光在巴奮志經營, 頗爲小康, 乃奉井公歸養巴中. 築園於淸漪之沼, 日與二三遊侶嘯詠自適. 人皆以爲古厚之報.

佛賓者, 三寶壟觀音亭之住持僧, 漳之漳浦人也. 能書善畫, 出言滑稽, 公然娶婦, 育子女各一, 蓄婢僕. 客至, 喚婢烹茗, 誠可笑也. 蓋西洋僧家, 有妻有妾, 無足爲奇. 余有戲贈佛賓絶句云: "聞道金仙在此間, 禪家事事竟安閒. 袈裟自繡閨房里, 待客烹茶喚小鬟."

漳城東門外深靑社有蘇某者. 經商南洋, 娶婦某氏, 數載, 以不獲利而歸, 遂卒於家. 南洋婦聞其訃, 且知其家貧, 親老子幼, 乃孑然帆海至閩, 養姑敎子以終其身. 其節義, 求之中華婦女, 尙不多得, 況荒服僻壤哉! 惜未詳其姓氏, 爲可憾!

주석

1 소조왜小爪哇: 광서 2년본에는 '조爪'가 '과瓜'로 되어 있으나 악록서사본
   에 따라 고친다. 이하 동일하다.

2 두 섬이 … 한다: '두 섬이 서로 접해 있다(二洲相接)'라는 말은 위원이 하
   항, 사파, 가룽이 모두 수마트라섬에 있다고 잘못 여겼기 때문이다. 『해
   국도지』 권3, 「동남양각국연혁도東南洋各國沿革圖」를 참고.

3 장섭張燮: '섭燮'은 광서 2년본에 '혁奕'으로 되어 있으나 악록서사본에 따
   라 고친다.

4 클라파: 원문은 '가류파加留巴'이다.

5 번목番目: 당시 클라파의 관명官名으로 추정된다.

6 포사鋪舍: 공격 시설이 없이 단지 군사가 머무는 집이다.

7 토코Toko: 원문은 '토고土庫'이다. 명대에는 네덜란드나 영국 등이 식민
   지에 설치한 무역 기점을 토고라고 했다. 인도네시아와 말레이시아에
   서는 상점을 토코라고 하는데, 이는 토고의 음역이다.

8 프랑스: 원문은 '불랑기佛郎機'이다.

9 클라파: 원문은 '갈랄파葛剌巴'이다.

10 토생자土生仔: 광서 2년본에는 '토土'가 '상上' 자로 되어 있으나 악록서사
   본에 따라 고친다.

11 카피탄Kapitan: 원문은 '갑필단甲必丹'이다. 네덜란드 식민지 내에서 화교
   를 '카피탄'으로 삼아 정치 참여권은 주지 않고 소송·조세 등의 화교 관
   련 업무만을 담당하게 하여 식민 정부 활동에 협조하도록 했다.

12 실론Ceylon: 원문은 '서롱西隴'으로 지금의 스리랑카Sri Lanka이다.

13 인도양: 원문은 '서양西洋'이다.

14 연부連富: 광서 2년본에는 '연雝' 자로 되어 있으나 악록서사본에 따라 고
   친다.

15 책릉策楞: 책릉(?~1756)은 중국 청나라 때 관리로, 만주족 정람기인正藍旗人
    출신이다.

16 왕군王郡: 왕군(?~1756)은 섬서성陝西省 건현乾縣 사람으로, 청대의 장군이다.

17 이청방李清芳: 이청방(1700~1769)은 자가 동후同侯이고 복건성 안계현安溪縣
    사람으로 대학사大學士 이광지李光地의 종손이다. 건륭 원년(1736)에 진사가
    되었고 다음해에 편수編修를 제수받았으며 얼마 지나지 않아 광동도감찰
    어사가 되었다.

18 진륜형陳倫炯: 광서 2년본에는 '륜倫' 자가 없으나 악록서사본에 따라 고
    친다.

19 아체섬Pulau Aceh: 원문은 '아제亞齊'이다.

20 서양인: 원문은 '홍모인紅毛人'이다.

21 인도양: 원문은 '소서양小西洋'이다.

22 벵쿨루Bengkulu: 원문은 '만고루萬古屢'로, 지금의 인도네시아 수마트라섬
    에 위치한다.

23 희망봉Cape of Good Hope: 원문은 '오귀갑烏鬼甲'이다.

24 하항: 인도네시아 자와섬 서북쪽의 반탄이다. 위원은 하항을 수마트라
    섬과 자와섬 사이의 또 다른 큰 섬으로 잘못 여겼다.

25 곳: 원문은 '처處'이다. 광서 2년본에 '도島' 자로 되어 있으나 악록서사본
    에 따라 고쳐 번역한다.

26 백두白頭: 백두국白頭國을 가리킨다. 백두국은 프놈국Norkor Phnom 서쪽에
    위치하며 그곳 사람들은 모두 머리가 희고 피부도 매우 하얗다고 한다.
    이 백두국을 현재 베트남, 라오스, 태국 등지에 분포하여 거주하는 크
    무인Khmus과 연관시켜 설명하기도 한다.

27 아프리카: 원문은 '오귀烏鬼'로, 19세기 중국인들은 아프리카를 오귀국烏
    鬼國이라 불렀다.

28 티오만섬Pulau Tioman: 원문은 '다반茶盤'으로, 지금의 말레이반도 동쪽 해
    안 밖에 위치한다.

29 티오만섬: 원문은 '지분산地盆山'이다. 위원은 티모르섬으로 잘못 여겼다.

30 만리장사萬里長沙: 만리석당萬里石塘이라고도 하며 지금의 스프래틀리군도Spratly Islands, 즉 남사군도를 가리킨다.

31 중사군도中沙群島: 원문은 '홍모천紅毛淺'이다.

32 사파타섬Sapata Island: 원문은 '초혜석草鞋石'이다.

33 천리석당千里石塘: 지금의 파라셀제도Paracel Islands이다.

34 방카Bangka: 원문은 '망갑網甲'이다.

35 가스퍼해협Gasper Strait: 원문은 '갈랄파협葛剌巴峽'이다.

36 삼주양三洲洋: 인도네시아의 자와섬과 수마트라섬, 방카섬 사이의 해역을 가리킨다.

37 사우전드 아일랜드Thousand Island: 원문은 '두차산頭次山'으로, 지금의 인도네시아 자카르타만 밖에 위치한다.

38 디동베사르섬Pulau Didongbesar: 원문은 '해차산海次山'으로, 지금의 자카르타만 안에 위치한다.

39 디동베사르섬: 원문은 '해차산海次山'으로 광서 2년본에는 '해海' 자가 없으나 악록서사본에 따라 고친다.

40 벵골Bengal: 원문은 '명하라明呀喇'이다. 맹가랍孟加拉이라고도 하며, 현재는 방글라데시(동벵골)와 인도의 서벵골주로 분리되었다. 벵골은 방글라, 벵갈이라고 하며, 방글라데시는 벵골의 땅을 가리킨다.

41 피낭Pinang: 원문은 '신부新埠'이다.

42 슬랏Selat: 원문은 '식랄息辣'로 슬랏의 음역이다. 조호르해협의 말레이어 슬랏테브라우Selat Tebrau에서 유래했으며 지금의 싱가포르Singapore를 가리킨다.

43 빠따니Patani: 원문은 '대니大泥'이다.

44 클란탄Kelantan: 원문은 '길란단吉蘭丹'이다.

45 커피: 원문은 '가달자咖達子'이다.

46 조개: 원문은 '대자帶子'이다. 가리빗과의 살조개류를 가리킨다.

47 화염산火焰山: 지금의 크라카타우화산Gunung Krakatau을 가리킨다.

48 이화離火: 일반적으로 오행 중 불(火)을 가리킨다. 팔괘 중에 이離는 남방

이 되고 남방은 태양의 정오正午의 위치에 있기 때문에 양陽에 속한다. 사상四象 중에 남방은 병정丙丁의 불에 속하고 주작이 수호한다.

49 자와: 원문은 '하와呀瓦'이다. 하와주呀瓦州, 하와대주呀瓦大州라고도 한다.

50 과: 원문은 '급及'으로 광서 2년본에는 이 글자가 없으나 악록서사본에 따라 보충한다.

51 잭푸르트Jack fruit: 원문은 '파라자波蘿子'이다.

52 생산된다: 원문은 '출出'로 광서 2년본에는 이 글자가 없으나 악록서사 본에 따라 보충한다.

53 인도: 원문은 '천축국天竺國'이다.

54 무함마드Muhammad의 이슬람교: 원문은 '목한묵덕교穆罕默德敎'이다.

55 치르본Cirebon: 원문은 '지리문砥利文'으로, 지금의 자와섬 북쪽 해안에 위 치한다.

56 수라바야Surabaya: 원문은 '소랍규하蘇拉圭呀'로, 지금의 자와섬 동북쪽 해 안에 위치한다.

57 스마랑Semarang: 원문은 '삽마랑鈒馬廊'이다.

58 육분의六分儀: 원문은 '양천척量天尺'이다. 태양·달·별과 같은 천체와 지 평선 사이의 각을 측정하는 기구이다.

59 티모르섬Pulau Timor: 원문은 '지문도地汶島'이다.

60 동티모르East Timor: 원문은 '지문서池門嶼'이다.

61 순다해협Selat Sunda: 원문은 '손타해협巽他海峽'이다. 광서 2년본에는 '협峽' 자가 '섬陝' 자로 되어 있으나 악록서사본에 따라 고친다.

62 수마트라섬: 원문은 '소도蘇島'이다.

63 잭푸르트: 원문은 '파라밀波羅蜜'이다.

64 스마랑: 원문은 '삽마랑鈒馬廊'이다. 광서 2년본에는 '랑廊' 자가 '곽廓' 자 로 되어 있으나 악록서사본에 따라 고친다.

65 삼립양三立洋: 원문은 '삼립三笠'으로, 지금의 인도네시아 자와섬 서부와 수마트라, 방카섬 사이의 해역이다.

66 스리부제도Kepulauan Seribu: 원문은 '서성嶼城'이다. 자카르타만 밖의 여러

섬에 대한 총칭이다.

67 게데산Gunung Gede: 원문은 '화연산火煙山'이다.

68 프칼롱안Pekalongan: 원문은 '북교랑北膠浪'이다.

69 그레식Gresik: 원문은 '갈력석竭力石'으로 금석錦石이라고도 한다.

70 수라바야: 원문은 '사리묘四里貓'로 사수泗水라고도 한다.

71 암본Ambon: 원문은 '안문安汶'으로 지금의 말루쿠제도에 위치한다.

72 반다제도Kepulauan Banda: 원문은 '만란萬瀾'이다.

73 트르나테Ternate: 원문은 '간자저澗仔底'로 지금의 말루쿠제도에 위치한다.

74 자와국: 원문은 '조아국爪亞國'이다.

75 라트 반 인디Raad van Indie: 원문은 '쌍병雙柄'으로, 지금의 인도네시아 평
   의회에 해당한다.

76 구브르누르Gouvernur: 원문은 '가두伽頭'로, 지금의 인도네시아 주의 장관
   에 해당한다.

77 헤자헤버르Gerzaghebber: 원문은 '산해山海'로, 지금의 인도네시아 주의 부
   장관에 해당한다.

78 피스칼Fiscaal: 원문은 '미색갈美色葛'로, 지금의 인도네시아 재정담당관에
   해당한다.

79 테멩공Temenggung: 원문은 '담반공淡扳公'으로, 지금의 인도네시아 군수에
   해당한다.

80 펫토Petor: 원문은 '배돌杯突'로, 지금의 인도네시아 부군수에 해당한다.

81 베켈Bekel: 원문은 '공발롱公勃壠'으로, 지금의 인도네시아 촌장에 해당한다.

82 남내覽內: Vortenlandon으로 제후의 땅이란 뜻이다.

83 수난Sunan: 수수후난Susuhunen이라고도 한다.

84 아디파티Adipatis: 원문은 '이파지二把智'로 지금의 인도네시아 재상에 해
   당한다.

85 파티Patih: 원문은 '파저把低'로, 지금의 인도네시아 현장縣長에 해당한다.

86 바타비아Batavia :원문은 '파성巴城'으로 지금의 인도네시아 자카르타이다.
   『해도일지』에 보이는 '파성巴城'은 당시의 바타비아를 가리킨다.

87 레트난Letnan: 원문은 '대뢰진란大雷珍蘭'으로 지금의 인도네시아어로 비
서관을 의미한다.

88 부델미스터Budelmister: 원문은 '무직미武直迷'로, 지금의 인도네시아어로
법관을 의미한다.

89 세크레타리스Sékretaris: 원문은 '주갈초朱葛礁'로, 지금의 인도네시아어로
서기관을 의미한다.

90 만생晩生: 겸어로, 나이 적은 사람이 나이 많은 사람 앞에서 겸손하게 자
신을 지칭하는 말이다.

91 라슴Lasem: 원문은 '豆삼豐森'으로, 지금의 자와섬 북쪽 해안에 위치한다.

92 라망안Lamangan: 원문은 '로염년勞冉年'이다. '염冉'은 광서 2년본에 '재再'로
되어 있으나 악록서사본에 따라 고친다.

93 쿠두스Kudus: 원문은 '제시隄隄'로, 스마랑의 동북쪽에 위치한다.

94 즈파라Jepara: 원문은 '이포자二胞緣'으로, 스마랑의 동북쪽에 위치한다.

95 거버너gubernur: 원문은 '아만율鵝蠻律'이다.

96 설탕공장: 원문은 '자부蔗部'이다.

97 요무만관凹務灣館: 전관錢館이다.

98 프칼롱안: 원문은 '낭浪'으로 프칼롱안의 약칭이다.

99 켄달Kendal: 원문은 '안달岸呾'로 지금의 자와섬 북쪽 해안에 위치한다.

100 칼리운구Kaliwungu: 원문은 '갈리령아葛里嶺峨'로, 지금의 자와섬 북쪽에
위치한다.

101 시다유Sidayu: 원문은 '자두磁頭'로, 자와섬 북쪽 해안에 위치한다.

102 마을: 원문은 '예사禮쁘'이다.

103 라망안: 원문은 '라염년羅冉年'이다.

104 프마랑Pemalang: 원문은 '팔마롱八馬壟'으로, 지금의 자와섬 북쪽 해안에
위치한다.

105 치르본: 원문은 '정리문井糎汶'이다.

106 어기여차 소리: 원문은 '애내欸乃'로, 어부가 고기를 잡거나 노를 저을 때
내는 소리이다.

107 치르본: 원문은 '정리문井裡紋'이다.

108 바뉴왕기Banyuwangi: 원문은 '외남왕外南旺'으로, 지금의 자와섬 동쪽 해안에 위치한다.

109 잠비Jambi: 원문은 '점비占畀'이다.

110 람풍Lampung: 원문은 '남방覽房'으로, 옛 나라명이다.

111 영국: 원문은 '홍모紅毛'이다. 홍모는 원래 붉은 털을 가진 사람이란 뜻으로 서양인을 지칭하나 여기에서는 영국인을 가리키는 말로 쓰였다.

112 벗어 본 적이 없었기에: 원문은 '미상거신未嘗去身'이다. 광서 2년본에는 '상嘗'이 '상脣'으로 되어 있으나 악록서사본에 따라 고쳐 번역한다.

113 위스케이머Weeskamer: 원문은 '미색근조美色近厝'로 구휼기관이다.

114 미스킨Miskin: 원문은 '미색감美色甘'이다.

115 코미사리komisaris: 원문은 '공발사리公勃些里'로 감독관을 의미한다.

116 샤반다르Syahbandar: 원문은 '심만달沈萬達'로 항만 관리자이다.

117 영국: 원문은 '영규려英圭黎'이다.

118 크다Kedah: 원문은 '길초吉礁'로 크다라마Kedahlama, 즉 옛 크다항이다.

119 피낭: 원문은 '빈랑서檳榔嶼'이다.

120 스페인: 원문은 '실반아實班牙'이다.

121 카스티야Castilla: 원문은 '간사랍干絲臘'이다.

122 녹이문鹿耳門: 대만 서남쪽 해안에 있는 주요 항구로, 지금의 대만시臺南市 안평진安平鎭 서북쪽에 있다.

123 정씨鄭氏: 정성공鄭成功(1624~1662)을 말한다. 정성공은 1645년 만주족에게 남경이 함락되자 아버지 정지룡鄭芝龍과 함께 복건성으로 피신했다. 그는 명나라를 다시 일으키기 위해 군대를 모아 복건성의 해안 지대에 강한 세력을 구축했다. 1659년 군대를 이끌고 북상하여 청을 위협하기도 했으나 곧 고립되었다. 1661년 4월 네덜란드가 점거하고 있던 대만을 빼앗고 대만 중심으로 효율적인 행정 조직을 만들고 정착했다. 본토를 수복하려는 야심이 있었으나 1662년 사망했다.

124 밤낮: 원문은 '서야書夜'로 되어 있으나 '주야晝夜'의 오기이기에 고쳐 번

역한다.

125 팔절八節: 입춘·입하·입추·입동·춘분·하지·추분·동지로 1년 사계절의
절기이다.

126 크라카타우화산Gunung Krakatau: 원문은 '화연산火煙山'이다.

127 수라바야해협Selat Surabaya: 원문은 '자석양磁石洋'이다. 그레식 일대에 위
치한다.

128 렘방Rembang: 원문은 '남왕南旺'이다. 자와섬 동북쪽에 위치한다.

129 반자르마신: 원문은 '마신馬辰'이다. 신辰은 광서 2년본에 '신岳'으로 되어
있으나 악록서사본에 따라 고친다.

130 발리: 원문은 '묘리貓釐'이다.

131 파시르Passir: 원문은 '파실把實'로, 지금의 칼리만탄섬 동쪽 해안에 위치
한다.

132 롱겡Ronggeng: 원문은 '농영弄迎'으로 자와 지역의 전통적인 민속춤을 가
리킨다.

133 마카사르섬Pulau Makassar: 원문은 '망가석도望加錫島'이다.

134 돈줄: 원문은 '전수자錢樹子'이다. 돈나무 자식이라는 뜻으로 가족의 생
계를 책임지는 여자, 특히 기녀를 가리키는 말이다.

135 관음官音의 … 하는 하남下南: 관음은 관화官話, 즉 표준어이고, 난탄은 청
나라 때 민간에서 전승되던 잡조雜調를 희곡으로 발전시킨 곡조를 말한
다. 천강은 방언을 써서 노래하는 것이고, 하남은 그 지역의 곡조로 연
기와 노래를 하는 희극을 가리킨다. 즉 표준어로 공연하는 난탄과 천주
말로 공연하는 하남을 가리킨다.

136 롱겡: 원문은 '농영濃迎'이다.

137 나의裸衣: 속이 훤히 들여다보이는 옷을 말한다.

138 와양Wayang: 원문은 '화영花英'으로 인도네시아 전통 인형극이다.

139 페스타pésta: 원문은 '비실답鐽實踏'으로 인도네시아어로 축제를 의미한다.

140 바자우족Bajau: 원문은 '이묘유里貓柔'이다. 바자우족은 동남아시아 민족
중 하나로 필리핀, 말레이시아, 인도네시아 해역에서 생활한다. 대부분

은 바다에 잠수해 고기를 잡아서 생활하며 마지막 해양 유목 민족이라
여겨진다.

141 바바르섬Pulau Babar: 원문은 '포포도暴暴島'로 지금의 인도네시아 말루쿠
주 반다해에 위치한다.

원본에는 없으나, 지금 보충한다.

부록
순다열도 부속 도서

—

『해도일지』에 다음 기록이 있다.

클라파는 그 땅이 일직선으로 가로놓여 있고 남중국해를 등지고 있
다. 왼쪽에는 반탄, 오른쪽에는 치르본·테겔Tegel[1]·프칼롱안·스마랑·즈파
라[2]·라슴[3]·그레식·수라바야에서 바뉴왕기까지 30~40일이면 육로를 통
해 갈 수 있으며 그 땅은 물이 많은 나라이다. 클라파에 들어와 무역하는
사람은 동쪽으로는 반다제도까지, 서쪽으로는 파당Padang[4]까지, 남쪽으
로는 남중국해까지, 북쪽으로는 방카해협Selat Bangka[5]까지 다 간다. 클라
파의 항구에는 왕서王嶼[6]·갑판서甲板嶼[7]·정마서�嶼[8]·백서白嶼[9]·초서草嶼[10]
등 많은 섬이 늘어서 있어 일일이 다 열거할 수 없다. 총괄하자면 이곳은
스리부제도[11]이다. 클라파는 속국들을 관할하는데, 동쪽에는 마카사르·
암본·반다제도·트르나테, 동북쪽에는 반자르마신, 서쪽에는 파당, 서북
쪽에는 믈라카와 조호르가 있다. 그 나머지는 황폐한 나라로, 클라파에
조공할 뿐이다. 서북쪽 바다에는 물이 많은 나라가 몇 곳 있는데, 토지가

매우 크며 모두 네덜란드의 통치를 받는다. 다만 중국인은 아직 그곳에 가 보지 않아서 그 풍토를 자세히 알 수 없기에 가까이 가서 알 수 있는 섬에 대해서만 지금 서술한다.

하나. 자와인은 그 종족이 매우 많다. 반탄·바타비아·치르본·프칼롱 안·스마랑·라슴·그레식·수라바야[12]·바뉴왕기 주변 바다 일대 및 조호 르·팔렘방·잠비·람풍도 모두 이 종족이다. 모두 스마랑 남내를 존칭하 여 수난으로 불렀다. 그 나머지 곳은 술탄이라고만 칭했다. 그곳 사람들 은 어리석고 우직하며 마음에 담아 둔 것이 없어 하고 싶은 대로 했다. 역법을 기록하지 않아 열두 달을 한 해라 여기고 달이 보이는 날을 초하 루라 여겼다. 글자는 지렁이 같으며 언어는 지역에 따라 같고 다름이 있 었다. 네덜란드의 통치를 받아 노예처럼 부려지나 삼가 따르며 감히 조 금도 나태하지 않았다.

하나. 화인華人은 몇 대 동안 중국에 돌아오지 않은 자들로 결국 교화 의 가르침과 단절되어 원주민의 말을 하고 원주민의 음식을 먹으며 원주 민의 옷을 입고 원주민의 글을 읽는다. 자와인을 경시하며 스스로 오랑 세람Orang Selam[13]이라 칭한다. 이슬람교를 신봉하고 돼지고기와 개고기를 먹지 않으니 그 제도는 자와와 다르지 않다. 날이 갈수록 사람들이 많아 지자 네덜란드에서 카피탄을 두어 화인들을 나누어 관리하게 했다.

하나. 말레이인은 그 종족이 매우 많고 사방에 흩어져 산다. 믈라카· 켈타·파당·벵갈리스Bengalis[14]·반자르마신·팔리마Palima[15]·티모르·파시르는 모두 말레이족이다. 그들은 성격이 교활하고 이랬다저랬다 하며 대부분 바다에서 약탈한다. 그들의 소굴은 카리문자와섬Pulau Karimunjawa[16]과 링가 섬Pulau Lingga[17] 등에 있으며 중국 내지에서 말하는 해적이 바로 이들이다. 출몰이 일정하지 않아 복건과 광동에서는 골칫거리였다. 그들의 언어는 네덜란드도 배워 중국과 외국을 통하게 했으니 관방의 언어와도 같았다.

하나. 부기족[18]은 마카사르에 살고 그 부족장은 산속에 살며 스스로를 요야腰喏라고 칭하는데, 자와에서 수난이라 칭하는 것과 같다. 남중국해 의 여러 나라는 모두 무예를 익히며 부기족이 가장 용감하다. 무예에 정 통하면 부모가 영광으로 여기고 마을에서 공경하며 존경의 뜻으로 '우실 지牛實地'라고 부르는데 대장부라는 뜻이다. 마을 하나쯤은 없애 버릴 수 있어 복종하지 않는 사람이 없다. 그래서 남녀를 불문하고 10세 이상이 면 창·칼·춤 등의 여러 기술을 연습한다. 창법鎗法과 도법刀法은 모두 사 부가 비밀리에 전수한다. 권법의 명칭이 매우 많은데, 태조권太祖拳, 달 존권達尊拳, 후권猴拳, 백학권白鶴拳 등이다. 부기족의 무예는 남중국해에 서 으뜸이다. 매번 돛을 올려 바다로 나갔다가 해적선이 그들을 만나면 피하지 않을 수 없었다. 이에 네덜란드의 통치를 받지 않고 의형제를 맺 기로 약속했다. 토산품 중에서 유포幼布와 해삼 2가지를 서양에서 최고 로 친다. 친구인 왕지후王砥候가 노복 몇 명을 데리고 배를 타고 반다제도로 가던 중 에 도적을 만났다. 수군이 두려워하자 노복들이 말했다. "저희들은 부기족으로 무예 가 모두 출중하여 이 도적들을 겁주어 복종시킬 것이니 걱정하지 마십시오." 뱃사람들 에게 경거망동하지 말라고 타이르며 겁먹은 척했다. 도적이 보고는 말했다. "이는 필히 클라파의 중국인 선박이다. 이렇게 겁에 질려 있다니." 그리고는 일제히 배에 올랐다. 노복 몇 명이 칼을 들고 기다리니 도적들이 이를 보고 모두 놀라며 말했다. "어찌 부 기족의 배를 탔을까?" 즉시 도망치려고 하자 노복이 크게 소리쳤고 도적은 꿇어앉은 채 죽을죄를 지었다고 하며 각자 가진 것을 바치고 머리를 조아리며 떠나갔다. 또 다음과 같은 말이 있다. 부기족 여자들은 아름답고 영리하여 사람의 마음을 알 수 있다. 나에게는 장주掌珠라는 이름의 하녀 한 명이 있는데, 반자르마신에 따라가다가 도중에 도적을 만났다. 나는 중과부적衆寡不敵이라 당황하여 어찌할 바를 몰랐다. 하녀가 두려워하지 말라고 하더니 창을 가지고 나가 선루의 문을 지키며 움직이지 않았다. 도적이 배에 올라 포위해 왔는데 하녀가 창을 휘두르자 즉시 몇 명이 상처를 입었다. 도적이 물러나며 말했다. "어찌 부기스인의 창법을 알고 있느냐?" 하녀가 소리치며 말했다. "내가 부기족이다." 도적이 두려워하며 모두 달아났다.

하나. 발리섬Pulau Bali[19]은 바뉴왕기의 동쪽에 있으며 그곳 사람들의 모습은 자와인과 비슷하다. 남녀 모두 귀를 뚫는데 그 구멍이 크다. 여자는 자못 아름답고 근검절약하며 집안일을 잘 돌본다. 네덜란드의 통치를 받지 않았다. 그 땅은 클라파의 가장 동쪽에 있고 사면이 바다이며 섬들이 줄지어 있고 동굴이 많다. 토산품으로는 제비집·해초·상어 지느러미·해삼·물총새 깃털이 있다.

하나. 부톤섬Pulau Buton[20]은 마카사르 남쪽에 있고 부톤해협Selat Buton[21]과 가깝다. 그곳 사람들의 생김새는 검고 못생겼으며 성격은 사나워 죽음도 두려워하지 않기 때문에 다른 종족들이 두려워한다. 그들의 용맹함은 부기족에게 미치지 못했지만 호방함은 그들보다 나았다. 네덜란드의 통치를 받지 않았다. 토산품으로는 장등長藤·소목·해삼·학정鶴頂·용연향龍涎香이 있다.

하나. 바바르섬은 암본의 동쪽에 있으며 그곳 사람들은 야차夜叉처럼 생겼고 온몸이 검으며 머리카락은 쑥처럼 꼬불꼬불하여 매우 추악하다. 손과 발이 민첩하여 나는 듯이 나무에 오른다. 대부분 나무나 동굴에서 살고 음식은 불에 익혀 먹지 않는다. 피는 진한 먹물 같고 천성적으로 술을 많이 좋아한다. 네덜란드인은 이 종족을 노복으로 부리길 좋아했는데, 생김새는 추해도 드나듦에 민첩했기 때문이다. 세람섬Pulau Ceram,[22] 클랑섬Pulau Kelang[23]과 인접해 있어 풍속도 대략 비슷하며 모두 오귀자烏鬼仔라고 불린다. 토산품으로는 문연文煙·혈결血結·향목香木·소목·해초·서국미西國米[24]가 있다.

하나. 티모르섬(知汶島)은 소순다열도의 가장 동쪽에 위치하며 원주민의 말로 동쪽을 지문知汶이라고 하기 때문에 이렇게 불린다. 말레이족이 살며 발리섬[25]과 이웃하고 있고 척박한 땅을 개간했으며 사람들은 아둔하다. 나라는 가난하고 네덜란드의 통치를 받지 않는다. 토산품은 향목·정향丁香·목향木香·소목·해삼·해초가 있다.

하나. 파시르섬은 반자르마신의 동쪽에 있고 풍토가 반자르마신과 대략 같으나 부유함은 미치지 못한다. 땅을 차지하고 있는 종족은 말레이족이다. 국왕이 있으며 네덜란드의 통치를 받지 않고 매년 단지 세금만 납부할 뿐이다. 토산품으로는 제비집·장등·사금沙金이 있고 여러 섬은 이 섬을 부자 나라라고 부른다.

하나. 세르지람Serjiram[26]을 중국인은 오귀烏鬼라고 부르며 클라파에서 성안에 예배당을 지은 것과 마찬가지로 조상을 모시지 않는다. 역법·글자·언어는 모두 네덜란드를 따른다. 의복·음식·기물·궁궐도 비슷하다.

그곳 사람들의 생김새는 수려하며 여자는 매우 아름답다. 오직 네덜란드인과 혼인하며 다른 종족은 경시한다. 이 종족은 대부분 글 쓰는 일에 종사하고 간혹 군대에 참여하기도 한다. 천성적으로 기민해서 네덜란드인이 질투하므로 사신으로 내보내 다른 종족의 위에 두지 않는다.

하나. 바자우섬Pulau Bajau[27]은 반자르마신의 서쪽에 있으며 산속에 살고 반자르마신 수난의 통치를 받는다. 그 생김새는 대략 자와인과 같다. 사금·장등·사슴 고기가 생산된다. 이 종족은 모두 등나무 줄기를 뽑거나 사슴을 키우거나 사금을 채취하는 일을 한다. 반자르마신은 매우 부유해서 여러 곳에서 금을 생산한다. 또한 다이아몬드(銓石)도 생산되는데, 다이아몬드는 매우 단단해 갈면 거울처럼 빛이 나서 솜털까지도 비춘다. 눈부시게 반짝거려 해와 달의 정화精華 같고 불에 들어가도 사라지지 않으며 다시 갈면 이전처럼 광채를 낸다. 큰 것은 값을 매길 수 없고 작은 것은 쌀알 크기만 해도 거래할 수 있는데, 쌀 16알 크기는 1캐럿이고 1캐럿은 20~30금 가격이다. 네덜란드는 주옥은 귀하게 여기지 않고 다이아몬드를 귀한 보물로 여긴다. 단추나 옷깃, 소매에 모두 장식으로 사용한다. 또한 무게가 10캐럿 이상 나가는 다이아몬드를 차고 다니면 흉하고 나쁜 기운을 막을 수 있다고 한다. 전석은 다이아몬드이다.

하나. 팔리마[28]는 마카사르의 동쪽에 위치하며 말레이족이 살고 네덜란드의 통치를 받지 않는다. 지리가 편벽되어 있으며 풍속은 탐욕스럽고 포악하다. 토산품으로는 좋은 말이 있으며 상선이 매우 드물게 온다. 매년 좋은 말을 싣고 클라파에 조공 갈 뿐이다.

하나. 암본섬은 클라파의 동남쪽에 위치하며 반다제도, 트르나테와 세발솥의 형세를 이룬다. 세르지람족·오랑세람족·말레이족이 그곳에 산다. 부속 섬으로는 사파루아섬Pulau Saparua[29]·누니알리Nuniali[30]·클랑섬[31]·카엘리Kayeli[32]·마니파섬Pulau Manipa[33]이 있다. 토산품에는 해삼·정향·배효䓕茅·잉꼬·무조霧鳥·화유花油·합밀盒蜜이 있다.

하나. 반다제도는 클라파 가장 동남쪽에 위치하며 술루군도Sulu Archipelago,[34] 세부섬Cebu Island[35]과 가깝다. 전하는 말에 따르면 이곳에서 하문으로 돌아가는 것이 클라파에서보다 가깝다고 하지만 아직까지 시도해 본 사람은 없다. 토산품으로는 해삼·대모·사금·진주가 있다. 부속 섬들이 많다.

하나. 실론섬[36]은 인도양Indian Ocean[37]의 끝에 위치하며 땅이 매우 넓고 클라파와는 매우 멀리 떨어져 있다. 네덜란드·영국·프랑스·스페인이 그 사이에 섞여 살았다. 금·은·보석이 생산되는데 오색이 다 갖춰져 있어 광채에 눈이 부신다. 땅은 네덜란드가 관할했는데, 클라파의 죄인들은 모두 이곳에 유배됐고 죄를 지은 중국인들도 이곳에 유배됐으며 나머지 사람들은 이곳에 올 수 없었다.

하나. 코친Cochin[38]은 인도양 해변에 있으며 스마랑·실론섬과 함께 세발솥의 형세를 이룬다. 땅은 매우 넓고 네덜란드인과 그 사이에 섞여[39] 살아 인구도 조밀하지만 클라파에는 미치지 못한다. 다만 중국인 중에는 이곳에 온 사람이 없다.

附葛留巴所屬島

一

『海島逸志』曰: 葛剌巴國, 其地一線之橫, 背負南海. 左萬丹, 右自井裡汶·
直葛·北膠浪·三寶壟·二胞綏·脅森·竭力石·泗里猫至外南旺, 不過三四十日, 可
以陸路相通, 其地與水鄉澤國. 入巴國經營者, 東至於萬瀾, 西至於把東, 南背
於南海, 北蔽於峽. 巴國港口, 浮嶼羅布, 曰王嶼·甲板嶼·爛炒嶼·白嶼·草嶼, 不
可枚擧. 總而言之, 曰嶼城. 巴國統轄屬國, 東有望加錫·安汶·萬瀾·潤仔低, 東
北有馬辰, 西有把東, 西北有麻六甲·柔佛. 其餘荒壤之國, 但入貢而已. 西北大
海之中, 有澤國數處, 土地甚大, 皆屬和蘭統轄. 但華人未到其處, 不能盡詳其
風土, 今述其就近屬島可知者於左.

一. 爪亞番, 其類甚多. 自萬丹·巴城·井裡汶·北膠浪·三寶壟·脅森·竭力石·
泗里猫仔·外南旺邊海一帶, 以及柔佛·巨港·占卑·覽房之處, 皆其種類. 俱尊三
寶壟覽內爲巡欄. 其餘各處但稱史丹而已. 其人粗蠢愚直, 胸無宿物, 怡然聽
受. 不紀年歲, 以十二月爲一歲, 見月之日爲初一. 其字跡如蛇蚓, 音語則各處

有同異. 然受制於和蘭, 役使如奴隷, 遵循維謹, 不敢少懈.

一. 華人有數世不回中華者, 遂隔絶聲敎, 語番語, 食番食, 衣番衣, 讀番書. 不屑爲爪亞, 而自號曰息覽. 奉回敎, 不食豬犬, 其制度與爪亞無異. 日久類繁, 而和蘭授與甲必丹, 使分管其屬焉.

一. 無來由番, 其種類甚多, 散居四處. 麻六甲·吉礁·把東·望久里·馬辰·里罵·知汶·把實之屬, 皆其類也. 性狡獪反覆, 多有劫掠海洋中者. 巢穴處於吉裏門·龍牙等處, 內地所謂艇匪者是也. 出沒無常, 閩·廣患之. 其言語, 和蘭遵之, 以通融華夷, 如官音然.

一. 武乞氏居於望加錫, 其魁處於山中, 自稱脅喏, 如爪亞之稱巡欄. 南洋諸國皆習武藝, 武乞氏爲最勇. 武藝精者, 父母榮之, 鄉里敬之, 尊之曰牛實地, 大好漢也. 能斷一鄉, 無不服從者. 所以不論男女, 十歲以上則演習鎗刀跳舞諸技. 其鎗法刀法, 皆有敎師秘傳. 其敎之名色甚多, 如太祖達尊猴拳鶴勢之類. 故其武藝爲南洋之冠. 每揚帆海上, 賊船遇之, 莫不辟易. 不受和蘭節制, 與盟約爲兄弟而已. 土産幼布·海參二者爲西洋最. 友人王砥候, 有僕數人隨其駕舟往萬瀾, 中途遇盜. 舟師大懼, 諸僕曰: "我等武乞氏, 武藝皆高強, 此輩所懾服, 無恐也." 戒舟人勿言動, 以示懦怯狀. 盜見之曰: "此必巴國唐人之船. 畏怖如此." 齊登船上. 諸僕持刀以待, 盜夥一見, 皆錯愕曰: "何得武乞氏之船?" 卽欲遁去, 僕大喝, 盜長跪, 稱悞犯死罪, 各獻所有, 叩頭而去. 又曰: 武乞氏女子麗而乖巧, 能識人意. 余一婢名掌珠, 隨往馬辰, 中途遇賊. 衆寡不敵, 倉皇失措. 婢云無恐, 持鎗而出, 守於樓門不動. 賊登舟擁至, 婢以鎗揮之, 立傷數人. 賊退而相謂曰: "何得有武乞氏之鎗法?" 婢叱曰: "我卽武乞氏也." 賊懼而盡披靡.

一. 苗釐島居於外南旺之東, 狀類爪亞. 男女皆穿耳而大其洞. 女子頗有色, 性勤儉持家. 不屬和蘭統轄. 其地, 當巴國之極東, 四面大海, 浮嶼羅布, 中多石洞. 土產燕窩·海菜·魚翅·海參·翠羽.

一. 武敦島居於望加錫之南, 與息夈門相近. 狀貌醜黑, 性強悍, 視死如歸, 諸番所畏. 其剛猛不亞於武乞, 而粗豪過之. 不屬和蘭統轄. 土產長藤·蘇木·海參·鶴頂·龍涎香.

一. 暴暴島居於安汶之東, 狀如夜叉, 渾身漆黑, 毛髮螺拳如艾, 醜惡不堪. 手足敏捷, 上樹如飛. 多木處而穴居, 不火食. 血如濃墨, 性多嗜酒. 和蘭喜蓄此種爲僕, 以其狀醜, 便於出入. 與西蘭·吉寧比連而處, 風俗亦略相同, 皆稱曰烏鬼仔. 土產文煙·血結·香木·蘇木·海菜·西國米.

一. 知汶島在尾陳之極東, 番語東曰知汶, 故云. 無來由所居, 與猫釐相鄰, 地方墾瘠, 人物粗蠢. 國貧, 不屬和蘭統管. 土產香木·丁香·木香·蘇木·海參·海菜.

一. 把實島在馬辰之東, 風土略同馬辰, 而富裕不及. 坐地之番什籍無來由. 自有國主, 不屬和蘭管轄, 每年只納貢稅而已. 土產燕窩·長藤·沙金, 諸島稱爲富國.

一. 色仔年島, 華人呼爲烏鬼, 無祖系, 如巴國設立禮拜寺於城中. 其年歲·字跡·音語, 俱遵和蘭. 衣服·飲食·器用·宮室, 亦竝相同. 人物清秀, 女子甚美. 惟與和蘭婚娶, 其他不屑也. 其屬多從寫字, 或從營伍. 性機警, 和蘭妒忌, 不出使之爲民上也.

一. 里猫柔島居於馬辰之西, 處山中, 屬馬辰巡欄統轄. 其狀貌略似爪亞. 産沙金·長藤·鹿肉. 其類皆以抽藤·打鹿·淘洗沙金爲事. 馬辰之國甚富, 數處産金. 又産銓石, 其性最堅, 磨之光耀如鏡, 可鑒毫髪. 閃豔奪目, 如日月之精華, 入火不滅, 磨之光彩依舊. 大者無價, 小者用米粒兌之, 以米十六粒爲一葛力, 每葛力價二三十金. 和蘭不貴珠玉, 以銓石爲至寶. 鈕扣領袖, 皆用以爲飾. 或云重至十葛力以上者, 佩之可辟凶邪. 銓石, 卽金剛鑽.

一. 里罵島在望加錫之東, 無來由所居, 不屬和蘭經管. 地里偏僻, 風俗貪暴. 土産良馬, 鮮有經商之舟. 每年惟載良馬入貢巴國而已.

一. 安汶島在巴國之東南, 與萬瀾·潤仔低相鼎峙. 色仔年·息覽·無來由什處其地. 其屬國浮嶼, 有些罷賴餘·瞥亞里·哥瞥里·哥務里·萬里罷. 土産海參·丁香·荖茅·鸚哥·霧鳥·花油·盒蜜.

一. 萬瀾島在巴國極東南之地, 與蘇洛·宿務相近. 相傳從此回廈, 較之巴國爲近, 但未有行之者. 土産海參·玳瑁·沙金·珍珠. 其浮嶼屬國尙多.

一. 西壟島在西北海之隅, 地極廣大, 距葛留巴極遠. 和蘭·紅毛·佛蘭西·呂宋諸國錯處其間. 産金·銀·寶石, 五色俱備, 光彩奪目. 地屬和蘭管轄, 徙葛留巴之犯流罪者悉置於此, 華人之犯罪者亦置於此, 餘則不能到也.

一. 龜靜島在西北海之濱, 與壟·西壟三處鼎峙. 地方甚大, 和蘭雜居處其間, 人煙稠密, 不亞葛留巴. 但華人未有到其地者.

주석

1   테겔Tegel: 원문은 '직갈直葛'로, 자와섬 북부에 있다.

2   즈파라: 원문은 '이포자二胞緣'이다. '포胞'는 광서 2년본에 '비肥'로 되어 있으나 악록서사본에 따라 고친다.

3   라슴: 원문은 '료삼膋森'이다. '료膋'는 광서 2년본에 '영쫄'으로 되어 있으나 악록서사본에 따라 고친다.

4   파당Padang: 원문은 '파동把東'으로, 지금의 수마트라섬 서해안에 위치한다.

5   방카해협Selat Bangka: 원문은 '협峽'이다. 광서 2년본에 '협狹'으로 되어 있으나 악록서사본에 따라 고친다.

6   왕서王嶼: 지금의 자카르타만 일대에 위치하며 현재 명칭은 자세하지 않다.

7   갑판서甲板嶼: 지금의 자카르타 항구 밖에 있다.

8   정마서爝媽嶼: 지금의 자카르타만 일대에 위치하며 그 명칭은 자세하지 않다.

9   백서白嶼: 지금의 자카르타만 밖에 위치한다.

10 초서草嶼: 지금의 자카르타만 밖에 위치한다.

11 스리부제도: 원문은 '서성嶼城'이다. 천도군도千島群島라고도 하며 인도네시아 자카르타만 밖에 위치한다.

12 수라바야: 원문은 '사리묘자泗里猫仔'이다.

13 오랑세람Orang Selam: 원문은 '식람息覽'으로, 본고장 사람이라는 뜻이다.

14 벵갈리스Bengalis: 원문은 '망구리望久里'로, 지금의 수마트라섬 동쪽 해안 밖에 위치한다.

15 팔리마Palima: 원문은 '이매里罵'이다. 우종판당Ujong Pandang의 동쪽에 위치한다.

16 카리문자와섬Pulau Karimunjawa: 원문은 '길리문吉裏門'으로, 지금의 인도네시아 자와섬 북쪽에 위치한다.

17 링가섬Pulau Lingga: 원문은 '룡아龍牙'이다.

18 부기족: 원문은 '무걸씨武乞氏'이다. 광서 2년본에는 세 글자 뒤에 '도島' 자가 있으나 악록서사본에 따라 고친다.

19 발리섬Pulau Bali: 원문은 '묘리도苗釐島'로, 지금의 인도네시아 자와섬 동쪽에 위치한다.

20 부톤섬Pulau Buton: 원문은 '무돈도武敦島'로, 지금의 인도네시아 술라웨시섬 동남쪽에 있는 부톤섬이다.

21 부톤해협Selat Buton: 원문은 '식료문息膋門'으로, 지금의 술라웨시섬 동남쪽에 위치한다.

22 세람섬Pulau Ceram: 원문은 '서란西蘭'으로, 지금의 인도네시아 말루쿠제도에 위치한다.

23 클랑섬Pulau Kelang: 원문은 '길녕吉寧'으로, 지금의 말루쿠제도에 위치한다.

24 서국미西國米: 사고sago를 가리킨다. 사고는 사고야자나무에서 나오는 쌀알 모양의 흰 전분으로, 동양에서는 밀가루처럼 사용하고, 서양에서는 요리를 걸쭉하게 하는 데 사용한다.

25 발리섬: 원문은 '묘리猫釐'이다.

26 세르지람Serjiram: 원문은 '색자년도色仔年島'로, 칼리만탄 중부에 있는 다약족Dayak 중 하나이다.

27 바자우섬Pulau Bajau: 원문은 '이묘유도里猫柔島'이다. 바자우섬은 바자우족이 살던 섬으로 추정된다.

28 팔리마: 원문은 '리매도里罵島'이다.

29 사파루아섬Pulau Saparua: 원문은 '사파뢰여些罷賴餘'로, 말루쿠제도에 위치한다.

30 누니알리Nuniali: 원문은 '요아리嶢亞里'이다. 광서 2년본에는 '리里' 자가 없으나 악록서사본에 따라 고친다. 스람섬Pulau Seram에 있는 누니알리를 가리킨다.

31 클랑섬: 원문은 '가료리哥膋里'로, 암본섬 서북쪽에 위치한다.

32 카엘리Kayeli: 원문은 '가무리哥務里'로, 부루섬Pulau Buru에 위치한다.

33 마니파섬Pulau Manipa: 원문은 '만리파萬里罷'로, 지금의 암본섬 서북쪽에 위치한다.

34 술루군도Sulu Archipelago: 원문은 '소락蘇洛'이다. 사실 반다제도는 술루군도, 세부와 매우 멀리 떨어져 있다.

35 세부섬Cebu Island: 원문은 '숙무宿務'로, 필리핀 중남부에 있는 섬이다.

36 실론섬: 원문은 '서롱도西壟島'이다.

37 인도양Indian Ocean: 원문은 '서북해西北海'이다.

38 코친Cochin: 원문은 '구정도龜靜島'이다. 인도 서남 해안에 있는 코친으로 추정된다.

39 섞여: 원문은 '잡雜'이다. 광서 2년본에는 '취집聚集'으로 되어 있으나 악록서사본에 따라 고쳐 번역한다.

찾아보기

해국도지(五) 서적 색인

해국도지(五) 개념 색인

저자 소개

위 원 魏 源(1794~1857)

청대 정치가, 계몽사상가이다. 호남성湖南省 소양邵陽 사람으로 도광
2년(1822) 향시鄕試에 합격했다. 1830년 임칙서 등과 함께 선남시사宣
南詩社를 결성해서 황작자黃爵滋, 공자진龔自珍 등 개혁적 성향을 지닌 인
사들과 교류했다. 1840년 임칙서의 추천으로 양절총독 유겸裕謙의 막
료로 들어가면서 서양에 관심을 갖게 되었다. 같은 해 임칙서에게서
『사주지』를 비롯해 서양 관련 자료를 전해 받고 『해국도지』를 편
찬했다. 주요 저작으로는 『공양고미公羊古微』, 『춘추번로주春秋繁露注』,
『성무기聖武記』 등이 있다.

역주자 소개

정 지 호 鄭址鎬

도쿄대학 대학원 인문사회계 연구과에서 박사학위를 취득하고 현재 경희대학교 사학과 교수로 재직 중이다. 주요 연구로 중국의 전통적 상업 관행인 합과合夥 경영 및 량치차오梁啓超의 국민국가론에 대해 다수의 논문을 발표했으며 현재는 귀주貴州 소수민족 사회에 대한 연구를 진행하고 있다. 저서로는 『합과: 전통 중국 상공업의 기업 관행』, 『키워드로 읽는 중국의 역사』, 『진수의 《삼국지》 나관중의 《삼국연의》 읽기』, 『한중 역사인식의 공유』(공저)가 있으며, 역서로는 『애국주의의 형성』, 『중국근현대사 1: 청조와 근대 세계』, 『동북사강』 등이 있다.

이 민 숙 李玟淑

한국외국어대학교에서 중국고전소설로 박사학위를 받았으며, 현재 한국외국어대학교에서 강의하고 있다. 고서적 읽는 것을 좋아해서 틈틈이 중국 전통 시대의 글을 번역해 출간하고 있다. 특히 필기문헌에 실려 있는 중국 전통문화를 이해하고 재구성하는 것에 관심이 많다. 저서로는 『한자 콘서트』(공저), 『중화미각』(공저), 『중화명승』(공저), 역서로는 『태평광기』(공역), 『우초신지』(공역), 『풍속통의』(공역), 『강남은 어디인가: 청나라 황제의 강남 지식인 길들이기』(공역), 『임진기록』(공역), 『녹색모자 좀 벗겨줘』(공역), 『열미초당필기』 등이 있다.

고 숙 희 高淑姬

성균관대학교 대학원에서 중문학 박사학위를 받았으며, 현재 중앙
승가대학교에서 강의하고 있다. 동서양 고전을 즐겨 읽으면서 동서
양 소통을 주제로 한 대중적 글쓰기를 시도하고 있다. 특히 18세기
한중 사회의 다양한 문화에 대해 큰 관심을 가지고 소소한 글쓰기를
하고 있다. 최근에는 법의학과 전통 시대 동아시아 재판 서사에 대
해 깊은 관심을 가지고 연구를 진행 중이다. 저서로는 『고대 중국의
문명과 역사』와 『중국 고전 산문 읽기』가 있고, 역서로는 『송원화
본』(공역), 『중국문화 17: 문학』, 『백가공안』, 『용도공안』, 『열두 누
각 이야기十二樓』, 『新 36계』 등이 있다.

정 민 경 鄭暋暻

중국사회과학원에서 중국문학 전공으로 박사학위를 받았다. 현재
제주대학교 중문과 조교수로 재직 중이다. 중국소설과 필기를 틈틈
이 읽고 있으며 중국 지리와 외국과의 문화 교류에도 관심이 많다.
저서로는 『옛이야기와 에듀테인먼트 콘텐츠』(공저), 『중화미각』(공
저), 『중화명승』(공저)이 있고, 역서로는 『태평광기』(공역), 『우초신지』
(공역), 『풍속통의』(공역), 『명대여성작가총서』(공역), 『강남은 어디인
가: 청나라 황제의 강남 지식인 길들이기』(공역), 『사치의 제국』(공역),
『(청 모종강본) 삼국지』(공역) 등이 있다.